中国-东盟法律研究中心 ── 重庆市人文社会科学重点研究基地

最高人民法院东盟国家法律研究基地

>> 本书是中国-东盟法律研究中心规划课题成果

中国法学会法治研究基地
China Law Society Research Institute for Rule of Law

东盟国家
刑事诉讼法研究

主　编：张吉喜

副主编：闫召华

撰稿人（按章节先后顺序）：

　　朱一博　　李　猛　　Nup Sothunvisoth（柬埔寨）

　　Chhay Hong（柬埔寨）　　杜以静　　李姚丽

　　欧应杉　　孙明泽　　聂秋琳　　冯科臻

　　李承阳　　单锦城

厦门大学出版社　国家一级出版社
XIAMEN UNIVERSITY PRESS　全国百佳图书出版单位

图书在版编目(CIP)数据

东盟国家刑事诉讼法研究/张吉喜主编.—厦门:厦门大学出版社,2019.3
(中国—东盟法律研究中心文库)
ISBN 978-7-5615-7102-6

Ⅰ.①东… Ⅱ.①张… Ⅲ.①东南亚国家联盟—刑事诉讼法—研究 Ⅳ.①
D933.052

中国版本图书馆 CIP 数据核字(2018)第 211685 号

出 版 人	郑文礼
责任编辑	李 宁
封面设计	蒋卓群
技术编辑	许克华

出版发行 厦门大学出版社

社 址	厦门市软件园二期望海路 39 号
邮政编码	361008
总 编 办	0592-2182177 0592-2181406(传真)
营销中心	0592-2184458 0592-2181365
网 址	http://www.xmupress.com
邮 箱	xmup@xmupress.com
印 刷	厦门集大印刷厂

开本	720 mm×1 000 mm 1/16
印张	22.25
字数	380 千字
插页	2
版次	2019 年 3 月第 1 版
印次	2019 年 3 月第 1 次印刷
定价	88.00 元

本书如有印装质量问题请直接寄承印厂调换

厦门大学出版社
微信二维码

厦门大学出版社
微博二维码

中国—东盟法律研究中心文库

编 委 会
(按姓氏笔画排序)

总序一

　　中国与东盟的关系是中国实施周边外交战略的重要内容。在 2003 年 10 月第七次中国—东盟领导人会议上，时任中国国务院总理温家宝与东盟领导人签署了《面向和平与繁荣的战略伙伴关系联合宣言》，至此中国正式加入《东南亚友好合作条约》。2013 年 10 月，在印尼国会发表的演讲中，国家主席习近平首次提出"携手建设更为紧密的中国—东盟命运共同体"的倡议，标志着将中国与东盟国家合作推动至更高的阶段，预示着再创中国和东盟合作黄金十年的辉煌前景。

　　2013 年恰逢中国与东盟建立战略伙伴关系 10 周年。回首过去展望未来，正如国务院总理李克强在第十届中国—东盟博览会开幕式所指出的，中国与东盟携手开创了合作的"黄金十年"，必将创造新的"钻石十年"。为此李总理提出开创未来宏伟蓝图的五点倡议：打造自贸区升级版，推动互联互通，加强金融合作，开展海上合作，增进人文交流。这进一步表明，中国未来仍将坚定不移地把东盟国家作为周边外交的优先方向，坚定不移地深化同东盟的战略伙伴关系，坚定不移地与东盟携手，共同维护本地区的和平与稳定。"中国—东盟法律研究中心文库"正是在这样的政策指引与时代背景下出版问世的。

　　作为文库编辑单位的中国法学会中国—东盟法律研究中心，是由中国法学会在 2010 年第四届"中国—东盟法律合作与发展高层论坛"期间创设，依托西南政法大学建设的专门从事中国与东盟法律法学界交流合作的重要平台。"中国—东盟法律研究中心文库"是中心规划课题成果，聚集中心研究员的最新研究成果，围绕本区域的法律变革、合作与发展的问题，整合中国与东盟法律法学界的专家学者，以突出现实问题为导向、服务国家战略为根本，开展对中国与东盟法律的系统性、基础性和前瞻性的研究。文库已成为展示研究中国与东盟法律制度的最新成果平台，也将为政府、社会组织、商业团体和其他机构提供基础性资料参考与前沿性理论分析。

　　"中国—东盟法律研究中心文库"的出版,为中国—东盟法律研究中心的实体化建设及其目标的实现书写了浓墨重彩的新篇章。我期盼并相信"中国—东盟法律研究中心文库"能够助推中国—东盟法律研究中心在开展中国与东盟法律法学交流中发挥领军作用,为促进本地区的法律交流与合作繁荣,为中国实施周边外交战略提供重要的智力支持。

全国人大法律委员会副主任

中国法学会副会长　　　　　　　　张鸣起

中国—东盟法律研究中心理事长

2014 年 6 月

总序二

自 2013 年 10 月，习近平主席提出"携手建设更为紧密的中国—东盟命运共同体"倡议以来，中国与东盟及各成员国的合作发展进入一个崭新的历史时期，由中国—东盟法律研究中心规划的"中国—东盟法律研究中心文库"，正是在主动呼应这一时代背景和现实需要的条件下出版的。

中国—东盟法律研究中心是中国法学会依托西南政法大学于 2010 年成立的智库型研究机构。2012 年，中国法学会又将"中国—东盟高端法律人才培养基地"落户西南政法大学，依托西南政法大学开展对东盟法律人才的学历和非学历教育培养活动。中国—东盟法律研究中心始终以"问题导向、紧贴地气、协同创新、引领前沿"为理念指引，以国家战略需求为指针，以国内国际协同创新机制为重要平台，以期成为国家推进周边安全与外交战略和"一带一路"建设的重要智库机构。

2013 年，中国—东盟法律研究中心被评定为重庆市人文社科重点研究基地，2016 年被评定为中国法学会首批重点法治研究基地。中心自成立以来，着力从科学研究、人才培养、社会服务三个方面开展工作，整合中国与东盟法学界法律界资源，打造中国和东盟国家学术界和实务界专家合作交流的重大平台，逐渐形成鲜明的"东盟军团"特色。中心围绕东盟区域的法律变革、合作与发展问题，以突出解决现实问题为导向、以服务国家和区域战略为根本，广泛开展对中国与东盟法律的系统性、基础性和前瞻性研究。"中国—东盟法律研究中心文库"是中心规划课题成果，集中体现了中心研究员的最新研究成果，亦是教育部国别和区域研究中心——东盟研究中心的成果。

作为中国—东盟法律研究中心和中国法学会首批重点法治研究基地的重要依托，西南政法大学是新中国最早建立的高等政法学府之一，被称为中国法学教育的"黄埔军校"。在新时期，西南政法大学正全面开展"双一流"建设工作，中国—东盟法律研究中心的建设将突出特色、中国立场和国际视野，提升研究水平和平台集聚功能，为促进区域法律交流与合作繁荣，服务国家"一带一路"建设提供重要的智力支持。

中国—东盟法律研究中心秘书长

西南政法大学国际法学院院长、教授　　张晓君

2016 年 3 月

目　　录

第一章

文莱刑事诉讼法

文莱,全名"文莱达鲁萨兰国"(Brunei Darussalam),位于亚洲东南部,国土面积 5765 平方千米。文莱全境处于低纬度地区,属于热带雨林气候。截至 2016 年 7 月 1 日,文莱总人口为 42.34 万人,城镇人口占总人口的 77.5%。[①] 文莱是统一的多民族国家,马来族是文莱的第一大民族。文莱的宗教具有多元性,伊斯兰教是文莱的国教。文莱是世界上最富有的国家之一,2016 年人均 GDP 为 26939 美元,位居世界第 26 位,[②]石油和天然气是文莱的主要经济支柱,石油产量在东南亚位居第三,天然气产量在世界排名第四。[③]

文莱是世界上为数不多的保持君主专制政体的国家之一,也是东盟十国唯一的君主制国家。文莱的基本政治制度是马来伊斯兰君主制。苏丹是文莱的国家元首、宗教领袖,拥有立法、行政和司法的全部权力。文莱实行双轨司法制度。第一种司法制度是以英国习惯法为基础建立起来的,类似于印度、新加坡和马来西亚的司法制度。第二种司法制度是以伊斯兰教为基础建立起来的,主要处理违反伊斯兰教义的案件,伊斯兰法庭隶属于文莱宗教部,不服伊斯兰法庭判决者,可以向宗教部上诉。

---

① https://www.adb.org/publications/key-indicators-asia-and-pacific-2017,最后访问日期:2017 年 9 月 28 日。

② https://baike.baidu.com/item/%E6%96%87%E8%8E%B1/212618? fr = aladdin#reference-[2]-7630-wrap,最后访问日期:2017 年 9 月 28 日。

③ 陈兴华:《东盟国家法律制度》,中国社会科学出版社 2015 年版,第 478 页。

一、文莱刑事诉讼制度概况

这里先从刑事司法机关、刑事诉讼法的渊源和刑事诉讼法典的结构三个方面初步介绍一下文莱的刑事诉讼制度。

(一)刑事司法机关

文莱的刑事司法机关主要要包括法院和检察院。

1.法院

(1)刑事法院的构成。"在文莱,诉讼活动在初等法院和最高法院进行,初等法院即治安法官法院。最高法院又分为高等法院和上诉法院。"①

(2)法院的司法管辖权。根据《文莱达鲁萨兰国刑事诉讼法典》(以下简称《文莱刑事诉讼法典》)第 7 条之规定,治安法官法院和高等法院对下列犯罪具有司法管辖权:(a)全部或部分发生于文莱境内的犯罪;(b)在文莱登记的船舶上发生的犯罪;(c)在文莱登记的航空器上发生的犯罪;(d)根据国际法在公海领域发生的海盗犯罪;(e)虽然处于文莱境外,但煽动或共谋于文莱境内的犯罪,无论为促进该共谋之罪的行为是否发生于文莱境内;(f)苏丹陛下的臣民实施的犯罪,无论该犯罪是否发生于文莱境内。

(3)治安法官法院和高等法院的审判权。第一,根据《文莱刑事诉讼法典》第 8 条,高等法院对《文莱达鲁萨兰国刑法典》(以下简称《文莱刑法典》)规定的所有罪行均享有审判权,而治安法官法院只对《文莱刑事诉讼法典》第一附录表格第八栏中明确规定由治安法官法院审理的罪行享有审判权,若该罪行的法定最高刑超出了治安法官的权限范围,应当将被告人移送高等法院接受

---

① 张树兴:《东南亚法律制度概论》,中国人民大学出版社 2015 年版,第 185 页。

审判。另外,治安法官受理特定犯罪还须得到批准或满足特定条件。①

第二,根据《文莱刑事诉讼法典》第9条之规定,若其他法典明确规定某些犯罪由特定法院审判,应当由该法院遵循本法的其他条款进行审理。若其他法典中没有提及特定法院,该法典中规定的犯罪可以由高等法院或治安法官法院审理,但治安法官法院不能依据本条规定审理可能判处超过5年有期徒刑的犯罪。

第三,根据《文莱刑事诉讼法典》第10条、第11条,高等法院可以判处法律授权的任何刑罚,治安法官法院可以判处不超过3年的有期徒刑或者不超过5000文莱元的罚金;若最高法院首席大法官通过政府公报授予任何治安法官特定的审判权,由该法官组成的法庭可以判处不超过7年的有期徒刑或不超过10000文莱元的罚金。

第四,根据《文莱刑事诉讼法典》第13条,当一次庭审需要审理多个犯罪时,只要被告人被判处的有期徒刑不超过15年,且数罪合并判处的刑罚不超过治安法官审判权的3倍,治安法官法院不应当仅因数罪合并判处的刑罚超出其权限范围而将被告人移送高等法院审理。

第五,根据《文莱刑事诉讼法典》第138条,当被告人被指控犯有《文莱刑法典》第六章规定的危害国家的犯罪、谋杀罪、其他依法可能被判处死刑的犯罪、检察官通过公报声明适用本条规定的犯罪或检察官指令应当召开预审程序的犯罪时,治安法官应当主持预审程序,而后将被告人移交高等法院审判。

---

① 根据《文莱刑事诉讼法典》第132条之规定,治安法官受理特定犯罪须得到批准或满足特定条件:(1)当治安法官受理涉及《文莱刑法典》第121条、第121A条、第122条、第123条或第505条规定的犯罪时,应当在受理前取得检察官的批准;(2)当治安法官受理涉及《文莱刑法典》第172条至第188条规定的犯罪时,应当在受理前取得检察官的批准,除非该犯罪的指控由检察官及其下属提出;(3)当治安法官受理涉及《文莱刑法典》第193条、第194条、第195条、第196条、第199条、第200条、第205条、第206条、第207条、第208条、第209条、第210条、第211条、第228条或第228A条规定的犯罪时,应当在受理前取得检察官的批准,若该犯罪是在另案诉讼程序中实施的,或与另案诉讼程序有关,应当由另案的审理法院或其下级法院的法官提出指控;(4)当治安法官受理涉及《文莱刑法典》第463条、第471条、第475条或第476条规定的犯罪时,应当在受理前取得法官或检察官的批准,若该犯罪由另案诉讼程序中一方当事人实施,应当由该法院或其任何下级法院的法官提出指控;(5)当治安法官受理涉及《文莱刑法典》第493条、第494条、第495条或第496条规定的犯罪时,应当由受害者或法官或检察官提出指控。

第六,根据《文莱刑事诉讼法典》第366条,当高等法院认为刑事案件中存在以下五种情形时,可以指令特定的治安法官法院调查或审判,也可以指令将该案移送高等法院审理:(a)某下级法院无法公正调查或审理;(b)可能出现特殊的法律适用疑难问题;(c)为确保调查或审判质量,需要对犯罪现场或周边环境进行查看;(d)依据本条所作的命令将总体上便利当事人或证人;(e)该命令有利于结束司法程序,或为本法其他规定所需要。

(4)治安法官的权力。根据《文莱刑事诉讼法典》第14条之规定,每一个治安法官应当享有以下权力:(a)审理、裁决、处置指控的罪行;(b)为移送高等法院审判,调查犯罪;(c)调查违法行为的控告,传唤证人出庭并询问证人,传唤、逮捕犯罪嫌疑人、签发逮捕令状,并依法处置;(d)依据本法签发搜查令状,要求特定的人为维护治安和良好行为提供担保;(e)主持死因调查;(f)依据本法或其他法律享有的其他权力。

2.检察院

(1)检察院概况。文莱全国只有一个总检察院,即文莱的检察机关。"总检察长是政府和苏丹的第一法律顾问,协助苏丹起草法律,协调总检察院与政府各部门的关系,同时总检察长也是国家公诉人,在其他高级检察官的协助下,负责向全国所有法院起诉所有的刑事案件。"[①]《文莱刑事诉讼法典》第374条规定,总检察长是检察官,有权指引和控制依本法或其他成文法提起的刑事指控以及诉讼程序。苏丹陛下可以随时任命合适的人选担任副检察官,副检察官应当听从检察官的命令和指导,并可以依法行使检察官授予的权力。检察官可以将其全部或部分权力授权给任何副检察官,并在政府公报上公示。检察官也可以以相同方式撤销授权。

(2)检察官的权力。第一,实施起诉。根据《文莱刑事诉讼法典》第375条,检察官、副检察官、被苏丹陛下或被检察官书面授权的人均有权实施起诉。值得注意的是,《文莱刑事诉讼法典》第375条第3款规定,当案件中涉及不可逮捕的罪行时,[②]可以由被害人出庭指控,但检察官可以于诉讼程序的任何阶段通知法庭,将由检察官、副检察官、被苏丹陛下或被检察官书面授权的人、警察、政府部门的公职人员或公用事业公司(public utility company)的职员(当

---

① 张文山、李莉:《东盟国家检察制度研究》,人民出版社2011年版,第219页。

② "不可逮捕的罪行"指根据《文莱刑事诉讼法典》第一附录第三栏或其他现行有效的成文法的规定,警察无令状不得执行逮捕的罪行。

有涉及其部门或公司的事项时)介入并进行后续的诉讼程序,从介入之日起,上述人员应当被视为诉讼当事人。

第二,有权要求警察提供侦查报告,要求主持预审程序的治安法官提供审理记录。根据《文莱刑事诉讼法典》第 376 条,检察官可以随时要求警察提供侦查报告的副本,或要求治安法官提供预审程序审理记录的副本;也可以在特定犯罪的案件中,指令警察或治安法官将相应的报告或记录发送给检察官。即便检察官未提出上述要求,制作报告的警察或主持预审程序的治安法官,如果对是否能够提起指控、应当指控何罪、应当获取何种证据存有疑问,也可以将报告或记录的副本发送给检察官。除非检察官另外指示,在等待检察官指令期间,警察、治安法官应当暂停对该案的调查、审理。

第三,有权撤诉。根据《文莱刑事诉讼法典》第 377 条,在刑事案件审判前的任何阶段,检察官可以通知法庭终止本案诉讼程序,并立刻撤回对被告人的某项指控,如果被告人被羁押于监狱,应当将其立即释放,如果被告人被准许保释,应当免除保释金或保证人的保证责任。

第四,有权要求警察进一步侦查,指令治安法官进一步调查取证。根据《文莱刑事诉讼法典》第 378 条,如果检察官认为存在刑事犯罪,并应当对被指控人展开进一步的诉讼程序,但现有证据在某些方面有所欠缺,可以作出书面命令,要求警察进一步侦查或要求治安法官调查。如果治安法官先前已经开展了调查,检察官可以要求治安法官再次询问已经作证的证人或继续调查,从而获取书面命令中指示的特定证据。治安法官收到检察官的命令后,应当要求被告人出庭并依照检察官的命令开展调查工作。

第五,有权变更指控并向治安法官发出指令。根据《文莱刑事诉讼法典》第 379 条,检察官收到警察的侦查报告或治安法官的预审程序记录后,可以根据《文莱刑事诉讼法典》有关指控格式的规定,作出、变更、重新起草指控或作出另外的指控,并指令治安法官开展调查,治安法官应当依照本法执行检察官的指令并相应地开展调查。

(二)刑事诉讼法的渊源

刑事诉讼法的渊源系刑事诉讼制度规范的存在及表现形式,具体包括成文法规则、最高法院首席大法官制定的规则以及英国的司法判例。

1.成文法规则

在文莱,刑事诉讼法有狭义与广义之分。狭义的刑事诉讼法是指刑事诉讼法典,即《文莱刑事诉讼法典》。广义的刑事诉讼法是指规定刑事诉讼程序的法律规范的总和,除《文莱刑事诉讼法典》外,还包括《青少年罪犯(拘留场所)规则》《刑事诉讼程序(证人补助)规则》《治安法官法院(书面有罪答辩)规则》《刑事上诉规则》等附属立法,以及《最高法院法》《初等法院法》等其他成文法。

2.最高法院首席大法官制定的规则

根据《文莱刑事诉讼法典》第236D条之规定,最高法院首席大法官可以依据第236B条之规定(远程举证)和第236C条之规定(儿童证人证言的录像)制定庭审规则。《文莱刑事诉讼法典》第400条规定,最高法院首席大法官可以随时为治安法官法院起草、提交报告和说明制定规则,将每一诉讼程序制成表格,或修改第二附录中的表格。此外,根据《文莱刑事诉讼法典》第441条之规定,最高法院首席大法官可以随时制定规则和命令指导实践和程序。

3.英国的判例

文莱为英联邦成员,文莱的法院在某些情况下应当遵循英联邦的司法判例。例如,《文莱刑事诉讼法典》第440条规定,依照本法以及其他成文法,上诉法院应当尽可能遵循英国类似案件的实践和程序。

(三)《文莱刑事诉讼法典》的结构

《文莱刑事诉讼法典》于1951年生效,前后经过多次修改,2001年10月1日进行了最新一次修正。该法典共分为十编、四十五章,共计441条。第一编为"序言"。第二编为"刑事法院的构成与权力"。第三编为"一般条款",包括"公民向治安法官、警察以及其他执行逮捕的人提供协助和情报的义务""逮捕、逃跑及追捕""强制出庭程序""强制出示文件和其他动产以及发现非法拘禁的程序",共四章。第四编为"犯罪预防",包括"维护治安和良好行为的保证""非法集会""妨害公共秩序""紧急妨害案件中的临时命令""不动产争端""警察的预防性措施",共六章。第五编为"警察收到的情报以及侦查权"。第六编为"一审程序",包含"刑事法院调查和审判的管辖权""起诉书""庭审程序的开始""高等法院的预审程序""指控""简易程序""死刑的审判""法庭顾问""高等法院询问和审理的一般规则""询问、庭审中取证以及记录证据的方式"

"判决""向苏丹陛下提交死刑判决书""判决的执行""先前的无罪或有罪判决",共十四章。第七编包括"上诉"与"复审程序"两章内容。第八编为"特殊程序",包括"死因调查""心智不健全的被告人""妨害司法行政特定犯罪处置程序""人身保护令"等共五章。第九编为"补充规定",包括"保释""保释金条款""被告人涉案财物处置""刑事案件移送""程序不规范""检察官""其他规定",共七章。第十编为"上诉法院的管辖权",包括"上诉法院对量刑的复审""向上诉法院申诉""上诉""一般条款",共四章。

在法条之后,《文莱刑事诉讼法典》还附有两张附录,第一附录结合《文莱刑法典》中规定的大部分罪名,分别详细阐明各个罪行是否可由警察无证逮捕、是否应当签发令状或传票、是否可保释、是否可和解、法定最高刑以及审判法院。第二附录规定了传票、令状等法律文书的格式。

二、《文莱刑事诉讼法典》的主要内容

以下将依据《文莱刑事诉讼法典》的结构,对文莱刑事诉讼法的主要内容作进一步阐释,具体从文莱刑事诉讼法的一般条款、犯罪预防、警察的侦查权、一审程序、上诉与申请复审、特殊程序和补充规定七个方面进行介绍。

(一)一般条款

"一般条款"主要包括公民具有提供协助和情报的义务,逮捕的执行,强制出庭程序,强制出示、搜查文件或物品四方面内容,详述如下:

1.公民具有提供协助和情报的义务

(1)公民协助治安法官、警察以及其他执行逮捕之人的情形。根据《文莱刑事诉讼法典》第15条,在下列三种情形中,每一位公民都有义务协助要求其提供合理帮助的治安法官、警察或地区官员:(a)治安法官、警察或地区官员依法执行逮捕或阻止被逮捕之人逃跑;(b)阻止妨害治安的行为或任何试图毁损铁路、电车轨道、运河、码头、电报或其他公共财物的行为;(c)控制社会暴乱或寻衅滋事。若该公民未提供必要的帮助,将构成《文莱刑法典》第187条规定的犯罪。若由警察以外的其他主体执行逮捕令状,在其执行令状的过程中,可以要求附近的公民协助执行令状。

(2)公民应当提供关于特定事项的信息。根据《文莱刑事诉讼法典》第17条,公民若知晓其他人实施了或意图实施特定罪行,[①]或知晓突然或非自然死亡、暴力导致的死亡或者任何可疑情况下的死亡,或者发现了死因不明的尸体,如果该公民不能提供证据证明其有拒绝提供信息的合理理由,应当立即将上述信息提供给最近的警局负责人或警察或最近的地区官员。若该公民未提供应当提供的信息,则构成《文莱刑法典》第176条规定的犯罪。

2. 逮捕的执行

在文莱,通常情况下,应当由警察或地区官员依据逮捕令状执行逮捕,在执行逮捕的过程中可能出现逮捕附带搜查的情形。除警察依据令状执行逮捕之外,也存在无令状逮捕、由普通公民执行逮捕等其他情形。

(1)逮捕附带搜查的情形。根据《文莱刑事诉讼法典》第20条,若执行逮捕令的警察或地区官员有理由相信被逮捕人已经处于其住所或其控制下的场所,有权命令被逮捕人准许其进入上述场所。若未能经准许进入,警察和地区官员有权强制进入上述场所并搜查,为保证顺利进入,可以破开任何外门、内门或者窗户。根据《文莱刑事诉讼法典》第24条,若逮捕令没有明确可提供保释,或被逮捕人没有能力缴纳保释金,执行逮捕的警察可以对被逮捕人进行搜查。除了可以搜查被逮捕者身着的必要的衣服外,还可以搜查住所内的所有物品,若有理由相信这些物品是犯罪工具、犯罪孳息或其他犯罪的证据,可以扣押这些物品,直到被逮捕者被释放或者被宣告无罪。当有必要对女性进行搜查时,应当由另一名女性侦查人员执行搜查并严格遵守礼仪。

(2)无令状逮捕的情形。根据《文莱刑事诉讼法典》第28条,当符合下列情况时,警察或地区官员可以在未获得逮捕令状的情况下对公民执行逮捕:(a)任何与可被拘捕的罪行有关的公民,或针对其合理控诉已经提起,或已经收到大量的可靠信息,或产生了其实施该犯罪的合理怀疑;(b)任何非法持有侵入住宅工具的公民(证明存在合法理由的证明责任应当由该公民承担);

---

① 涉及《文莱刑法典》第121条、第121A条、第122条、第123条、第124A条、第130条、第143条、第144条、第145条、第147条、第148条、第194条、第232条、第234条、第302条、第304条、第307条、第308条、第382条、第392条、第393条、第394条、第395条、第396条、第397条、第398条、第399条、第402条、第435条、第436条、第449条、第450条、第456条、第457条、第458条、第459条、第460条、第489A条、第489D条规定的犯罪。

(c)被公告的潜逃犯;(d)持有被合理怀疑是盗窃或诈骗所得的物品,并且被合理怀疑实施了与该物品相关的犯罪的公民;(e)任何妨碍警察执行公务的公民,或已经从合法的羁押中逃脱或试图逃脱的公民;(f)任何被怀疑是文莱皇家警察武装力量或文莱皇家警察部队或其他文莱现存武装部队的逃兵;(g)任何事先采取措施隐藏其在场证据的公民,并有理由相信其事先采取措施是为了实施可逮捕之犯罪;(h)任何无法维持其生存方式或无法陈述个人情况的公民;(i)任何因惯盗、侵入住宅或盗窃而臭名昭著的公民,或者明知是被盗窃的财物而接受的惯犯,或经常实施敲诈勒索的惯犯,或为实施敲诈勒索而恐吓或者试图恐吓他人的惯犯;(j)任何实施违反治安行为的公民;(k)任何受到警察监管而未服从监督的公民。

根据《文莱刑事诉讼法典》第 30 条,地区官员实施无证逮捕后应当不迟延地将被逮捕人移交给最近的警察,或在没有警察的情况下,应当将被逮捕人移交至最近的警察局,警察应当羁押被逮捕之人。根据《文莱刑事诉讼法典》第 33 条,警察应当不迟延地将被逮捕人移交至治安法官法院。综合案件的整体情况,警察羁押无证逮捕之人不应当超过合理的羁押时间。除去路途上必须花费的时间,羁押期限通常不应当超过 24 小时,但适用该期限将导致不合理的情况除外。

(3)普通公民执行逮捕的情形。根据《文莱刑事诉讼法典》第 32 条,任何普通公民若认为某人实施了不能保释的且可以逮捕的犯罪或属于被公告的潜逃犯,可以将其逮捕,并且应当不迟延地将被逮捕人移交至最近的警察或警察局。如果某人实施了针对他人财产或与他人财产有关的犯罪,且其姓名和住址不得而知,受害人及其佣人、被侵害财产的使用人及其佣人、上述人员授权实施援助的人可以将该罪犯逮捕并羁押,直至其提供真实的姓名或住址或将该公民移交给警察羁押。如果任何被依法逮捕的公民袭击或暴力抵抗逮捕其的公民或任何实施援助的人,应当构成犯罪,被处以 800 文莱元的罚金。

(4)治安法官当场逮捕或授权他人逮捕的情形。根据《文莱刑事诉讼法典》第 35 条之规定,若任何犯罪发生于治安法官在场的情况下,治安法官可以逮捕或授权任何人逮捕犯罪嫌疑人,并可以羁押犯罪嫌疑人。

3.强制出庭程序

在文莱,法院可以采用签发出庭传票、签发逮捕令状、公告潜逃犯并扣押其财产的方式强制犯罪嫌疑人到庭,具体程序如下:

（1）出庭传票的签发与送达

根据《文莱刑事诉讼法典》第39条，法院应当签发书面的出庭传票，并由治安法官签名。如果是最高法院审理的案件，应当由首席大法官、法官或司法常务官签名，并且应当盖有法院印章。该传票通常应当由警察送达，如果该传票所涉及的罪行触犯政府部门颁布的法令，应当由政府部门官员送达。签发传票的法院如果认为合适，也可以指示由其他人送达该传票。

根据《文莱刑事诉讼法典》第40条，按照送达对象的不同，传票的送达方式包括：第一，如果具有现实可行性，应当直接向被传唤人送达盖有法院印章的传票副本；第二，若送达对象是法人，可以向法人的秘书或其他与秘书性质相同的工作人员送达传票；第三，如果通过尽职调查无法发现传唤对象，可以将传票副本留给其成年家属或与其共同居住的仆人；第四，如果传唤对象是政府部门的公职人员，签发传票的法院通常应当向该政府部门的办公室负责人送达传票副本，由该负责人将该传票副本依据本条规定的方式送达给传唤对象。根据《文莱刑事诉讼法典》第41条，若送达人通过尽职调查无法发现传唤对象，也无法通过上述方式有效送达，送达的官员应当邀请两名见证人在场，将传票副本张贴于传唤对象的住宅或经常居住地的显著位置，如果法院予以认可，应当视为传票已经及时送达。

（2）逮捕令状的签发与执行

根据《文莱刑事诉讼法典》第43条，法院应当签发书面的逮捕令状，并由治安法官签名。如果是最高法院审理的案件，应当由首席大法官、法官或者司法常务官签名，并且应当盖有法院印章。每张逮捕令状应当持续有效，直至被签发法院撤销或被执行完毕。根据《文莱刑事诉讼法典》第44条，签发逮捕令状的法院可以在逮捕令上背书，[①]指令犯罪嫌疑人签署保证书并提供足够的担保。若被逮捕人遵从指令，保证于指定的时间出庭，执行逮捕令的官员应当采纳该保证并释放被羁押的犯罪嫌疑人，但法院另有指示的除外。

根据《文莱刑事诉讼法典》第45条，逮捕令通常应当由警区负责人以及其他警察在文莱境内任何地点执行。法院签发逮捕令状后，也可以交由警察以外的其他一个或多个公民执行。《文莱刑事诉讼法典》第46条规定，警察或其

---

① 背书应当规定：(a)保释金的数额；(b)接受保释的官员、被逮捕人应当遵守的各项规定；(c)被保释人出庭的时间。

他公民执行令状时,如果暂时未获取书面令状,应当向被逮捕人告知令状内容,经被逮捕人要求,在逮捕后应当尽早向其出示盖有签发法院印章的令状或副本。

根据《文莱刑事诉讼法典》第 52 条,当出现以下两种情形时,法院可以签发逮捕令状以代替传票或同时签发逮捕令和传票:(a)如果在签发传票之前,或签发传票之后出庭时间之前,法院有理由认为该公民已经潜逃或将不会遵从传票的要求;(b)有证据证明传票已经及时送达,但在指定时间该公民没有出庭且未提供不出庭的合理理由。根据《文莱刑事诉讼法典》第 54 条、第 55 条,法院有权对任何公民签发出庭传票或逮捕令状,并要求其签署提供担保或不提供担保的保证书,保证出庭。若任何根据本法签署保证书有义务出庭的公民没有出庭,法院可以签发逮捕令并强制其出庭。

(3)公告潜逃犯并查封财产

根据《文莱刑事诉讼法典》第 49 条,如果高等法院或治安法官法院有理由相信被逮捕人已经潜逃或隐匿,导致逮捕令状无法执行,可以发布书面公告要求其于特定时间出现于特定地点。书面公告发布后,应当于潜逃犯经常居住地或附近城镇、村庄、部落的显著位置张贴并公开宣读,也应当于法院大楼的显著位置张贴公告的副本。

根据《文莱刑事诉讼法典》第 50 条,发布公告的法院可以随时命令查封被公告之人的动产或不动产。被命令查封的财产若包括债务或其他动产,可以通过以下方式进行查封:(a)扣押;(b)指定财产接管人;(c)作出书面命令,禁止向被公告之人或其代理人移交上述财产;(d)法院认为合适的上述所有或任意两种方法。若被命令查封的财产是不动产,应当由该不动产所在地的土地管理官员通过上述四种方式执行查封。

若在公告指定的时间内公告对象没有出现,政府有权自查封之日起 6 个月后变卖其财产,如果不及时变卖将导致被查封的财物腐败,或法院认为变卖对财产所有人有利,法院可以立即变卖,而不受上述期间限制。除公告对象以外的其他人,可以向作出查封命令的法院主张其对已查封的全部或部分财产享有所有权。该请求应当于扣押命令作出之日起 3 个月内提出。法院应当记录上述请求并制作副本送达检察官,通知检察官于特定日期出庭。法院应当采用简易程序审理。若法院确信该请求真实、公正,应当指令解除全部或部分财产的查封或撤销查封的命令。

根据《文莱刑事诉讼法典》第 52 条,如果自财产被查封之日起两年内,财产所有权人主动到庭或被逮捕并被带至作出查封财产命令的法院,向该法院证明其没有为逃避逮捕令的执行而潜逃或隐匿,并且其未能于特定时间出庭是因为未注意到公告,那么法院应当命令将上述财产、已变卖财产的净收益、部分变卖财产的净收益以及剩余财产在扣除查封的费用之后返还给所有权人。

4.强制出示、搜查文件或物品

为了确保诉讼程序顺利进行,法院或警察有权要求公民出示文件或其他物品,若公民不遵从指令,法院可以签发搜查令,当符合特定条件时,警察也可无证搜查。详述如下:

(1)要求公民出示文件或其他物品。根据《文莱刑事诉讼法典》第 56 条,为了确保侦查、询问、审判或其他程序顺利进行,如果法院、实施侦查的警察认为有必要要求公民出示任何财物或文件(邮递品、电报或其他在邮政或电报机关监管之下的文件除外),该法院可以对所有权人签发出庭传票,该警察可以对所有权人签发书面命令,要求其于传票、命令中规定的时间、地点出示文件或其他物品。《文莱刑事诉讼法典》第 57 条规定,上诉法院或高等法院可以要求邮政或电报机关出示邮递品、电报或其他在其监管之下的文件、物品。

(2)签发搜查令。根据《文莱刑事诉讼法典》第 59 条,当法院有理由相信传票或书面命令已经送达,但被送达人不会按要求出示财物或文件,或者公民持有其他有关财物、文件,或者法院认为搜查有助于实现正义或推动询问、审判或其他程序顺利进行,法院可以签发搜查令。搜查令通常应当由签发法院所在警区的负责人以及令状上委派的其他警察执行,也可以指令警察以外的其他人执行。搜查令状应当明确搜查的特定地点。

根据《文莱刑事诉讼法典》第 61 条,如果治安法官得到情报并进行必要的调查之后,有理由相信存在下列场所,可以签发搜查令,指令执行人对其进行搜查:(a)任何可能用于存储或销售被盗财物、走私货品或非法获取的财物的场所;(b)任何用于存储或销售或制造伪造的文件、印章、邮票、钱币或注册商标或用于伪造钱币、邮票的工具或材料的场所;(c)正在实施或有可能实施违反与赌博、典当、麻醉剂等相关的现行法的犯罪行为的场所;(d)正在实施或有可能实施违反社团法令,与妇女保护、女童保护相关的其他现行法的犯罪行为的场所;(e)任何被盗财物、走私货品、非法获取的财物,伪造的文件、印章、邮票、钱币、商标或伪造、非法入侵住宅的工具或材料被隐藏、保管或储存的场所。被指定的执行人对上述场所进行搜查时,若切实可行,可以邀请两名及两名以上的邻居在场。执行人应当将获取的违禁品及材料、工具移交给治安法官,或当场保全上述违禁品及材料直至将犯罪嫌疑人带至法官或治安法官面前,或将上述违禁品、材料于安全地点进行处理。执行人可以羁押于上述场所发现的犯罪嫌疑人,并将其带至法官或治安法官面前。

(3)无证搜查。根据《文莱刑事诉讼法典》第 67 条,如果警察得知被盗财物或走私货品被藏匿或存放于某场所,并且在获取搜查令之前很可能被转移,在以下两种情形中,可以对该场所进行无证搜查并转移上述财物或货品:(a)公民向警察主张其所有的或有权占有的财物被盗,并描述该财物的细节特征,陈述财物被盗以及被非法藏匿于某场所的理由,且陪同该警察搜查;(b)警察收到海关官员的情报,确信特定的走私货品被藏匿于某场所。如果海关官员得知走私货品被藏匿或存放于某场所,并且有理由相信在获取搜查令之前上述货品很可能被转移,也可以对该场所进行无证搜查并收缴发现的走私货品。

(二)犯罪预防

文莱刑事诉讼法规定的犯罪预防包括五个方面,分别是:要求罪犯或其他特定的公民提供维护治安和良好行为的保证,解散非法集会,排除妨害,解决不动产争端,以及警察的预防性措施。

1.要求罪犯或其他特定的公民提供维护治安和良好行为的保证

(1)要求犯有特定罪行的罪犯提供维护治安的保证。根据《文莱刑事诉讼法典》第 71 条,若公民被判处犯有破坏社会秩序、煽动实施破坏社会秩序的犯罪行为,实施恐吓、刑事侵害的犯罪,或属于非法集会的成员,且法院认为有必要要求该公民签署维护社会治安的保证书,该法院可以替代宣判刑罚,或者在宣判刑罚的同时,命令其签署与其犯罪手段相适应的提供或不提供担保的保证书,保证其于合理期限内(如果该命令由高等法院作出,期限不超过 2 年;如果由治安法官法院作出,期限不超过 1 年)维护社会治安。

(2)要求可能实施破坏社会秩序犯罪的公民提供维护治安的保证。根据《文莱刑事诉讼法典》第 72 条,如果治安法官认为某公民可能实施破坏社会秩序的犯罪,该治安法官可以签发传票或令状要求该公民出庭,通过调查,若有必要,要求该公民签署提供或不提供担保的保证书,保证其于合理期限内(不超过 1 年)维护社会治安。

(3)要求犯罪嫌疑人、流浪者和传播煽动性事件者提供遵守良好行为的保证。《文莱刑事诉讼法典》第73条规定,如果治安法官认为存在以下情形,可以签发传票或令状要求该公民出庭:①某公民正在实施足以引起怀疑的行为,并且有理由相信该公民的行为是为了实施犯罪;②某公民明显没有维持其生存的手段,或无法就自身情况作出令人信服的陈述;③某公民传播或试图传播具有煽动性的事件,构成《文莱刑法典》规定的刑事恐吓或诽谤的;④某公民非法持有可用于非法侵入住宅的工具,或配备致命的武器,并且无法作出合理解释。通过调查,若有必要,该治安法官还可以要求该公民签署提供担保的保证书,保证其于合理期限内(不超过1年)遵守良好行为。

(4)要求惯犯提供遵守良好行为的保证。根据《文莱刑事诉讼法典》第74条,当治安法官认为某公民属于以下几类时,可以签发传票或令状要求该公民出庭:①抢劫、侵入住宅、偷盗或明知是偷盗物品而接受的惯犯;②经常实施敲诈勒索,或为了实施敲诈勒索经常或试图恐吓他人;③经常保护或庇护盗窃犯;④经常帮助隐匿或处置被盗财物;⑤臭名昭著或具有危险性格的人。通过调查,若有必要,该治安法官还可以要求该公民签署提供担保的保证书,保证其于合理期限内(不超过1年)保持良好行为。

(5)提供保证的诉讼程序。根据《文莱刑事诉讼法典》第81条,公民签署保证书后具有维护社会治安或保持良好行为的义务;若该公民在签署保证书之后犯罪、试图犯罪或煽动他人犯可以被判处有期徒刑的犯罪,无论在何地实施上述行为,都属于违反保证书的行为。根据《文莱刑事诉讼法典》第83条、第84条和第85条之规定,如果应当提供保证的公民在合理的期限内未能提供保证,法院可以命令将其羁押,如果该公民已经被羁押,可以将其继续羁押直至期限届满,除非在此期限内该公民向作出保证命令的法院或羁押机关负责人提供了保证。如果应当提供保证的公民不能或不愿意签署保证书,但愿意离开文莱境内,并且在法院批准的期限内不返回文莱,法院可以准许。如果法院认为释放因未能提供保证而被羁押之人,将不会对社会或他人造成危害,也可以命令释放该公民。如果治安法官认为释放因未能提供上级法院命令的保证而被羁押之人,将不会造成危害,应当立即向上级法院提交报告,若上级法院认为适当,可以命令释放该公民。

2.解散非法集会

可以采用命令解散非法集会、武力解散非法集会、使用军事力量解散非法集会三种方式解散非法集会。

(1)命令解散非法集会。《文莱刑事诉讼法典》第87条规定,治安法官、警察总监、任何不低于督察的警察、警区负责人或警察局负责人可以命令解散任何非法集会、由5人或5人以上组成的有可能干扰公共秩序的集会,上述集会组成人员有义务解散。

(2)武力解散非法集会。《文莱刑事诉讼法典》第88条规定,如果上述集会没有根据命令解散,或者虽然尚未作出解散某非法集会的命令,但该非法集会以行动表示其不会解散,那么治安法官、警察总监、任何不低于督察的警察、警区负责人或警察局负责人可以通过武力解散上述集会,并可以要求任何不隶属于文莱武装力量的男子提供协助。为了解散非法集会,必要时可以逮捕、羁押集会组成人员以及依法应当被惩处的人员。

(3)使用军事力量解散非法集会。根据《文莱刑事诉讼法典》第89条至第91条之规定,若通过上述两种方式无法解散非法集会,但出于公共安全的考虑有必要将其解散,治安法官、宪委级警察可以使用军事力量解散非法集会。治安法官、宪委级警察可以要求指挥文莱皇家武装力量或其他合法效忠文莱的武装力量的现役或非现役官员动用军事力量解散非法集会。为了解散非法集会,必要时可以逮捕、羁押治安法官或宪委级警察指示的集会组成人员以及依法应当被惩处的人员。上述官员动用军事力量解散非法集会时,应当使用与解散集会、逮捕、羁押特定人员相匹配的尽可能小的武力,尽可能减少对人员、财物的损害。另外,当非法集会明显地危害公共安全时,如果治安法官和警察均未提出动用军事力量解除非法集会的要求,在无法与治安法官、警察取得联系的情况下,指挥文莱皇家武装力量或其他合法效忠文莱的武装力量的现役官员可以动用军事力量解散非法集会。现役官员在依照本条行动的过程中,如果能与治安法官或宪委级警官取得联系,应当及时取得联系并遵从治安法官或警官关于其是否应当继续该行动的指示。

3.排除妨害

根据《文莱刑事诉讼法典》第93条,当治安法官得知以下信息时,应调查取证:①公路、港口、湖泊、河流、渠道或其他公共场所中存在非法障碍物或公害;②存在损害公众健康的交易或职业;③建造某建筑或处置某物质可能引起火灾或爆炸;④某建筑或树木有可能脱落、坠落;⑤某道路或公共场所附近的水槽、水井、挖掘工程可能引发危险。

治安法官调查取证后,如果认为合适,可以作出排除妨害的附加命令,要求引起上述障碍或危险的公民、从事上述交易或职业的公民、上述建筑、物质、树木、水槽、水井、挖掘工程的责任人,于指定的时间内:①移除非法障碍或妨害;②停止从事损害公众健康的交易或职业;③预防火灾、爆炸或停止建造上述建筑,改变对危险物质的处置;④移除、修缮或加固危险建筑,对易脱落的树木砍伐、剪枝;⑤对上述存在危险的水槽、水井、挖掘工程用栅栏围住。

《文莱刑事诉讼法典》第 94 条至第 99 条规定,可以按照送达传票的方式送达命令,若通过送达传票的方式无法送达该命令,应当将命令的副本张贴于最适合向该公民传达信息的地方。命令针对的公民应当在命令规定的时间内履行特定的行为,或出庭并说明反对该命令的理由。若该公民既未履行特定行为又未出庭说明理由,治安法官应当强制执行该命令,通知被命令的公民,再次要求其在命令规定的时间内履行特定的行为,并告知该公民若不遵守命令,将依据《文莱刑法典》第 188 条的规定对其处以刑罚。若上述命令仍未在特定的时间内被履行,治安法官可以强制执行,既有权命令出售建筑、货物或其他财物,也有权扣押并出售该公民的其他动产以承担执行费用。

根据《文莱刑事诉讼法典》第 100 条,若作出命令的治安法官认为应当立即采取措施消除迫在眉睫的危险,以防对公众造成严重伤害,可以对命令针对的对象签发禁令,要求其在本案最终裁决前消除或预防上述危险或伤害。若相对人并未立即服从上述禁令,治安法官可以采取合适的方法消除危险、预防伤害。

4. 解决不动产争端

《文莱刑事诉讼法典》第 103 条、第 104 条规定,当治安法官根据警察报告或其他信息确信存在与土地、水资源、边界有关的可能破坏社会秩序的争端时,①可以作出书面命令,说明其确信的理由,并要求争端各方当事人于指定的时间出庭,口头或书面陈述其有权占有争端标的的主张。该命令的副本应当按照送达传票的方式送达,若切实可行,应当至少将一份副本张贴于争端标的附近的显著位置。治安法官应当倾听各方主体的意见,接收各方当事人提交的证据,审议证据的证明力,必要时进一步取证,在可能的情况下裁决争端标的的权利主体。如果治安法官裁决其中一方当事人有权占有上述争端标的,应当签发命令宣告该当事人有权占有争端标的。若治安法官裁决任何一方当

---

① “土地或水资源”包括建筑、市场、渔场、庄稼地或其他土地附着物以及上述财产的租金或收益。

事人都无权占有该争端标的,或者无法确信哪一方当事人有权占有争端标的,可以查封该争端标的直至有管辖权的民事法庭对当事人的权利以及该争端标的的权利主体作出裁判。

5.警察的预防性措施

根据《文莱刑事诉讼法典》第107条至第110条,警察应当尽最大努力使用一切合法的手段预防犯罪的发生。警察一经收到谋划实施犯罪的情报,应当向其上级警官以及其他有义务预防或监管此类犯罪的警察报告该情报。知悉可逮捕犯罪实施计划的警察,若其认为为了预防犯罪必须立即执行逮捕,可以在未获得治安法官命令或令状的情况下实施无证逮捕。警察有权干涉、预防任何试图侵害公共财产、动产或不动产,移动或损害公共地标、航标或其他标志的行为。

(三)警察的侦查权

根据《文莱刑事诉讼法典》第114条之规定,警察的侦查权可分为一般侦查权与特殊侦查权。文莱所有的警察均有权行使一般侦查权,包括:询问证人、获取犯罪嫌疑人的供述以及要求被逮捕的犯罪嫌疑人对特殊的物品、物质、痕迹以及出现在案发现场进行解释。文莱警察局负责人以及级别不低于准下士的警察享有特殊侦查权,有权要求证人到场接受询问、执行搜查以及要求控告人、证人签署出庭保证书。

1.一般侦查权

(1)询问证人。根据《文莱刑事诉讼法典》第116条,警察可以口头询问熟悉案情的公民,并书面记录该公民所作的陈述。证人有义务如实回答所有与案件相关的问题,但可以拒绝回答可能导致其面临刑事指控、被判处罚金或没收财产的问题。警察记录的陈述应当向证人宣读,必要时修正,并由该证人签名。

(2)获取犯罪嫌疑人的供述。根据《文莱刑事诉讼法典》第117条,犯罪嫌疑人向警察所作的供述都应当被采纳作为证据使用。另外,如果该公民作为证人,其证言可信性可以于交叉询问中被削弱或质疑。警察应当依法获取犯罪嫌疑人的供述,禁止通过暴力、引诱、威胁、压迫的手段获取供述,否则犯罪嫌疑人的供述将被依法排除。

(3)要求被逮捕的犯罪嫌疑人对特殊的物品、物质、痕迹以及出现在案发现场进行解释。《文莱刑事诉讼法典》第117D条规定,当警察从被逮捕的犯罪嫌疑人身上、衣服上、鞋上、其持有的物品上发现了与被逮捕人涉嫌参与的犯罪有关的痕迹,或在逮捕现场发现了与被逮捕人涉嫌参与的犯罪有关的物品、物质或痕迹时,有权要求被逮捕的犯罪嫌疑人对上述物品、物质、痕迹进行解释。若被逮捕之人无法解释或拒绝解释,法庭在裁判是否存在需要答辩的案件以及被告人是否犯有被指控之罪时,可以根据被逮捕之人无法或拒绝解释的行为作出适当的推论。与之类似,《文莱刑事诉讼法典》第117E条规定,当警察在案发时间于案发现场发现了犯罪嫌疑人,并且侦查犯罪的警察合理地认为被逮捕之人于案发时间出现在案发现场可归因于参与了犯罪时,有权要求被逮捕之人对其出现于案发现场进行解释。若被逮捕之人无法解释或拒绝解释,法庭在裁判是否存在需要答辩的案件以及被告人是否犯有被指控之罪时,可以根据被逮捕之人无法或拒绝解释的行为作出适当的推论。①

2. 特殊侦查权

(1) 要求证人到场接受询问。根据《文莱刑事诉讼法典》第115条,警察局负责人或级别不低于准下士的警察可以通过书面命令要求情报提供人或可能熟悉案情的其他公民到场接受警察的询问,上述公民应当按照要求到场,如果上述公民拒绝按要求到场,该警察可以向治安法官报告,治安法官有权签发传票或令状确保该公民到场。

(2) 执行搜查。根据《文莱刑事诉讼法典》第120条,当警察局负责人或级别不低于准下士的警察基于合理的理由认为,在某地可以发现其有权侦查的犯罪的证据或其他必要的物品,并且若不适当地迟延,将无法获取上述证据或物品时,该警察可以在上述地点搜查该证据或物品。若切实可行,该警察应当亲自搜查,若无法亲自搜查,可以要求下级警察实施搜查,并向下级警察发送载有特定搜查地点以及搜查对象的书面命令。

(3) 要求控告人及证人出庭作证。根据《文莱刑事诉讼法典》第121条,经过侦查,如果警察局负责人或级别不低于准下士的警察认为有充分的证据或合理的根据证明可以启动针对某人的刑事诉讼程序,且控告人以及熟悉案情的人有必要出庭作证,可以要求控告人、熟悉案情的人签署出庭保证书。若控

---

① 需要注意的是,根据《文莱刑事诉讼法典》第117F条,法庭不得仅依据犯罪嫌疑人无法解释或拒绝解释而要求其答辩或判决其有罪。

告人或证人拒绝签署保证书,该警察可以向法院报告,法院可以基于自由裁量权签发传票或令状,确保上述控告人或证人出庭作证。

(四)一审程序

《文莱刑事诉讼法典》第六编规定了刑事诉讼的一审程序,下文主要从庭前程序、庭审程序、庭审规则和判决的形成与执行四个阶段作具体介绍。

1. 庭前程序

根据《文莱刑事诉讼法典》第133条至第137条,法官、治安法官依据起诉书受理犯罪,通常应当于庭审前审查起诉书,简要记录审查的主要内容,并由起诉人、法官、治安法官签名。若诉讼由法院或公职人员依职权提起,则无须审查起诉书,但法官或治安法官认为有必要审查的除外。通过审查该起诉书,如果法官、治安法官有理由怀疑起诉书的真实性,可以记录理由并延缓庭审程序。为了确定起诉书的真实性,法官或治安法官既可以亲自调查案件,也可以指令警察调查并向其报告调查结果。通过审查调查报告,如果法官、治安法官认为没有充分的理由继续诉讼程序,可以撤销起诉书并记录理由;如果认为有充分的理由继续诉讼程序,则应当根据《文莱刑事诉讼法典》第一附录第四栏签发传票或令状,必要时也可以免除被告人出庭义务。

2. 庭审程序

根据《文莱刑事诉讼法典》第138条,当被告人被指控犯有《文莱刑法典》第六章规定的危害国家的犯罪、谋杀罪、依法可判处死刑的犯罪时,或者检察官指令治安法官召开预审程序时,治安法官应当主持预审程序,以便将被告人移交高等法院审判;其他案件则应当采用简易程序审理,若符合特定条件,采用简易程序审理的案件也应当移送高等法院审理。高等法院的审理程序与简易程序相似,但对死刑案件以及特定案件的审理较为特殊。以下将分别介绍预审程序、简易程序以及高等法院对死刑案件、特定案件的审理程序。

(1)预审程序

根据《文莱刑事诉讼法典》第140条至第146条,在预审程序中,治安法官应当同意控方或被告人提出的强制证人出庭或提交文件、物品的申请,采纳支持控诉的证据以及其认为需要的其他证据,准许被告人对控方证人进行交叉询问,控方对己方证人反复询问。治安法官也应当询问被告人,要求被告人对不利于其的证据作出解释。

　　通过调查取证、询问被告人，如果治安法官认为没有充分的理由将被告人移送审判，应当按撤诉处理。如果治安法官认为已有充分的理由将被告人移送审判，应当亲自作出指控，并向被告人宣读、解释。治安法官应当使用以下用语："你是否已经知晓对你不利的证据？你是否希望答辩？你有权选择现在辩护，或者在高等法院审理前保留辩护权。你将不会被强迫供述，但如果你选择现在辩护，任何供述或提出的证据都将被书面记录，用于审判。"

　　如果被告人选择保留辩护权，应当被立即移送高等法院审判。如果被告人选择在治安法官面前辩护，治安法官应当向被告人解释：被告人有权通过宣誓或誓愿作为己方证人或保持沉默，被告人也有权申请辩方证人出庭作证。治安法官应当书面记录被告人所作的陈述，确定出庭证人名单，①命令有必要出庭的证人签署保证书或提供保证人。

　　根据《文莱刑事诉讼法典》第147条，治安法官将被告人移送高等法院审理，应当一并移送原始审理记录以及其他证据。原始审理记录包括案件基本情况、被告人的宣誓证言、陈述、出庭证人名单、指控等。根据《文莱刑事诉讼法典》第151A条及第151B条，在满足特定条件的情况下，②书面陈述可代替宣誓证言，主持预审的治安法官在移送高等法院审理时无须审查书面陈述的具体内容，但被告人可以请求治安法官审议辩护词，如果辩护词表明将被告人移送审判的证据不充分，治安法官在听取检察官的意见后可以按撤诉处理。根据《文莱刑事诉讼法典》第152条至第163条，治安法官作出的指控应当包含犯罪行为的具体事项（犯罪实施的时间、地点、被指控人、被害人、物品、犯罪手段等有助于被告人理解被指控的犯罪内容的事项）、罪名以及援引的法律。

---

　　① 根据《文莱刑事诉讼法典》第145条，如果治安法官认为被告人申请某证人出庭作证系恶意拖延诉讼或损害司法公正，可以要求被告人解释该证人出庭作证的重要性，若被告人未能使治安法官确信该证人具有出庭的必要性，治安法官可以将上述证人的姓名从名单中移除。

　　② 根据《文莱刑事诉讼法典》第151B条，在预审程序中，当提交的书面陈述符合以下条件，应当等同于口头陈述，具有可采性。这些条件包括：(a)书面陈述附有陈述作出人的签名；(b)书面陈述包含了宣誓；(c)在书面陈述作为证据被提交的7日前，该陈述的副本已由提交方送达诉讼程序其他各方当事人；(d)预审程序中书面陈述作为证据被提交之前，无任何其他方当事人提出反对。尽管该书面陈述具有可采性，但主持预审的治安法官可以基于自己的动议或诉讼程序任何一方当事人的申请，要求书面陈述作出人出庭作证。

如果指控存在瑕疵,法院可以在宣判前更改指控,向被告人宣读并解释,准许控辩双方重新询问证人,综合考虑控辩双方对更改后指控的准备情况决定继续或延期审判。如果指控存在缺陷、疏漏导致被告人在辩护中被误导,应当重新开庭审理。

(2)简易程序

需要特别说明的是,在文莱,简易程序系指没有法庭顾问的审判程序(Trials without the Aid of Accessors),是相对于有法庭顾问的审判程序而言的,但《文莱刑事诉讼法典》第十九章"有法庭顾问的审判程序"的内容已经被删除,因此可以将简易程序理解为区别于预审程序的一般庭审程序。

根据《文莱刑事诉讼法典》第 175 条至第 181 条,当被告人出庭或被带至法庭,法庭应当提出载明其犯罪具体事项的指控,向被告人宣读、解释,并询问被告人是否认罪或接受审判。如果被告人针对指控作出有罪答辩,法庭在听取控方意见并结合其他证据后,确认被告人理解有罪答辩的性质、后果且无条件承认被指控的罪行,法庭可以记录有罪答辩,依据有罪答辩作出有罪判决。如果被告人拒绝作出有罪答辩或不承认被指控的罪行或请求接受审判,法庭应当听取控告人的意见,收集支持控诉的证据以及其他证据。若法庭认为必要,有权向控告人或其他可能熟悉案情并提供控诉证据的人收集证据,并且传唤必要的证人当面作证。被告人经法庭准许有权对控方证人交叉询问,法庭也可以代表控辩双方或基于自己的动议向证人提问。通过收集证据、询问被告人,如果法庭认为支持指控的证据不充分,可以作出无罪宣告。如果法庭认为有充分的证据证明被告人犯有被指控之罪或者其他犯罪,应当审议对被告人的指控是否充分,若有必要,应当修正指控。若指控被修正,法庭应当向被告人宣读并解释,再次询问被告人是否作有罪答辩或是否辩护。若指控并未被修改,或被告人并未对修改的指控作有罪答辩,法庭应当要求被告人辩护并举证。法庭应当向被告人解释被告人有权通过宣誓或誓愿作为己方证人或保持沉默,被告人也可以申请辩方证人出庭作证。通过审理,如果法庭认为被告人无罪,应当宣告无罪。如果法庭认为被告人有罪或记录被告人的有罪答辩,应当依法判刑。

《文莱刑事诉讼法典》第 182 条、第 183 条规定,在庭审过程中,若控方缺席,且犯罪已经依法达成刑事和解,法庭可以基于自由裁量权,在被告人辩护前将案件按撤诉处理。若被告人经传唤未于传票规定的时间和地点出庭,法庭认为传票已在指定的出庭日期前的合理时间内被及时送达,且不存在中止庭审的充分理由,法庭既可继续审理并裁决,也可以休庭择日再审。如果满足以下条件,即便被告人未出庭,法庭也可以决定按照被告人出庭作出有罪答辩的程序审理此案:第一,被指控的犯罪属于因拖欠罚金而将被判处有期徒刑的,或属于将被判处罚金或不超过 6 个月有期徒刑的,或属于其他立法规定适用本条的,或属于苏丹陛下在司法委员会中宣告适用本条的;第二,被告人作出书面有罪答辩并提交至法庭;第三,控告人是检察官并且控告人请求法庭按照被告人出庭的程序审理本案。如果法院认为被指控的犯罪应当判处 6 个月以上有期徒刑,可以在判决前的任何阶段撤销此决定。

根据《文莱刑事诉讼法典》第 186 条,在判决交付前,检察官或其他实施控诉的人可以通知法庭撤回对被告人的指控,经法庭同意,基于该指控针对被告人的所有诉讼程序将终止;法庭也可以基于自己的动议终止诉讼程序。一旦诉讼程序终止,应当释放被告人。按撤诉处理通常不等同于无罪宣告,法庭可以要求依本条被释放的被告人签署有担保或无担保的保证书,在保证书规定的时间经法庭传唤到庭,同时维护社会治安或保持良好行为。

根据《文莱刑事诉讼法典》第 187 条,在法庭作出无罪判决的案件中,如果法庭认为控方提供的信息或指控是无意义或无根据的,可以根据被告人的申请或依职权命令控告人或信息提供者支付被告人不超过 500 文莱元的赔偿。命令支付的金额可追缴,若无法追缴,将判处不超过 30 日的有期徒刑替代赔偿。

《文莱刑事诉讼法典》第 189 条、第 190 条规定,在治安法官审理的案件中,在审判程序的任何阶段,若治安法官发现该案应当由高等法院审理,应当将案件移送高等法院审理。若检察官认为该案应当由高等法院审理,可以指示治安法官将案件移送高等法院审理,治安法官应当记录检察官的指示并遵从。另外,如果对被告人定罪后,治安法官认为应当对被告人判处超过其权限的刑罚,可以将被告人移送高等法院处刑。

(3)高等法院对死刑案件或其他特定案件的审理程序

根据《文莱刑事诉讼法典》第 190 条,当被告人被指控犯有可判处死刑的犯罪时,或者当最高法院首席大法官基于总检察长的申请适用本条审理程序时,应当由两名高等法院法官组成的合议庭进行审理,其中一名法官是主审法官。当两名法官对庭审中出现的有关证据的采纳或排除等问题产生不同意见时,主审法官享有决定性的一票。

3.庭审规则

《文莱刑事诉讼法典》第 216 条至第 236C 条规定了法庭审理的规则,本文重点介绍以下三个具有特色的规则:

(1)法庭帮助无辩护人的被告人。根据《文莱刑事诉讼法典》第 220 条、第 221 条,若被告人无辩护人,法庭可以在控方证人作证结束时或在指控结束前的任何阶段,询问被告人是否辩护,是否需要对控方证人交叉询问,是否对控方证据提出质疑或是否需要补充证据。当法庭要求被告人辩护时,应当通知被告人并向被告人解释:被告人可以宣誓或誓愿作为己方证人,或保持沉默,被告人也可以申请辩方证人出庭作证。法庭可以提醒被告人注意控诉证据中需要被告人解释的那些证据。未经宣誓作证的被告人可能成为控方发表负面评论的对象,对此法庭可以基于公正的考量适当干预。

(2)准许证人远程举证。《文莱刑事诉讼法典》第 236B 条规定,除被告人以外的证人,如果在文莱境外,或于犯罪被指控时该证人小于 14 岁,或系儿童证人,提交了证人证言的录像并同意接受交叉询问,且被指控之罪属于特定的犯罪,[①]法庭可以准许上述证人通过视频远程举证。

(3)采纳儿童证人证言的录像。[②] 根据《文莱刑事诉讼法典》第 236C 条之规定,在特定的犯罪中,[③]就案件的相关情况对被告人以外的儿童采访的录像可以作为证据提交,除非存在以下情形:(a)儿童证人无法接受交叉询问;(b)法庭关于公开录像制作相关情况的要求未得到遵守;(c)综合全案情况,为

[①]　包括:(a)任何涉及侵犯他人人身或伤害他人或以伤害相威胁的犯罪;(b)涉及以下的犯罪:《文莱刑法典》第 317 条(遗弃罪)、第 354 条(施暴罪)、第 366A 条(介绍未能年人卖淫罪)、第 372 条(拐卖未成年人罪)、第 373 条(收买被拐卖的未成年人罪)、第 373A 条(以卖淫为目的的进口罪)、第 376 条(强奸罪)、第 377 条(违背自然罪)、第 377A 条(乱伦罪);《非法性侵法案》第 2 条(性侵罪);《妇女女童保护法案》第 3 条(卖淫罪)、第 4 条(贩卖妇女、女童罪)、第 5 条(以卖淫为业或从事卖淫活动)。

[②]　"儿童"指制作录像时小于 14 岁的公民。

[③]　包括:(a)任何涉及侵犯他人人身或伤害他人或以伤害相威胁的犯罪;(b)涉及以下的犯罪:《文莱刑法典》第 317 条(遗弃罪)、第 354 条(施暴罪)、第 366A 条(介绍未能年人卖淫罪)、第 372 条(拐卖未成年人罪)、第 373 条(收买被拐卖的未成年人罪)、第 373A 条(以卖淫为目的的进口罪)、第 376 条(强奸罪)、第 377 条(违背自然罪)、第 377A 条(乱伦罪);《非法性侵法案》第 2 条(性侵罪);《妇女女童保护法案》第 3 条(卖淫罪)、第 4 条(贩卖妇女、女童罪)、第 5 条(以卖淫为业或从事卖淫活动)。

了司法公正,不应当采纳录像。否则,法庭应当采纳录像。

4.判决的形成与执行

(1)判决的形成

关于定罪。文莱刑事诉讼法以下两项规定较有特色。首先,根据《文莱刑事诉讼法典》第168条,虽然被告人被指控犯有某罪,但证据显示其实施了另一犯罪,即使对另一犯罪的指控尚未提起,法庭有权判处被告人犯有另一罪。其次,根据《文莱刑事诉讼法典》第190条,在高等法院对死刑案件或其他特定案件的审判程序中,若两名法官在被告人是否犯有某罪的问题上未能达成一致意见,不应当判处被告人犯有该罪;若两名法官同意,基于同一事实,可判处被告人犯有比被指控之罪更轻的犯罪。

①关于量刑。在文莱,刑罚种类包括死刑、[①]无期徒刑、有期徒刑、罚金刑、鞭刑。[②] 当满足特定条件,法庭可以判处缓刑以替代刑罚。根据对象不同,缓刑包括对青少年罪犯判处缓刑以及对非青少年犯判处缓刑。法庭也可以在判处刑罚之外附加判处警察监督。以下将分别介绍对青少年罪犯判处缓刑、对非青少年罪犯判处缓刑以及判处警察监督这三种情形。其一,对青少年罪犯判处缓刑。[③] 根据《文莱刑事诉讼法典》第262条,针对被刑事法庭判决犯有可处以罚金或有期徒刑的犯罪的青少年犯,法庭可以:对该青少年罪犯训诫后将其释放;命令将该青少年罪犯交给其父母、监护人、近亲属或其他有监护职责的人,责令上述人员签署提供或不提供担保的保证书,要求其保证青少年罪犯在不超过12个月的保证期内保持良好行为;命令上述被释放的青少年罪犯在缓刑期内执行提供担保或不提供担保的保证书,在法庭指令的期间内根据法庭要求出庭,同时维护治安,保持良好行为;在高等法院审理的案件中,或其他法院移送高等法院希望将青少年罪犯羁押的案件中,高等法院可以将青少年罪犯羁押于拘留所不少于1年且不超过5年,直至被告人达到20岁为止。[④] 其二,对非青少年犯判处缓刑。根据《文莱刑事诉讼法典》第263条,当任何非青少年罪犯被判定犯有可判处罚金或有期徒刑的犯罪时,如果法庭综

---

① 根据《文莱刑事诉讼法典》第238条,对小于18岁的人不得处以死刑。

② 根据《文莱刑事诉讼法典》第258条,对女性、被判处死刑的男性、法庭认为已超过50岁的男性不应当判处鞭刑。

③ 根据《文莱刑事诉讼法典》第2条,青少年罪犯是指大于7岁并小于18岁的公民。

④ "拘留所"指苏丹陛下在司法委员会中指定用于拘留的场所。

合考虑该罪犯的性格、经历、年龄、健康或精神状态以及犯罪性质、可减轻惩罚的情节,认为判处缓刑并释放该罪犯是有利的,可以在训诫后将其释放,或指令其签署提供担保或不提供担保的保证书,在法庭指令的期间内,根据法庭要求出庭,同时维护治安,保持良好行为。其三,判处警察监督。《文莱刑事诉讼法典》第 264 条至第 266 条规定,当一个人先前犯有可判处 2 年及 2 年以上有期徒刑的犯罪,之后又犯有可判处 2 年及 2 年以上有期徒刑的其他犯罪,高等法院或治安法官法院在判处该犯罪的刑罚之外,可以指令该罪犯服从警察的监督,监督期限不超过 3 年,从最后一次犯罪被判处的刑罚执行完毕后开始生效。每个被判处服从警察监督的罪犯在文莱境内应当:(a)向住所地警区负责人报告住所地;(b)当其变更住所时,应当通知原住所地警区负责人以及新住所地警区负责人;(c)当其变更住所且该住所位于文莱境外,应当通知原住所地警区负责人。被判处服从警察监督的人如果是男性,应当按照住所地警区负责人规定的时间每月向该负责人或其指定的人报告自身情况,该负责人或其指定的其他人可以在每次报告时采集罪犯的指纹。应当服从警察监督的罪犯如果违反上述要求,除非其在审判之前向法庭证明并使法庭确信其已经尽力遵守法律,否则应当构成犯罪,被判处有期徒刑,并被处以 800 文莱元的罚金。

②判决的宣告。根据《文莱刑事诉讼法典》第 237 条,一审法院所作的判决应当立即公开宣判,也可以在正式告知当事人或其法定代理人后择期宣判。若被告人被羁押,应当将其带至法庭;若未被羁押,应当要求其出庭听取宣判,除非被告人审判期间的出庭义务被免除且仅被判处罚金或其被宣告无罪。在上述两种情况下,可以向被告人的法定代理人宣判。每份判决都应当使用马来语或英语以及被告人理解的其他语言进行宣判。判决应当包括事实、结果和理由。判决应当明确罪名(若有的话)、法律条文以及被判处的刑罚。若判决宣告无罪,应当说明被告人被宣布无罪的罪名,并指令恢复其自由。若被告人被判处犯有可处以死刑的犯罪,但法庭并未判处死刑,应当在判决中说明理由。根据《文莱刑事诉讼法典》第 238 条,当判处一个人死刑时,判决中应当明确罪犯将被处以绞刑直至死亡,但不应当说明执行死刑的时间与地点。

(2)判决的执行

文莱的刑罚种类包括死刑、无期徒刑、有期徒刑、罚金刑以及鞭刑。下文主要介绍死刑、有期徒刑、罚金刑以及鞭刑的执行。

第一,死刑判决的执行。根据《文莱刑事诉讼法典》第244条至第248条,在文莱,由苏丹陛下决定是否执行死刑。在判处死刑的案件中,一审法官应当向最高法院首席大法官提交审理记录以及盖有公章的书面报告,说明是否存在不应当执行死刑的理由,由最高法院首席大法官转交苏丹陛下。若上诉期届满或上诉被驳回,最高法院首席大法官应当尽早将审理记录以及报告提交给苏丹陛下。如果提起了上诉,最高法院首席大法官应当将上诉法院的裁决和报告一并提交;若没有上诉,最高法院首席大法官认为合适的,也可以制作报告一并提交。苏丹陛下可以传唤一审法官出席枢密院会议讨论是否执行死刑。苏丹陛下通过审议上述报告,听取一审法官的意见,应当作出是否执行死刑的命令,并向高等法院送达该命令。若苏丹陛下命令执行死刑,高等法院法官应当向监狱总监签发执行令,监狱总监收到执行令后应指派官员执行。执行死刑时,被监狱总监指派执行死刑的官员、医疗官员或医院协助人员以及监狱总监认为合适的其他人应当在场,宗教司法部长经监狱总监同意也可以在场。死刑判决执行完毕后,医疗官员或医院协助人员应当立刻检查被执行人的尸体以确认死亡,于执行令状的背面签署死亡证明,由监狱总监将执行令交还最高法院首席大法官。

第二,有期徒刑的执行。根据《文莱刑事诉讼法典》第252条,当被告人被判处有期徒刑,作出判决的法庭应当向羁押被告人的监狱的负责人送达执行令状;如果被告人未被关押于监狱,应当伴随令状,将处于警察羁押之下的被告人移交至监狱。

第三,罚金刑的执行。根据《文莱刑事诉讼法典》第253条至第256条之规定,如果罪犯被判处罚金,且该罚金尚未缴纳,法院可以作出以下一项或多项命令:(a)确定缴纳罚金的时间;(b)指令分期缴纳罚金;(c)当罪犯因未缴纳罚金被判处有期徒刑时,法院可以暂停执行有期徒刑释放罪犯,并且作出附条件的命令,要求罪犯签署提供或不提供担保的保证书,保证于缴纳罚金的日期或分期缴纳罚金的日期之前出庭。当法院指令罪犯分期缴纳罚金时,在分期缴纳罚金期间若有违反规定的情形,或在指定的日期内未缴纳罚金,作出判决的法庭可以基于自由裁量权作出以下一个或两个命令:其一,责令罪犯缴纳罚金,否则将对其判处监禁刑;①其二,签发令状,征缴通过扣押、拍卖罪犯的财产所得的金钱。一旦罪犯缴纳了罚金或通过法定程序强制其缴纳了罚金,因未缴纳罚金而被判处的有期徒刑应当终止执行。如果在因未缴纳罚金而被判处的有期徒刑执行完毕之前,已经缴纳或通过法定程序缴纳的罚金所占的比例不少于其未执行的有期徒刑所对应的罚金比例的,有期徒刑应当终止执行。法庭可以自作出判决之日起 6 年内随时征缴罚金,若罪犯被判处 6 年以上有期徒刑,在该刑期届满前的任何时候包括罪犯死亡时都不能免除其缴纳罚金的责任,罪犯死后,其财产将用于偿还罚金。

第四,鞭刑的执行。根据《文莱刑事诉讼法典》第 257 条至第 260 条,当被告人被判处鞭刑,判决书中应当明确使用的工具和鞭打的次数。除法律另有规定外,对成年罪犯的鞭打次数不得超过 24 次,对青少年罪犯的鞭打次数不得超过 18 次。执行鞭刑所用的藤条的直径不得超过半英寸。在青少年罪犯的案件中,鞭刑应当按照执行学校纪律的方式,用较轻的藤条执行。当被告人在一次庭审中被判处两个或两个以上独立的犯罪,其中两个或多个犯罪均可判处鞭刑时,法庭判处合并执行鞭刑的,合并后对成年罪犯的鞭打次数不得超过 24 次,对青少年罪犯的鞭打次数不得超过 18 次,但法律另有规定的除外。只有在医疗官员或医院协助人员在场并证明罪犯的健康状况能够承受鞭刑的情况下才可以实施鞭刑。如果在执行鞭刑的过程中,医疗官员或医院协助人员证明罪犯的健康状况不能承受剩余鞭刑,应当停止执行,将罪犯羁押直至判决被修改。法庭有权减轻处罚或判处最长不超过 12 个月的有期徒刑以代替未执行的鞭刑。

---

① 若罪犯不缴纳罚金,除法律另有规定外,法庭对未缴纳罚金的罪犯判处的监禁刑不得超出以下范围:(a)若犯罪行为可以判处有期徒刑:法定最高刑不超过 6 个月的,监禁时间不得超过法定最高刑;法定最高刑超过 6 个月但不超过 2 年的,监禁时间不得超过 6 个月;法定最高刑超过 2 年的,监禁时间不得超过法定最高刑的四分之一;(b)若犯罪行为不可判处有期徒刑:罚金不超过 100 文莱元的,监禁时间不得超过 1 个月;罚金超过 100 文莱元但不超过 250 文莱元的,监禁时间不得超过 2 个月;罚金超过 250 文莱元但不超过 500 文莱元的,监禁时间不得超过 4 个月;罚金超过 500 文莱元的,监禁时间不得超过 6 个月。

（五）上诉与申请复审

《文莱刑事诉讼法典》第七编、第十编规定了上诉与申请复审程序。诉讼当事人可以针对一审法院作出的定罪、量刑、命令向上级法院提起上诉，检察官、一审法官也可针对法律问题向上级法院申请复审。当满足特定条件，二审法院将启动复审程序。以下将分四个方面介绍上诉与申请复审程序，分别是：诉讼当事人针对治安法官法院的裁判向高等法院提起上诉；治安法官针对法律问题向高等法院申请复审；诉讼当事人针对高等法院的裁判向上诉法院提起上诉；检察官或高等法院法官针对法律问题向上诉法院申请复审。

1.诉讼当事人针对治安法官法院的裁判向高等法院提起上诉

根据《文莱刑事诉讼法典》第 271 条，被告人、控告人或检察官若对治安法官宣告的定罪、量刑或命令不服，认为事实错误、法律适用错误或量刑失当，可向高等法院提起上诉。需要注意的是，《文莱刑事诉讼法典》第 275 条规定，当对无罪宣告不服或认为量刑失当时，只有检察官或经检察官书面批准的被告人才有权提起上诉。

根据《文莱刑事诉讼法典》第 272 条、第 276 条、第 277 条、第 280 条，上诉人应当于裁判、命令作出或通过之日起 14 日内向一审法院递交上诉申请并交纳上诉费，上诉申请应当简要陈述上诉理由，并载有上诉人的签名。若上诉人被羁押，可以口头或书面告知监狱负责人其上诉申请并交纳上诉费，由监狱负责人将口头上诉申请转告一审法院或将上诉申请转交给一审法院。一审法院应当将上诉申请、经认证的审理记录的副本、在庭审中已举示的文件原件及经认证的副本、一审法院认为有必要提交的其他证物一并提交至高等法院。高等法院的法官收到上述申请、文件和证物后，应当仔细查看，如果认为上诉的理由不充分，可以即刻驳回上诉。如果法官未即刻驳回上诉，应当告知各方当事人将开庭审理上诉案件。

《文莱刑事诉讼法典》第 284 条至第 286 条规定，在针对无罪宣告提起的上诉案件中，高等法院可以驳回上诉；或基于同一或修正后的指控指令进一步调查或审理；若发现被告人犯有其他犯罪，应当依法判决。在针对有罪判决提起的上诉案件中，高等法院可以驳回上诉；或推翻一审法院的定罪、量刑并宣告无罪；或基于同一或修正后的指控指令进一步调查或审理；或判处被告人犯有其他犯罪，维持、减轻或加重刑罚或改变刑罚种类；或维持原判决，维持、减轻或加重刑罚或改变刑罚种类。在针对量刑提起的上诉案件中,高等法院可以减轻或加重刑罚或改变刑罚种类。① 在针对其他命令提起的上诉案件中,高等法院可以驳回上诉,或指令进一步调查,或变更或推翻该命令。根据《文莱刑事诉讼法典》第 289 条、第 291 条之规定,除非高等法院确信一审判决或命令证据不充分、适用法律错误或量刑不当,否则不应当推翻一审判决或命令。高等法院作出裁判后,应当向一审法院说明准许上诉(allow an appeal)以及更改一审裁判的理由,一审法院应当作出与高等法院裁判一致的命令。

需要特别说明的是,根据《文莱刑事诉讼法典》第 291A 条,当针对治安法官法院的刑事裁判向高等法院提起的上诉已经被审理并裁判,但高等法院的裁决涉及基于公共利益应当由上诉法院裁决的法律问题时,检察官或审理上诉的法官依职权或依当事人的申请,应当在裁判作出后 1 个月内或上诉法院准许的更长时间内向上诉法院申请复审。

2. 治安法官针对法律问题向高等法院申请复审

根据《文莱刑事诉讼法典》第 294 条、第 295 条,在诉讼程序终结或有罪判决、无罪宣告、量刑、命令作出或通过之日起 7 日内,治安法官可以将诉讼程序中出现的法律问题交由高等法院审议。治安法官应当简要列明事实,陈述法律问题,确定争点并提交给高等法院司法常务官。高等法院应当审理并判定提交的法律问题,维持、修改或推翻一审裁判、命令,或将问题交由治安法官按照高等法院的意见进行处理。

3. 诉讼当事人针对高等法院的裁判向上诉法院提起上诉

根据《文莱刑事诉讼法典》第 430 条、第 402 条,自高等法院的裁判通过之日起 28 日内,被告人有权针对定罪、量刑、因认定精神病所作的无罪裁判和不具有行为能力的裁判提交上诉申请,检察官有权自量刑通过之日起 21 日内或于上诉法院准许的时间内针对量刑提交上诉申请。上诉期间,不应当执行死刑、鞭刑。

(1)针对定罪提起上诉。根据《文莱刑事诉讼法典》第 414 条、第 415 条、第 420 条,被告人有权针对定罪向上诉法院提起上诉。如果上诉法院认为高等法院定罪的证据不充分或适用法律错误,应当宣告定罪无效。对于高等法

---

① 根据《文莱刑事诉讼法典》第 285A 条,在检察官针对量刑过轻提起的上诉案件中,若高等法院加重或改变刑罚种类,被上诉人也可以针对加重或改变种类的刑罚向上诉法院提起上诉。

院审判过程中出现的实质性的不规范行为,上诉法院应当准许上诉。对于其他情形,应当驳回上诉。当上诉法院准许针对定罪的上诉或认为存在本应于一审中被审理的其他犯罪,出于司法公正的需要,有权指令上诉人接受复审。

(2)针对量刑提起上诉。根据《文莱刑事诉讼法典》第 422 条、第 423 条,被告人有权针对量刑向上诉法院提起上诉。若高等法院对被告人判处了多个刑罚,针对其中任一刑罚的上诉应当被视为针对全部刑罚提起的上诉。上诉法院有权推翻一审法院的量刑或命令,作出上诉法院认为合适的量刑或命令,无论更轻或更重。根据《文莱刑事诉讼法典》第 402 条至第 404 条,检察官可以针对量刑向上诉法院提起上诉。如果上诉法院认为高等法院的量刑超出法律授权、存在原则性错误、量刑明显过轻或过重,上诉法院可以推翻高等法院的量刑并依法作出量刑裁判,无论更轻或更重。如果被告人和检察官同时提起针对量刑的上诉,上诉法院可以一并审理。

(3)针对因认定精神病所作的无罪裁判提起上诉。根据《文莱刑事诉讼法典》第 424 条至第 426 条,被认定患有精神病而获得无罪判决的被告人有权向上诉法院提起上诉。如果上诉法院认为高等法院作出裁判的证据不充分或适用法律错误,应当准许上诉,宣告一审裁判无效。对于高等法院审判过程中出现的实质性的不规范行为,上诉法院应当准许上诉。对于因其他情形而提起的上诉,应当予以驳回。当上诉法院准许上诉,如果认为被告人不具有行为能力,应当命令将上诉人送至监狱或医院;如果上诉法院认为认定上诉人患有精神病的裁判不成立,本应当判决被告人犯有被指控之罪或其他犯罪,应当改判;对于其他情形,上诉法院应当宣告被告人无罪。

(4)针对不具有行为能力的裁判提起上诉。根据《文莱刑事诉讼法典》第 427 条、第 428 条,被高等法院判定不具有行为能力的被告人有权向上诉法院提起上诉。如果上诉法院认为高等法院作出裁判的证据不充分或适用法律错误,应当准许上诉,宣告上述裁判无效。对于高等法院审判过程中出现的实质性的不规范行为,上诉法院应当准许上诉。对于其他情形,应当驳回上诉。如果上诉法院认为应当于审查被告人行为能力之前宣告被告人无罪,上诉法院应当准许上诉,推翻高等法院的裁判,并指令高等法院作出无罪宣告的裁判。

4.检察官或高等法院法官针对法律问题向上诉法院申请复审

根据《文莱刑事诉讼法典》第 406 条,检察官有权针对高等法院判决无罪的案件中出现的法律问题向上诉法院申请复审,上诉法院应当审议上述法律问题并发表意见。另外,根据《文莱刑事诉讼法典》第 412 条,高等法院的法官可以依职权或依检察官、辩方的申请,针对审判中出现的法律问题申请上诉法院审议。通过审议高等法院提出的法律问题,上诉法院可以维持或推翻高等法院的定罪,也可以命令高等法院重新审理。

(六)特殊程序

《文莱刑事诉讼法典》第八编规定了特殊程序,具体包括死因调查程序、心智不健全的被告人的诉讼程序、妨害司法行政特定犯罪的处置程序以及人身保护令。下文主要介绍死因调查程序以及心智不健全的被告人的诉讼程序。

1. 死因调查程序

(1)警察局负责人具有开展死因调查的职责。根据《文莱刑事诉讼法典》第 303 条至第 306 条,警察局负责人如果收到以下信息,应当开展死因调查:(a)有人自杀死亡;(b)有人被其他人杀害,或因动物、机器致死,或意外死亡;(c)有人已经死亡,死亡的环境表明其他人可能实施了犯罪;(d)有人已经死亡或失踪,可以合理推定失踪之人已经死亡,死亡或失踪的原因不明。警察局负责人应当立刻将上述信息告知治安法官,自行前往或指令其他警察前往尸体所在地或死者生前最后出现的地点(若尸体已经消失)开展调查、制作调查报告并提交给治安法官。① 负责死因调查的警察如果有理由怀疑死者系非自然死亡,应当立即通知最近的医疗官员,并将尸体转移到最近的公立医院或其他适合验尸的场所。医疗官员或医院协助人员接到通知后应当尽早检验死者尸体,出具尸体检验报告,确定死因。如果负责死因调查的警察确定死者系意外事件导致死亡,或综合全案情况认为无须进一步检验,可以命令将尸体立刻埋葬。

(2)治安法官享有主持死因调查的职权。根据《文莱刑事诉讼法典》第 307 条至第 312 条,当出现以下四种情形,并且无法找到尸体时,治安法官有权组织调查:有人自杀死亡;有人被其他人杀害,或因动物、机器致死,或意外死亡;有人已经死亡,死亡的环境表明其他人可能实施了犯罪;有人已经死亡或失踪,可以合理推定失踪之人已经死亡,死亡或失踪的原因不明。另外,拘

---

① 调查报告应当陈述明显的死因,若可以找到尸体,应当描述尸体的伤口、骨折、伤痕以及其他情况并说明造成上述伤痕的行为方式、武器或工具。无论尸体是否可以找到,都应当说明可能与死因或罪犯有关的物品和情形。

留所、精神病院或监狱内在押人员死亡的,相关场所的负责人应当立即告知最近的治安法官,该治安法官或其他的治安法官如果认为有必要,应当立即组织死因调查,委派警察开展调查并制作调查报告。主持死因调查的治安法官享有调查犯罪的所有权力。为了确定死因,主持死因调查的治安法官如果认为有必要由医疗官员或医院协助人员对尸体进行检验,无论先前是否已经进行了尸检,可以签发命令要求医疗官员或医院协助人员对尸体进行检验,并且可以为此目的命令将死者尸体从墓中挖出。主持调查的治安法官可以召集一个由 4 人或 5 人组成的陪审团协助调查,如果可能,陪审团中应当至少有一半成员与死者属于同一民族。主持调查的治安法官应当调查死者死亡的时间、地点,致死的原因、方式以及是否存在犯罪嫌疑人,并且将经认证的原始证据或副本提交给检察官。

(3)检察官有权指令治安法官组织死因调查。根据《文莱刑事诉讼法典》第 313 条,检察官有权随时指令治安法官调查死亡原因以及相关情况,被指令的治安法官应当组织调查并记录相关情况。当死因调查程序已经终结,如果检察官认为有必要进一步调查,可以指令治安法官重启调查程序进行进一步调查,治安法官应当遵守该指令。① 检察官指令治安法官调查时,也可以作出是否将尸体从墓中挖出的命令。

(4)尸检报告的证据效力。根据《文莱刑事诉讼法典》第 314 条,检验死者尸体的医疗官员或医院协助人员在可能的情况下应当出庭作证,若因合理原因缺席,可以采纳其书面报告;但医疗官员、医院协助人员未出庭宣誓作证致使被告人丧失了交叉询问的机会,尸检报告的证据效力有所减弱。

2.心智不健全的被告人的诉讼程序

根据《文莱刑事诉讼法典》第 315 条、第 316 条之规定,当主持调查或审理的法院有理由怀疑被告人心智不健全且无法自行辩护时,应当延期调查或审判,并将被告人送至医院还押候审,还押候审的期限不超过 1 个月。医院的医疗官员应当在还押候审期限届满前向法院证明被告人的精神状况;如果在此期间内无法形成确定的结论,有权向法院申请延长还押候审的期限至 2 个月。若医疗官员证明被告人心智健全且能自行辩护,法院应当继续调查或审理;若

---

① 根据《文莱刑事诉讼法典》第 313 条,若某人犯有谋杀或杀人罪的裁判已经作出,则不适用重启死因调查程序的规定。

医疗官员证明被告人心智不健全且无法自行辩护,法院应当根据案件情况延期调查或审理。若被告人被证明心智不健全且无法自行辩护,在诉讼程序期间,该被告人无须出庭。

根据《文莱刑事诉讼法典》第 321 条,在庭审中,如果有证据证明被告人实施犯罪时心智不健全,法院应当作出特殊裁决,即:被告人犯有被指控之罪但实施犯罪行为时心智不健全。如果特殊裁决由治安法官法院作出,应当向高等法院报告该案件,并指令将被告人关押于监狱、医院或高等法院指示的其他地方。若高等法院法官认同该裁决,在等待司法部长命令期间,应当指令将被告人关押于精神病院、监狱或其他场所;若高等法院法官不认同该裁决,可以亲自或指令进一步调查,也可指令其他治安法官法院重新审判。如果特殊裁决由高等法院作出,应当向司法部长报告该案件,并由司法部长向苏丹陛下报告案件。在等候苏丹陛下裁决期间,司法部长应当命令将被告人关押于精神病院、监狱或其他场所。

根据《文莱刑事诉讼法典》第 322 条至 325A 条,心智不健全的人在押期间,应当由两名医疗官员至少每 12 个月到访羁押场所一次,确认被告人的精神状况,并向司法部长报告。如果医疗官员证明被告人有能力自行辩护,并且检察官证明基于公共利益应当继续审理,法庭应当继续审理。如果依据医疗报告,被告人可能已经恢复了理智并且有人向法庭提供了充分的保证,苏丹陛下有权命令将其释放。① 若被告人的亲属或朋友希望照顾并监管被告人,向司法部长提出了申请并保证妥善照料被告人,司法部长有权命令将被告人交由亲属或朋友监管,并附加有关医疗检查、照看、监管的必要条件;若被告人违反上述条件,则构成犯罪,可对其判处 8000 文莱元的罚金。若治安法官有理由相信被告人违反上述条件系因精神病复发,可以免于判处罚金,或在判处罚金之外,命令将被告人关押于监狱、医院或其他场所。当被告人被羁押时,应当由 2 名医疗官员到访羁押场所,确认被告人的精神状况,并向司法部长报告。根据医疗官员的报告和建议,司法部长可以撤销先前释放的命令或再次作出释放的命令。

---

① 根据《文莱刑事诉讼法典》第 324 条,苏丹陛下有权任命法官、治安法官以及其他合适的人组成委员会,调查是否有人为释放被告人提供充分的保证。

(七)补充规定

《文莱刑事诉讼法典》第九编是"补充规定",具体包括保释、被告人涉案财物处置、刑事案件移送和对程序不规范的处理等内容。下文重点介绍被告人涉案财物处置以及对程序不规范的处理,对其他规定作简要介绍。

1. 被告人涉案财物处置

根据《文莱刑事诉讼法典》第 357 条,当与犯罪有关的财物在调查或审判中被提交至法庭时,法庭可以命令在调查或审判结束前妥善保管上述财物,如果财物易于腐烂,法庭可以在记录必要的证据后,命令变卖或以其他方式处置该财产。当刑事法庭的调查或审判结束时,法庭可以命令将提交至法庭的财物、处于法庭保管下的财物、与犯罪有关的财物或可能用于实施犯罪的财物销毁、没收或交还权利人。若法院将财物交还权利人,可以要求权利人签署提供担保或不提供担保的保证书,保证当命令被修改或撤销时将上述财产归还法院。

根据《文莱刑事诉讼法典》第 359 条,如果被告人被判处犯有盗窃罪或接受被盗财物的犯罪,有证据证明其他不知情的人从被告人处购买了被盗财物并支付了对价,法院可以将被盗财物还给权利人,并且依据善意购买者的申请,命令从被告人财物中取出不超过善意购买者支付的价款的部分,将其返还给善意购买者。

《文莱刑事诉讼法典》第 363 条、第 364 条规定,警察在扣押搜查获取的财物、被盗财物或在犯罪现场发现的财物后,应当立即向治安法官报告,治安法官应当作出适当的命令。若能够确定权利人,治安法官应当命令将该财产返还权利人;若无法确定权利人,治安法官可以扣留该财产并签发公告,在公告中说明该财产所包含的物品,要求财产权利人于公告之日起 6 个月内向该治安法官当面提出请求。若财产价值超过 500 文莱元,应当于政府公报刊登公告。在上述期间内,若无人对该财产提出请求,或者财产持有人无法证明其系合法获取该财产,政府可以依据治安法官的命令将其变卖。

2. 对程序不规范的处理

(1)对治安法官未依法记录供述的处理。根据《文莱刑事诉讼法典》第 369 条,对于治安法官未依法记录的供述、陈述,如果未损害被指控人的利益,上诉法院可以采纳。

（2）对遗漏指控的处理。根据《文莱刑事诉讼法典》第370条,不得仅因遗漏指控而认定已宣告或通过的裁判无效,但上诉法院认为遗漏指控已经引起司法不公的除外。如果上诉法院认为遗漏指控已经引起司法不公,应当命令重新审理。

（3）对其他程序不规范的处理。根据《文莱刑事诉讼法典》第371条,法院通过或作出的判决、裁定或命令不应当因以下不规范行为而被推翻或变更,除非下列不规范行为已经引起司法不公：（a）在审前程序、审判程序、调查程序或本法规定的其他诉讼程序中,控告书、传票、令状、起诉书、判决书或其他文书出现错误、遗漏或不规范；（b）未经批准受理特定犯罪；（c）未依法告知被指控人其享有的诉讼权利；（d）法庭顾问不具备资质；（e）不合理地采纳或拒绝采纳证据；（f）对法庭顾问作出错误指示。根据《文莱刑事诉讼法典》第373条,不得因传票、有罪判决、扣押令或其他法律文书中存在瑕疵或形式不规范而认为法律行为无效,或将作出上述法律文书的人视为侵权人,但合法权益受到侵害的公民有权获得赔偿。

3.其他规定

（1）特定公职人员通常无须出庭。根据《文莱刑事诉讼法典》第380A条,特定公职人员对任何人、事、物的检查与分析报告,①通常可以直接在调查、审判或其他诉讼程序中作为证据使用,除非法庭或被告人要求其出庭作证。控方若想将上述报告作为证据举示,应当于开庭前不少于14个工作日内将报告的副本送达被告人；被告人若想申请上述人员出庭,应当于开庭前不少于7个工作日内书面通知控方。

（2）法庭命令被告人支付指控费用以及赔偿费用。根据《文莱刑事诉讼法典》第382条,当公民被判定犯罪或违法,法庭可以基于自由裁量权,在本应判处的刑罚之外,针对被告人作出以下一个或两个命令：（a）命令其支付全部或部分指控费用；（b）命令其向身体、精神或财产受到犯罪行为或违法行为侵害的人或代理人支付赔偿费用。法庭应当明确指控费用支付命令与赔偿费用支

---

① 特定公职人员包括：（a）政府医疗官员；（b）目前被政府部门雇佣从事分析工作的人；（c）目前被马来西亚或新加坡联邦政府雇佣的从事分析工作的人或化学研究员；（d）被苏丹陛下于司法委员会中任命的或被马来西亚或新加坡联邦政府任命的文件鉴别人员；（e）根据法律规定被任命的度量衡检查员；（f）苏丹陛下于司法委员会中宣告的并于公报上公示的适用本条的人员。

付命令之间的先后顺序,若未明确指示,应当优先支付指控费用。支付令不影响被害人或代理人行使民事救济权,但法庭应当考虑根据命令已经支付的赔偿费用。

（3）法庭命令政府支付控告人和证人的费用。根据《文莱刑事诉讼法典》第383条,法庭有权命令政府向控告人、控方证人、辩方证人或其他法庭认为合适的人支付因出庭产生的相关费用,并补偿因出庭带来的不便和损失。

（4）法庭命令政府对追捕罪犯过程中具有超乎常人表现的公民予以奖励。根据《文莱刑事诉讼法典》第386条,当法庭认为在追捕被指控实施、试图实施或煽动他人实施可处以死刑或重刑的罪犯的过程中,某公民表现出不同寻常的勇气、勤勉或努力,该法庭可以命令政府向其支付不超过500文莱元的奖励金。

（5）苏丹陛下命令政府对逮捕过程中被杀害的公民的家属予以补偿。根据《文莱刑事诉讼法典》第387条,若有任何公民在逮捕或羁押前述罪犯的过程中被杀害,苏丹陛下可以在司法委员会中命令由政府向死者的妻子、丈夫、父母或孩子支付合理补偿。

（6）治安法官下令强制恢复被拐卖、非法拘禁的妇女、女童的自由。根据《文莱刑事诉讼法典》第392条,当治安法官得知妇女或不满14岁的女童被诱拐或非法拘禁,应当下令立即恢复该妇女的自由,或将女童交给其父母、监护人或其他监护人。为了使命令被强制遵守,必要时可使用武力。

（7）法官或治安法官命令引起无根据逮捕的人赔偿被逮捕人。根据《文莱刑事诉讼法典》第393条,当因任何人的原因导致警察逮捕另一个人时,如果审理案件的法官或治安法官认为逮捕该人缺乏充足的根据,可以裁决由引起逮捕的人向被逮捕的人赔偿时间损失以及法官或治安法官认为合适的其他费用,赔偿金额不超过500文莱元。

（8）治安法官回避。根据《文莱刑事诉讼法典》第394条,治安法官不得审理自己为当事人或与自身利益相关的案件,但经过高等法院批准的除外。不应当仅因以下理由将治安法官视为当事人或利益相关人:治安法官的公共身份与案件有关,或治安法官已经查看过现场并就案件进行过调查。

（9）另案证据可用于指控被盗财物接受者或持有者。根据《文莱刑事诉讼法典》第396条,在针对明知是被盗财物而接受或非法持有的被告人的诉讼程序中,若发现被告人在先前的12个月内还持有其他被盗财物,可以在诉讼程序的任何阶段提出该证据,并且将该证据纳入考虑范围,用以证明被告人主观明知其接受或持有的财物是被盗财物。

(10)先前定罪的证据可用于指控被盗财物接受者或持有者。根据《文莱刑事诉讼法典》第 397 条,在针对明知是被盗财物而接受或非法持有的被告人的诉讼程序中,如果被告人在先前的 5 年内因欺诈或不诚实而被定罪,可以在诉讼程序的任何阶段提出先前定罪的证据,并且将证据纳入考虑范围,用以证明被告人明知其接受或持有的财物是被盗财物。

三、文莱刑事诉讼法的主要特色

文莱刑事诉讼法在形式上具有鲜明的特色。首先,《文莱刑事诉讼法典》中的部分法条附有解释说明,或对专有名词注释,或举例说明,即使没有受过法律专业教育的人也较容易理解法条内涵。其次,法条之后附有两张附录:第一附录结合《文莱刑法典》大部分罪名,清晰地阐明了各个罪名通常是否可由警察无证逮捕、是否应当签发令状或传票、是否可保释、是否可刑事和解、法定最高刑以及审判法院;第二附录规定了传票、令状等法律文书的格式,对司法实务操作起到指引作用。除了形式方面的特色,文莱刑事诉讼法在内容上具有浓厚的英美法系特点、浓厚的宗教主义色彩、体现君主制的政治色彩、注重比例原则并且重视维护社会治安。

(一)具有浓厚的英美法系特点

1847 年,通过签署《英国—文莱友好通商条约》,文莱开始沦为英国半殖民地,1906 年完全沦为英国殖民地,虽然 1942 年春至 1946 年被日本殖民统治,但 1946 年英国又恢复了对文莱的统治。文莱于 1959 年获得自治,直至 1984 年 1 月 1 日才完全获得独立,成为真正意义上的主权国家。[①] 历史上长期受英国殖民统治,文莱的刑事诉讼法受英国影响深远。例如,《文莱刑事诉讼法典》第五章、第六章规定了令状制度,通常情况下警察实施搜查、逮捕应当事先获取治安法官或法官签发的搜查令或逮捕令;《文莱刑事诉讼法典》第

---

① 邵建平、杨祥章:《文莱概论》,世界图书出版公司 2012 年版,第 38～86 页。

117条规定了非法证据排除制度,禁止以暴力、威胁、压迫、引诱获取被告人供述,否则获取的供述应当被排除;《文莱刑事诉讼法典》第十七章为高等法院审理特定犯罪设置了预审程序,当被告人被指控实施了危害国家的犯罪、谋杀罪以及其他可处以死刑的犯罪,应当先由治安法官主持预审程序,而后将被告人移交高等法院审判;《文莱刑事诉讼法典》第145条、第146条规定了强制证人出庭作证制度,治安法官应当向有必要出庭的控方证人以及辩方证人签发传票,并命令其签署保证书或提供保证人确保出庭作证;《文莱刑事诉讼法典》第十九章规定了有罪答辩制度;《文莱刑事诉讼法典》第三十五章规定了保释制度,在刑事诉讼程序各个阶段,级别不低于督查的警察、治安法官、法官有权准许保释。此外,根据《文莱刑事诉讼法典》第440条,法院审理案件,除遵循成文法外,还应当遵循英国的判例。

(二)具有浓厚的宗教主义色彩

文莱的宗教具有多元性,伊斯兰教是文莱的国教,在文莱占据主导地位,信奉伊斯兰教的人口约占全国总人数的2/3。此外,其他国民还信仰佛教、基督教、印度教和原始宗教。伊斯兰教的教规对公民具有法律约束力。[①]《文莱刑法典》将乱伦、堕胎列为犯罪行为。文莱刑事诉讼法诸多制度也体现宗教主义色彩。例如,《文莱刑事诉讼法典》第239条规定文莱执行死刑的方式是绞刑,第248条规定执行死刑时,宗教司法部长经监狱总监准许也可以在场;《文莱刑事诉讼法典》第257条至第260条规定了鞭刑的执行;另外,《文莱刑事诉讼法典》规定,公民提供情报、提起控告或证人作证前应当宣誓。

(三)体现君主制的政治色彩

文莱是当今世界上为数不多的君主立宪制国家,苏丹陛下是文莱的国家元首、宗教领袖,拥有立法、行政和司法的全部权力。在君主制政治制度的影响下,文莱的法律不同于其他政体之下的法律规定。例如,文莱刑事诉讼法规

---

① 陈兴华:《东盟国家法律制度》,中国社会科学出版社2015年版,第480页。

定,苏丹陛下可以任命治安法官(第 2 条)、副检察官(第 374 条),限制治安法官的权力(第 11 条),书面授权任何人实施起诉和调查(第 375 条);苏丹陛下享有缓刑权、减刑权、赦免权(第 268 条),决定死刑判决的执行(第 244 条),对心智不健全的被告人、服刑人员进行处置(第 247 条、第 317 条、第 321 条);苏丹陛下有权针对羁押青少年罪犯,政府向控告人、证人或其他人支付费用或补偿的比率、幅度制定规则(第 262 条、第 384 条);苏丹陛下可以命令由政府向逮捕过程中牺牲者的家属支付合理补偿(第 387 条);当公民被法院定罪或因认定心智不健全而被判处无罪,或被认定无行为能力,苏丹陛下有权随时将全案提交给上诉法院,将案件中出现的问题向上诉法院提出,听取上诉法院的意见(第 413 条)。

(四)注重比例原则的具体适用

比例原则在公法领域享有"帝王法则"的美誉,在很多国家被列为宪法性原则。比例原则具体可以划分为三个子原则。其一,适当性原则,即侦查机关所采用的侦查方法有助于目的的达成。其二,必要性原则,或称为最小干预原则,侦查机关在所有能达成目的的方法中应当选择侵害最小的手段。其三,相称性原则,又称为狭义的比例原则,要求侦查机关实施侦查行为对相关人员造成的损害不得超过所欲保护的利益。文莱刑事诉讼法注重在具体制度中适用比例原则。例如,《文莱刑事诉讼法典》第 19 条规定,在执行逮捕的过程中,如果被逮捕人暴力抗拒逮捕或试图逃脱,警察或其他执行逮捕的人可以使用一切必要手段,但无权致使未被指控犯有可判处死刑或 15 年以上有期徒刑的犯罪嫌疑人死亡,也不应当对被逮捕者施加超出预防其逃脱必要性的限制措施;《文莱刑事诉讼法典》第 78 条、第 348 条规定,治安法官、法官、警察命令犯罪嫌疑人、被告人、服刑人员、证人、保证人或其他公民提供保释的,保释金的数额应当以确保上述公民出庭或实现保证目的为限;另外,《文莱刑事诉讼法典》第 90 条规定,治安法官要求指挥军队的官员使用军事力量解散非法集会的,指挥军队的官员应当采用合适的方式,使用与解散集会相匹配的尽可能小的武力,尽可能减少损害。

（五）重视维护社会治安

文莱全称"文莱达鲁萨兰国"，寓意"和平之邦"。文莱重视维护社会秩序安定，在刑事诉讼中，主要有以下体现：首先，《文莱刑事诉讼法典》第15条要求公民有义务协助执行逮捕的治安法官、警察，提供必要的帮助，否则将构成犯罪；《文莱刑事诉讼法典》第17条规定，当公民知晓与犯罪行为有关的信息，应当立即将该信息提供给最近的警局负责人或警察或地区官员，否则将构成犯罪。其次，《文莱刑事诉讼法典》第四编规定了"犯罪预防"，包括维护治安和良好行为的保证、解散非法集会、排除妨害、解决不动产争端、警察的预防性措施五章内容。在"维护治安和良好行为的保证"这一章中，治安法官有权命令犯有特定罪行的罪犯、可能实施破坏社会秩序犯罪的公民、流浪者、传播煽动性事件者、惯犯签署遵守良好行为的保证书，若被命令提供保证的公民未能提供保证，将于保证期间内被羁押。最后，根据《文莱刑事诉讼法典》第264条，当一个人先前被判定犯有可判处2年及2年以上有期徒刑的犯罪，之后又被判定犯有可判处2年及2年以上有期徒刑的其他犯罪，高等法院或治安法官法院可以在判处该犯罪的刑罚之外，指令该罪犯服从警察的监督。

第二章

柬埔寨刑事诉讼法

　　柬埔寨王国(the Kingdom of Cambodia)通称柬埔寨,古称高棉,位于中南半岛南部,周边与泰国、老挝和越南接壤。柬埔寨领土为碟状盆地,三面被丘陵与山脉环绕,中部为广阔而富庶的平原,占全国面积四分之三以上,境内有湄公河和东南亚最大的淡水湖——洞里萨湖(又称金边湖)。截至 2016 年末,柬埔寨人口约 1500 万,其中高棉族占总人口数的 80%,华人华侨约 100 万。柬埔寨首都为金边,官方语言为柬埔寨语,又称高棉语。柬埔寨于 1953 年 11 月 9 日摆脱法国殖民者统治宣告独立,这一天也被定为柬埔寨国庆日和建军日。柬埔寨是东南亚国家联盟成员国,经济以农业为主,工业基础薄弱,是世界上最不发达国家之一。①

　　《柬埔寨王国宪法》(以下简称《柬埔寨宪法》)于 1993 年 9 月 21 日经制宪会议制定,西哈努克国王于同年 9 月 24 日签署生效,现行《柬埔寨宪法》在 2004 年 7 月经国民议会和参议院修正通过。《柬埔寨宪法》规定柬埔寨实行多党制和自由市场经济,立法、行政、司法三权分立。在政治体制上,柬埔寨实行君主立宪制,国王实行终身制,是国家元首、武装力量最高统帅、国家统一和永存的象征,有权宣布大赦,在首相建议并征得国会主席同意后有权解散国

---

　　①　相关资料参见中华人民共和国驻柬埔寨王国大使馆官网:http://kh.china-embassy.org/chn/,最后访问日期:2017 年 8 月 1 日。

会。①另外,《柬埔寨宪法》中的违宪审查制度是其特色之一,纵观东盟各国宪法,在宪法中直接规定违宪审查的立法例并不多见,由此可见柬埔寨对宪政问题的重视程度。国会是国家最高权力机构和立法机构,首届国会成立于1993年,每届任期为5年。首届参议院成立于1999年,每届任期为6年。根据《柬埔寨宪法》的规定,法案必须经过国会、参议院、宪法理事会逐级审议通过,最后呈交国王签署生效。

一、柬埔寨刑事诉讼制度概况

(一)刑事诉讼法历史沿革

柬埔寨独立之初继承了原宗主国法国的大陆法系传统,在越南战争中西哈努克国王采取中立政策保证了国内平稳较快发展。但是在1970年,通过政变上台的朗诺政权采取全新的民主政体,常年战乱导致法律体系建设几无进展,刑事诉讼程序更是无法可依。在红色高棉时期(1975—1979年),新政权废除了前柬埔寨王国的相关法律和条约,司法机构也被完全撤销,大部分法官、律师和其他法律专业人士被迫害致死,柬埔寨司法体系完全崩溃。

柬埔寨第一部刑事程序法为1993年2月8日颁行的《柬埔寨王国刑事诉讼法典》(以下简称《柬埔寨刑事诉讼法典》),全文共238条,除了附则外,共七章,分别为:总则、司法警察、省级公共检察部门、预审法官、省级或地方法院、上诉法院,以及最高法院。柬埔寨最新刑事诉讼法于2007年8月20日生效,新《柬埔寨刑事诉讼法典》包括11个部分,共计612条。

---

① 陈兴华:《东盟国家法律制度》,中国社会科学出版社2015年版,第409页。

(二)刑事司法机关

柬埔寨刑事司法机关主要包括司法警察部门、检察机关以及法院。[①]

1. 司法警察部门

柬埔寨司法警察部门虽然属于政府部门,但在刑事诉讼中,司法警察部门亦负责对刑事案件的侦查,因此兼具刑事司法机关属性。《柬埔寨刑事诉讼法典》第 57 条对司法警察构成作了明确规定,主要包括司法警察、助理司法警察以及经法律单独授权的政府官员和其他人员。《柬埔寨刑事诉讼法典》第 56 条对司法警察的任务作了规定:司法警察是司法权的辅助者,负责重罪、轻罪和轻微罪的侦查,[②]主要任务为查明和逮捕罪犯并收集证据。司法警察有义务接收告发和告诉,在制作笔录后应将告诉转送有管辖权的司法警察部门。在现行重罪或轻罪的情况下,司法警察应立即向检察官报告,并到犯罪现场进行检查,对所有可能消失的证据进行保护和收集。司法警察可以采取搜查、扣押等手段对案件进行侦查,对犯罪嫌疑人则可以采取逮捕措施以防止其逃窜或者发生其他危险。《柬埔寨刑事诉讼法典》规定侦查必须是秘密的,所有参与侦查的人员,特别是检察官、律师、书记员、警察、皇家宪兵、公务员、专家、翻译人员、医师和其他合格人员,以及本法第 95 条规定的人员,[③]必须保守侦查中涉及的案件秘密。

《柬埔寨刑事诉讼法典》第 59 条规定了司法警察的监督与管理,司法警察应受驻上诉法院检察长的监督和管理。驻上诉法院检察长有权针对司法警察的行为对其实施纪律处分;司法警察在履职期间的任何不当行为,检察官或预审法官都应向驻上诉法院检察长报告。根据不当行为的具体情况,驻上诉法

---

① 《柬埔寨刑事诉讼法典》第 76 条和第 78 条规定皇家宪兵具有司法警察代理人资格,有权负责刑事案件的侦查,本文主要以司法警察为讨论对象。

② 《柬埔寨刑法典》第 46 条至第 48 条对重罪、轻罪和轻微罪作了详细界定:重罪是指可能判处无期徒刑或者判处的监禁为 5 年以上 30 年(包括 30 年)以下;轻罪是指判处的监禁为 6 日以上少于或等于 5 年;轻微罪是指判处 6 日及以下监禁或者仅被判处罚款。上述判处监禁刑的可以附带判处罚款。

③ 《柬埔寨刑事诉讼法典》第 95 条涉及的人员主要是指在技术侦查中,司法警察可以要求任何具有该项技能的人予以协助;如果这样的人不属于国家名单上的人员,则需要按照信仰宣誓保证将诚实协助案件侦查。

院检察长应通知内政部长启动纪律处分程序。

2.检察机关

柬埔寨各级法院设检察机关,行使检察职能。《柬埔寨王国法院组织法》(以下简称《柬埔寨法院组织法》),对检察机关的构成及运转进行了规定,2007年最新《柬埔寨刑事诉讼法典》对检察机关以及检察官在刑事诉讼中的有关职权作出规定。

(1)领导侦查

《柬埔寨刑事诉讼法典》第 37 条对检察官的职权进行了规定。警察负责调查犯罪,收集证据,将犯罪嫌疑人交由法院进行审判。检察官可以亲临侦查现场,向司法警察提供一切有用的指示,并接受驻上诉法院检察长的监督。[①]在重罪的情况下,检察官可以在获得预审法官授权的前提下,对任何身份不明或身份明确的人亲自实施侦查;对于轻罪案件,《柬埔寨刑事诉讼法典》规定检察官可以根据重罪案件的规定进行侦查,也可以直接将被告人带到初审法院进行审理。关于由何地的检察官进行管辖,《柬埔寨刑事诉讼法典》第 39 条进行了广泛的规定,犯罪地、被告人居住地以及被告人被逮捕地的检察官对于案件都有权进行管辖。

(2)审查起诉

在刑事案件中,检察官负责对犯罪行为提起指控并请求法院判处相应的刑罚,而在民事和其他案件中,检察官只在必要的时候提供建议。

(3)参与审判

省、市法院中的刑事法庭有权对本辖区内的刑事案件进行管辖,刑事法庭由法官、检察官和法庭书记员组成。在同一个刑事法庭中,负责调查的法官不能同时又是审判的法官。

在所有的刑事案件中,检察官对法官的判决不服的,均有权提起上诉。《柬埔寨刑事诉讼法典》第 375 条规定,驻初审法院检察官和驻上诉法院检察长有权作为上诉人提起上诉;第 381 条规定,检察官的上诉应自宣判之日起 1个月内提出,检察长的上诉应自宣判之日起 3 个月内提出。

3.法院

柬埔寨的法院制度经历了多次变化。从 1979 年至 1985 年,只有一个层

---

① 张树兴:《东南亚法律制度概论》,中国人民大学出版社 2015 年版,第 137 页。

级的法院,即省(市)法院,对其辖区范围内的案件进行管辖,其判决通常是终审判决,具有法律拘束力。目前,柬埔寨的法院系统分为三个层次:初审法院、上诉法院和最高法院。同时设有军事法院,管辖与军队有关的犯罪案件。最高法官理事会是司法系统的管理部门,负责监督法院工作,拥有遴选、任免法官的职权。最高法官理事会由国王、最高法院院长、总检察长、上诉法院院长和检察长等九人组成。柬埔寨法院只允许使用柬埔寨语进行诉讼,所有的文件应当以柬埔寨语提交。

(1)初审法院

初审法院由首席大法官(院长)、副首席大法官(副院长)和法官组成。初审法院管辖其地域范围(省、市)内的案件,在审理案件的时候,由 1 名法官、1 名检察官或副检察官及 1 名法院的工作人员组成法庭。

(2)军事法院

军事法院设在首都金边,管辖全国范围内与军事犯罪相关的案件。军事犯罪是军队成员所犯下的与军队的纪律有关或涉及武器装备的犯罪。军事法院的诉讼程序与初审法院的程序相同,对军事法院的判决可以上诉到上诉法院。军队成员所犯的普通刑事案件由其他具有管辖权的法院管辖。

(3)上诉法院

上诉法院由首席大法官(院长)、副首席大法官(副院长)和法官组成。上诉法院对针对初审法院和军事法院的判决所提起的上诉案件具有管辖权。

(4)最高法院

最高法院由首席大法官(院长)、副首席大法官(副院长)和法官组成,驻最高法院总检察长办公室由总检察长、副总检察长和检察官组成。在柬埔寨,上诉法院和最高法院同属于高级法院,最高法院管辖针对上诉法院的判决所提起的上诉和再审案件。

(5)柬埔寨特别法庭

在红色高棉政权统治期间,有 170 万至 300 万人丧生。[①]"现在,是时候反思和忏悔,这个有着重要意义的法庭对于其他国家和地区的人民来说有着更深层次的意义,那就是通过分享审判经验,使其他国家和地区的人们,世世

[①]　柬埔寨特别法庭官方网站公布的数字为约 300 万人,耶鲁大学柬埔寨种族灭绝项目公布的数字为 170 万人。

代代都不要再重演反人道罪行。"①1997 年柬埔寨政府主动要求与联合国合作,希望实现对红色高棉统治时期发生的危害人类罪和种族灭绝罪进行审判,2003 年联合国与柬埔寨签订协议设立了柬埔寨特别法庭(The Extraordinary Chambers in the Courts of Cambodia)。柬埔寨特别法庭由国内和国际法律人士共同组成,但是柬埔寨国内法官在人数和权力上都占据主导地位。在管辖上,特别法庭对国内法上的犯罪享有管辖权,它可以根据《柬埔寨刑法典》的规定对杀人、酷刑和破坏宗教的犯罪进行审判。同时根据相关国际条约的规定,特别法庭的管辖权还涉及种族灭绝罪、危害人类罪以及严重违反《日内瓦公约》的犯罪。

柬埔寨特别法庭的行政机构为管理处,它负责协调法庭各部门工作,制订工作计划等。法庭的调查机构由联合检察官和联合调查法官组成,其中检察官完成法庭的初步调查工作,之后写一份介绍性意见书给调查法官,由调查法官完成接下来的详细调查工作。如果调查法官之间或者检察官之间对收集的证据存在争议,可以交由预审庭裁定,在预审庭作出裁定之后才能正式地进入审判程序。辩护支持处和受害者支持处,是法庭保障控辩双方合法权益而专门成立的两个部门。② 2009 年 2 月 17 日,柬埔寨特别法庭开庭审理自成立以来的第一起案件,这是在处理 20 世纪 70 年代红色高棉统治时期犯下的种族灭绝罪、战争罪及危害人类罪等罪行方面迈出的重要一步。2012 年 2 月该法庭完成了第一案的审判,驳回了红色高棉统治下民主柬埔寨时期监狱长康克由的上诉,并将对其原判 35 年的监禁改为无期徒刑。另两名重要犯罪嫌疑人农谢和乔森潘受到灭绝和危害人类罪的指控,直至 2014 年 8 月 7 日,柬埔寨法庭才最终判处二人终身监禁。③ 值得关注的是,近年该法庭由于资金缺乏,运行十分艰难。④

---

① Kavi Chong, The Khmer Rouge Trial Should Be a Shared Experience, *The Nation*,2006,Vol. 8, p. 76.

② 相关规则和程序参见:http//www. eccc. gov. kh/en/document/legal/internal-rules,最后访问日期:2017 年 8 月 10 日。

③ 相关信息参见:http://www. un. org/chinese/News/,最后访问日期:2017 年 8 月 13 日。

④ 相关信息参见:http://www. unmultimedia. org/radio/chinese/archives/189388/,最后访问日期:2017 年 8 月 13 日。

（三）刑事诉讼法渊源

除了《柬埔寨刑事诉讼法典》外，柬埔寨刑事诉讼法的主要渊源还包括《柬埔寨宪法》、《柬埔寨法院组织法》、《柬埔寨王国法官和检察官规章法》（以下简称《柬埔寨法官和检察官规章法》），以及《柬埔寨王国最高法官理事会法》（以下简称《柬埔寨最高法官理事会法》）等。

1.《柬埔寨宪法》

《柬埔寨宪法》中关于刑事诉讼程序的规定主要集中在以下几个方面：(1)对司法权和司法机构的界定。《柬埔寨宪法》第 128 条规定："司法权是一项独立的权力，司法权确保人民的未来和保护人民的自由与权利，司法权涵盖对包括行政纠纷在内的所有纠纷案件的裁判权，此权力应交付给驻最高法院和各下级法院。"(2)无罪推定原则。《柬埔寨宪法》第 38 条规定："任何一个被指控者，在法庭进行最终裁决之前应被视为无罪之人。"(3)禁止刑讯的规定。《柬埔寨宪法》第 38 条规定："对在押或被监禁的人施加强迫、人身折磨或加重某种刑罚的行为，应当被禁止。"(4)刑讯逼供证据的排除。《柬埔寨宪法》第 38 条规定："通过体罚及精神上的压迫而得到的口供，不应作为有罪的凭据。"(5)对法院判决的要求。《柬埔寨宪法》第 129 条规定："法院判决必须以柬埔寨人民的名义作出，符合现行的实体法和程序法的规定。"(6)刑事起诉权的归属。《柬埔寨宪法》第 131 条规定："只有检察院有权提起刑事起诉。"(7)法官的任职保障。《柬埔寨宪法》第 133 条规定："法官的职务不得被解除，只有最高司法委员会有权对违法或渎职的法官作出处分或罢免的决定。"(8)最高司法委员会。《柬埔寨宪法》第 134 条规定："最高司法委员会依法组建，最高司法委员会直接对国王负责，国王指定他的代表担任最高司法委员会主席。根据最高司法委员会的建议，国王任免法官、检察官。司法委员会审理法官或检察官（有关纪律）的案件时，必须在最高法院院长或在驻最高法院总检察长的主持下进行。"①

---

① 满忠和：《柬埔寨王国宪法》，载《东南亚纵横》1994 年第 2 期。

2.法律

(1)有关刑事司法组织的法律

柬埔寨并不存在独立的检察系统,其检察机关附属于法院体系,所以1993年2月8日通过的《柬埔寨法院组织法》对法院和检察院的构成及运转进行了明确规定。最新的《柬埔寨法院组织法》于2014年5月22日经审议通过,共有8章91条,旨在强化和健全司法权力运行机制,明确规定有关各级法院和检察机关的组织和运作。该法规定在各省初级法院内设立专业法院,分别为民事法院、刑事法院、商业法院和劳工法院。该法还规定在上诉法院另设专业审讯会,即民事审讯会、刑事审讯会、调查审讯会、商业审讯会和劳工审讯会等。该法规定,当国家最高法官理事会主席(国王)在批准司法部长提出的要求时,审判法庭必须对案件进行重审。

(2)有关检察官和法官的法律

与上述《柬埔寨法院组织法》一同审议通过的还有《柬埔寨法官和检察官规章法》以及《柬埔寨最高法官理事会法》。《柬埔寨法官和检察官规章法》共有6章111条,主要对法官和检察官的职业纪律和道德作出规定,以保证司法独立、法官和检察官的清廉与正义品行。《柬埔寨最高法官理事会法》共有6章31条,主要对国家最高法官理事会的组建和运行作出规定,以保证司法独立。为了保证最高法官理事会的中立性,该法提出最高法官理事会由11人组成,任期5年。[①]

(四)刑事诉讼法典的主要结构

《柬埔寨刑事诉讼法典》共有11部分:第一部分为"刑事及民事诉讼",分为总则、刑事诉讼和民事诉讼;第二部分为"当局起诉、调查和讯问的权力",分为一般规定、检察官职能、刑事起诉程序、司法警察职能;第三部分为"警察询问、讯问",主要内容为现行重罪和轻罪侦查措施、警察逮捕以及扣押物品的返还等;第四部分是"预审法官询问、讯问",主要规定的是预审法官讯问被告人、当事人等,调查令,逮捕令,审前羁押,司法管制,传票及通知;第五部分为"审

---

① 《国会审议3天,司法改革法案获通过》,http://www.camsinchew.com/node/36553? tid=5,最后访问日期:2017年8月17日。

判"，主要内容有各级法院管辖权、出庭、对质、上诉法院程序等；第六部分是"最高法院"，主要规定最高法院受理上诉以及再审程序；第七部分是"法院传票送达和通知"，规定的是出庭传票送达以及法官裁定或者判决的送达和通知；第八部分为"执行程序"，规定的是监禁、假释、有关资格的恢复；第九部分为"独立程序"，规定了法官回避和引渡程序；第十部分为"过渡性条款"，规定的是新旧刑事诉讼法的衔接问题；最后一部分是"最后条款"，主要内容是废除旧法实施新法的问题。另外，《柬埔寨刑事诉讼法典》最后还有一个附件，规定了刑事诉讼中的宣誓程序和宣誓词。

二、《柬埔寨刑事诉讼法典》的主要内容

柬埔寨刑事诉讼程序从整体上看比较系统，基本上都规定在《柬埔寨刑事诉讼法典》之中。其主要内容包括刑事诉讼基本原则、刑事诉讼参与人、刑事证据制度、刑事侦查程序、刑事起诉程序、刑事审判程序、刑事执行以及有关的独立程序。

（一）刑事诉讼基本原则

刑事诉讼基本原则是指体现刑事诉讼目的，决定着刑事诉讼整体框架并对刑事立法和司法具有普遍指导意义的基本准则。一般而言刑事诉讼基本原则通过以下几种方式确认：一是由宪法明文规定；二是在刑事诉讼法中明确规定；三是虽然在宪法和刑事诉讼法层面未曾规定，但是在具体的程序和规则中有所体现。柬埔寨刑事诉讼基本原则，主要体现在具体的程序和规则中，小部分由宪法和刑事诉讼法直接规定。

1. 无罪推定原则

无罪推定原则的含义是指任何人在未经法院依照法定程序确定有罪之前应被推定为无罪。无罪推定原则最早的表述出现在英国的普通法证据理论中，1789 年法国《人权宣言》首次以法典形式确认了该原则，美国、德国等国在宪法中也相继确立了该原则。二战后包括《世界人权宣言》《公民权利和政治权利国际公约》等公约也确立了这一原则，由此无罪推定原则成为保障被追诉人权利的重要武器。一般而言，无罪推定原则包含以下内容：一是证明被追诉

人有罪的责任属于国家追诉机关;二是疑罪从无。当是否有罪存疑时,应当判决被告人无罪。当罪行轻重存疑时,应当选择对被告人有利的情形;三是被追诉人在刑事诉讼中应当享有相关的程序性保障,例如辩护权、律师帮助权、沉默权等。

《柬埔寨刑事诉讼法典》并未直接规定无罪推定原则,但是《柬埔寨宪法》第 38 条明确规定:"任何一个被指控者,在法庭作出最后裁决之前应被视为无罪之人。"这一规定对于刑事诉讼而言具有更高的统率效力,对于刑事诉讼程序中的被追诉人而言权利保障更加有效。

2.禁止重复追究原则

禁止重复追究原则同样源于英国普通法,基本含义是任何人不得因为同一行为而受到两次以上的刑事起诉、审判和刑罚。根据禁止重复追究原则,法院的判决一旦生效,就产生了"既判力"(Res Judicata),在此情形下,国家的处罚权已经用尽,不得再对无罪之人提起诉讼。《柬埔寨刑事诉讼法典》第 12 条规定:"在既判力原则下,任何最终被法院宣告无罪的人不能再因同样的原因而被起诉,包括行为人之前的行为不受有关法律资格的限制。"禁止重复追究原则的主要功能在于维持裁判的终局性和稳定性,并确保被追诉人免受刑事追诉的困扰。

3.直接言辞原则

直接言辞原则包含直接审理原则与言辞辩论原则。直接审理原则是指法官只能依据法庭调查得出的结论作出判决,要求法官亲自审理案件、亲自调查证据、亲自讯问被告人和询问证人等。《柬埔寨刑事诉讼法典》第 143 条规定,当被告人第一次出庭时,预审法官应当核实被告人的具体身份,根据法律规定通知其已经被起诉的犯罪行为和犯罪所属类型。预审法官还应告知被告人可以自由回答或者沉默,告知应在首次出庭的记录中注明。第 153 条规定预审法官可以询问任何对发现真相有帮助的证人。言辞辩论原则是指所有与指控犯罪事实有关的事项都必须经过口头审理、言辞辩论。《柬埔寨刑事诉讼法典》规定起诉书宣读、对被告人的讯问、证据调查和辩护意见的发表等都要以言辞方式进行。

4.迅速审判原则

现代社会追求效率,刑事诉讼程序也不例外。现代刑事诉讼不仅要求准确查明案件事实、惩罚犯罪,还要求迅速及时推进刑事诉讼程序,以实现公正和效率的双赢。柬埔寨刑事诉讼在迅速审判方面的体现主要有:一是明确诉讼期间,例如《柬埔寨刑事诉讼法典》第 208 条和第 209 条对重罪案件和轻罪案件的审前羁押期限作了严格限定,即重罪一般不得超过 6 个月,轻罪一般不得超过 4 个月;第 106 条规定现行重罪案件的侦查期限不得超过 7 日,侦查工作应不断进行,如果侦查未在 7 日内完成,司法警察应当寻求检察官的指示。二是简化诉讼程序,例如《柬埔寨刑事诉讼法典》第 48 条规定立即出庭程序中法庭须在开庭之日起 2 周内完成审判。迅速审判原则具有保护公共利益和维护被追诉人合法权益的双重作用。

(二)刑事诉讼参与人

刑事诉讼参与人是指在刑事诉讼中行使诉讼权利并承担一定义务或者与刑事诉讼中的某项决定或处理结果存在利害关系的人。《柬埔寨刑事诉讼法典》第 3 条对刑事诉讼的适用对象作了规定:"刑事诉讼适用于所有自然人和法人,无论种族、国籍、肤色、性别、语言、信仰、宗教、政治倾向、社会地位、贫富或其他情况。"但具体条文未就刑事诉讼参与人的概念和范围进行明确界定,本文通过梳理法典条文,重点介绍以下刑事诉讼参与人。

1. 当事人

(1)被告人

被告人作为刑事诉讼中的当事人,在刑事诉讼中既享有一定的权利也负有一定的义务。根据《柬埔寨宪法》的规定,被告人享有被推定为无罪的权利;《柬埔寨刑事诉讼法典》第 98 条规定了被告人享有委托律师并和律师会见的权利,律师可以和在监狱或者羁押中心的被告人自由沟通,律师和被告人之间的对话不得被其他人听取或记录;第 143 条规定了沉默权:"当被告人第一次出庭时,预审法官应当核实他(她)的身份,根据法律规定通知他(她)已经被起诉的行为和犯罪的类型。预审法官还应告知被告人可以自由回答或者保持沉默,告知应在首次出庭的记录中注明";另外还规定了被告人享有上诉权和申请再审的权利等。当然,刑事诉讼是针对被告人的犯罪行为而发起的,被告人在刑事诉讼中还必须承担一定的义务。例如法院可以对被告人判处司法管制,要求其遵守相关义务并不得违反;又如被告人必须遵守法庭的命令出庭受审等。

(2)民事当事人

被害人在柬埔寨刑事诉讼中既是刑事案件的受害者,也是民事诉讼的原告,而在刑事诉讼法中常常被称为民事当事人。在预审法官调查之前,重罪或轻罪案件中的受害者可以作为原告提起民事诉讼,原告的民事诉讼根据《柬埔寨刑事诉讼法典》的规定可以整合到刑事诉讼中。民事诉讼可以对所有导致犯罪结果的人提起:包括犯罪者和共同犯罪者;实施者和同谋;负有民事赔偿责任的一方。如果受害人是未成年人,可以由其监护人代表受害者提起民事诉讼。受害人死亡的案件,《柬埔寨刑事诉讼法典》第16条规定民事诉讼可由其继承人提起。可见,柬埔寨刑事诉讼中的民事当事人不仅包括被害人,还有相关的监护人或者继承人。

(3)民事责任人

民事责任人和上述民事当事人均属于民事诉讼中的两造,民事责任人具体是指对受害者的伤害负有赔偿义务的人,损害赔偿可以是向受害者赔偿损失,或将已经损坏或毁坏的财产恢复到原来的状态,损害赔偿必须与所遭受的伤害相称。民事责任人根据案件的情况不同,可能是被告人,也可能是其他负有赔偿义务的人。

2.其他诉讼参与人

(1)律师

在红色高棉统治期间,柬埔寨的司法机构基本上陷于瘫痪,许多法官遭杀害,律师职业被取缔,直到1993年《柬埔寨刑事诉讼法典》颁布,律师制度才逐渐恢复。律师协会是所有柬埔寨执业律师的一个独立的专业协会,1995年成立的律师管理委员会是其日常管理机构。根据1995年《柬埔寨王国律师法》(以下简称《柬埔寨律师法》)的规定,律师是一种向社会独立、自治地提供法律服务的职业。在柬埔寨,只有本国公民才能获准从事律师职业,但是,经律师协会和有关法院的批准,外国律师可以在一些特定的案件中协助柬埔寨律师开展工作。

《柬埔寨刑事诉讼法典》对辩护律师的权利作了明确规定,辩护律师享有会见权、阅卷权、有关通知的知悉权、代理申诉控告权、法庭辩论权、经被告人授权的上诉权等权利。

(2)证人

在柬埔寨刑事诉讼程序中证人较为多见,其证言往往对案件事实的认定具有关键作用。证人证言本身受主观因素和客观情况的影响而存在不确定性,案件事隔太久、记忆模糊等因素都会导致证言出现偏差。因此,《柬埔寨刑事诉讼法典》对证人宣誓制度十分重视,例如在预审法官询问证人时,都会要求每名证人按照其信仰发誓保证只说真话，真诚地协助法院查明案件事实。

（3）翻译人员

翻译人员是指在刑事诉讼中对有关交谈进行翻译使双方明白理解的诉讼辅助人员。《柬埔寨刑事诉讼法典》规定翻译人员一般由司法警察、检察官或者预审法官指定，但是要求该人员与目前正在办理的案件无利害关系。《柬埔寨刑事诉讼法典》还要求翻译人员按照他的信仰进行宣誓，保证其将诚实地协助警察、检察官或者法官。常见的翻译场合有警察讯问犯罪嫌疑人，预审法官讯问被告人、询问证人等。

（4）国内专家

《柬埔寨刑事诉讼法典》第 163 条规定设立国内专家名单，专家名单上注册的专家，应根据其宗教信仰在首都金边的上诉法院宣誓，保证维护公平正义，当其被任命进行相关诉讼辅助时不需要再次宣誓。通常，预审法官应选择在国家名单中注册的专家，由于特殊原因，可以任命一名国内专家名单以外的人，在这种情况下，专家应根据自身宗教信仰发誓，保证他将真诚地协助法庭。具体案件的专家名单由预审法官发出令状进行指定，该令状只能针对技术性问题发出，主要工作为对扣押的物品进行检查。

（5）见证人

见证人是指国家机关人员在执行任务时在现场作见证的人，见证人不得与案件存在利害关系。《柬埔寨刑事诉讼法典》中见证人参与案件的情形很多，如第 91 条规定，司法警察进行搜查时物品或者场所的占有人应在现场，没有占有人时，应当有两名见证人在场。见证人由司法警察指定，不得是正在执行搜查的警察或皇家宪兵的成员；在扣押物品时，将扣押物品存放地告知占有人或者两名见证人后，司法警察应当对扣押物品进行记录，并由占有人或者见证人签字或者捺指印。

（三）刑事证据制度

柬埔寨并不存在专门的刑事证据法典，《柬埔寨刑事诉讼法典》也并未对证据作出专门规定，关于举证责任、证据收集、证据形式和证据的审查判断散见于《柬埔寨刑事诉讼法典》有关条文中。

1.举证责任

与民事诉讼类似，刑事诉讼中的"原告"即控诉方承担证明被告人有罪的责任。在《柬埔寨刑事诉讼法典》中,控诉方承担证明被告人有罪的责任,单独提起的民事诉讼中,被害人一方应当承担相应的证明责任。控诉方在起诉时需要对以下三个要素进行证明:一是起诉所依据的法律文本;二是犯罪构成的事实要件;三是被追诉人故意、过失,并且不存在阻却事由。

刑事诉讼中被告人无须承担证明自己无罪的责任,但在特殊情况下也存在例外。《柬埔寨刑事诉讼法典》第110条规定:"原则上,司法警察的笔录应被视为有效的可靠的'原始文件',除非有相反的证据推翻。相反的证据可以以法律允许的一切手段提交给法官。"可以看出,若被告人对警察笔录存在疑问并请求排除,实际上就要承担相应的证明责任。第536条规定,在有关资格的恢复中,被定罪人应当提供证明其已经支付程序性税费、赔偿和罚款的证据,如果民事当事人放弃了损害赔偿要求,被定罪人应当对此予以证明,除非无法找到民事当事人。这对于被告人来说也是一种证明责任的承担。

2.主要证据种类

通过梳理《柬埔寨刑事诉讼法典》条文可以发现在刑事诉讼程序中常见的证据主要有以下几种。

(1)犯罪嫌疑人、被告人的供述

犯罪嫌疑人、被告人供述是指犯罪嫌疑人、被告人对所实施的犯罪行为所作的陈述。在现行犯罪中,司法警察可以命令任何被怀疑参与犯罪的人到司法警察部门接受讯问,每次讯问嫌疑人都要如实准确记录下来,记录的每一页都应由被讯问者签名或捺指印。《柬埔寨刑事诉讼法典》第321条规定口供与其他证据一样以相同的方式提交法院审议,但是被告人在身体或精神受胁迫的情况下所作的供述不具有证据价值。可以说该条确立了非法证据排除规则。

(2)证人证言

在刑事诉讼中常见的证据还有证人证言,证人证言是指证人就其所知晓的案件情况所作的陈述。由于严格贯彻直接言辞原则,柬埔寨刑事程序中的证人证言是指在庭审阶段且具有相应资格的证人所作的陈述。证人作证时应按照宗教信仰发誓保证如实陈述,下列证人有权不宣誓作证:被告人的父母;被告人的子女;被告人的兄弟姐妹;被告人的配偶,即使他们已经离婚;任何小于14岁的孩子。

(3)书证、物证

书证、物证通常由搜查、扣押而获得,因其常涉及公民隐私,所以《柬埔寨刑事诉讼法典》对搜查和扣押程序进行了严格规定。在现行重罪案件中，司法警察应立即前往犯罪嫌疑人住所进行搜查，对可能涉及犯罪的文件、材料和其他物品进行扣押，对扣押的物品应当进行登记造册，由占有人或者见证人签字。

（4）鉴定结论

在现代刑事诉讼中，案件中需要专家鉴定的情况比较常见。《柬埔寨刑事诉讼法典》规定，在遇到技术性问题时，预审法官可以依职权决定或者依当事人申请作出鉴定的指令。鉴定由国内专家名单上的专家进行，在特别情况下也可以指定名单之外的专家进行。专家应当在预审法官的监督下履职，并通知预审法官任务进展情况，包括任何可能面临的困难。专家应当遵循预审法官设定的鉴定期限，如果未遵循，预审法官可以更换专家；如果需要的话，预审法官可以命令延长鉴定期限。鉴定结束后专家需要提交一份报告，报告中应当详细陈述其鉴定过程和结论，并由其签字。预审法官应当立即将报告通知检察官、被告人和民事当事人，并为检察官、被告人和民事当事人设定申请重新鉴定的期限。该期限不得少于 10 日，在此期间，律师可以查阅专家的所有报告。

（四）刑事侦查程序

刑事案件的侦查由司法警察等主体负责，其侦查程序主要是在检察官的领导下进行，另外预审法官也可以进行有关侦查工作，主要的侦查措施有搜查与扣押、技术侦查、医学检查、传唤、询问、讯问、逮捕等。

1. 搜查与扣押

《柬埔寨刑事诉讼法典》第 91 条和第 92 条对搜查进行了详细的规定。司法警察有权进行搜查，但是应先行获得检察官的授权（包括口头授权）。值得一提的是，《柬埔寨刑事诉讼法典》还对搜查的时间进行了规定：司法警察不得在上午 6 点前和下午 6 点以后进行搜查。当然，对此也存在例外规定：对重罪案件的搜查，对公共场所的搜查，对生产、保存、流通、分发和使用毒品的地方进行搜查或者应被搜查人的请求等情形可以不遵守上述时间限制。另外，柬埔寨对于搜查特殊场所也有严格规定：司法警察不得自行搜查律师办公室，只有检察官或预审法官在律师协会主席或者其代表或者有关律师在场的情况下，才可以对律师办公室进行搜查；当检察官或者预审法官在场，并保证不影响新闻报道自由的情况下,司法警察可以搜查报社等单位。

《柬埔寨刑事诉讼法典》第 92 条规定司法警察可以扣押有关物品,司法警察应在封条上盖章,并且需要将被扣押物品存放地告知占有人或者两名见证人,扣押记录由占有人或者见证人签字或者捺指印。对于被扣押物的处理,《柬埔寨刑事诉讼法典》第 119 条规定:如果被扣押的物品没有证明案件事实的价值,并且所有权没有争议,检察官有权命令将其返还占有人。但是,任何对人身或财产有危害的物品,如武器、爆炸物或非法持有的物品则不得返还占有人,应当将其视为国家财产或者予以销毁。当事人如果对检察官拒绝返还被扣押物品的决定不服,可以向驻上诉法院检察长提出申诉。

2. 技术侦查

《柬埔寨刑事诉讼法典》第 95 条规定:如果技术侦查是急需的,司法警察可以要求任何具有该项技能的人予以协助,该人应当按照自己的信仰发誓将诚实地协助调查。另外《柬埔寨刑事诉讼法典》第 172 条还规定了预审法官有权决定电话监听,当为揭露事实真相有必要时,负责的预审法官可以发出命令授权监听电话交谈,也可以截取通信信息,例如传真或互联网等通信方式中的信息,还可以要求有资格的公共机构或专业服务人员安装技术仪器并进行录音。预审法官应当在命令中说明授权监控的通信类型和持续时间,被任命的公共机构或技术员应当按照法官的命令执行。在执行任务期间,被任命的公共机构或技术员应向法官报告任务的进展情况,尤其是遇到的困难。任务完成后,被任命的公共机构或技术员应当将所有记录的声音转录成书面记录,转录须准确反映录制的通信内容,录音应交予预审法官并密封。

3. 医学检查

《柬埔寨刑事诉讼法典》第 162 条规定,对于有关案件中的医学问题,法官可以根据检察官、被告人或者民事当事人的申请进行法医检查。当法官不同意上述人员的法医检查申请时,应在收到检察官的申请后 5 日内、在收到被告人或者民事当事人的申请后 1 个月内作出相应的决定,并应立即通知请求人。法官应为检察官、被告人或民事当事人限定申请重新检查的期限,该期限不得少于 10 日。在这段时间,律师可以审查专家的所有报告档案。所有追加法医检查或复查的申请都应附有相关事实理由,并以书面形式提出。如果法官不同意追加法医检查或者复查的请求,必须陈述作出决定的理由。若是检察官提出的请求,该决定应在 5 日内作出;若是被告人或者民事当事人提出的请求,该决定必须在 1 个月内作出,并应立即通知申请人。所有追加法医检查或法医复查的申请都应当在预审法官规定的期限届满后记入案卷。法官如果在收到法医检查、追加法医检查或法医复查的申请后未能按照《柬埔寨刑事诉讼法典》第162条的规定作出决定,申请人可以直接向调查分庭提交请愿书,申请更换预审法官。若法医检查是当事人申请的,则费用由申请人负担;若预审法官、检察官或者司法警察依职权要求进行法医检查,则费用由政府负担。

4.传唤

《柬埔寨刑事诉讼法典》第114条赋予了司法警察传唤的权力。司法警察可以传唤和讯问任何嫌疑人,或要求有关人员就该犯罪行为提供相关信息或者资料。被传唤的人必须到案,如果拒绝到案,司法警察应当通知检察官发出到案令。到案令应说明相关人员的身份、载明日期并由检察官签字盖章,到案令允许司法警察使用强制手段。

5.询问证人

《柬埔寨刑事诉讼法典》第153规定预审法官可以询问任何可以帮助发现真相的证人。预审法官对证人的询问应当单独进行,被告人和民事当事人不能在场。任何被预审法官传唤的人应立即到庭。在证人拒绝出庭的情况下,预审法官可以要求警察采取强制手段迫使证人出庭。《柬埔寨刑事诉讼法典》第157条规定了"不自证己罪"的特权:"预审法官不能要求任何可以作证的人冒着自陷其罪的危险作证,在此情况下,法官应根据第143条的规定告知证人有权保持沉默。"如果证人生病或不能出行,预审法官和法庭书记员可以到证人居住的地方询问证人。

6.讯问被告人

当讯问被告人时,若被告人有律师,预审法官应至少提前5日通知律师,在此期间,律师可以查阅相关程序性案卷。如果律师得到通知,在规定的日期和时间没有出现,预审法官可以在没有律师的情况下讯问被告人,但是事后应当书面通知律师这一情况。在被告人放弃律师在场权的情况下,预审法官也可以单独讯问被告人。被告人放弃律师在场权应当以书面形式作出,并签字确认。另外,在紧急情况下,预审法官也可以在没有律师到场的情况下讯问被告人,可能导致致命伤害或者担心丢失证据都属于紧急情况。在讯问被告人时,预审法官可以按照《柬埔寨刑事诉讼法典》第144条的规定聘请翻译人员,并保障被告人其他相关的程序性权利。

7.询问民事当事人

《柬埔寨刑事诉讼法典》中关于询问民事当事人的规定和上述关于讯问被

告人的规定相同。

8.限制、剥夺人身自由的措施

（1）采取逮捕措施

逮捕在柬埔寨是作为临时限制、剥夺犯罪嫌疑人人身自由的强制性措施。《柬埔寨刑事诉讼法典》第 96 条规定，为了侦查的需要，司法警察可以逮捕任何涉嫌犯罪的人；在获得检察官书面授权的前提下，司法警察也可以逮捕可能提供相关事实但拒绝提供此类信息的人。为了获得检察官的书面授权，司法警察应立即向检察官报告案件情况，并提供逮捕相关人员所需的证据。警察的逮捕时限为 48 小时，时间应从被捕者到达警察局或皇家宪兵队时开始计算。在重罪案件中，当有线索显示被捕者有罪时，如果有侦查必要的话，司法警察可以延长逮捕的时限。该延长申请应提交检察官，由检察官确认案情。警察延长逮捕的理由和书面许可，应当记入案卷。警察逮捕是一项特别行动，此类延长不得超过 24 小时，但不包括运送被捕人员所需的时间。

《柬埔寨刑事诉讼法典》第 195 条规定，预审法官可以向被指控人发出逮捕令。预审法官只能在以下情况下发出逮捕令：被起诉的罪行是重罪或轻罪并可能会被判处监禁；有关人员有逃跑的倾向，并且不知道其位于国内的住址；监狱长或羁押中心负责人愿意接收该人。在发出逮捕令前，检察官可以向法官提出意见，预审法官在获取检察官的意见后应当说明逮捕的理由。

（2）采取羁押措施

原则上，被告人应享有人身自由，逮捕后经审查无羁押必要的犯罪嫌疑人应当被释放。在特殊情况下，可以根据案件和被告人的情况对被逮捕的人员采取羁押措施。《柬埔寨刑事诉讼法典》第 204 条规定审前羁押只适用于重罪或轻罪并且可能会被判处 1 年以上监禁的案件。《柬埔寨刑事诉讼法典》第 205 条规定："审前羁押必须基于以下理由才能进行：制止犯罪或防止犯罪再次发生；防止证人或受害者受到任何干扰或阻止被告人和共犯的串供；保存证据或重要的线索；确保被告人依法出庭；保护被告人的安全；维护公共秩序以避免犯罪造成混乱。"当预审法官自行决定审前羁押或者应检察官的请求进行羁押时，应当通知被告人；如果被告人有律师，律师可以为其提供辩护意见。

在羁押开始 24 小时后，被羁押者可以要求会见律师或其他被选定的不涉及犯罪的人，在保密的情况下，被选定的人员可以进入羁押区会见被羁押者 30 分钟；检察官或司法警察可以随时要求医务人员检查被羁押者，医务人员应核实被羁押者的健康状况是否适合羁押，如果发现被羁押者的健康状况不适合羁押,司法警察应立即通知检察官。医务人员出具的证明应附卷,司法警察应记录医生的姓名以及检查的具体日期和时间。

《柬埔寨刑事诉讼法典》第 208 条和第 209 条对重罪案件和轻罪案件中的审前羁押期限作了严格限定。在重罪案件中,对于成年人,审前羁押不得超过 6 个月。当羁押期满后,预审法官可以基于善良的动机发布命令延长羁押期限 6 个月,但最多只能延长两次。在轻罪案件中,对于成年人,审前羁押不得超过 4 个月。当羁押期满后,预审法官可以基于善良的动机发布命令延长一次审前羁押期限且不得超过 2 个月。轻罪案件中的审前羁押期限不得超过该罪依法应判处的最低刑期的一半。《柬埔寨刑事诉讼法典》第 210 条针对反人类犯罪中的审前羁押期限作了特别规定,在犯有危害人类罪、种族灭绝罪或战争罪的情况下,每项犯罪的审前羁押期限不得超过 1 年。当羁押期满后,预审法官可以基于善良的动机发布命令延长羁押期限 1 年,但最多只能延长两次。

《柬埔寨刑事诉讼法典》对未成年人的权益保护尤其重视,第 212 条规定未满 14 岁的未成年人不能在审前被羁押。预审法官可以决定将未成年人交还给其父母、监护人看管,没有监护人的未成年人应移交给临时教育和照顾中心以等待法院的判决。第 213 条规定了年龄在 14 岁到 18 岁的未成年人在被指控犯有重罪时的审前羁押期限:如果未成年人未满 16 岁,审前羁押不得超过 4 个月;如果未成年人为 16 岁以上未满 18 岁,审前羁押不得超过 6 个月。第 214 条规定了 14 岁到 18 岁未成年人被指控犯轻罪时的审前羁押期限:如果未成年人未满 16 岁,审前羁押不得超过 2 个月;如果未成年人的年龄为 16 岁到 18 岁,审前羁押不得超过 4 个月。上述审前羁押期限不得超过未成年人所犯罪行依法应判处最低刑罚的一半。

9. 保释

柬埔寨刑事诉讼中的保释分为预审法官自行决定、检察官申请和被告人申请三种类型。《柬埔寨刑事诉讼法典》第 215 条规定预审法官可以在任何时间命令释放在押被告人,预审法官如果打算释放在押被告人,应征求检察官意见,并将案卷转交给检察官进行审查,检察官应在最短的时间内提出意见,预审法官应在向检察官提交案卷后 5 日内作出决定。在紧急情况下,预审法官可以不等待检察官的意见而命令立即释放被告人,预审法官应当说明作出这种紧急命令的原因。检察官也可随时要求释放被告人,预审法官应在 5 日内决定,如果预审法官在 5 日内未作出决定,检察官可以向刑事分庭提出请求更换预审法官。被告人可随时要求保释,预审法官应当立即将请求提交检察官征求意见,并将案卷转交给检察官审查,检察官应在最短的时间内提出意见。预审法官应当在转交案卷后 5 日内作出决定。如果被告人的保释请求没有获得准许,其可以在一个月内再次向预审法官或者刑事分庭重新提出要求保释的申请。预审法官或刑事分庭应当在收到再次请求的 5 日内作出决定。拒绝保释的命令应说明理由。如果预审法官在 5 日内没有决定,被告人有权申请刑事分庭更换预审法官。

(五)刑事起诉程序

《柬埔寨刑事诉讼法典》第 50 条规定:"每个初审法院都应当设立一个起诉登记处,登记检察官直接提交或由司法警察提交的案件。所有起诉都应按照以下内容登记:原告的身份证明;检察官收到起诉的日期;起诉的来源,无论是直接提交给检察官还是由司法警察提交;起诉的案件类型;决定不处理或者追究刑事责任。检察官秘书在检察官的监督下进行起诉登记,所有法院当局(包括检察长)可以对登记处进行检查。"

检察官对于具体案件可以决定提起刑事指控或者不起诉。在作出决定前,检察官应进行初步调查。在严重犯罪的情况下,检察官应向驻上诉法院的检察长进行报告,而检察长应当向司法部长提交有关报告。如果检察官决定不起诉,应在最长不超过登记起诉之日起 2 个月内通知申诉人关于对案件的处理决定。申诉人如果对检察官的处理决定不服,可以向驻上诉法院检察长提出上诉,上诉应自收到检察官的决定之日起 2 个月内提出。驻初审法院检察部门应当立即将案卷提交驻上诉法院检察长。驻上诉法院检察长如果发现上诉有正当理由,应当向驻初审法院的检察官发出书面禁令,要求检察官起诉;反之,驻上诉法院检察长应维持驻初审法院检察官的决定,并通知申诉人。

(六)刑事审判程序

柬埔寨刑事诉讼审判程序主要分为初审法院诉讼程序、上诉法院诉讼程序和最高法院诉讼程序。

1.初审法院诉讼程序

原则上初审法院有两个部门,分别是民事和刑事部门,但是在实践中,若法官名额十分紧缺,两部门之间并无明确区分,刑事和民事案件都可能由一个法官进行处理。

（1）立即出庭程序

《柬埔寨刑事诉讼法典》规定了特定案件的立即出庭程序。第47条规定："如果满足下列条件的话，检察官可以命令被告人出席初审法庭庭审：根据《柬埔寨刑事诉讼法典》第86条、第88条的规定认定被告人属于现行犯，量刑为有期徒刑1年以上5年以下，被告人是成年人，案件具备庭审条件。"第48条规定："检察官在决定立即出庭的情况下，应检查身份证明，通知该人有关指控和犯罪的类型，听取该人的声明。检察官应通知被告人有权委托律师或者根据《柬埔寨律师法》规定任命律师。① 委托或任命的律师应立即通知，律师可以查阅案件材料，并与被告人进行沟通。这些程序应记录在案，否则程序视为无效。"第49条规定："如果是轻微罪，检察官应当依照第46条的规定向被告人出示传票将其带至法院直接审理。"

在立即出庭程序中，法院在核实被告人的身份以及检察官简要宣读起诉书后，会通知被告人准备辩护。如果被告人要求推迟审判，或者法院认为案件可能无法立即审结，法院将会择期审判。法院可以参照第205条（审前羁押）的规定，以适当的理由对被告人进行审前羁押。从开庭之日起，法院的审判不应当超过2周，审前羁押应在2周期满后终止。如果法院在收到起诉书并启动立即审判程序后发现该案不符合第47条的规定，或者由于案件复杂需要进一步侦查，将会把案卷退回检察官。被告人必须在同一天被带至预审法官面前，否则被告人会被自动释放。

（2）一般案件审理程序

在审判程序中，特定案件适用立即出庭程序，其他案件适用一般案件审理程序，具体程序如下：

一是确定审理日期。《柬埔寨刑事诉讼法典》第292条规定："除了立即出庭的程序外，审判日期由法院院长决定，在法院通过预审法官转交、直接提交控诉的情况下，法院院长应当根据《柬埔寨刑事诉讼法典》第457条和第466条之规定考虑审理时限，应口头通知检察官审判日期。"

二是开庭准备。《柬埔寨刑事诉讼法典》第322条规定："法庭书记员应

---

① 被告人可以在自己选择的律师或者在指派律师的帮助下出庭，对于重罪案件和被告人是未成年人的案件，柬埔寨实行强制辩护制度，律师由法院院长根据《柬埔寨律师法》的规定进行指定。

当核实被告人、民事当事人、民事责任人、受害者、证人和专家的身份。如果民事当事人由其配偶或直系亲属作为代表,法庭书记员应核实这些代表的身份和委托书的有效性。民事责任人的核实应当遵循相同的程序。"各方应坐在法庭上指定的地点,被告人不得互相沟通。专家和证人应留在为他们准备的等候室,并且不允许看到或听到法庭上的情况。在等候期间,不允许证人相互沟通。

三是庭审环节。《柬埔寨刑事诉讼法典》第 316 条规定:"对质应在公开审理中进行。但是,如果法庭认定对质会危及公共秩序或习俗,有权决定全部或部分对质秘密进行。法庭作出秘密对质的决定不能上诉。"公开审理由庭审负责人主导,负责人应保证自由行使辩护权,但是,有权制止意在拖延庭审或者无实质意义的对质。庭审负责人应确保审判期间秩序良好,可以禁止部分或全部未成年人进入庭审现场,也可以驱逐任何导致对质混乱的人,履行职务时,可以使用强制力量。

首先,庭审负责人应向被告人告知被指控的罪行并对其发问,应提出其认为有助于确定事实的问题。庭审负责人发问完毕后,检察官、律师和有关当事人可以询问被告人。所有问题的询问都应该经过庭审负责人的许可,但检察官和律师提出的问题除外。如果有人对该问题提出反对意见,庭审负责人应自行决定是否提问。庭审负责人可以听取民事当事人、民事责任人、受害者、证人和专家的意见,也可以听取作为调查人员的司法警察或司法警察代理人的发言。在对质中,各方可以要求法院临时传唤证人,听取该证人证言应由庭审负责人批准。

如果检察官、律师和各方当事人发现对证人证言的听取不利于确定事实,可以提出反对听取证人证言的意见,最终由庭审负责人决定是否听取。第 328 条规定庭审负责人应对每位证人提出问题,以确定他是否是被告人、民事当事人或者责任人的直系亲属或者有其他关系的人。在回答这些问题之前,每个证人应根据自己的信仰保证其会说实话。法庭认为如果不再需要证人的时候,可以允许证人退庭。

其次,庭审负责人可要求任何人提供涉案物品并展示。即使被告人不在场,法院也应该寻求真相,听取当事人和证人的回答,并检查物品。第 338 条规定了法官的现场调查权:"法官可以在国家领土内的任何地方调查,以确定真相。法官调查可以由检察官和法院书记员陪同。如果法官要求的话,被告人、民事当事人、民事责任人和律师也可陪同参与,这些活动应当记录在案。"

最后,庭审负责人应允许以下人员发言:民事当事人、民事责任人和被告人简要陈述;民事当事人的代表律师提出意见;检察官发表引导性请求;民事责任人、被告人的律师提出辩论意见;民事当事人和检察官可以作出反驳的陈述。但是,被告人和其律师永远是最后发言的人。《柬埔寨刑事诉讼法典》第334条规定,在对质结束之前,被告人、民事当事人和民事责任人可以提交书面结论,并提交他们认为有用的文件。书面结论应附于案卷中。

在庭审中,如果刑事分庭发现指控的罪名与认定的不符,可以自行改变罪名,若罪名是从轻罪变为重罪,刑事分庭应当将案件退回检察机关,后者按照指控程序重新确定新的指控;若指控的事实不清楚,刑事分庭可以自行补充调查或者将案件退回检察机关。①

四是评议和宣判。《柬埔寨刑事诉讼法典》第337条规定了法官评议:"法官应在法官密室中进行评议以形成判决。检察官和法庭书记员不得参加评议工作。"第347条规定:"判决应在对质或下一次庭审中宣布,在后者情况下,庭审负责人应通知当事人宣告判决的日期。"第357条规定书面判决应该有两个部分:法院作出判决的事实和法律依据;其他相关信息。② 法院应审查在庭审期间所有指控和提出的证据,所认定的事实应当清楚并且排除合理怀疑,在判决中,法院应当对双方的书面意见作出回应。判决由庭审负责人和法院书记员签字后,判决书原本在不迟于宣布后8日内交到法院书记员处,法院书记处将永久保存判决原本。如果上诉的话,法院书记员可以提供判决的副本。

2.上诉法院诉讼程序

上诉法院位于首都金边,其管辖范围覆盖柬埔寨全境,它接受所有不服初审法院(包括军事法院)判决的上诉案件。上诉法院的案件审查范围包括事实和法律,审判程序和初审法院程序基本一致。上诉法院对案件的审理是由审判委员会的三名法官负责的,并且会针对初审法院遗漏的事实进行附加调查。

(1)上诉主体

针对初审法院判决的上诉是没有条件限制的,根据《柬埔寨刑事诉讼法

---

① 张文山、李莉:《东盟国家检察制度研究》,人民出版社2011年版,第259页。

② 判决应提及以下相关信息:庭审日期;判决日期;审判法官的全名和职务;检察官代表的全名和职务;法庭书记员的全名和职务;被告人、民事当事人和民事责任人全名、居住地、出生日期、出生地点和职业;律师的姓名等。

典》第 375 条的规定,有权上诉的人包括:驻初审法院检察官和驻上诉法院检察长;被告人;民事当事人或者利益相关人;民事责任人或者利益相关人。检察官、被告人、民事当事人和民事责任人的上诉申请应提交给宣布判决的法院书记员处。被告人可由律师代理,律师应具有书面授权。被判有罪的未成年人可以由其父母或监护人代理,代理人不需要委托书。民事当事人和民事责任人可以由律师、配偶或直系亲属作为代表代为上诉,该代表应具有书面授权书。

(2)上诉登记与期限

法庭书记员应在法院特别登记处登记上诉,上诉文件应由法院书记员、上诉人或上诉人代表签字,上诉文件应附有委托书。若被羁押的被告人请求上诉,可以向监狱长或者羁押中心的负责人表示上诉意愿,被羁押者应填写上诉申请,注明日期并签字;上诉申请由监狱长或羁押中心负责人在特别登处进行登记,被羁押者应在登记册上签字,监狱长或羁押中心负责人应在最短的时间内将申请送交法院书记员,书记员应在上诉登记簿上注明上诉申请。驻上诉法院检察长的上诉应在上诉法院书记员处登记,法院书记员应将上诉文件登记在特别登记册内,上诉申请须由检察长和书记员签字。检察官的上诉应在 1 个月内提出,检察长的上诉应在 3 个月内提出,上诉期限自宣判之日起算。被告人、民事当事人和民事责任人的上诉应当在 1 个月内提出。对于在场判决的案件,上诉期间应从判决被宣布时计算;对于被视为在场判决的案件,不论以何种方式送达,上诉期间都应从送达时计算。

对于上诉的案件,初审法院的书记员应当将案卷提交到上诉法院,具体文件应包括程序性案卷、上诉申请的副本和判决书的副本。如果被羁押的被告人提出上诉,案卷应在其提出上诉申请之日起 10 日内提交,除非有不能克服的情况。如果有不能克服的情况,应在转交令中注明。《柬埔寨刑事诉讼法典》第 387 条规定:"当案卷到达上诉法院时,刑事分庭庭长应核实上诉程序的正确性并确定审理日期。如果被告人处于被羁押状态,并针对一审法院判决提出上诉,上诉法院应在收到案卷之日起 15 日内确定审理日期。"

(3)上诉审理

刑事分庭庭长应通知驻上诉法院检察长审理日期,检察长应根据《柬埔寨刑事诉讼法典》的规定召集被告人、民事当事人和民事责任人。被羁押的被告人应当按照检察长的命令被立即转交到离监狱或者羁押中心最近的上诉法院。第 390 条规定:"上诉法院刑事分庭庭长应任命一名报告法官,报告法官可以是庭长或陪审的法官,报告的主题包括原审程序和判决,且应以书面形式编写,并附于案卷中,报告应足够详细,以便法院获悉该案的完整信息。"检察长和律师在审理前可以查阅相关案卷,律师和当事人可以向法庭书记员递交陈述,书记员应接受并注明日期,并附于案卷中。上诉程序中的对质应公开审理中进行,但是,如果法庭认定公开对质会对公共秩序或习俗造成危险,可以基于良好的动机决定全部或者部分对质秘密进行。法官可以决定是否对被告人发问,也可以询问有关民事当事人、民事责任人、专家和证人。检察长和律师将按照法官命令发表言论,民事当事人在上诉审理中也有权发表意见。被告人是最后一个发言者,辩护律师允许作简短的陈述。法院应在综合案件事实和各方发言后对案件作出判决。(具体程序参见图 2-1)

(4)上诉的效力

《柬埔寨刑事诉讼法典》第 398 条规定,上诉期间暂停执行判决,但是已经被关押的被告人在检察机关上诉期间应被持续羁押,对刑事部分判决提出的上诉,被告人将被持续羁押到上诉法院作出判决。如果初审法院决定释放被告人或者上诉法院将对被告人判处少于或者等于审前羁押期限的刑罚,检察机关可以同意上诉期限届满前释放被告人。

柬埔寨刑事诉讼法遵循上诉不加刑原则。当上诉法院只从被告人处收到上诉时,不能增加对被告人的处罚,法院只能作出有利于被告人的判决。上诉法院可以改变初审法院确定的罪名而判决另一种罪名,但不能增加被告人的刑期。如果一审法院忘记宣告附加刑,上诉法院应宣布原审判决无效并确定新的判决。另外,只有被告人上诉时,上诉法院也不能增加被告人的民事赔偿金额。但是当检察官或检察长上诉时,上诉法院可以推翻释放被告人的判决或者加重初审法院宣判的刑罚。如果发现罪行不能被证明的话,上诉法院可以决定释放被告人。民事当事人或民事责任人的上诉仅限于民事部分,不得向上诉法院提出初审时未提交的申请。

3.最高法院诉讼程序

最高法院位于首都金边,对上诉法院判决不服提起上诉的案件由最高法院管辖,另外最高法院还负责管辖再审案件。[①]

《柬埔寨刑事诉讼法典》第 418 条规定可以向最高法院上诉的人员为:驻

---

① 张树兴:《东南亚法律制度概论》,中国人民大学出版社 2015 年版,第 136 页。

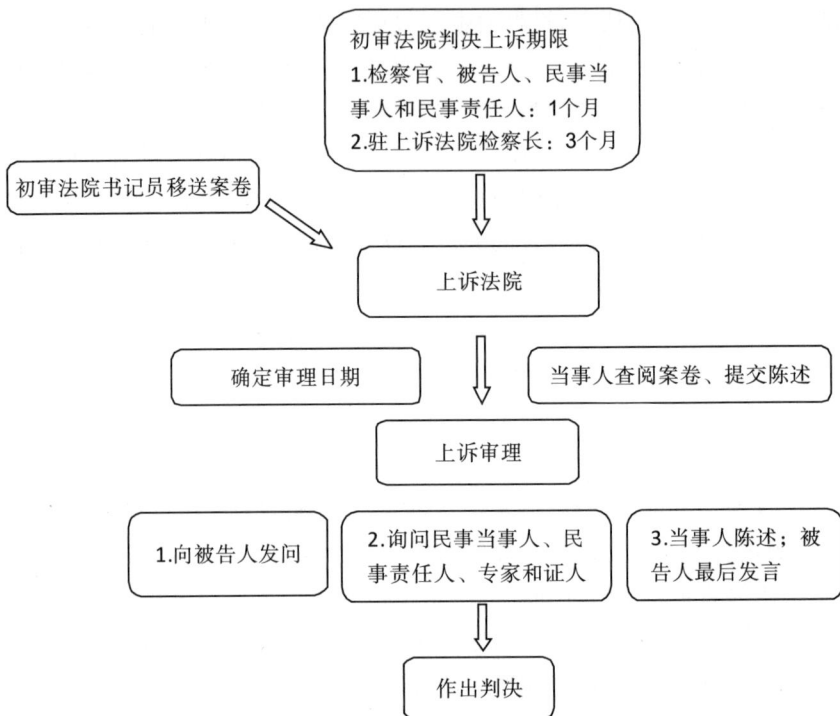

图 2-1　柬埔寨刑事案件上诉流程图

最高法院总检察长、驻上诉法院检察长、被告人、被引渡人、民事当事人和民事责任人。上诉应由最高法院刑事庭审查。向最高法院提起的上诉应在以下期限内提出：上诉法院刑事分庭作出判决的 1 个月内；上诉法院调查分庭作出判决的 15 日内；调查分庭对引渡问题作出判决的 5 日内。如果被上诉的判决是在场判决，则应从判决宣布之日起计算。如果是针对被视为在场判决的上诉，上诉期限应自通知被告人之日起计算。对于缺席判决，上诉期限自对缺席判决的异议期限届满之日起计算。①

　　上诉法院的书记员应准备案卷并在最短时间内交付给最高法院，当案卷到达最高法院时，法院书记员应进行登记。当事人可以自案卷登记之日起到开庭前一天委托一名律师，并以书面形式将律师的姓名递交给最高法院的法庭书记员。最高法院的书记员应将案卷的登记情况通知当事人，并通知上诉

---

　　①　具体可参见后文"缺席审判"制度。

人在 20 日内向最高法院刑事分庭提交法律陈述,如果 20 日的时间不够,上诉人可以要求刑事分庭庭长延期,但延期不超过 10 日。如果上诉人已经委托了律师并提交了律师的姓名给法庭书记员,法庭应通知律师,律师可以随时查阅案卷并自费复印案卷。如果上诉人提交陈述,法院书记员应通知其他当事人及其律师在 20 日内对上诉人的陈述进行回应。

在陈述的提交期限届满时,最高法院院长应指定一名报告法官并将案卷附上陈述交给报告法官。报告法官针对案件程序和事实等方面提出法律问题并出具报告,报告法官提出的解决建议应纳入案卷,连同陈述和书面报告一并交付给驻最高法院总检察长,总检察长应拟定书面结论并附在案卷中,案卷应归还刑事分庭庭长。刑事分庭庭长应当确定审理日期,口头通知总检察长,总检察长应通知有关各方审理日期。对于被羁押的被告人或者被引渡人,应当通过监狱或羁押中心的长官通知。对于其他被告人、民事当事人、民事责任人和律师,应当通过行政手段或者通过警察或宪兵部队通知。最高法院的对质应公开进行,刑事分庭可以对出席的当事人提问。报告法官应当准备报告,总检察长应准备其检控结论。在任何情况下,最高法院不能在没有对质的情况下就任何问题作出判决,各方可以在对质结束前提交一份新的陈述。被告人、被引渡人、民事当事人和民事责任人可以放弃上诉,此种放弃应由最高法院刑事分庭庭长审查并记录在案。

除非出现不可克服的情况,最高法院应当在收到案卷后的 6 个月内作出判决。最高法院刑事分庭可以驳回全部或部分上诉请求,如果上诉被驳回,上诉人不得对同一判决提出新的上诉;也可以撤销上诉法院的全部或部分判决。《柬埔寨刑事诉讼法典》第 419 条规定上诉案件若存在以下情形,最高法院应当撤销上诉法院的判决:法庭的组成不合法;法院不具有管辖权;滥用权力;违反法律或误用法律;违反或不遵守强制性程序要求;未对检察官或者当事人的书面请求作出判决;事实虚假;缺乏推理;理由与法律条款之间存在矛盾。最高法院在撤销上诉法院有争议的判决时,应将案卷和当事人转交给原上诉法院外的其他法院重新审理。

4. 再审程序

再审动议是针对最终判决、最终命令和有既判力的判决而提出的审查请求。最高法院全体会议有权决定再审。

(1)再审动议的提出

《柬埔寨刑事诉讼法典》第 445 条规定:"在以下情况下可以提出再审动

议:涉嫌谋杀的罪行宣判后,有可靠的线索表明受害者仍然存活;两名被告因同一罪行被判刑,二人判刑不一致;任何证人因提供虚假证词而被判有罪;发现新的事实、文件或其他新的证据对被定罪者的定罪产生合理怀疑。"《柬埔寨刑事诉讼法典》第446条规定了有权提出再审动议的人员:"司法部长;被定罪的人或丧失行为能力的被定罪人的代表人;如果被定罪者死亡或者消失,其配偶、父母、子女或任何拥有与撤销判决相关线索材料的人。"在向最高法院提起诉讼之前,司法部长可以要求有管辖权的检察长作进一步调查。

(2)具体审理程序

再审动议应在最高法院书记员处登记,申请再审的人或其律师可以在最高法院书记员办公室查阅和复制案卷。如果被定罪的人死亡或者失踪,被定罪人的律师、配偶、父母或子女可以查阅案卷。法庭书记员应通知申请人,在再审动议登记后其有30日的时间进行准备,在特殊情况下,可以由最高法院院长延长申请人准备的时间。在申请人的准备时间届满后,最高法院院长应指定一名报告法官,报告完成后,案卷将提交给驻最高法院总检察长,总检察长应在30日内准备一份针对再审动议的书面材料。再审具有停止执行判决的效力,如果有明确理由,最高法院接受再审的刑事分庭可以暂停执行判决。最高法院院长应确定审理日期并口头通知总检察长,总检察长应按照《柬埔寨刑事诉讼法典》第433条之规定通知申请人审理日期。

对质应在公开审理中进行,法院应当听取报告法官的报告,然后听取律师的意见。如果动议是由司法部长提出的,法院应当听取被定罪人律师或其家人的意见。必要时,法院还应当听取被定罪人的意见,听取总检察长的结论,律师对此可进行反驳。

如果最高法院认定案件审理已经完结,应当作出最终判决。在作出最终判决前,最高法院可以任命一名法官进行进一步调查。除了审前羁押和司法管制之外,受委任的法官应和预审法官拥有相同的权力。最高法院的判决应当具有明确的理由并公开宣布。

(七)刑事执行程序

《柬埔寨刑事诉讼法典》第496条规定:"执行刑罚应由检察机关发起,民事处罚的执行应当由民事当事人发起。"第497条规定:"检察机关可以在法庭最终判决成立时执行刑罚,检察长的上诉不得成为执法的障碍。"

关于监禁期限的计算,《柬埔寨刑事诉讼法典》规定 1 日监禁为 24 小时,1个月监禁刑期为 30 日。超过 1 个月的监禁刑期应从第一个月的某一天起算至另一个月的某一天,已经执行完刑罚的人应在上午 6 点和晚上 6 点之间释放,审前羁押的期限应全部包括在已经被判处的刑期中。所有监狱都应登记被监禁人员的身份、执行的开始日期和释放日期,检察官可以随时检查登记册并在每一页上签字。

假释是指执行一定刑期的罪犯由于表现良好而被提前释放的一种刑罚执行方法。《柬埔寨刑事诉讼法典》规定所有犯一罪或多罪而被判处监禁的人,根据他的一贯良好表现可以有条件释放以回归社会。假释有已执行刑期的限制,执行刑期必须符合下列规定:判决刑期为一年的,已经执行一半;其他案件中刑期已经执行三分之二;被判终身监禁的人,已执行满 20 年。假释由监禁所在地的初审法院院长负责,法院院长征得司法部召开的国家委员会意见后可以决定假释。国家委员会应在最短的时间内提出书面意见,陈述理由并立即转交给初审法院院长。初审法院院长作出假释决定后,应确定释放罪犯的条件和假释考验期,假释考验期不得超过剩余刑期。如果罪犯在假释期间犯了新罪或违反了相关规定,初审法院院长可以撤回假释决定。在紧急情况下,有关法院的检察官可以下令重新逮捕被假释的人,并立即通知初审法院院长。

(八)独立程序

《柬埔寨刑事诉讼法典》将回避与引渡程序作为独立程序在法典中进行了单列。

1. 回避程序

《柬埔寨刑事诉讼法典》第 556 条对审判法官的回避作了明确规定,只有当审判法官与案件有利害关系时,回避才可以被接受。立法列举了法官应当回避的情形:法官现任或前任配偶是其中一方当事人;法官与其中一方存在亲属关系;法官是其中一方的监护人;负责案件的法官已经或正在负责另一方当事人的诉讼;法官是证人或案件的专家;法官是其中一方的代表或助理;参加了一审或者上诉法院的审判。

在回避申请提出的时间上,《柬埔寨刑事诉讼法典》要求对法官的回避申请必须在对质结束前提交。关于法官回避申请的决定,《柬埔寨刑事诉讼法

典》第 558 条规定:"要求初审法院院长或者法官回避时,应向上诉法院院长提出并由其决定;要求上诉法院院长、法官或者最高法院法官回避时,应向最高法院院长提出并由其决定。回避申请应明确说明回避的原因,并附有证据,否则回避将不被受理。"第 565 条规定:"对最高法院院长提出回避申请时,最高法院院长应根据自己的良心决定是否退出审判。"

2.引渡程序①

《柬埔寨刑事诉讼法典》第 566 条规定:"柬埔寨可以向外国引渡居住在柬埔寨境内的外国人,在刑法上要求该人在请求国受到司法指控或者被请求国法庭判处监禁。"第 567 条规定:"引渡在柬埔寨境内被捕的外国居民,依据柬埔寨批准的国际公约或者条约进行,如果柬埔寨没有批准有关国际公约或条约,则适用本法的规定,法律另有规定除外。"

(1)引渡的具体条件

第一是形式要件。《柬埔寨刑事诉讼法典》第 579 条规定:"所有引渡请求应通过外交渠道向柬埔寨政府提交,每个请求应得到证据的证明。证据证明应包括:有足够的文件来识别被引渡的人,被引渡人被指控事实的报告,关于这种行为的法律文本,判决书的副本(如有)。所有文件应正式签字盖章并放在密封的信封内,如果不是高棉语、英语或法语文本,应附上认证翻译成以上三种语言之一的文件。"

第二是实质要件。在罪名方面,《柬埔寨刑事诉讼法典》第 569 条规定:"只有被引渡人的行为在请求国的法律和柬埔寨王国的法律中都属于犯罪行为才可以引渡。当然,犯罪行为的定义不同,犯罪的名称或犯罪特点不同以及请求国法律规定的犯罪要素不同不影响引渡。"在刑罚方面,第 571 条规定:"只有当被引渡人的行为在请求国的法律中可能被判处的监禁至少在 2 年以上才可以适用引渡。但是,如果被引渡人被请求国的法院判处至少 6 个月的监禁并且已经生效,引渡也是可能的,无论法律规定的刑期长短如何。"

(2)引渡的具体程序

《柬埔寨刑事诉讼法典》第 580 条规定:"柬埔寨外交部部长应将外国的引

---

① 引渡包括请求从他国引渡和他国请求引渡,由于刑事诉讼法的效力覆盖本国领土范围,所以本文主要以他国请求引渡为介绍对象。

渡请求和证据移交给司法部长,司法部长应审查请求,然后将请求提交给首都金边的驻上诉法院检察长。"

《柬埔寨刑事诉讼法典》第 581 条规定可以针对被引渡人进行审前逮捕:"请求国可以要求对被引渡人进行审前逮捕。在紧急情况下,根据本法第 579 条之规定,可以在引渡前提出逮捕的请求。审前逮捕旨在防止被引渡人逃跑,不需要遵守任何其他单独的程序。自逮捕之日起 2 个月内柬埔寨王国政府没有收到本法第 579 条规定的文件,被逮捕的人员应被自动释放。"

首都金边驻上诉法院检察长可以下令逮捕并羁押被引渡人。逮捕令应提及以下信息:被引渡人的身份;提出审前逮捕的请求国名称;发出此类命令的法官的姓名和头衔;该命令应由检察长注明日期并签字。逮捕令可以在柬埔寨王国全境范围内执行。《柬埔寨刑事诉讼法典》第 583 条规定,被逮捕的被引渡人应在最短的时间内被带至主管检察官面前,主管检察官应当听取被引渡人的陈述。被引渡人应被移送到金边的监狱,其可以要求金边驻上诉法院检察长听取自己的陈述。

检察长应当向金边上诉法院调查分庭提交案卷。《柬埔寨刑事诉讼法典》第 585 条规定被引渡人出席调查分庭时可以由其选择的律师或根据法律任命的律师陪同。审理应在封闭的地方进行,调查庭认为如有必要,可以聘请翻译人员。在听取被引渡人的声明、检察长结论和代理律师的意见后,调查分庭应作出是否引渡的判决。第 578 条规定:"如果被引渡人正在被柬埔寨的法院审判,则引渡程序应当暂停,或者法院正在判决尚未执行,引渡也应暂停。"依据第 587 条的规定,被引渡人还可以请求保释,请求应采取书面方式提交给调查分庭。调查分庭在听取被引渡人的声明、检察长的结论和代理律师的意见后应作出决定。

调查分庭判决后应立即通知司法部长。如果调查分庭提出反对意见,柬埔寨政府不得向请求国交付被引渡人。被引渡人应当被立即释放,除非他还涉及其他案件。如果调查分庭同意引渡,司法部长可将案件提交皇家政府,由后者发布引渡的命令。引渡命令发出后,被引渡人应被交付请求国。引渡费用由请求国承担,被引渡人在柬埔寨以外的安全保障由请求国承担。如果请求国在通知下达引渡命令后 30 日内不能启动相关引渡手续,被引渡人将被释放。

(3)拒绝引渡的情形

《柬埔寨刑事诉讼法典》第 573 条第 1 款规定:"如果被起诉的行为是政治

性的,不允许引渡。"第 2 款对此作了例外规定:"对于任何导致生命危险、侵犯身体完整或个人自由的暴力行为,不得考虑行为的政治性。"第 574 条规定:"如果被起诉的行为是在柬埔寨境内犯下的并在柬埔寨接受审判,则不可引渡。"

三、柬埔寨刑事诉讼法的主要特色

深受大陆法系传统影响的柬埔寨刑事诉讼程序体现出其独有的特色,下文就其刑事程序中比较有代表性的内容作简要介绍。

(一)赋予了团体和协会民事起诉权

柬埔寨刑事诉讼中常常杂糅民事诉讼,但并不像在其他国家一样被称为附带民事诉讼。《柬埔寨刑事诉讼法典》规定民事诉讼应当由刑事被害人提起,作为赔偿依据的伤害必须是:犯罪的直接后果;被害人本身的伤害;损害已经发生或者正在发生。值得注意的是,上述提到的被害人本身的伤害可以是财产、人身或精神上的损害。可以看出被害人有权申请精神损害赔偿也是柬埔寨刑事诉讼的特色之一。

另外,《柬埔寨刑事诉讼法典》还赋予有关团体和协会作为民事诉讼原告提起民事诉讼的权利。第 17 条规定:"消除一切性暴力、家庭暴力和侵害儿童协会有权在犯罪行为发生的 3 年内依据法律提起告诉,针对蓄意威胁生命以及性骚扰在民事诉讼中享有作为原告的权利";第 18 条规定:"消除一切绑架、贩卖和性剥削协会有权在犯罪行为发生的 3 年内依据法律提起告诉,在民事诉讼中享有作为原告的权利";第 19 条规定:"消除一切种族主义和歧视行为协会在犯罪行为发生的 3 年内可以针对涉及国籍、族裔、种族或宗教的歧视行为根据法律提起告诉,对生命或人身完整进行故意威胁且造成损害的行为,有权作为民事诉讼原告提起民事诉讼"。当然团体或协会的起诉权并不是绝对的,该法第 20 条对于团体或协会民事诉讼的可接受性进行了规制:"《柬埔寨刑事诉讼法典》第 17 条、第 19 条的情况下,团体或协会的起诉只有在被害人法定代表人的同意下才会被接受;被害人死亡的案件,起诉只有在被害人的继承人同意并且有证据的情况下才会被接受。"

在具体程序方面,柬埔寨民事诉讼可以和刑事诉讼一起提起;民事诉讼也可以单独提起,在这种情况下,民事诉讼必须中止,直至对犯罪行为作出最后判决。

(二)规定了缺席审判制度

《柬埔寨刑事诉讼法典》对判决的类型作了分类规定,主要有在场判决、视为在场判决和缺席判决。第 360 条规定,如果被告人出庭受审,判决应为在场判决,即使被告人在庭审期间离开法庭,判决仍然属于在场的。第 362 条规定了缺席判决,如果被告人没有出庭,没有证据证明其知道审判或传票通知,判决书可以在被告人缺席的情况下作出。第 361 条规定如果被告没有出庭受审,但其知道审理或传票的存在,判决被称为"视为在场判决"。民事当事人和民事责任人是否在场的判决种类和被告人的相同。

被告人、民事当事人可以针对缺席判决提出异议,《柬埔寨刑事诉讼法典》第 365 条至第 372 条对于缺席判决的异议进行了详细规定。[①] 当被告人对整个判决提出异议时,判决的执行应暂停。但是,逮捕令仍然有效,法院依然有权决定是否释放被告人。民事当事人只能对民事部分判决提出异议,若异议成立,则该部分应暂停执行。异议人应以书面形式向宣判的法院书记员处、检察官、警察部门、宪兵部队、监狱或羁押中心提出异议。被判有罪的人可由律师代理,律师在有授权的情况下也可以提出异议。未成年犯罪人,可以由父母或监护人代表,在这种情况下,代表不需要授权书。当收到异议申请时,检察官、警察或宪兵部队、监狱长或羁押中心负责人应将异议申请书立即转交给宣布判决的法院书记员处,后者对异议进行登记,各方当事人和律师可以查阅此登记表。异议申请应在 15 日内提交,从缺席判决送达被宣告有罪的人时起算;如果判决未送达被宣告有罪的人,从其实际知道判决的具体日期起算。民事当事人可以针对其缺席时作出的判决提出异议,反对意见只限于判决的民事部分。民事当事人也应在 15 日内提交异议申请,从缺席判决送达民事当事人时起算;如果判决没有送达民事当事人,从其实际知道判决的具体日期起算。

---

① 此处对判决的异议并不等同于上诉,仅是当事人对法院缺席判决的一种反对。

《柬埔寨刑事诉讼法典》第 371 条对异议的处理作出规定,在提出异议申请后,案卷应被再次提交法院,所有各方均由检察官主动召集,审查异议后决定是否受理,法院应对事实再作出判决。如果异议申请人已经被合理传唤但没有出现在法庭上,法院应认定异议无效,判决不应当改变,对所有人都是完全有效,提出异议的人可以根据法典第 382 条之规定针对该判决提出上诉。

(三)确立了诉讼行为无效制度

《柬埔寨刑事诉讼法典》在诉讼行为方面比较有特色的是存在诉讼行为无效制度。诉讼行为一旦被认定无效,将无法产生预期的法律效果,其结果是诉讼程序将恢复原状,即返回到该行为没有实施前的状态。这对于规范诉讼行为、实现司法公正意义重大。诉讼行为无效制度具体体现在《柬埔寨刑事诉讼法典》的以下规定中。第 44 条规定的"侦查开始":在重罪的情况下,侦查应向预审法官提出申请,并取得授权,侦查可以针对不明身份或者身份确认的人进行。申请书包括:事实概要、犯罪类型、法律的有关规定和阻却犯罪事由、被侦查人的姓名。这些手续必须严格遵守,否则申请行为无效。第 109 条规定以下条款的规则和程序应严格遵守,否则视为程序无效:第 90 条的侦查和询问记录、第 91 条的搜查、第 92 条的查封、第 93 条的会见记录、第 94 条的到案命令、第 95 条的技术或科学检查、第 96 条的羁押、第 97 条的羁押记录、第 98 条的律师在羁押期间的协助、第 99 条的医务人员在羁押期间的协助、第 100 条的羁押未成年人、第 105 条的禁止未经许可的监听、第 106 条的现行重罪案件侦查期限和第 108 条的警察记录内容。另外,《柬埔寨刑事诉讼法典》第 54 条规定,预审法官不得参加其所犯刑事案件的审判或者其他事项,否则审判无效。

(四)规定了强制侦查的司法审查

强制侦查是指为了收集或者保全犯罪证据、查获犯罪嫌疑人而通过强制方法对相对人进行的侦查,如强制到案、搜查、扣押、查封、强制采样、强制体检、监听、秘密录音或录像等。① 强制侦查可能侵犯公民人身自由、隐私以及财产权等，所以相关国家的法律普遍要求强制侦查手段的使用必须符合相应的原则，并通过司法审查的方式将强制侦查的力度和范围控制在最低限度以内。

柬埔寨刑事诉讼中的强制侦查措施深受司法审查原则的影响。在搜查和扣押方面，《柬埔寨刑事诉讼法典》第 91 条第 1 款规定司法警察进行搜查和扣押时应取得预审法官授权。在电话监听方面，《柬埔寨刑事诉讼法典》第 183 条规定，当调查令允许监听电话或者监控互联网信息时，司法警察应当依据本法第 172 条第 1 款、第 2 款之规定向预审法官提出申请。

（五）规定了证据自由以及自由心证

《柬埔寨刑事诉讼法典》第 321 条规定："除法律另有规定外，刑事案件中的任何证据均可自由接受。法官可以根据良心自由选择，以确定提交给法院的证据的价值。"可以看出法律并未规定证据的具体形式，按照证据自由原则，只要证据的收集和提出方式合法，各种形式的证据包括被告人供述、当事人陈述、鉴定或检查、书证、扣押物品等均可成为刑事诉讼证据。需要指出的是，《柬埔寨刑事诉讼法典》虽然整体上对证据形式持自由态度，但是这种证据自由是相对的，其中也受到一些限制。例如：第 105 条规定，司法警察在无授权的情况下无权监听电话对话，无权截取或记录任何电信通信，包括传真或互联网信息。第 109 条的程序无效规则指出，违反有关条款规定的，其程序应当无效，其中就包括未经许可的电话监听。因此在收集证据的过程中要取得授权并遵守证据收集的正当性原则。第 321 条第 3 款规定，在身体或精神受胁迫下所作供述不具有证据价值。第 321 条第 4 款明确规定了不得作为证据的情形，如被告人与律师之间的沟通内容不得作为证据。

在证据的审查与判断方面，从《柬埔寨刑事诉讼法典》第 321 条可以看出，柬埔寨刑事诉讼立法持自由心证的态度。自由心证是指对证据是否有证明力以及证明力的大小，法律不预先作出规定，而由法官根据"良心""理

---

① 孙长永：《强制侦查的法律控制与司法审查》，载《现代法学》2005 年第 5 期。

性"和内心确信去自由判断证据,从而认定案件事实。[①] 但是自由心证并不意味着法官可以对证据的价值进行肆意判断,法官只能对在庭审对质中提出的证据材料进行判断,法院的判决也只能依据对质中提交的证据作出;法官在判断证据价值时,应当依照一定的经验法则、有关逻辑规则和内心良知进行审查判断。

---

① 汪海燕、胡常龙:《自由心证新理念探析——走出对自由心证传统认识的误区》,载《法学研究》2001 年第 5 期。

第三章

印度尼西亚刑事诉讼法

印度尼西亚共和国(the Republic of Indonesia ,简称印尼)①位于亚洲东南部,是东南亚地区面积最大的国家,首都为雅加达。印尼是世界上最大的群岛国家,由太平洋和印度洋之间约 17508 个大小岛屿组成,别称"千岛之国",其中,加里曼丹岛、苏门答腊岛、西伊里安岛、苏拉威西岛和爪哇岛面积较大。印尼疆域辽阔,横跨亚洲及大洋洲,与巴布亚新几内亚、东帝汶和马来西亚等国家相接。印尼人口超过 2.5 亿,是世界第四人口大国。虽然人口众多,但印尼仍保留有大量的原野,生物多样性居世界第二位。印尼的资源也十分丰富,其中石油、天然气和锡的储量居世界前列。

印尼是发展中国家,其产业结构落后,国内的工业不发达。印尼政府重视旅游业,注重开发旅游景点,旅游业已成为印尼创汇的重要行业。在其国民就业结构中,服务业从 2010 年开始成为印尼从业人数最多的产业,其次为农业和工业。

经历了荷兰漫长的殖民统治和二战中日本的野蛮侵略,1945 年 8 月 17日,印尼宣布独立,成立印度尼西亚共和国。之后,为抵抗英国、荷兰的入侵,印尼又发动三次独立战争。1949 年 12 月,印尼被迫改为联邦共和国,加入荷印联邦。1950 年 8 月,重新恢复为印度尼西亚共和国,并加入联合国。1954年 8 月,印尼脱离荷印联邦。印尼奉行独立自主的积极外交政策,在国际事务

---

① 　为了方便起见,本章除了标题以外,正文中的印度尼西亚均简称为"印尼"。

中坚持不干涉内政、平等协商、和平解决争端等原则。印尼是万隆会议十项原则的重要发起国之一，是 G20、亚非新型伙伴关系、七十七国集团、伊斯兰会议组织等国际/地区组织的倡导者和重要成员。印尼参与发起成立东南亚国家联盟，以东盟为贯彻对外关系的基石之一，积极发展同东盟其他国家的友好合作关系，在东盟一体化建设和东亚合作中发挥重要作用。

印尼宪政制度呈现出受传统观念影响较大、总统权力集中和军警影响政治发展三大特点。印尼的宪政始于 1945 年通过的《印度尼西亚共和国宪法》（以下简称《印尼宪法》）。① 该《宪法》历经 1999 年、2000 年、2001 年和 2002 年四次修正。根据该《印尼宪法》，印尼实行不完全的三权分立。国家的最高权力机关是人民协商会议，人民协商会议有权罢免总统和副总统，有权制定和修改宪法。国家的立法机关是国会，国会享有预算审查权和监督权，总统是国家元首，也是最高行政长官，拥有直接的立法权，可以在紧急情况下制定代替法律、具有法律性质的行政法规。

一、印度尼西亚刑事诉讼制度概况

（一）刑事诉讼法的历史沿革

从整体上看，印尼的刑事诉讼制度由三种不同的刑事诉讼法律体系融合而成。这三种法律体系分别是习惯法（Hukum Adat 或 Adat）、荷兰殖民时期的法律和国家法。在 1910 年之前，印尼主要适用习惯法。习惯法是印尼当地人解决纠纷的法律，是当时印尼法律的重要渊源之一。后来印尼成为荷兰的殖民地，因而印尼刑事法律制度的发展深受欧洲大陆法系，特别是荷兰法律的影响。在 1945 年，印尼政府宣布独立之后，开始尝试建立体现本国特色的刑事诉讼法律制度。

---

① 1945 年，"印尼独立准备委员会"通过了印尼共和国第一部宪法——《印度尼西亚共和国宪法》，自 1945 年以来，该部宪法经历了数次修正。

1.古代时期

在荷兰殖民者到来之前,印尼处于古代时期,这个时期从公元前500年至公元1600年,包括印尼社会的原始公社时期、奴隶制时期和封建时期。该时期的法律以习惯法为主,习惯法的产生与宗教、村的建立有着密不可分的关系,融合了道德规范和宗教规则,因此呈现出不确定性和多样性。习惯法主要涉及婚姻、家庭、继承、土地等领域,具有诸法合体、民刑不分的特点。[①]

2.殖民时期

在1910年以后,印尼成为荷兰的殖民地,荷属东印度建立起具有特色的二元制司法制度,并积极推行多元化的法律政策,简而言之,就是针对不同种族的人适用不同的法律。同时,荷兰人建立起的大陆法系制度优先于习惯法适用。例如,就刑事诉讼程序而言,荷兰殖民者颁布了两部法律,从而管理印尼的不同地区。刑事诉讼法(The Herziene Inlandsch/Indonesisch Reglement,HIR)适用于爪哇岛和马都拉地区,而刑事诉讼法(The Rechtsreglement Buitengewesten,Rbg)则适用于印尼的其他地区。习惯法仅在与荷兰法律条文不相冲突的情况下,适用于印尼当地人。

3.日本统治时期

1942年,日本占领了印尼,用日本军事法取代了印尼在该时期的所有现行法律,并且废止了荷兰殖民统治时期的二元司法制度。

4.近现代时期

印尼获得独立之后,于1951年颁布了刑事诉讼法典(Herziene Inlandsch Reglement),并将该法典内容翻译为印尼官方语言。

1981年,印尼颁布了新刑事诉讼法典(Kitab Undang-Undang Hukum Acara Pidana,简称KUHAP)取代了Herziene Inlandsch Reglement。相比于之前的刑事诉讼法,新刑事诉讼法典增强了诉讼程序中的对抗性。出于对新刑事诉讼法典中普通程序的不满,一个起草法律的小组在2000年起草了新的法律规定希望取代该法典。然而,印尼迄今尚未通过该小组的建议草案。

进入21世纪以后,随着经济发展,犯罪活动日益复杂化、多样化、智能化,1981年颁布的《关于刑事诉讼法的1981年第8号法律》(以下简称为《印尼刑事诉讼法》)显然已经无法跟上时代的步伐。2005年,印尼批准了《公民权利

---

① 陈兴华:《东盟国家法律制度》,中国社会科学出版社2015年版,第227页。

和政治权利国际公约》,这也使得印尼需要修改国内的刑事诉讼程序,从而符合该公约的要求。此后,印尼在刑事诉讼方面陆续推出一些法律修正案,以适应社会发展需求。例如,在关于恐怖主义、洗钱、腐败、贩卖人口和网络犯罪的五部特别法中扩大了证据范围,规定了电子证据具有证据能力,从而可以运用电子证据来证明这几类犯罪。2006 年印尼出台了《证人保护法》,这部法律出台的初衷是保护被害人,后来扩大到鼓励公众检举犯罪,尤其是关于腐败案件的犯罪。《证人保护法》规定,如果被证明有罪的被告人同时也是该案中的证人,此时,不能撤销对其作出有罪指控,但是该被告人的证言可以作为法官对其从轻处罚的依据。此外,第 11/2008 号法令《电子信息与交易法》和第 82/2012 号法令《政府法规》,也对印尼的刑事诉讼制度作了一些完善和修正。

2017 年,印尼的刑事诉讼方面有两项重大改革:一是最高法院颁布了有关起诉公司的新规定;二是宪法法院作出的监督刑事侦查人员的重要决定。印尼的反腐败委员会(Komisi Pemberantasan Korupsi,简称 KPK)在 2016 年表示,其意欲打击私营企业的腐败行为。第 13/2016 号法令《处理公司犯罪案件的诉讼法》为反腐败委员会侦查、起诉公司职员或其他利害关系人的腐败行为提供了指引。

最高法院颁布的新规定使得印尼的侦查人员侦查、起诉公司的职权进一步扩大。在印尼,许多法律都强调公司应当承担一定的法律责任,但是起诉公司的情形却很少见。最高法院、执法机关(如总检察长办公室)和反腐败委员会、印尼警方进行讨论之后颁布了《处理公司犯罪案件的诉讼法》,该部法律明确规定了起诉公司所适用的相关规则和程序:(1)如果有人根据雇佣关系或者其他关系,在公司经营范围内或经营范围外(单独或与其他人一起)代表公司实施了犯罪行为,那么公司应当承担相应的法律责任。该项要求导致公司承担法律责任的可能性大大提高。(2)在裁决公司是否应当承担法律责任时,法官应当至少考虑以下 3 个因素:①公司从犯罪行为中获得利益或利润,或者为了公司利益而实施犯罪行为,且该利益和利润不需要是现实的利润或利益;②公司允许实施犯罪行为;③公司没有采取必要措施来防止犯罪行为的发生、减少犯罪行为产生的影响,或者没有尽可能采取必要措施确保相关人员遵守现行法律法规。

在印尼,公司经营时应当制定适当的内部政策和程序规章,以防止公司内部人员实施诸如贿赂等犯罪行为。第 13/2016 号法令规定的关于侦查和起诉公司的准则,弥补了《印尼刑事诉讼法》中的不足,比如规定公司是刑事法律认定的主体,以及侦查公司犯罪案件时传唤公司的程序等。《印尼刑事诉讼法》在这些方面未作详细规定,造成侦查人员调查公司时十分棘手。新规定将有助于反腐败委员会实现其主要目标之一,即恢复因公司腐败行为而造成的"国家损失"。这项规定出台之后,预计起诉公司的案件将会增加。

2017年1月11日,宪法法院作出第130 / PUU-XIII / 2015号决定(简称第130号决定),要求侦查人员(包括印尼警方)在其着手侦查案件后的7日内,向检察官、举报人、报案人提交一份审查通知书(SPDP),告知其已经开始侦查刑事案件。《印尼刑事诉讼法》第109条第1款虽然规定侦查人员进行侦查后应当向检察官提交一份审查通知书,却没有规定提交该文件的具体期限,这导致检察机关对侦查监督不足。在第130号决定出台之前,侦查人员在快要侦查终结时才告知检察机关已开始着手侦查犯罪的情况并不鲜见。许多人认为,侦查人员这样做是为了限制检察机关介入侦查程序。第130号决定是根据几位人权人士提出的意见作出的,他们认为侦查人员的上述做法容易造成法律适用的不确定性,导致权力制衡不足。无疑,第130号决定将会加大检察机关对侦查程序的监督力度。

(二)刑事诉讼中的司法机关

根据印尼《宪法》的规定,司法权是为了维护法律和正义,进行审判的独立权力;司法权由最高法院及其下属各法院系统(普通法院、宗教法院、军事法院、国家行政法院和宪法法院)行使。[①] 印尼刑事诉讼中的主要司法机关有反腐败委员会、最高法院、宪法法院等,详述如下。

1. 反腐败委员会

印尼反腐败委员会是根据2002年第30号法令设立的。反腐败委员会的成立,改变了只有印尼警方和检察官有权执行反腐败工作的局面。印尼反腐败委员会成立的初衷是改变全国反腐败工作停滞不前的现状。在印尼,反腐败并不是新生事物,早在20世纪50年代,就设立了专门的反腐败机构。但是,印尼的反腐败工作一直未能取得明显成效,主要原因之一在于以往的反腐

---

① 唐慧、陈扬、张燕、王辉:《印度尼西亚概论》,世界图书出版广东有限公司2012年版,第232页。

败工作仅注重对腐败行为的惩治,例如,规定了对腐败行为的侦查与起诉程序,却不重视预防措施。① 在 2003 年印尼反腐败委员会成立之后,汲取了以往的教训,确立了惩治与预防并重的策略。

在预防腐败方面,印尼反腐败委员会的主要措施包括核查政府官员的财产、审查腐败举报、研究其他国家和政府的管理制度等。此外,印尼反腐败委员会在一些中小学开展反腐败教育,在部分学校开设没有售货员的"诚信商店",培养学生的自律精神。可见,印尼对于腐败的预防已经开始从"娃娃抓起"了。② 在打击、惩治腐败方面,反腐败委员会的职权包括:协调及监督其他具有反腐败职能的机构打击腐败行为;监督相关机构组织打击腐败行为;对腐败行为进行侦查、起诉;采取反腐败行动时,要求相关机构提供相关信息;监察政府的行为;实施以打击腐败为目的的报告制度;召开听证会,并与相关机构会谈;要求有关机构提供有关防止腐败犯罪行为的报告等。例如,反腐败委员会通过检察官办公室、警方以及多个金融监管机构协调其活动,以便设置有利于反腐败的汇报制度;向有关机构索取反腐败工作的资料。③

2.最高法院

最高法院(Mahkamah Agung)是印尼最高司法机构,其与国会、总统的地位平等。印尼的法院可以分为普通法院系统、宗教法院系统、军事法院系统、国家行政法院系统、宪法法院系统,上述法院系统均须接受最高法院的指导。印尼最高法院由首席大法官和法官组成。印尼《宪法》对最高法院和大法官的职权都作了规定:"最高法院有权撤销司法判决,审查下位法律法规是否符合上位法律,并行使法律赋予的其他权力。"最高法院的首席大法官从总统、国会和司法部提名的候选人中选举产生,最高法院的其他法官则由国会提名任命。大法官必须刚正不阿,在人品上无可指责,专业并富有法律经验。最高法院及其下属司法机构的组织结构、等级地位、人员构成及司法程序由相关法律规定。④ 最高法院是《宪法》规定的司法权执行机关之一,也是国家最高审判机

---

① 张文山、李莉:《东盟国家检察制度研究》,人民出版社 2011 年版,第 189 页。

② 武政文、张友国:《民主改革以来印度尼西亚的反腐败工作》,载《东南亚纵横》2015年第 8 期。

③ 张文山、李莉:《东盟国家检察制度研究》,人民出版社 2011 年版,第 189 页。

④ 唐慧、陈扬、张燕、王辉:《印度尼西亚概论》,世界图书出版广东有限公司 2012 年版,第 234 页。

构,有权对各级法院适用法律情况以及法官的正直性进行监督。在刑事诉讼中,有三种情形可以向最高法院提出上诉:(1)法律未被适用或遵守的;(2)判决与法律规定相冲突的;(3)法院超出管辖权限的。

3. 宪法法院

根据 2003 年第 24 号法令《宪法法院法》,印尼宪法法院(Mahkamah Konstitusi)是为了维护司法和正义的审判制度而独立行使司法权的国家机关。宪法法院由 9 名总统批准的宪法法官组成,其中最高法院、国会和总统各提名 3 人。宪法法院正、副院长由宪法法院法官在其内部选举产生。宪法法院的法官应当刚正不阿,人格上无可指责,并精通《宪法》和国家制度。除《宪法》规定的条件外,宪法法官还必须是信奉神道、身心健康、年龄在 47 岁至 65 岁之间的印尼公民,且在法学及相关专业学士学位的基础上进一步获得硕士和博士文凭,拥有 15 年以上的法律从业经验或曾担任过国家官员等。[①] 宪法法院可以审查政府机构之间的权力争议,并监督行政和立法两个部门是否滥用职权。同时,宪法法院有权解散政党和裁定大选结果争议,还有权决定是否同意对总统的弹劾。[②] 在刑事诉讼中,宪法法院可以审查刑事诉讼相关法律的合宪性,在审查时有初审权和终审权,其审判结果应当视为最终判决。此外,宪法法院还可以通过监督刑事诉讼中司法人员的相关诉讼行为等方式来保障被追诉人的人权。

4. 检察机关

根据印尼第 5 号法令,印尼检察机关的组织机构可分为最高检察院、高等检察院和中等检察院三个层次,其在军队中设有军事检察院。检察机关由最高检察长领导,最高检察长在检察级别上是最高的,由总统任命,对总统负责并向其报告工作,其同内阁首相具有同等地位,并可出席内阁会议。根据相关法律,总检察长办公室应当自由、独立地行使职权,不受任何行政机关、立法机构以及其他任何机构的影响。在检察组织体系中,检察官只对自己体系内的直接上级负责。因此,地区检察官对地区检察官办公室的领导负责,地区检察官办公室领导又对更高一级的检察官办公室的领导负责,更高一级检察官办

---

① 唐慧、陈扬、张燕、王辉:《印度尼西亚概论》,世界图书出版广东有限公司 2012 年版,第 236 页。

② 唐慧、陈扬、张燕、王辉:《印度尼西亚概论》,世界图书出版广东有限公司 2012 年版,第 236 页。

公室对总检察长负责。印尼检察机关被赋予了广泛的权力,不仅拥有对普通刑事案件的侦查权、起诉权,以及对贪污案件的侦查权,而且还享有监督国家机构运行和处理其他民事、行政方面问题的权力。此外,检察机关还有为社会公共利益而搁置案件,向最高法院提起再审,在死刑案件中向总统提出赦免等权力。1991 年的《检察法》还规定了检察机关的其他职能。例如,监督缓刑执行,承担国家的民事和行政诉讼,向公众传播法律知识以加强社会法律教育,控制并检查出版物的流通等。

(三)刑事诉讼法的主要渊源

刑事诉讼法的渊源是指刑事诉讼法律规范的存在形式或载体。印尼刑事诉讼法的主要渊源包括《宪法》、印尼刑事诉讼法典及其他相关法律规定、司法机关作出的解释或决定、国际公约等。

1.《宪法》

印尼现行《宪法》规定简练且灵活,由序言和十六章的正文组成,全文只有 37 条。该《宪法》规定了国家性质、政权组织形式、国家结构形式、公民基本权利和义务、国家结构等宪政制度。印尼《宪法》前言里表示司法独立是作为以法治为基础的民主国家的重要支柱。印尼《宪法》第 24 条规定,最高法院及其他司法机关根据法律行使司法权。最高法院独立行使司法权,不受立法机关和行政机构的影响。此外,该《宪法》还规定其他司法机关的权力,譬如,宪法法院有权根据宪法对国会关于总统和(或)副总统涉嫌违法的意见作出裁定。

2.印尼刑事诉讼法典及其他相关法律规定

印尼现行刑事诉讼法典是于 1981 年颁布的《印度尼西亚共和国刑事诉讼法》(以下简称《印尼刑事诉讼法》)。除该法典外,印尼在刑事诉讼方面还出台了诸多的特别法,例如,1991 年的《检察法》、2006 年的《证人保护法》,以及关于恐怖主义、洗钱、腐败、贩卖人口和网络犯罪等方面的一些法令等。仅在反腐败方面,自 1999 年以来,印尼就相继制定了 1999 年第 31 号法令、2001 年第 20 号法令和 2002 年第 30 号法令等三部法律,成为印尼刑事诉讼制度的重要渊源。

3.司法机关作出的解释或决定

印尼司法机关作出的司法解释是刑事诉讼法的重要渊源,例如,印尼司法部于 1983 年针对《印尼刑事诉讼法》作出的解释。此外，如上所述，印尼最高法院在刑事诉讼方面颁布的新规定，以及宪法法院就法律合宪性方面作出的重要决定也是刑事诉讼法的渊源。例如，在 2006 年，宪法法院通过裁决强调在没有明确的法定授权情况下进行窃听是违法的，并且还处理了关于根据刑事诉讼法的规定，羁押本身是否违反人权的问题。这些决定促进了刑事诉讼方面的改革，进一步强化了对被追诉人权利的保障。

4.国际公约

印尼在 2005 年批准了两个基本的人权公约，即《经济、社会及文化权利国际公约》和《公民权利和政治权利国际公约》(2005 年 11 号、12 号法令)，这些也是刑事诉讼法的重要渊源。

(四)刑事诉讼法典的主要结构

《印尼刑事诉讼法》共有二十二章。第一章是总则部分，主要概括了刑事诉讼中的一般规定，以及对刑事诉讼中出现的法律名词作出释义；第二章为刑事诉讼的适用范围；第三章为刑事审判的基础，即审判应当按照本法规定的程序进行；第四章包括两个部分，侦查机关和检察机关；第五章为刑事强制性措施，即逮捕、羁押、搜查、扣押与文件的审查；第六章主要规定了嫌疑人、被告人在刑事诉讼中所享有的权利和承担的义务；第七章主要规定法律帮助；第八章主要规定了关于制作笔录的情形；第九章为宣誓或确认；第十章介绍了法院的管辖权限，分为庭前审查、地区法院、高等法院、最高法院四个部分；第十一章是共同管辖；第十二章主要包括两个部分，刑事赔偿和恢复名誉；第十三章是刑事附带民事案件的合并审理；第十四章是有关侦查程序的规定，包括初步侦查程序和侦查程序；第十五章规定了审查起诉、提起公诉程序；第十六章是法院审判程序，主要包括七个部分，一是传唤及诉讼，二是管辖权争议的处理，三是普通审判程序，四是有关证据的规定，五是简易审判程序，六是快速审判程序，七是有关审判的其他规定；第十七章是一般法律救济程序，包括第二审上诉程序和第三审上诉程序(又称撤销程序)；第十八章规定了特殊法律救济程序；第十九章是裁判的执行；第二十章主要规定对裁判执行的监督；第二十一章是过渡性条款；第二十二章是总结性规定。

二、《印度尼西亚刑事诉讼法》的主要内容

对于《印尼刑事诉讼法》的内容,以下主要从刑事诉讼法的基本原则、司法机关的主要职权、刑事诉讼中的主要参与人、强制性措施、刑事诉讼程序和刑事证据制度六个方面予以介绍。

(一)刑事诉讼法的基本原则

刑事诉讼法的基本原则是反映刑事诉讼理念和目的要求,贯穿于刑事诉讼全过程或主要诉讼阶段,国家专门机关和诉讼参与人参与刑事诉讼必须遵循的基本行为准则。刑事诉讼原则既可以由《宪法》《刑事诉讼法》明文规定,也可以是没有明文规定,但体现在一系列具体原则和程序规则之中。基本原则体现了刑事诉讼的目的和任务,对于刑事诉讼法的立法、司法等实践活动都有指导作用。

1.无罪推定原则

无罪推定原则的基本含义是,任何人在未经法院依照法定程序确定有罪以前,应推定其无罪。这一原则产生于资产阶级革命时期,后被西方国家普遍规定为刑事诉讼中的一条重要原则。它主要强调三层意思:(1)证明被追诉人有罪的责任归属于国家追诉机关,被追诉人不承担证明自己有罪或无罪的责任。(2)疑罪从无,或者"疑问唯利被告人"。按照这一要求,检察官有责任说服陪审团或法官接受其指控主张,当其举出的证据不能排除合理怀疑地证明被告人有罪,就应承担败诉的结果。(3)被追诉人在被依法证实有罪之前,有权被视为无罪,并受到与此相应的对待。

《印尼刑事诉讼法》中虽然没有明文规定无罪推定原则,但也有体现无罪推定精神的表述。譬如,《印尼刑事诉讼法》第 158 条规定:"禁止法官在审判过程中对未经判决有罪的被告人发表认为其有罪的态度或意见"。这一规定意味着在经过审理判决被告人有罪之前,不得认为被告人是有罪之人。

2.诉讼迅速、及时原则

诉讼迅速、及时原则,是指刑事诉讼应当尽可能快速地向前推进,而不能没有根据地拖延诉讼的进程。诉讼迅速、及时原则的主要目的是保护被告人

的利益,防止被告人长期处在未决羁押的状态。如果拖延诉讼,则使得被追诉人一直处于不确定的状态中,对其身心健康、社会交往、日常生活都会带来严重的不利影响。同时,这一原则的实施也是出于诉讼经济和效率价值的考虑。

《印尼刑事诉讼法》对于诉讼迅速、及时原则有明确的规定,并且把迅速、及时原则作为嫌疑人、被告人的一项基本权利对待。其第 50 条规定:"(1)嫌疑人享有由侦查人员迅速进行调查,之后将案件移送给检察机关的权利;(2)嫌疑人享有由检察机关迅速进行审查起诉的权利;(3)被告人享有由审判机关迅速进行审判的权利。"而且,《印尼刑事诉讼法》还规定了简易审判程序、快速审判程序以及针对交通案件的审判程序,这些也体现了诉讼迅速、及时的原则。

3.司法独立原则

司法独立原则是现代民主政治在刑事诉讼领域的重要体现,其根本目的在于对其他国家机关的权力进行有效的监督,通过权力制约权力的方式,防止国家权力的专制和滥用。同时,司法独立原则有效地保证了司法的中立性,为实现司法公正提供了良好的外部环境。司法独立原则是得到现代法治国家普遍承认和确立的基本原则,很多国家的宪法都规定了这一原则。其基本含义由两个方面构成:一是国家的审判权只能由法院行使,其他任何机关都无权行使;二是法官个人独立行使审判权,不受任何机关和个人的干涉。

《印尼刑事诉讼法》第 9 条规定,审判是法官为了审查犯罪行为,在遵循独立、诚实和公正原则的基础上,按照本法规定作出的一系列诉讼行为。该条规定体现了法官应当独立作出裁决。此外,相关法律和改革措施中也强调司法机关的独立。例如,《宪法》规定司法委员会性质独立。又如,根据修改后的 1985 年第 14 号法令《最高法院法》,最高法院独立执行任务不受行政机关的影响。此外,在 2004 年 3 月份,最高法院从司法部和行政部门接手了法院系统的组织、管理和财政工作,这一改革进一步增强了法院的独立性,而在此之前,法官通常仅仅将自己视为执法机构中的一部分。综上,《印尼刑事诉讼法》虽然没有明文规定司法独立原则,但体现了司法独立的实质精神。

(二)刑事诉讼法中司法机关的主要职权

1.侦查机关

《印尼刑事诉讼法》第 5 条规定,初级侦查人员的职权如下:(1)接受公民关于犯罪发生的报案与举报;(2)收集案件信息和实物证据;(3)命令嫌疑人停止行动并检查其身份证件;(4)根据现行法律,采取其他行动等。此外,初级侦查人员根据侦查人员的命令还可以实施以下行为:(1)逮捕、限制行动;(2)搜查与扣押;(3)检查和扣押信件;(4)采像与采指纹;(5)将嫌疑人带至侦查人员面前。根据《印尼刑事诉讼法》第7条规定,侦查人员的职权如下:(1)接受公民关于犯罪发生的报案与举报;(2)封锁和勘察犯罪现场;(3)命令嫌疑人停止行动并检查其身份证件;(4)执行逮捕、羁押、搜查、扣押;(5)审查与扣押文件;(6)采像与采指纹;(7)传唤嫌疑人或证人;(8)传唤与案件有关的专家;(9)决定终止侦查程序;(10)根据现行法律,采取其他行动。侦查终结时,侦查人员应当将需要追究刑事责任的嫌疑人和实物证据移交给检察机关。

2. 检察机关

检察机关的参与贯穿整个刑事诉讼程序,从侦查、起诉到审判程序再到刑罚的执行。根据《印尼刑事诉讼法》的规定,检察机关主要行使以下职权:

(1)特殊案件的侦查。根据特别立法规定,检察官保留对某些犯罪,如经济犯罪、腐败犯罪的侦查权,并运用特殊程序行使这一权力。

(2)审查起诉、提起公诉。侦查人员完成侦查工作后,应当将证据、案卷材料移送给检察机关。如果案件证据充分,检察官会向有管辖权的法院起诉。印尼的检察机关是运用国家权力指控犯罪的唯一机构。由于印尼在刑事诉讼中采取的是国家追诉主义及起诉垄断主义,因此,在印尼的刑事司法制度中没有自诉程序。印尼检察机关的核心权力是对刑事诉讼案件审查起诉和提起公诉权。在刑事司法领域,选择将哪些案件交付审判、何时将案件交付审判,其主动权掌握在检察官手中。

(3)除了履行起诉和有限的侦查职权外,在审判期间,检察官必须确保被告人、证人、鉴定专家全部到庭。庭审时,检察官必须出示与案件有关的所有证据。在实践中,检察官通常至少会出示三项以上证明被告人有罪的合法证据。在法官对案件作出判决后,书记员会向检察官送达执行刑罚的副本,检察官随后执行该判决。

3. 审判机关

(1)地区法院。《印尼刑事诉讼法》第84条规定,地区法院有权裁决其管辖范围内所有刑事案件。若大多数被传唤证人的居住地比犯罪地距离地区法院更近,则被告人居住地、经常居留地、被告人被发现地或被羁押地的地区法院对案件均有管辖权。若被告人在多个地区法院管辖范围内实施了多个犯罪,则每个地区法院对刑事案件均有管辖权。若被告人在多个地区法院管辖范围内实施了多个犯罪,且多个刑事案件之间相互关联,只要案件可以公开并案处理,则多个犯罪地的地区法院均有权管辖。此外,《印尼刑事诉讼法》第85条规定,若地区法院有管辖权但不宜行使,在地区法院院长或地区检察院检察长的建议之下,最高法院可以建议司法部长指定或安排第84条规定以外的地区法院管辖该案。同时,《印尼刑事诉讼法》第86条规定,若印尼人在国外实施了犯罪,可以适用印尼法律作出裁决,雅加达中部的地区法院对此类案件享有管辖权。

(2)高等法院。根据《印尼刑事诉讼法》第87条的规定,高等法院有权管辖辖区范围内对地区法院判决提起第二审上诉的案件。

(3)最高法院。根据《印尼刑事诉讼法》第88条的规定,最高法院有权管辖提起第三审上诉的所有刑事案件。

(三)刑事诉讼中的主要参与人

1.嫌疑人、被告人

嫌疑人、被告人是被指控犯有某种罪行而被司法机关追究刑事责任的人。嫌疑人、被告人的诉讼权利是现代各国刑事诉讼法普遍关注的问题,其保障状况一定程度上表征着一个国家人权保障的水平。根据《印尼刑事诉讼法》,嫌疑人、被告人享有广泛的诉讼权利。

(1)不得强迫自证其罪的权利

《印尼刑事诉讼法》体现了不得强迫自证其罪原则。第52条规定:"在侦查阶段和审判阶段的讯问中,嫌疑人或被告人有权自愿回答侦查人员或法官的提问。"禁止法官或侦查人员违背嫌疑人、被告人意志,迫使其供述。第66条规定:"嫌疑人或被告人不应当承担举证责任",这也是不得强迫自证其罪原则的体现。

(2)辩护权

《印尼刑事诉讼法》注重从各个方面保障嫌疑人、被告人的辩护权。该法第51条规定,为了进行辩护,在侦查初期,嫌疑人有权以其理解的语言明确获知涉嫌的罪行;在提起公诉以后,被告人有权以其理解的语言明确获知被指控的内容。第54条规定,按照本法规定的程序,为了保障辩护权,嫌疑人或被告人有权在诉讼期间及各个阶段的审讯中至少获得1名辩护律师的法律帮助。

第 55 条规定,嫌疑人或被告人有权自行选择辩护律师。此外,印尼刑事诉讼中设置了法律援助制度。《印尼刑事诉讼法》第 56 条规定,在刑事诉讼程序中,嫌疑人或被告人涉嫌实施可能判处死刑,或者可能被判处 15 年有期徒刑以上刑罚的犯罪,或经济困难且涉嫌实施可能被判处 5 年有期徒刑以上刑罚的犯罪,且没有委托辩护律师的,司法机关工作人员有义务为其指定辩护律师,所有指定的辩护律师应当免费提供法律帮助。《印尼刑事诉讼法》第 114 条规定,侦查人员在审讯涉嫌实施犯罪的嫌疑人之前,有义务告知其有权获得法律帮助,或者根据第 56 条有义务为其提供法律援助。此外,《印尼刑事诉讼法》还规定了嫌疑人、被告人与律师的会见、通信权以及讯问时律师在场制度。该法第 57 条规定,被羁押的嫌疑人或被告人有权按照本法规定会见其辩护律师,被羁押的外国国籍的嫌疑人或被告人有权在诉讼过程中与本国律师进行交流沟通。第 62 条规定,嫌疑人或被告人有权寄信给辩护律师,并有权随时收取辩护律师及其亲属的信件,为此,应当为嫌疑人或被告人提供信纸。而第 115 条又规定,侦查人员在讯问嫌疑人的过程中,辩护律师可以通过观察、聆听讯问的方式参与讯问过程。

(3)与私人医生、亲友、神父的会见权

《印尼刑事诉讼法》第 58 条规定,基于被羁押人的身体健康考虑,嫌疑人或被告人有权与其私人医生进行会见、沟通。而第 61 条规定,嫌疑人或被告人有权间接通过辩护律师或直接与其亲属会见并交流与案件无关但与职业或家庭相关的问题。此外,该法第 63 条还规定:"嫌疑人或被告人有权与神父进行会见、交流"。

虽然嫌疑人、被告人享有诸多权利,但在某些方面,其权利也受到一定的限制。例如,就辩护权而言,虽然法律明文规定律师有权在"任何时候"会见嫌疑人,但在 1983 年司法部的规则中将该条款解释为律师仅有权在"在任何办公时间"会见嫌疑人,从而对会见的时间作出限定。然而,在司法实践中,当律师想要会见嫌疑人时,却发现警察局神秘地关门了。这种做法妨碍了嫌疑人与其律师之间的自由交流权。再如,就被告人自愿供述的保障而言,根据《印尼刑事诉讼法》第 175 条,如果被告人拒绝回答审判长提出的问题,审判长可以建议其回答,在其建议之后,被告人继续接受讯问。由于在印尼人们非常尊重司法权威,审判长的建议很可能会说服被告人回答问题,从而损害被告人陈述的自愿性。①

2.被害人

被害人是指遭受犯罪行为侵害因而与案件处理结果有直接利害关系的诉讼当事人。在印尼刑事诉讼中,由于实行起诉垄断主义,被害人不可以提起自诉。但在公诉人提起公诉之前,被害人可以就其遭受的物质损失提起附带民事诉讼。根据《印尼刑事诉讼法》第99条的规定,被害人提起刑事附带民事诉讼的,地区法院应当审查是否有权审理该诉讼请求,并审查该诉讼请求事实基础的真实性、受害者要求赔偿的费用。此外,审判长可以根据被害人的申请,决定将提起的附带民事诉讼案件与刑事诉讼案件合并审理。法官应当仅在被害人主张的附带民事赔偿费用范围内作出裁决。而且,附带民事诉讼判决与刑事判决同时生效。

3.辩护人

根据《印尼刑事诉讼法》,辩护人是具有法定资格并提供法律帮助的人。辩护人在整个刑事诉讼过程中享有诸多诉讼权利,如会见通信权、阅卷权。同时,也可以就相关事项提出异议,比如在侦查人员实施羁押之后,辩护人可以就嫌疑人的羁押期限、羁押类型提出异议。

但辩护人的权利有时也要受到一定的限制。《印尼刑事诉讼法》第70条规定,为了保障嫌疑人、被告人的辩护权,辩护律师有权在任何诉讼阶段、任何时间与嫌疑人、被告人进行交流、沟通。但在讯问过程中,如果有证据证明辩护律师在与嫌疑人、被告人沟通过程中滥用了辩护权,则侦查人员、检察官或监狱的司法工作人员可以向律师提出警告。如果警告没有效果,则上述司法机关工作人员可以对交流过程进行监督。如果在监督后,律师仍滥用权利,则可以监视(witness)上述交流过程,并且如果此后律师继续违反规定,则可以禁止律师与嫌疑人交流。《印尼刑事诉讼法》第71条规定,为了审讯需要,侦查人员、检察官或监狱的司法工作人员可以对辩护律师与嫌疑人的交流过程进行监督,但不可以听取他们商讨的内容,但在危害国家安全的犯罪中,上述司法工作人员可以听取商讨的内容。

①　Indonesian Criminal Procedure, https://en. wikipedia. org/wiki/Indonesian _ Criminal_Procedure,最后访问日期:2017年10月6日。

4.证人

根据《印尼刑事诉讼法》的规定,证人是在刑事案件中,为了侦查、起诉、审判,就其听到、看到或经历过的事情作证的人。在印尼刑事诉讼中,作证是每个人的义务,根据该法规定,经传唤出庭的证人如果拒绝履行作证的义务,则可能受到刑事处罚。《印尼刑事诉讼法》第159条规定,在审判过程中,审判长应当审查所有被传唤的证人是否已经到庭,并且命令证人在庭审作证之前不得相互交流串供。若经合法传唤的证人未到庭,且有充分理由怀疑证人可能不会出庭作证,审判长在审判过程中可以下令将证人带到法庭。

《印尼刑事诉讼法》第160条规定,审判长应当询问证人以下信息:证人的全名、出生地点、年龄或出生日期、性别、国籍、住址、宗教信仰和职业,在被告人实施起诉书中的犯罪行为之前是否认识被告人,与被告人是否具有以及具有何种程度上的血缘关系或者姻亲关系,与被告人是否具有婚姻关系(尽管已经离婚),与被告人是否具有工作职务关系。另外,在作证之前,证人有义务根据各自的宗教信仰宣誓或确认:为了事实真相而作证。

《印尼刑事诉讼法》第116条规定,证人应当在宣读誓言后进行作证,但证人有充分理由不能参与庭审质证的除外。该法第162条规定,如果证人在侦查期间作证之后死亡,或者有合理原因无法出庭的,或者由于住址、居住地距离遥远而未被传唤,或者由于与国家利益有关的其他原因,则该证人证言应当予以宣读。如果上述证言在之前经宣誓后作出,则该证言与证人在庭审中经宣誓作出的证言具有同等的证明力。《印尼刑事诉讼法》第117条规定,在证人作出陈述时,任何人不得以任何形式对其施加压力。第118条规定,证人的陈述应当记录在案,由侦查人员以及证人签名,如果证人不愿意签名,侦查人员应当将这一情况记录在案并说明理由。

5.翻译人员

翻译人员是指在刑事诉讼中从事语言文字翻译工作的诉讼参与人。《印尼刑事诉讼法》第53条规定,在侦查阶段和审判阶段的讯问中,嫌疑人或被告人有权随时获得翻译人员的帮助。第177条又规定,对于不理解印度尼西亚语言的,审判长应当为其指定一名翻译人员,翻译人员应当经宣誓或确认后,真实、准确地翻译所有内容。在审判过程中,如果被告人或证人是聋、哑人,且没有书写能力,审判长应当为其指定一名能够与被告人或证人熟练沟通的翻译人员;如果被告人或证人是聋、哑人,但具有书写能力的,审判长可以通过书面方式向其发问或警告,并命令被告人或证人书面作答,所有的问题和回答应当进行宣读。

6.专家证人

根据《印尼刑事诉讼法》第 120 条的规定,如果侦查人员认为有必要,可以征询专家或具有专门知识的人的意见。上述专家应当在侦查人员面前进行宣誓作证,并就其擅长的专业知识发表意见,但是专家出于身份、诚信、职业或职位有义务保守秘密的,可以拒绝作证。并且如果专家在没有任何合理理由的情况下,拒绝宣誓或确认,对专家的询问应当继续进行,经过审判长的书面裁定,可以在羁押场所羁押专家最多 14 日。如果上述羁押期限届满,专家仍然拒绝宣誓或确认,则上述证言只可以作为认定被告人有罪的补强证据。

(四)刑事诉讼法规定的强制性措施

刑事强制性措施,是指司法机关为了保证刑事诉讼活动的顺利进行,在刑事诉讼中所适用的限制或剥夺公民人身自由或财产权利的措施。印尼的刑事强制性措施包括逮捕、羁押、搜查、扣押和文件的审查(examination of documents)。

1.逮捕

《印尼刑事诉讼法》第 17 条规定,签发逮捕令的条件是根据充分的初步证据合理怀疑嫌疑人实施了犯罪。在初步侦查阶段,侦查员助理根据侦查人员的命令有权实施逮捕;在正式侦查阶段,侦查人员和侦查员助理有权实施逮捕。

《印尼刑事诉讼法》第 18 条规定,逮捕由印尼国家警察执行,逮捕时需要出示工作证件和逮捕令,其中逮捕令的内容包括嫌疑人的身份信息、逮捕理由以及简要解释嫌疑人被怀疑的情况,并且需要说明审讯的地点。对于现行犯的逮捕,可以不出示逮捕令,但执行逮捕的人员应当及时将被逮捕人、实物证据移送给就近的侦查人员或侦查员助理。在实施逮捕之后,应当将逮捕令副本及时送达给被逮捕人的亲属。根据《印尼刑事诉讼法》第 19 条的规定,逮捕的期限最长不得超过一日,对实施轻微罪的嫌疑人不得逮捕,但经过两次连续传唤,无合理理由不到的除外。

2.羁押

在侦查阶段,侦查人员有权决定羁押嫌疑人;在审查起诉阶段,检察官有权决定羁押嫌疑人;在审判阶段,法官有权决定羁押被告人。实施羁押或延长羁押期限的条件是有充分证据合理怀疑嫌疑人或被告人实施了犯罪行为且有逃跑、损坏、毁灭实物证据或再次犯罪的可能。侦查人员或检察官在实施羁押,延长嫌疑人、被告人羁押期限时,应当出示羁押证或法院的书面裁决。羁押证或法院裁决的内容包括嫌疑人、被告人的身份,羁押理由,被怀疑或被指控的情况以及羁押的地点。

根据《印尼刑事诉讼法》第 22 条的规定,羁押主要有以下几种类型:(1)在拘留所执行的羁押(detention in a state detention house);(2)在住处执行的羁押(house arrest);(3)在居住城市执行的羁押(city arrest)。在住处执行的羁押是为了保证嫌疑人、被告人不逃避和妨碍侦查、起诉、审判,在其家中或住宅执行羁押,并对其进行监督。在居住城市执行的羁押则是在嫌疑人或被告人暂居或定居的城市执行羁押,在被怀疑和指控期间,嫌疑人、被告人有义务在特定时间报告自己的行踪。在住处执行羁押和在居住城市执行羁押的嫌疑人、被告人只有经过签发羁押证的侦查人员、检察官或者法官的允许,方可离开其住处或居住的城市。上述羁押的期限应当在被判处刑罚的期限中全部扣除,在居住城市执行的羁押五日,折抵刑期一日,而在住处执行的羁押三日,折抵刑期一日。

根据《印尼刑事诉讼法》第 24 条、第 25 条、第 26 条的规定,一般情况下,侦查人员羁押被追诉人的期限不超过 20 日,必要时,经过检察官批准,可以延长 40 日,在上述 60 日期限届满之后,侦查人员必须按照法律规定释放被羁押的嫌疑人。一般情况下,检察机关羁押被追诉人的期限不超过 20 日,必要时,经过地区法院院长的批准可以延长 30 日;在 50 日期限届满之后,检察官必须按照法律规定释放被羁押人。在审判阶段,经过地区法院法官批准,可以羁押被追诉人不超过 30 日,必要时,经过地区法院院长批准,可以延长 60 日;在 90 日期限届满之后,即使案件尚未作出判决,必须按照法律规定释放被羁押人。

而根据《印尼刑事诉讼法》第 29 条的规定,经过以上延期,基于以下合理且不可避免的理由,还可以延长羁押期限:(1)有医院的证明文件显示,嫌疑人或被告人有严重的精神或生理疾病;(2)经过审查,嫌疑人或被告人可能被判处 9 年有期徒刑以上刑罚。根据上述两点理由延长羁押的期限不得超过 30 日,如果基于案件情况还需要进行羁押的,可以另行延长 30 日。根据《印尼刑事诉讼法》第 30 条的规定,如果司法机关不遵守上述羁押规定,超期羁押,嫌疑人或被告人有权根据《印尼刑事诉讼法》申请国家赔偿。

3.搜查

基于侦查需要,侦查人员可以搜查住宅,也可以搜查衣物和人身。首先是进屋搜查。经过地区法院院长批准,侦查人员可以按照要求对相关住宅进行搜查,搜查时,必须有书面的搜查令。《印尼刑事诉讼法》第33条规定,侦查人员经过嫌疑人或户主同意进入住宅时,必须由两名证人见证;嫌疑人或户主拒绝侦查人员进入住宅或不在场时,必须由村长或邻组组长与两名证人见证,侦查人员才可以进入住宅。在搜查或进入住宅后的2日内,必须做好搜查笔录,并将该笔录副本送达户主或房屋所有权人。在紧急情况下,侦查人员必须立即采取行动且来不及办理搜查手续的,也可以直接进行搜查。根据《印尼刑事诉讼法》第35条的规定,对下列场所,除了逮捕现行犯以外,侦查人员不可以进入搜查:(1)人民协商大会、人民代表大会、省级人民代表大会的会场;(2)正在举行宗教仪式或典礼的场所;(3)正在进行审判的场所。

其次是人身搜查。在逮捕嫌疑人时,若有充分证据合理怀疑嫌疑人可能携带需要进行扣押的物品,初级侦查人员有权搜查嫌疑人的衣物及随身物品。在逮捕嫌疑人或嫌疑人被初级侦查人员带至侦查人员面前时,侦查人员有权搜查嫌疑人及其衣物。

4.扣押

扣押只能在经过地区法院院长的批准后,由侦查人员执行。当然,在紧急情况下,必须立即采取行动而来不及办理扣押手续的,侦查人员只可以扣押动产,并且之后有义务及时向地区法院院长报告以获得其批准。

根据《印尼刑事诉讼法》第39条,以下几种情况下的物品应当进行扣押:(1)嫌疑人、被告人的相关物品(全部或部分)被怀疑为犯罪所得或是犯罪的结果;(2)相关物品直接用于犯罪或犯罪的准备活动中;(3)相关物品妨碍侦查犯罪;(4)为了实施犯罪活动特别定制的物品;(5)其他与实施犯罪直接有关的物品。同时,在民事诉讼中或由于破产而被扣押的物品,符合上述相关规定的,在刑事案件侦查、起诉、审判过程中也可以进行扣押。

根据《印尼刑事诉讼法》第45条的规定,在案件中,如果被扣押的物品系危险品或易损坏物品,难以将上述物品储存至法院作出最终判决时,或者储存上述物品的成本过高,在征得嫌疑人或律师的同意下,可以采取下列措施:(1)如果案件在侦查、审查起诉阶段,在嫌疑人或律师的见证下,可以由侦查人员、检察官拍卖出售上述物品或者保全上述物品。(2)如果案件已在审判阶段,经过审前程序法官的允许并在被告人或律师的见证下,检察官可以拍卖出售或保全上述物品。同时,如果被扣押的物品系违禁品或禁止流通的物品,在不违反上述规定的情况下,应当基于国家利益予以没收或者予以销毁。

根据《印尼刑事诉讼法》第46条,在下列情况下,扣押的物品应当退还给被扣押人,或者退还给相关权利人:(1)在侦查和起诉过程中,不需要再进行扣押的;(2)由于证据不足或确有证据证明不构成犯罪,案件不需要起诉的;(3)基于公共利益或法律利益被扣押的,但该物品是犯罪所得或用于实施刑事犯罪的除外。如果案件已经作出判决,被扣押的物品应当按照判决结果予以退还,但根据判决,该物品由于不可再次利用而被国家没收,从而需要销毁或毁灭的,或者该物品需要在其他案件中作为实物证据使用的除外。

5.文件的审查

根据《印尼刑事诉讼法》第47条、第48条的规定,如果有充分合理的理由怀疑物品与正在审查的案件有关,经过地区法院院长的特别批准,侦查人员有权通过邮局、电信部门、交通运输部门打开、检查、扣押文件,并对扣押物品出具相关收据。经过审查后,文件与案件事实明显有关,需要进一步审查的,则应当附在案件卷宗里;如果经过审查后,文件与案件事实无关,应当在该文件上标明"经过审查",并署上日期、侦查人员的身份信息和签名,经密封后及时退回邮局、电信部门、交通运输部门。

(五)刑事诉讼程序

1.侦查

对于犯罪行为,公民可以向侦查人员报案或举报。以书面形式报案或举报的,必须有报案人或举报人的签名;以口头形式报案或举报的,应当由侦查人员制作笔录,并且由侦查人员、报案人或举报人签名。接到报案或者举报后,侦查人员应当及时采取必要的措施,进行侦查。《印尼刑事诉讼法》第109条规定,侦查人员已经开始着手调查构成犯罪的事件时,应当将该事实通知检察官。如果侦查人员由于证据不足而终止侦查,或者该事件明显不构成犯罪,或者依法终止侦查,侦查人员应当将这一事实通知检察官并告知嫌疑人及其亲属。在侦查期间,侦查人员有权在必要时传唤证人、嫌疑人,征询专家或具有专门知识人的意见。此外,为了进行侦查,侦查人员还可以实施羁押、搜查、扣押等强制性措施。

《印尼刑事诉讼法》第110条规定,侦查人员在完成侦查行为之后,应当及时将案卷材料移送给检察机关。检察机关认为侦查结果仍不完善的,应当及时向侦查人员退回侦查案卷,并作出补充侦查的指示。对于退回的案卷材料,侦查人员应当按照检察官的指示及时进行补充侦查。如果在 14 日内检察官没有退回侦查,或者逾期退回侦查,应视为侦查终结。

2.起诉

检察官有权在其管辖范围内,对被指控实施犯罪的任何人提起公诉,并将案件提交法院审理。具体来说,检察官在收到侦查的案卷材料后,应当及时确定该材料是否符合提起公诉的要求,如果检察官认为需要提起公诉的,应当尽快制作起诉书,注明日期并署名。起诉书的内容应当包括:(1)嫌疑人的全名、出生地、年龄或出生日期、性别、国籍、住址、宗教信仰、职业;(2)对被指控犯罪作出的准确、清楚和完整的解释,说明实施犯罪的时间和地点。如果起诉书不符合上述规定,应当归于无效。

如果由于证据不足或该事件明显不构成犯罪或基于法律利益,须终止案件调查,检察官应当以书面形式决定终止起诉。并且应当将上述书面决定的内容告知嫌疑人,如果嫌疑人被羁押的,应当立即释放。书面决定的副本必须送达嫌疑人或其亲属或辩护人,以及羁押场所的工作人员、侦查人员和法官。如果此后出现了新的事由,检察官可以再次起诉嫌疑人。

3.审前程序

根据《印尼刑事诉讼法》第 77 条、第 78 条,审前程序由地区法院院长安排一名法官独任审理,并由一名书记员协助。地区法院有权对法律规定的下列事项进行审查与作出裁决:(1)逮捕、羁押、终止侦查或终止起诉是否具有合法性;(2)终止侦查、起诉案件的当事人要求赔偿或恢复名誉,控辩双方可以就上述事项发表各自的意见。如果裁决表明逮捕或羁押是非法的,则侦查人员或检察官在各自的诉讼阶段必须立即释放嫌疑人,并且应当作出向嫌疑人赔偿和恢复名誉的决定;如果裁决表明终止侦查或起诉是非法的,则必须继续进行侦查或起诉。如裁决认定扣押的货物不可以作为证据使用,则应当将扣押的货物及时退还给被扣押人。审前程序中作出的裁决不可以提起上诉,但是有一个例外:如果审前程序的裁决认定终止侦查或起诉是非法的,可以向有管辖权的高等法院上诉,请求其作出最终判决。

4.刑事一审程序

印尼刑事一审程序是刑事诉讼程序的重点,主要包括普通审判程序、简易审判程序、快速审判程序三个部分。

第一,普通审判程序。

在了解印尼的审判程序之前,有两点需要说明:一是关于法院管辖权的问题。在收到检察官的起诉书后,地区法院院长应当审查案件是否属于该法院管辖范围。如果地区法院院长认为案件不在该法院管辖范围内,应当作出书面裁定并说明理由。若公诉机关对地区法院关于管辖的书面裁决有异议,应当在收到裁决之日起 7 日内,向高等法院提出异议,逾期提出异议的,则异议无效。高等法院在收到上述异议之日起 14 日内作出书面裁决,维持地区法院裁决或者支持异议。若高等法院支持公诉机关的异议,应当指示地区法院继续审理该案;若高等法院维持地区法院的裁决,应当将刑事案件的卷宗材料移交给有管辖权的地区法院。二是关于审前的准备工作。公诉人应当向被告人、证人送达传票,告知他们审判的具体时间、被传唤的具体案件。被告人、证人最迟应当在审判开始的 3 日前收到传票。

地区法院在收到起诉书后认为案件属于其管辖范围的,法院院长应当安排法官审理此案,该法官应当确定审判日期。《印尼刑事诉讼法》第 153 条规定:"(1)法庭应当在确定的审判日期开庭审理;(2)在审判过程中,审判长应当主持审判程序,并应当以被告人和证人能够理解的印尼语言进行口头审理;审判长有义务保证被告人或证人自愿回答问题;(3)审判时,审判长应当开庭审判并公开审理案件,但涉及伦理道德的案件或被告人是未成年人的案件除外;(4)如果不符合第 2 款和第 3 款的规定,则根据现行法律规定,判决结果无效;(5)审判长可以作出决定,不允许未满 17 周岁的未成年人参加庭审。"

印尼的法庭审判程序大体可分为以下八个环节:

(1)核实被告人信息

《印尼刑事诉讼法》第 155 条规定,在审判开始时,审判长应当查明被告人的以下信息:被告人的全名、出生地点、年龄或出生日期、性别、国籍、住址、宗教信仰与职业,并提醒被告人注意其在审判过程中听到和看到的一切。

(2)公诉人宣读起诉书

《印尼刑事诉讼法》第 155 条规定,审判长应当要求公诉人宣读起诉书。审判长应当询问被告人是否真正理解起诉书内容,如果被告人实际上并未理解,在审判长的要求下,公诉人在必要时应当向被告人解释起诉书内容。

(3)听取公诉人、被告人或辩护人的意见

(4)询问证人、专家证人

在印尼刑事诉讼中,被害人也是证人,最先到庭接受询问的应当是被害人。如果在起诉书中提到证人，并且/或者被告人、辩护人、公诉人在审判过程中或作出判决之前要求证人作证的，审判长应当听取该证人的证言。

《印尼刑事诉讼法》第 160 条第 2 款规定，审判长应当询问证人以下信息：证人的全名、出生地点、年龄或出生日期、性别、国籍、住址、宗教信仰和职业，在被告人实施起诉书中的犯罪行为之前是否认识被告人，与被告人是否具有以及具有何种程度上的血缘关系或者姻亲关系，与被告人是否具有婚姻关系（尽管已经离婚），与被告人是否具有职务关系。在作证之前，证人有义务根据各自的宗教信仰进行宣誓或确认：为了事实真相而作证。第 163 条规定，如果庭审中的证人证言与之前的证言笔录相互矛盾，审判长应当提醒证人这一情况，并要求证人解释矛盾之处，并将该情况记录在审判笔录中。

被告人、公诉人、辩护人可以向证人发问。《印尼刑事诉讼法》中规定了禁止诱导性询问规则。该法第 166 条规定，不可以向被告人或证人提出诱导性问题，即禁止向证人提出已表明特定问答、假定存在有争议的事实或证人尚未作证的事实的问题。此外，该法第 164 条要求，每次证人作证完毕时，审判长应当询问被告人对有关证言的意见。公诉人或辩护人经过审判长同意可以向证人、被告人发问，审判长可以拒绝公诉人或辩护人向证人、被告人的发问请求，并说明理由。公诉人或者被告人、辩护人经过审判长同意，可以与证人进行质证，以检验证言的真实性。

《印尼刑事诉讼法》第 174 条规定，如果怀疑庭审中证人的证言是虚假的，审判长应当严肃警告证人如实作证，并向其说明，如果其继续作伪证，可能会受到刑事处罚。若证人继续作伪证，审判长依职权或依公诉人、被告人申请，可以命令羁押证人，随后告知其涉嫌构成伪证罪。在上述情况中，书记员应当及时做好审判笔录，其中包括证人证言，并且说明怀疑证人作伪证的理由，该笔录应当由审判长、书记员签名并根据本法规定及时移送给公诉机关。必要时，可以对案件进行延期审理，直到对证人作伪证案件的审查结束为止。

（5）出示实物证据

根据《印尼刑事诉讼法》第 45 条的规定，审判长应当当庭向被告人出示所有实物证据，并询问其是否认识该物品，必要时，也应当向证人出示该实物证据。

（6）法庭辩论

根据《印尼刑事诉讼法》第 182 条的规定，在质证结束之后，检察官应当提交指控意见，被告人或辩护人应当提出辩护意见，也可以就检察官的指控意见作出回复。指控、辩护意见和对指控意见的回复均应当以书面形式提出,在经过宣读之后,及时移交给审判长,上述材料的副本应当送达有关当事人。

(7)合议

根据《印尼刑事诉讼法》第182条的规定,法官之间应当进行合议以作出判决,如果有必要,合议应当在被告人、辩护人、公诉人等离开法庭之后进行。合议必须以起诉书和审判时所证明的事实为依据,审判长应当首先向最年轻(资历)的法官提问,最后向年长(资历)的法官提问,审判长最后发表意见,所有的观点应当附有注意事项和理由。原则上,合议庭的法官在合议之后应当得出一致的结果,但经过各方努力之后,仍无法达成一致结论的,应当适用以下规定:一是少数服从多数,以多数票作出判决;二是如果根据第一项无法作出判决,应当以最有利于被告人的法官观点作出判决。

(8)判决

如果通过庭审,未能证明被告人涉嫌的罪名成立,法庭将会宣告被告人无罪;如果证明被告人的行为不构成犯罪,法庭将判决撤销所有的指控。如果法庭认为被告人的行为已经构成犯罪,将会出具判决书,由公诉机关执行该判决结果。

第二,简易审判程序。

《印尼刑事诉讼法》第203条规定,对于重罪案件或第205条规定之外的轻罪案件,检察机关认为证据和法律适用简单、清楚明了的,应当按照简易程序起诉,之后由法院按照简易程序审理。在审判开始时,审判长应当查明被告人的以下信息:被告人的全名、出生地点、年龄或出生日期、性别、国籍、住址、宗教信仰与职业,并提醒被告人注意其在审判过程中听到的和观察到的一切。被告人回答上述所有问题后,公诉人应当及时口头告知被告人被指控的罪行,说明其实施犯罪的时间、地点和具体情况;告知的内容应当记录在审判笔录中,并起到替代起诉书的作用。此外,如果法官认为需要进行补充侦查,补充侦查应当最多在14日以内完成。如果在上述期限内,公诉人未能完成补充侦查,法官应当将案件提交普通程序审理。

在简易程序中,无须另行专门制作判决书,但应当在审判笔录中载明判决结果。法官应当出具一份写明判决依据的文件,上述文件的内容与普通程序中法院作出的判决具有同等法律效力。根据《印尼刑事诉讼法》第204条的规定,如果在审判过程中,适用普通程序审理的案件明显事实清楚、犯罪轻微,法官在经过被告人同意后,可以转为简易程序审理。

第三,快速审判程序。

(1)轻微刑事案件的快速审判程序

《印尼刑事诉讼法》第 205 条规定,对于可能判处三个月有期徒刑以下刑罚的案件、7500 卢比以下罚款的案件以及轻微的诽谤案件,应当按照轻微刑事案件的快速审判程序审理,但符合本部分第 2 节规定的案件除外①。适用轻微刑事案件的快速审判程序的案件,在经过检察机关批准之后,侦查人员应当在侦查终结后的 3 日内,将被告人、证人、专家、翻译人员带到法庭并提交实物证据。如果被告人必须出庭,侦查人员应当书面通知被告人出庭的具体时间和地点,并且将上述情况记录在案,连同案卷材料一起移送法院。快速审判程序中的证人不需要进行宣誓或确认,但法官认为有必要进行宣誓或确认的除外。

在该程序中,只能由一名法官独任作出裁决,但被告人被判处剥夺人身自由的刑罚,因而提出上诉的除外。根据《印尼刑事诉讼法》第 206 条的规定,适用快速审判程序的轻微刑事案件,法院应当在 7 日内作出裁决。《印尼刑事诉讼法》第 209 条规定,判决结果应当由法官和书记员签名,适用快速审判程序审理的案件不需要制作审判笔录,但在审判期间发现相关事项与侦查人员制作的讯问笔录明显不符的除外。

(2)违反道路交通法律案件的审理程序

对于涉及违反道路交通法律法规的案件应当按照此特定程序进行审理。根据《印尼刑事诉讼法》第 213 条的规定,在审判过程中,被告人可以书面委托一名代理人。该程序最大的特点之一在于法院可以作出缺席判决,即根据《印尼刑事诉讼法》第 214 条的规定,在审判过程中被告人或其代理人没有出庭的,对于案件的审理应当继续进行。若在被告人未出庭的情况下作出判决,载明判决结果的文书应当及时送达被告人。如果法官在被告人未出庭的情况下,作出剥夺被告人人身自由的判决,则被告人可以在知道判决之日起 7 日内提出异议;提出异议后,法院作出的缺席判决应当被撤销。在书记员通知侦查人员该异议之后,法官应当在确定重新审理该案的审判日期内,按该程序重新审理此案。如果在审理之后,法官仍作出涉及剥夺被告人人身自由的判决,被告人可以提出上诉。在判决之后,若被定罪的人已经履行了判决的实质内容,

---

① 　此处指可以适用违反道路交通法律案件审理程序进行审理的案件。

被扣押的财物应当无条件及时返还给相关权利人。

5.第二审上诉程序(一般救济程序)

首先,根据《印尼刑事诉讼法》第233条的规定,被告人、经过特别授权的人或公诉人,在判决作出后或者知道判决结果后7日内,可以向高等法院提出上诉请求,逾期提出上诉,则不予受理。可以提起上诉的情形包括:(1)程序违法;(2)一审裁判明显错误;(3)一审程序不完备。但下列情形不可以提起上诉:(1)由于适用法律不当,作出无罪判决的;(2)由于适用法律不当,撤销所有指控的;(3)适用简易程序审理的案件。

其次,根据《印尼刑事诉讼法》第235条的规定,在高等法院对上诉案件作出裁决之前,上诉人可以在任何时候撤回上诉请求,并且一旦撤回,不可以就该案再次提出上诉。若案件的审理已经开始,但尚未作出裁决,同时上诉人撤回上诉请求,则上诉人应当承担案件在高等法院撤回之前产生的诉讼费用。在收到上诉请求之后,无论该请求是由检察官或被告人单方提出的,还是检察官与被告人双方提出的,书记员有义务将该上诉请求告知另一方。在上诉阶段,在高等法院尚未开始审理案件之前,被告人或律师、检察官可以向高等法院提交上诉的案情摘要(appeal brief)。

此外,《印尼刑事诉讼法》第238条规定:"(1)在收到地区法院的案卷材料之后,上诉案件应当至少由高等法院的3名法官进行审理,上述案卷材料应当包括侦查人员的侦查案卷、地区法院的审判笔录、与案件有关的庭审中出示的所有文件,以及地区法院的判决;(2)从提出上诉请求之日起,决定是否羁押被告人的权力由高等法院行使;(3)在收到地区法院的上诉案卷材料后的3日内,高等法院应当依其职权或依被告人申请,进行审查以确定是否需要继续羁押被告人。"

最后,根据《印尼刑事诉讼法》第240条的规定,若高等法院经过审理认为在一审审理过程中,法律适用、程序有明显的疏忽或错误,或者有不完善的地方,可以决定发回重审,或者直接改判。确有必要时,高等法院在作出判决之前,可以通过裁决宣告地区法院的判决无效。高等法院书面判决书的副本以及案卷材料应当在判决作出后的7日内,移送作出一审判决的地区法院,地区法院的书记员应当将该判决内容及时告知被告人和检察官。

6.第三审上诉程序(特别救济程序)

首先,第三审的判决(最高法院的判决)是最终判决。根据《印尼刑事诉讼法》第244条的规定,被告人或公诉人可以通过最后的特别救济程序,请求最高法院对案件进行再审,但作出无罪或撤销指控的判决除外。根据《印尼刑事诉讼法》第247条的规定,特别救济程序的提出没有期限限制,但第三审上诉请求仅可以提出一次,并且在最高法院对上诉案件作出裁决之前,可以在任何时候申请撤回第三审上诉请求。在案卷材料移送最高法院之前提出撤回第三审上诉请求的,则案卷材料不必再移送。如果案件的审理已经开始,但尚未作出裁决,上诉人撤回第三审上诉请求的,则上诉人应当承担案件在最高法院撤回之前产生的诉讼费用。

根据《印尼刑事诉讼法》第250条的规定,地方法院的书记员在收到上诉状之后,应当及时将案卷材料移送给最高法院,上述案卷材料应当包括侦查人员的侦查案卷、审判笔录、与案件有关的庭审中出示的所有文件,以及一审和二审法院作出的判决。在第三审上诉程序中,是否羁押被告人的权力由最高法院行使。在收到案卷材料后的3日内,最高法院应当依职权或者依被告人申请审查案件,以确定是否需要继续羁押被告人。为了进行审理,确有必要的,最高法院可以传唤被告人、证人或公诉人,并听取他们的意见的;同时,最高法院可以通过相同的方式通知一审、二审法院的法官,听取他们的意见。

其次,根据《印尼刑事诉讼法》第253条的规定,最高法院审理第三审上诉案件,应当至少由3名法官组成合议庭,并按照第244条、第248条的规定对案件进行审查,以作出裁决:(1)判决未适用某个法律规定是否正确,或者是否不当地适用了某个法律规定;(2)判决与法律规定是否相冲突;(3)作出判决的法院是否超出了管辖权限。

最后,如果经过审理发现,原判未适用某个法律规定或者不当地适用了某个法律规定,最高法院可以宣告原判无效,并直接改判;若原判由于不符合法律规定而被判无效,最高法院可以指定原审法院重新审理无效部分,或者最高法院也可以指定由与原审法院同级的其他法院审理该案;若原判由于原审法院无管辖权或法官不适格而判决无效,最高法院应当指定其他法院或法官审理该案。

(六)刑事证据制度

1.刑事证据种类

根据《印尼刑事诉讼法》第184条的规定,印尼刑事诉讼证据的法定种类包括:(1)证人证言;(2)专家证言;(3)书证;(4)迹象证据(indication);

(5)嫌疑人、被告人的供述与辩解。此外,众所周知的事项不需要证明。为了防止法官误判,《印尼刑事诉讼法》第 183 条规定,法官在被告人承认实施了犯罪行为时,至少有两种合法证据证明被告人有罪,才能对被告人定罪判刑。

证人证言,是指证人在审判过程中作出的陈述。根据《印尼刑事诉讼法》第 185 条的规定,仅有证人证言不足以证实被告人犯有被指控的罪行,应当附有其他的证据,才可以认定被告人有罪。证人根据自己的想法作出的意见或推测,不能作为证据使用。在判断证人证言的真实性时,法官必须考虑以下因素:一个证人的证言与其他证人的证言是否具有一致性;证人证言与其他证据之间是否具有一致性;证人出庭作证的原因;证人的生活方式、道德等通常可能影响证言是否具有可信性的所有事项。证人通常需要宣誓作证。如果没有经宣誓作出的证言能够与其他经宣誓作出的证言相互印证,那么该证言仍具有可采性。

关于专家证言,《印尼刑事诉讼法》第 186 条要求,专家在审判过程中,在宣誓或确认的情况下,应当就其专业领域中擅长的知识如实作证。刑事诉讼法中关于证人的有关规定也适用于专家证人。

关于书证,《印尼刑事诉讼法》第 187 条规定,书证应当由经过宣誓就职的官方人员制作,并且应当:(1)以官方形式或由适格的政府官员制作的笔录或其他文件,内容包括证人就其听到、见到或经历的有关事件或事实作出的证言,并附有关于作证清晰明确的理由;(2)根据法律规定制作的文件或者由官员在其职权范围内制作的文件,作为反映某种事实或事件的证据;(3)专家的书面证言,内容包括该专家根据其经历就有关事实或事件发表的意见;(4)其他文件只有在与其他类型的证据有关联时,方可有效。

作为法定证据之一的迹象证据,是一种与其他事实相呼应的行为、事件或情境。迹象证据仅可从证人证言、书证、被告人陈述中获取。《印尼刑事诉讼法》第 188 条规定,在任何特定情况下,法官应当凭借其良知,准确仔细地审查之后,明智且审慎地对迹象证据证明力作出评估。

嫌疑人、被告人的供述与辩解指嫌疑人、被告人在诉讼过程中就其实施或所知、所经历的有关行为作出的陈述。该供述仅可用于证明与自身有关的事项。《印尼刑事诉讼法》第 189 条第 4 款规定,仅有被告人陈述不足以证明被告人实施了被指控的犯罪行为,而必须有其他的证据予以佐证才可以证明被告人有罪。

2.刑事诉讼证据规则

（1）意见证据规则。意见证据规则的基本要求是，原则上，证人只能就其直接感知的事实提供证言，而不能就这些事实进行推论或发表意见。《印尼刑事诉讼法》第 185 条第 5 款规定，证人仅根据自己的想法作出的意见或推测，不能作为证据使用。

（2）补强证据规则。该规则是指为了防止误认事实，在运用某些证明力薄弱的证据认定案情时，必须有其他证据补强其证明力。《印尼刑事诉讼法》第 185 条规定，未经宣誓的证言尽管具有一致性，却不能作为证据使用，但如果该证言能够与经过宣誓的证言相印证，则可以作为一种补足证据使用。可见未经宣誓的证言可以由经过宣誓的证言来补强其证明力。

三、印度尼西亚刑事诉讼法的主要特色

（一）在职权主义诉讼模式的基础上，吸收了当事人主义的对抗精神

如上所述，印尼在独立之前，是荷兰的殖民地，在荷兰的影响下，印尼的法律体系沿袭了大陆法系国家的传统。大陆法系国家诉讼模式的主要特征有：首先，侦查机关享有广泛的权力，警察、检察官和其他具有侦查权的官员主动追究犯罪。印尼的侦查人员负责侦查案件，对于一些特殊的犯罪，如腐败犯罪、经济犯罪，检察官也具有一定的侦查权。其次，在刑事案件的追诉上，一般采用公诉为主，自诉为辅的方式，公诉由检察机关代表国家提起。而印尼由检察机关垄断了刑事案件的起诉，公民个人不可以提起自诉，但可以提起附带民事诉讼和要求恢复名誉。再次，大陆法系国家的刑事诉讼职权主义，集中体现在审判阶段，法官在庭审中起到主导作用。《印尼刑事诉讼法》第 53 条规定，审判长应当主持审判程序，并且有义务保证被告人或证人自愿回答问题。在审判过程中，审判长主导法庭调查、法庭辩论、法庭质证以查清案件事实，并维护法庭秩序。《印尼刑事诉讼法》第 176 条第 1 款规定："如果被告人的行为不当，从而扰乱了审判秩序，审判长应当给予其警告，如果不需要警告，审判长可以命令被告人离开法庭，在被告人缺席的情况下，继续进行案件的审理。"最后，起

诉活动中实行卷宗移送主义。印尼的检察官必须向法院移送全部案件笔录和证据材料,法官只有在充分阅读了这些材料和证据之后,才能开始进行审判。

值得一提的是,印尼的刑事诉讼法在大陆法系的框架下,吸收了英美法系国家的对抗精神。在法庭审判过程中,控辩双方平等地对证人、专家证人进行询问、质证,最后检察官发表关于指控的意见,被告人或辩护人发表辩护意见,也可就检察官的指控作出答辩。上述指控或辩护意见均以书面方式提出,在经过宣读之后,及时移交给审判长。法官最终通过控辩双方的对抗发现案件的"事实",并依职权解决争议。

(二)刑事诉讼中带有一定的宗教色彩

印尼无国教,但根据印尼建国五项基本原则第一条"潘查希拉"的规定,国民一定要信仰宗教。该国的法律制度也多多少少带有一定的宗教色彩。在《印尼刑事诉讼法》的标题上就写有"全能的真主保佑你"(WITH THE BLESSINGS OF GOD ALMIGHTY)。基于虔诚的信仰,印尼人对于宗教场所也十分敬畏,《印尼刑事诉讼法》第 35 条规定,侦查人员不可以进入正在举行宗教仪式或典礼的场所进行搜查,但逮捕现行犯除外。该条体现了法律文化与宗教文化之间的碰撞和融合。此外,在审判过程中,审判长应当核实被告人、证人的以下信息:被告人或证人的全名、出生地点、年龄或出生日期、宗教信仰等,其中,宗教信仰是必须核对的重要信息。嫌疑人、被告人在被羁押期间,除了可以与亲属、律师会见以外,还可以与神父进行会见与交流,这也是其带有宗教特色之所在。

证人、专家证人在作证之前,都必须根据各自的宗教信仰进行宣誓或确认。

《印尼刑事诉讼法》第 76 条规定,宣誓或确认应当按照法律规定的内容或程序进行,否则根据本法,宣誓或确认无效。未经宣誓的证言尽管具有一致性,却不能作为证据使用,但如果该证言能够与经过宣誓的证言相印证,则可以作为一种补足证据使用。《印尼刑事诉讼法》第 161 条规定,如果证人或专家在没有任何合理理由的情况下,拒绝宣誓或确认,对证人或专家的询问应当继续进行,不过,经过审判长的书面裁定,可以在羁押场所羁押证人或专家最多 14 日。不难看出,在印尼刑事诉讼中,按照宗教仪式进行宣誓和确认具有一定强制性。

（三）规定了恢复名誉制度

刑事诉讼法规定的恢复名誉是指司法机关在没有法定理由或由于错误逮捕、羁押、起诉，在侦查、起诉或审判阶段对被告人信誉、地位、尊严和诚信造成损害，嫌疑人、被告人等有权要求恢复。《印尼刑事诉讼法》第81条规定，对于非法羁押或逮捕、合法终止侦查或起诉的，嫌疑人、被告人或第三方利益主体可以向地区法院院长申请赔偿或恢复名誉，并说明理由。具体而言，首先，在审前程序中，由一名法官独任审查逮捕或羁押是否合法，如果逮捕或羁押是非法的，则在裁决中必须载明关于赔偿和恢复名誉的情况；另外，若法官认为终止侦查或起诉是合法的，并且嫌疑人没有被羁押，法官应当作出恢复名誉的裁决。其次，如果法院经过审理之后，作出无罪判决或撤销所有指控的判决，在判决生效之后，被告人也有权申请恢复名誉，此时的恢复名誉也应当由法官以裁决的方式作出。

（四）确立了律师在场权制度

从广义上而言，律师在场权是指在各个诉讼阶段，侦查人员、检察人员、审判人员对嫌疑人、被告人进行讯问、搜查、扣押等时，辩护律师有权在场为其提供法律帮助。狭义上，律师在场权仅指在刑事诉讼的侦查阶段，自嫌疑人第一次接受侦查人员的讯问时至侦查终结，每次讯问嫌疑人时，律师均有权在场。"确立律师在场权的目的在于保障被追诉人的供述任意性、诉讼程序的正义性以及辩护人作用的发挥"。[①] 如上所述，印尼刑事诉讼主要采取职权主义模式，强调对犯罪的控制和裁判结果的公正，在侦查程序中，注重实体真实，但其也吸收了当事人主义控辩平等对抗的精神，加大了律师在侦查程序的介入。《印尼刑事诉讼法》第114条规定，侦查人员在讯问涉嫌实施犯罪的嫌疑人之前，应当告知其有权获得法律帮助，或者应当根据第56条为其提供法律援助。并且，为了保障嫌疑人、被告人的辩护权，嫌疑人或被告人有权在各个诉讼阶段的讯问程序中获得至少1名辩护律师的法律帮助。此外，根据《印尼刑事诉

---

① 屈新：《论辩护律师在场权的确立》，载《中国刑事法杂志》2011年第1期。

讼法》第 115 条的规定,侦查人员在讯问嫌疑人的过程中,辩护律师可以通过观察、聆听讯问的方式参与讯问过程。在实施危害国家安全犯罪的案件中,辩护律师可以在场观察但不能听取对嫌疑人的讯问过程。

(五)设置了司法审查制度

如上所述,印尼的刑事强制性措施包括逮捕、羁押、搜查、扣押等,印尼的刑事诉讼法中构建了对这些强制性措施的司法审查制度。司法审查制度是由审判机关通过事先或事后的司法审查活动对国家侦控机关在审前程序中实施的限制或剥夺公民人身、财产权益的追诉行为合法性进行裁决,从而将审前程序纳入诉讼的轨道。《印尼刑事诉讼法》第 33 条第 1 款规定,经过地区法院院长批准,侦查人员在侦查过程中可以按照规定对住宅进行搜查。《印尼刑事诉讼法》第 38 条第 1 款规定,扣押只能在地区法院院长的批准下,由侦查人员执行。此外,印尼的司法审查还体现在审前程序中。《印尼刑事诉讼法》第 77 条规定,地区法院有权对逮捕、羁押、终止侦查、终止起诉是否具有合法性等事项进行审查与裁决。

司法审查程序由地区法院的院长安排一名法官独任审理,并由一名书记员协助。法官在审查上述事项时,应当听取嫌疑人、申请人以及其他司法人员的意见。审查程序应当快速进行,法官必须在 7 日内作出裁决。如果经过审查,裁决认为逮捕或羁押是非法的,则侦查机关或检察机关必须立即释放嫌疑人;如果裁决认为终止侦查或起诉是非法的,则应当继续进行侦查或起诉。

(六)构建了多元化的简化程序

刑事简易程序有利于提高诉讼效率。司法实践中,事实清楚、证据充分的轻微刑事案件占整个刑事犯罪案件的多数,因此通过简易程序来提高诉讼效率具有重要的现实意义。

在印尼的刑事诉讼中,构建了多种简化程序。根据《印尼刑事诉讼法》第 203 条的规定,证据和法律适用简单明了的案件,应当按照简易程序审理。该简易程序简化了起诉和审判程序,节约了诉讼成本。例如,法官无须另行专门制作判决书,只需出具一份写明判决依据的文件,上述文件内容与普通程序中法院作出的判决具有同等法律效力。《印尼刑事诉讼法》第 205 条第 1 款规定,除该部分第 2 节规定的案件外,对于可能判处三个月有期徒刑以下刑罚的案件、7500 卢比以下罚款的案件以及轻微的诽谤案件,应当按照轻微刑事案件的快速审判程序审理。适用快速审判程序的轻微刑事案件,诉讼程序进一步简化。侦查人员在经过检察机关授权之后,应当在侦查终结后的 3 日内,将被告人、证人、专家或翻译人员带到法庭并提交实物证据。适用快速审判程序审理的案件不需要制作审判笔录,除非审判期间发现相关事项与侦查人员制作的讯问笔录明显不符。而且,对于此类案件法官应当在 7 日内作出判决。《印尼刑事诉讼法》还规定了违反道路交通法规案件的审判程序。在该程序中,法官可以在被告人及其代理人不到庭的情况下作出缺席判决,这也为实践中处理大量的交通案件提供了解决方案。如果在被告人未出庭的情况下,作出剥夺被告人人身自由的判决,则被告人可以在知道判决之日起 7 日内,向作出判决的法院提出异议,异议之后,法院应当撤销作出的缺席判决,并重新审理该案。

第四章

老挝刑事诉讼法

　　老挝人民民主共和国(Lao People's Democratic Republic),简称老挝(Laos),是中南半岛北部的一个内陆国家,北邻中国,南接柬埔寨,西北达缅甸,西南毗邻泰国,东与越南接壤,湄公河流经西部 1900 公里,全国总面积 23.68 万平方公里,截至 2015 年,全国有 680 万人口。[①] 老挝是东南亚国家联盟成员国,也是世界上最不发达国家之一。老挝历史悠久,公元 14 世纪建立的澜沧王国曾是东南亚最繁荣的国家之一。1707 年至 1713 年,澜沧王国先后分裂为琅勃拉邦、万象和占巴塞三个王国。1779 年至 1893 年,三国沦为暹罗属国,1893 年成为法国殖民地,1940 年又被日本占领。1945 年 9 月,老挝宣告独立,同年 10 月成立伊沙拉(老挝语意为"自由")政府。此后,老挝连年外患内战不断。直到 1975 年 12 月,在万象召开的老挝全国人民代表大会宣布废除君主制,成立老挝人民民主共和国。老挝现行行政区划为 17 个省和 1个直辖市,下辖 142 个县和 10552 个村。[②] 经济上,老挝以农业为主,工业基础薄弱。从 1986 年起老挝推行革新开放,调整经济结构,即农林业、工业和服务业相结合,优先发展农林业;取消高度集中的经济管理体制,转入经营核算制,实行多种所有制形式并存的经济政策,逐步完善市场经济机制,努力把自

---

　　① http://www.fmprc.gov.cn/web/gjhdq_676201/gj_676203/yz_676205/1206_676644/1206x0_676646/,最后访问日期:2017 年 12 月 22 日。
　　② 郝勇、黄勇、覃海伦:《东南亚研究:老挝概论》,世界图书出版广东有限公司 2012年版,第 27 页。

然和半自然经济转为商品经济;对外实行开放政策,颁布外资法,改善投资环境,扩大对外经济关系,争取引进更多的资金、先进技术和管理方式。① 老挝是一个多民族国家,按老挝王国时期公布的数据,老挝共有 49 个民族。老挝的主体民族是老族,占全国总人口的一半以上。② 小乘佛教在老挝文化中居于主导地位。佛教各方面的道德规范有几百年的积淀,已深入人心,成为人们行为处事的自觉行动。③ 政治上,1991 年,老挝颁布了第一部宪法。宪法明确规定,老挝人民民主共和国是人民民主国家,全部权力归于人民,各族人民在老挝革命党领导下行使当家做主的权利。老挝国会(原称最高人民议会,1992年 8 月改为现名)是国家最高权力机构和立法机构,负责制定宪法和法律。老挝实行社会主义制度,老挝人民革命党是老挝唯一政党。2011 年老挝人民革命党"九大"的主题是"加强全民团结和党内统一,发扬党的领导作用和能力,实现革新路线新突破,为 2020 年摆脱欠发达国家状态和继续向社会主义目标迈进奠定坚实基础"。2016 年 1 月 18 日至 22 日,老挝人民革命党"十大"通过了社会发展"八五"规划、十年战略和十五年远景规划。

一、老挝刑事诉讼制度概况

(一)刑事司法机关

在老挝,刑事司法机关负责刑事案件的侦查、起诉和审判工作,主要包括侦查机关、检察机关和法院。

1.侦查机关

根据案件不同,侦查机关由以下人员构成:(1)警察;(2)军官;(3)海关官员;(4)其他法律授权的相关部门工作人员。侦查人员可以接受和记录相关投诉和违法案件,如遇到刑事案件须立即与检察官联系。如果检察机关命令侦

---

① 陈兴华:《东盟国家法律制度》,中国社会科学出版社 2015 年版,第 436 页。
② 宋国涛:《不可不知的东盟十国》,中国财富出版社 2013 年版,第 240 页。
③ 郝勇、黄勇、覃海伦:《东南亚研究:老挝概论》,世界图书出版广东有限公司 2012年版,第 118 页。

查机关展开调查,侦查机关应当在 60 日内完成调查并向检察机关提交侦查结论。如因特殊原因,需要延长侦查时间,经检察机关批准,可以再延长两个月的侦查期限。

2. 检察机关

老挝人民民主共和国人民检察院是国家的检察机关。老挝的检察院系统由最高人民检察院、省人民检察院、市人民检察院、区域人民检察院①及军事检察院组成。最高人民检察院由总检察长、副总检察长、侦查员和其他行政管理事务职员组成。省人民检察院和直辖市人民检察院由检察官、助理检察官和公务员调查官组成。区域人民检察院由检察官和助理检察官组成,也可以配有公务员调查官。军事检察院由最高军事检察院、军区军事检察院、团级军事检察院、省/市/特区军事检察院、营级军事检察院组成。

检察院主要履行下列职能:对违反刑事法律的行为提起公诉;与其他国家机构和公共组织合作,确保对所有刑事案件的调查和审理能够完全、彻底和公正地进行,并采取措施预防犯罪;确保触犯法律者根据法律的规定得到处罚,避免无辜的人受到处罚;根据法律的规定,对在其管辖范围之内的任何案件的部分或全部进行调查和审问;监督和检查所有政府部、委、局、其他国家公共机构、地方行政管理部门、公务员和公民遵守法律的情况;监督和检查调查机构遵守法律的情况;监督和检查法院案件的审理和判决是否符合法律的规定;监督和检查有权拘留、关押和剥夺个人自由的机构执行法律的情况以及法院判决的执行情况;依法提出给予罪犯赦免刑事处分的意见;严厉打击各种违法犯罪行为,以遏制犯罪发生,并消除产生犯罪行为的各种因素和条件。②

3. 法院

人民法院是国家的审判机关。老挝法院系统由最高人民法院、省人民法

---

① 区域人民检察院主要是根据地理环境、社会经济发展程度或案件发生频率,将某个县或多个县作为一个区域进行设立,负责检察辖区内的执法是否正确,传唤被审讯人出庭。对于没有设立人民检察院的县,编配 1~2 名常务检察官,依法行使区域人民检察院职权。当某个区域人民检察院不能实行职权时,最高人民检察院检察长有权指定临近的区域人民检察院临时负责其工作。

② 张文山、李莉编著:《东盟国家检察制度研究》,人民出版社 2011 年版,第 249 页。

院、直辖市人民法院、区域人民法院①以及军事法院组成。最高人民法院是老挝的最高审判机关。最高人民法院对地方人民法院和军事法院的裁决进行再审。最高人民法院院长由国民大会根据国民大会常务委员会的提名予以任命。最高人民法院副院长和各级人民法院的法官由国民大会常务委员会根据最高人民法院院长的提名进行任命。国民大会常务委员会任命或解除军事法院院长的职务，军事法院的人事关系归属国防部，其司法事务由最高人民法院领导。②

　　只有法院有权审理案件。法院的刑事案件判决由不同的部门来执行。附带民事部分的赔偿和刑事部分的罚金、没收财产、不剥夺自由的再教育的执行由司法部门负责，监狱负责刑事判决中剥夺自由刑的执行。

（二）刑事诉讼法的渊源

　　刑事诉讼法的渊源是指刑事诉讼法律规范的存在形式或载体。老挝刑事诉讼法的渊源有以下几种：

　　1. 宪法③

　　老挝现行《宪法》于 2003 年 5 月 6 日宣布生效。该部宪法包括序言和 10 章正文，共 98 条。《宪法》第 3 章"公民的基本权利和义务"中第 22 条规定，老挝公民不分其性别、社会地位、受教育程度、信仰和民族，在法律面前一律平等。《宪法》第 29 条规定，老挝公民的人身和住宅不受任何侵犯。除法律规定的情况外，如无有关权力机关的批准和决定，老挝公民不受逮捕和搜查。第 68 条规定，人民法院实行集体判决。法官在判决时，必须独立行使判决权，只遵照法律行事。第 69 条规定，人民法院在开庭审理案件时，除法律规定的特殊情况外，必须公开进行。被告有权就被起诉的问题进行辩护，律师有权在法律方面给予被告帮助。第 74 条规定，在执行检察任务时，人民检察机关只遵

---

　　①　区域人民法院主要是根据地理环境、社会经济发展程度或案件高发区，将某个县或多个县作为一个区域进行设立，与区域人民检察院相对应，负责辖区内以下案件的初审：涉案金额 3 亿基普以下、夫妻关系、债务、子女抚养权的民事案件以及监禁 3 年以下的刑事案件，但青少年刑事犯罪除外。

　　②　张树兴：《东南亚法律制度概论》，中国人民大学出版社 2005 年版，第 274 页。

　　③　老挝历史上第一部《宪法》诞生于 1947 年 5 月 11 日，此后该部宪法分别于 1947 年、1952 年、1956 年、1957 年、1991 年和 2003 年进行了 6 次修改。

照法律行事,只执行总检察长的命令。以上条款都是老挝刑事诉讼法的重要渊源。

2.刑事诉讼法典

现行《老挝人民民主共和国刑事诉讼法典》(以下简称《老挝刑事诉讼法典》于 2004 年在国民议会上由主席沙曼·维亚吉颁布通过,该法典代替了1989 年 12 月 23 日原最高人民会议通过的旧刑事诉讼法典。《老挝刑事诉讼法典》系统、全面地规定了老挝刑事诉讼中的具体程序和制度,是老挝刑事诉讼法最主要的法律渊源。

3.国际条约

在老挝,国条约也是刑事诉讼法的渊源之一。老挝批准和加入的国际公约、条约对老挝的刑事诉讼有着重要的影响。如 2004 年签署的《刑事司法协助条约》,2002 年与中国缔结的《中华人民共和国和老挝人民民主共和国引渡条约》等都是老挝刑事诉讼法的重要渊源之一。

(三)刑事诉讼法典的主要结构

《老挝刑事诉讼法典》分为序、正文两部分,正文部分基本按照编、章、条、款、项的结构排布。法典一共 12 编,122 条,部分编中条款偏少,直接按照编、条、款、项的结构排布。正文 12 编大体分为三个部分。第 1 编至第 3 编为刑事诉讼法的一般规定,包括介绍刑事诉讼的目的、概念、一般原则和相关专业术语的界定。第 4 至第 9 编为刑事诉讼的具体程序,又可分为三大块:审前程序、审判程序和审判后程序。审前程序包括刑事侦查程序和起诉程序。这里的审判程序是广义的,包括庭前程序、一审、上诉和最高上诉程序以及再审程序。审判后程序指的是判决的执行。第 10 编至第 12 编可归纳为一部分,为刑事诉讼法中的其他规定,包括特别程序、刑事司法国际合作和附则。

二、《老挝刑事诉讼法典》的主要内容

《老挝刑事诉讼法典》较为系统地规定了老挝刑事诉讼程序的目的、原则、一般程序和特殊程序,是老挝刑事诉讼最主要的法律依据。主要内容如下:

（一）一般规定

1.刑事诉讼的一般原则

老挝刑事诉讼的一般原则规定在《老挝刑事诉讼法典》第 1 编,编下没有章,共 18 条,在此择要介绍部分原则。

（1）禁止侵犯公民的权利和自由原则

《老挝刑事诉讼法典》第 5 条规定,没有取得公共检察官或人民法院的相关命令,禁止进行逮捕、拘留和搜查建筑物,除非逮捕现行犯或情况特别紧急。如果拘留、"逮捕"措施违背了法律规定或超出法院决定的期限,公共检察官应签发命令,立即释放被逮捕或拘留的人。

（2）法律面前人人平等原则

《老挝刑事诉讼法典》第 6 条规定,刑事诉讼必须在法律和人民法院面前人人平等的基础上进行,不得因性别、民族、种族、社会经济地位、语言、教育程度、职业、信仰、居住地及其他因素而受到歧视。

（3）无罪推定原则

同大多数国家一样,《老挝刑事诉讼法典》第 8 条明确规定,老挝刑事诉讼遵守无罪推定原则,只要人民法院没有作出有罪的最终判决,犯罪嫌疑人、被告人应被视为无罪,并应受到妥善对待。该原则是保护刑事诉讼中被作为调查对象的犯罪嫌疑人、被告人人权的最重要依据。同时,《老挝刑事诉讼法典》第 7 条规定,犯罪嫌疑人有辩护的权利。被告人可以为自己辩护,或者聘请律师为其提供法律帮助。为保护犯罪嫌疑人的合法权益,在诉讼过程中人民法院、公共检察官、讯问人员、侦查人员应当保证犯罪嫌疑人的辩护权。控方应提供证据证明自己的主张,即证明犯罪嫌疑人、被告人实施了犯罪行为。犯罪嫌疑人、被告人有权提出证据为自己辩护,但不得强迫他们自证其罪。

（4）公开审理原则

在法庭上的所有庭审活动应公开进行,但涉及国家、社会秘密、被告人为年满 15 周岁不满 18 周岁的未成年人以及涉及配偶关系、习俗、传统案件,应不公开审理。

（5）回避原则和禁止重复审理同一案件原则

《老挝刑事诉讼法典》第 15 条规定,如果法官、公共检察官、书记员、讯问人员、侦查人员、专家或翻译人员是案件任何一方的亲戚或与案件有利害关系,应当主动回避。如果应该回避的人不主动回避,任何一方有权要求他们回避。此外,《老挝刑事诉讼法典》第 16 条规定,已经审理过一个刑事案件的法官,不得参加有关这一案件之后任何级别的审理,除非法律另有规定。

（6）禁止非法获取证据原则

《老挝刑事诉讼法典》第 17 条明确规定,禁止使用暴力、武力、威胁、殴打或其他非法措施从犯罪嫌疑人、被告人以及其他诉讼参与人那里获取证据。

除了上述几个重要原则,其他原则如法官独立、诉讼参与人有权使用自己的语言等等,都是老挝刑事诉讼法的必要组成部分。虽然这些原则的规定很简短,但是奠定了老挝刑事诉讼的精神基础,也是《老挝刑事诉讼法典》中其他具体规定的重要依据。

2.证据制度

《老挝刑事诉讼法典》中关于刑事诉讼证据的篇幅不多,一共有 3 个条文,涉及证据的类型和证据的收集、审查和评价。值得一提的是,《老挝刑事诉讼法典》将证据分为三大类,物证、书证和人证。物证的概念与我国证据类型中的物证概念一致,指以外部特征、物质属性、所处位置以及状态证明案件情况的实物或者痕迹,但书证和人证与我国刑事诉讼中人证和书证的内涵外延不同。《老挝刑事诉讼法典》中的书证不仅包括以其内容来证明待证事实的有关情况的文字材料,还包括了"侦查报告、人民法院活动的报告以及与犯罪有关的其他文件"。人证不止包括证人的证言还包括了"犯罪嫌疑人、被告人证言,受害方陈述,指认、确认的证词以及与案件内容有关的专家意见"。可见,老挝刑事诉讼中的人证基本等同于我国证据理论分类中的言词证据。在证据的收集、审查和评价中,法律规定:"在刑事诉讼中,相关人员既应收集犯罪嫌疑人、被告人有罪的证据,又要收集犯罪嫌疑人、被告人无罪的证据。""人民法院、公共检察官、讯问人员、侦查人员应该根据全面、深入、客观审理案件的需要和责任心审查、权衡、评估证据。在审查、评价证据的过程中,如果证据不能让人确信是犯罪嫌疑人、被告人实施了犯罪,必须将他们释放。""刑事诉讼不应该主要依靠犯罪嫌疑人、被告人供述来定罪,而应寻求其他证据证明犯罪嫌疑人、被告人有罪。即使犯罪嫌疑人、被告人否认或不承认有罪,只要有大量的、可靠的证据,仍然可以确定犯罪由犯罪嫌疑人、被告人实施。"由此可见,老挝刑诉法要求办案人员应站在公平公正的角度,既打击犯罪也不能让无辜的人受到法律的处罚。办案人员有客观收集证据的义务,法律鼓励办案人员寻找口供以外的证据定罪。

3.诉讼参与人的权利和义务

与大多数国家一样,老挝刑事诉讼的参与方包括三类国家机关和若干诉讼参加人。侦查机关横向划分为警察系统的侦查机关、军事系统的侦查机关和海关系统的侦查机关,检察机关和法院的划分、设置和职能前文已述。而根据《老挝刑事诉讼法典》第27条的规定,刑事诉讼参与人主要有犯罪嫌疑人、被告人、受害方和附带民事诉讼原告人和承担民事责任方、证人、专家、翻译人员和律师以及保护人。

(1)诉讼参与人的权利

法律规定诉讼参与人依法享有相应的权利。其中,犯罪嫌疑人、被告人、附带民事诉讼原告方和承担民事责任方、律师以及保护人享有以下共同的权利:第一,提交证据,提出请求的权利;第二,侦查结束后,有请求阅读案卷文件的权利,对案卷文件进行复制的权利,对案卷包含的必要资料进行记录的权利;第三,参加法庭审理的权利;第四,要求法官、公共检察官、讯问人员、侦查人员、专家、翻译人员回避的权利;第五,如果认为侦查人员、讯问人员、公共检察官、人民法院的行为或作出的命令违法时,有权投诉;第六,有权提起上诉或要求撤销侦查人员、讯问人员、公共检察官作出的命令,或者要求撤销人民法院作出的指令、命令或判决;第七,除律师和保护人外,上述诉讼参与人享有聘请律师或其他保护人为自己提出抗辩的权利。除了以上共同享有的权利,《老挝刑事诉讼法典》还规定了各诉讼参与人享有专属于自己的权利:犯罪嫌疑人、被告人针对自己的指控,享有被告知的权利和辩护的权利;被告人享有在法庭审理中作最后陈述的权利;受害方享有接受赔偿、撤回赔偿请求的权利,在罪行没有危害社会利益的情况下有权与犯罪嫌疑人、被告人达成调解协议;律师、保护人享有会见犯罪嫌疑人、被告人的权利。

(2)诉讼参与人的义务

为保证刑事诉讼的正常运行,各诉讼参与人在享有法定权利的同时应当遵守相应的义务:第一,犯罪嫌疑人、被告人有"提供证据或对控告的有关内容作出解释"的义务;第二,其他诉讼参与人需对拒绝作证或提供虚假证据承担责任;第三,翻译人员、专家应当履行对案件的保密义务;第四,除翻译人员和专家外,其他诉讼参与人负有"根据侦查人员、讯问人员、公共检察官、人民法院的命令或传票到场或出庭"的义务。

4.辩护制度

老挝刑事诉讼法保护犯罪嫌疑人的辩护权,《老挝刑事诉讼法典》规定了

较为具体的辩护制度,内容如下:

(1)辩护人介入刑事诉讼的时间

《老挝刑事诉讼法典》第35条规定,律师、保护人从启动侦查命令签发之日起有权介入案件。律师、保护人行使辩护权,维护委托人的权益。至此,律师有会见犯罪嫌疑人、被告人的权利以及侦查结束后阅读、复制、记录案卷文件的权利。除此之外,律师享有律师协会的具体规则中规定的其他权利,同时也应履行这些具体规则中的义务。

(2)法律援助制度

司法机关应当保障犯罪嫌疑人的辩护权。司法机关除了在诉讼过程中应告知犯罪嫌疑人、被告人有委托律师、保护人的权利外,当犯罪嫌疑人、被告人满足一定条件时,有义务为其提供法律援助。《老挝刑事诉讼法典》第35条规定,如犯罪嫌疑人、被告人是未满18周岁的未成年人、聋人、哑人、疯子或精神病患者,以及不懂老挝语言或者可能判决死刑的人,那么他必须有一个保护人。如果这些犯罪嫌疑人、被告人没有保护人,人民法院应依法为其指定一名律师作为保护人。[①]

5.限制、剥夺基本权利的措施

为保障侦查、起诉、审判活动的顺利进行,司法机关有权对犯罪嫌疑人、被告人采取合法方式限制其一定程度的人身自由和某些基本权利。《老挝刑事诉讼法典》第4编第4章规定了刑事诉讼中的强制性措施,包括发出拘传令、拘留(detention)、逮捕、还押候审、审前释放、审前软禁(pre-sentencing house arrest)、中止职务或职责。

(1)拘传

当犯罪嫌疑人、被告人、证人、附带民事诉讼原告人、民事责任方经3次传票传唤没有任何理由没有到场,侦查机关的负责人或公共检察官可以发出拘传令强制其到场。

(2)拘留

对犯罪嫌疑人提取证言后,如果发现有可靠的证据证明他实施了犯罪,且该罪的法定刑为剥夺自由刑,侦查机关的负责人或公共检察官可以签发拘留该嫌疑犯48小时的拘留令,以便进行进一步的侦查。如果是侦查机关负责人

---

① 《老挝刑事法典》,贾凌、魏汉涛译,中国政法大学出版社2014年版,第227页。

签发的拘留令,应在 24 小时内以书面形式向公共检察官报告。在 48 小时的拘留期限内,侦查人员或讯问人员应及时收集被拘留者的初步证言。完成初步证据收集后,根据情况作以下处理:如果没有取得可靠的资料证明需要启动侦查,侦查人员、讯问人员应向侦查机关负责人或公共检察官申请签发释放令,如果是侦查机关负责人签发的释放令,应立即以书面形式向公共检察官报告;如果发现可靠的资料证明需要启动侦查,且认为有必要将犯罪嫌疑人还押候审,侦查机关负责人应签发启动侦查的命令,并要求公共检察官签发还押候审的命令。讯问人员也可以向公共检察官申请签发启动侦查和还押候审的命令。收到侦查机关负责人、讯问人员要求签发还押候审的请求后,公共检察官应在 24 小时内决定是释放被拘留者还是将其还押候审。

(3)逮捕①

《老挝刑事诉讼法典》第 62 条规定,只有经公共检察官或人民法院签发了书面的逮捕令,才能执行逮捕,除非当场抓捕现行犯或情况紧急。老挝刑事诉讼中的逮捕可以分为以下三种情形:

第一,普通逮捕。实施普通逮捕必须具备公共检察官或人民法院签发的书面逮捕令。签发逮捕令以前,公共检察官、人民法院应当考虑以下条件:行为人实施的必须是法定刑为剥夺自由刑的犯罪;必须有可靠的证据;犯罪嫌疑人可能逃跑、毁灭证据、犯下新的犯罪、伤害受害方或证人;犯罪嫌疑人可能被受害方或其他人员伤害。如果要逮捕僧侣或尼姑,在逮捕之前应当通知该僧侣、尼姑所在相关宗教团体的负责人。如被羁押的人在其他的宗教组织,在逮

---

① 老挝的刑事拘留和逮捕措施无论是从采取措施的主体、采取措施的时间限制还是从申请变更措施的程序方面都有着相似甚至相同之处,但是他们之间依然有截然不同之处:第一,签发命令的主体不同。拘留令的签发者可以是公共检察官,也可以是侦查机关负责人,而逮捕令只有公共检察官和人民法院可以签发。第二,强制措施的流程不同。在拘留措施中,一般是司法机关先对犯罪嫌疑人进行传唤或者拘传,在提取证言后,如果发现有可靠的证据证明他实施了犯罪,侦查机关负责人或公共检察官有权拘留该嫌疑犯,侦查机关在有限的时间内对嫌疑人取证后再形成是否启动侦查的意见;逮捕不拘束于以上程序步骤,办案人员可以在侦查命令已经启动后实施逮捕,也可以未经传唤和拘传实施逮捕,即只要满足逮捕条件,办案人员可立即实施逮捕。第三,是否通知家属不同。《老挝刑事诉讼法典》第 62 条第 12 项规定,不论何种情形,逮捕后应在 24 小时内通知被逮捕人的家属,以及相关的部门、组织、企业。在不妨碍案件审理的情况下还应将被羁押的场所通知上述人员或单位。而拘留措施中并没有这样的规定。

捕前也应通知该宗教组织的负责人。对于普通逮捕,逮捕令及逮捕的原因应向被逮捕人宣布。

第二,逮捕现行犯。逮捕现行犯是指逮捕符合下列情形的人:行为人正在实施犯罪,或刚刚实施完犯罪;已经实施了犯罪的人正在被通缉;或受害方已经认出了实施了犯罪的人行为人身体有犯罪证据的痕迹,或犯罪发生在被逮捕人的家中或工作场所。

第三,紧急逮捕是指逮捕符合下列情形的人员:被怀疑实施了犯罪的人有可疑的来历或不明的居所;被怀疑实施了犯罪的人在逃跑。

在上述三种情形中,如果不是侦查人员执行的逮捕,应将被逮捕的人立即移交给侦查人员。在偏远地区的逮捕,相关人员应在逮捕之日起 7 日内将被逮捕者移交给侦查人员。侦查人员应根据被逮捕人的特征以及其实施的犯罪的特征采取适当的手段和方式执行逮捕。禁止殴打被逮捕人或对其施以酷刑。不论何种情况,逮捕后应在 24 小时内通知被逮捕人的家属以及相关的部门、组织、企业。在不妨碍案件审理的情况下应将被羁押的场所通知上述人员或单位。

根据《老挝刑事诉讼法典》第 62 条的规定,犯罪嫌疑人被逮捕后,侦查人员应以书面形式在 24 小时内向公共检察官报告,并应在 48 小时内向被逮捕的人录取证据,形成还押候审或者释放被逮捕人的意见。如果认为应释放被逮捕人,或认为应将被逮捕人还押候审,侦查机关的负责人或讯问人员应请求公共检察官签发释放令或还押候审令。在收到侦查机关的负责人、讯问人员要求签发释放令或还押候审令的请求后,公共检察官应当在 24 小时内决定释放被逮捕的人还是将其还押候审。

(4)还押候审

根据《老挝刑事诉讼法典》第 65 条的规定,还押候审是指在法院作出最终判决前,为侦查目的暂时羁押犯罪嫌疑人。还押候审必须有公共检察官签发的书面命令,且还押候审应依本法第 62 条规定的条件作出。还押候审的期限不得超过 3 个月,自签发还押候审令之日起算。如果认为有必要开展进一步侦查,根据侦查机关负责人的要求,公共检察官可以延长还押候审一次,期限3 个月,但涉嫌微罪和 1 年监禁的重罪案件,还押候审的总期限不得超过 3个月。

(5)审前释放

审前释放是指侦查完毕后,为便于犯罪嫌疑人能在自由状态下进行辩护,对涉嫌轻罪的犯罪嫌疑人在法院作出判决之前暂时予以释放。释放待审判的人必须有公共检察官签发的命令。在诉讼过程中,公共检察官有权在其权限范围内主动决定释放被还押候审的犯罪嫌疑人,或者根据犯罪嫌疑人,犯罪嫌疑人所在的组织,犯罪嫌疑人的代理人、丈夫或妻子、监护人、父母或近亲属,被控人的请求决定释放还押候审人,在此种情况下,公共检察官可以要求适当的担保。审前释放应满足以下条件:确信犯罪嫌疑人或被告人不会逃跑、不会毁灭证据、不会实施其他犯罪、不会伤害受害人或证人、不会被他人伤害。被释放的待审判者应在规定的时间向相关官员每月报告一次。禁止释放涉嫌重罪的待审判者。

（6）审前软禁（Pre-sentencing House Arrest）

嫌疑人或被告人可能被羁押在他自己的住所或其他场所,未经侦查人员或公共检察官的许可不得擅自外出。实施审前软禁必须有侦查机关负责人或公共检察官的命令,该命令应限定被处以审前软禁的人在规定的场所应遵守的规定。如果犯罪嫌疑人或被告人违反审前软禁应遵守的规定,有关官员可能使用其他更严厉的强制措施。

（7）暂停职务或职责

暂停职务或职责是指因为犯罪嫌疑人或被告人涉嫌的罪行与其职务或职责相关,为了不妨碍侦查,暂时中止犯罪嫌疑人或被告人从事他的职务或职责。处以暂停职务或职责必须有公共检察官签发的命令。暂停职务或职责的命令应送达犯罪嫌疑人、被告人的组织,以便相关组织执行。

（二）侦查程序

《老挝刑事诉讼法典》将刑事案件的侦查和起诉的规定放在同一编中,着重规定了刑事诉讼的侦查程序,包括启动侦查程序的条件、标准、机构、案件侦查手段和方法。

1.启动侦查的条件

根据《老挝刑事诉讼法典》第37条的规定,仅在有充足的资料证明有犯罪发生的情况下,侦查机关的负责人或者公共检察官才应在自己的权限范围内签发启动侦查的命令。签发启动侦查令的侦查人员应当立即将启动侦查的情况向公共检察官报告。《老挝刑事诉讼法典》第4条规定,符合下列条件之一的,不启动侦查或应终止刑事诉讼:第一,不存在犯罪;第二,犯罪成立的条件不具备;第三,启动刑事诉讼的时效期限届满;第四,犯罪人被赦免;第五,未满15周岁的未成年人实施的危害社会的行为,对于这种情况,该未成年人将被送往相关机构进行再教育;第六,受害方与加害方之间订立了调解协议,且不法行为没有侵害《老挝刑法典》第22条规定的社会利益;第七,受害方没有提出控告或受害方撤回控告,且不法行为是《老挝刑法典》第22条规定的犯罪之一;第八,罪犯已经死亡;第九,人民法院就同一案件已作出撤销案件的裁定,或作出最终裁决。

2. 对不启动侦查程序以及不当启动侦查程序的救济

《老挝刑事诉讼法典》第37条第4款规定,对侦查机关负责人签发的不启动侦查的命令,原告方和被告方均可向公共检察官申诉。如果不启动侦查的命令是由公共检察官签发的,自收到通知之日起7日内原告方和被告方均可向上一级公共检察官申诉。第38条第2款和第3款规定,当有关启动侦查的可信法律资料尚不具备时,侦查机关的负责人签发了启动侦查的命令,公共检察官应签发一个取消侦查并撤销案件的命令。当侦查机关的负责人没有充足理由签发了不启动侦查的命令时,公共检察官应撤销侦查机关负责人签发的不启动侦查的命令,并亲自签发启动侦查的命令。

3. 侦查期限

侦查人员应当在60日内完成侦查、总结侦查、准备案卷和物证,并将其呈现给公共检察官,自启动侦查之日起计算侦查期限。如果有可靠的资料或痕迹,但侦查工作在上述期限内没有完成,需要继续侦查的,公共检察官可以根据侦查机关的请求延长侦查期限2个月。如因需要进一步侦查而将案卷材料返还给侦查机关,增加的侦查期限不得超过60日,自侦查机关收到案卷材料之日起计算。

4. 侦查措施

侦查机关或者检察机关启动侦查命令后,侦查机关可以通过合法的侦查手段获取证据,具体措施有提取证言,质证询问,勘验现场,检验尸体,搜查建筑物、交通工具或人员,查封、扣押财产,重新鉴定,指认确认等。

(1)提取证言

《老挝刑事诉讼法典》对不同的人规定了不同的证言提取程序:

第一,提取犯罪嫌疑人证言。《老挝刑事诉讼法典》第43条规定,启动侦查以后,侦查人员、讯问人员应立即对犯罪嫌疑人提取证言。如果这种证言不能立即获取,应将不能立即获取的原因记录在案。在开始对犯罪嫌疑人提取证言时,侦查人员或讯问人员应告知所涉嫌的罪名,并告诉他享有的权利和应承担的义务。第二,提取目击证人、受害方、民事责任方证言。侦查人员、讯问人员应当告知证人、受害方、民事责任方,他们享受哪些权利,承担哪些义务,并应提醒他们作证或拒绝作证的法律责任。提取证言应在侦查人员、讯问人员的办公室进行,在必要的情况下也可以在其他地方进行。在提取证言时,除侦查人员和审问人员外,还应当有一个记录人员在场。第三,提取未满18周岁的未成年人、聋人、哑人、疯子或精神病患者证言。由于上述人员没有能力行使自己的权利,《老挝刑事诉讼法典》第44条规定,当侦查人员或讯问人员提取未满18周岁的未成年人、聋人、哑人、疯子或精神病患者的证言时,应当有他们的保护人、教师、父母、监护人或其他代表参加。当几个证人作的证言互相不一致时,侦查人员、讯问人员有权询问那些作证的人。每一次质证不得涉及两个以上的人。

（2）勘验案件现场

《老挝刑事诉讼法典》第47条第2款和第3款规定,勘验案件现场可以在启动侦查之前或之后进行。勘验案件现场应当在上午6点至下午6点之间进行。除非案件所需或情况紧急,否则勘验案件现场在下午6点没有完成,应继续进行,直至完成。在勘验案件现场的过程中,至少应有两个见证人在场。如果认为必要,应当邀请公共检察官和村庄管理部门的代表参加。

（3）检验尸体

侦查人员、讯问人员应在尸体被发现的位置检验死者的尸体,并至少邀请两个见证人和法医专家或其他有关专家参加。如果认为有必要,应当邀请公共检察官和村庄管理部门的代表参加。在进行现场勘验和尸体检验过程中,侦查人员、讯问人员应当当场制作记录。做完记录并宣读后,参加检验的所有人包括见证人应签名或印手纹。

（4）委任专家进行核查

《老挝刑事诉讼法典》第50条规定,在必要时,特别在死亡原因不明、强奸或对犯罪嫌疑人的精神能力有疑问的案件中,侦查机关的负责人或公共检察官应签发命令,委任法医专家或其他相关专家进行核查。这种委任命令必须载明:法医专家或相关专家的姓名、核查的问题、核查的期限、法医专家或相关专家的权利和义务。对于扣押的非法物品,尤其是毒品,有关机关的负责人应当立即委托专家验证其品质、类型和成分。侦查人员、讯问人员应将委任专家的命令通知犯罪嫌疑人、受害方、附带民事原告方和责任方。当核查完成后,专家应概述他们的意见,并在规定的时间内将专家意见交给侦查人员或讯问人员。核查可以由一个专家或多个专家进行,重新核查应委任多位专家进行。

(5)搜查

《老挝刑事诉讼法典》第51条规定,仅在取得公共检察官或法院的书面搜查令之后才能执行搜查,除非案情需要或情况紧急。在案情需要和情况紧急下所执行的搜查,应在搜查结束后24小时内向公共检察官报告。在搜查前后,执行人员应当诚实和忠诚①于搜查的建筑物、交通工具的主人和被搜查人。在《老挝刑事诉讼法典》中,对不同对象的搜查有其特定的程序:

第一,搜查建筑物。搜查建筑物应在有村庄管理部门负责人或至少有两名见证人在场的情况下执行。搜查办公室、组织机构、企业时,应当在有办公室、组织机构、企业的代表在场时执行。搜查寺庙或做礼拜的场所,应有寺庙或教堂的负责人、有关宗教组织的代表或负责人参加。搜查寺庙或做礼拜的场所在白天上午6点到下午6点进行,如果不能在下午6点前完成,应当继续搜查,直至完成。第二,搜查交通工具、人身。搜查交通工具,可以在任何时间进行,但必须有交通工具的主人在场。搜查被逮捕、拘留的人,或涉嫌隐藏赃物的人,可以在没有搜查令的情况下进行。进行搜查的官员性别应当与被搜查对象的性别相同。搜查女性应在封闭的场所进行。

(6)查封、扣押资产

侦查人员应向相关人员告知被查封、扣押的与犯罪有关的物品的种类、数量和位置,并说明该物品可能用于刑事诉讼,侦查机关的负责人或公共检察官应签发一个查封、扣押财产的命令。其中,不动产应当签发查封令封存。

(7)重新验证

重新验证是指为证实侦查获得的资料的正确性,侦查人员、讯问人员、公共检察官根据犯罪嫌疑人、被告人的要求重新实施相应的侦查活动。在重新验证的过程中,受害方或证人可能被要求再次证实他们的活动,办案人员应重新拍照、测量,并绘制草图。重新验证要在至少有两个见证人在场的情况下进行,受害方也应参加。如果认为必要,也可以邀请公共检察官和有关专家参加重新验证。《老挝刑事诉讼法典》第57条第3款明确规定,仅在

---

① 例如,为了证实没有带走任何未授权带走的物品,搜查人员可以让主人检查他们的包,以证明他们的诚实和忠诚。

不危及人的生命、健康或不破坏环境，以及不损害他人尊严的情况下，重新验证才能实施。

（8）指认和确认

在指认、确认之前，指认犯罪的人、确认物品或尸体的人应就他知道或看到的相关情况提供证言，他还应提供对象的特征、外表、对象的特殊特征、尸体等相关资料。在指认（确认）时，应至少带 3 个与其所描述的人（物品）有相似物理特征（有相似特征或相同类型）的人（物品）让其指认（确认），且应以秘密和确保指认人安全的方式让指认人指认（确认）。

5.案件的中止和撤销

案件诉讼程序可能会因为某些原因被中止和撤销，法律分别规定了刑事案件诉讼程序中止和撤销的情形：

（1）案件中止的情形：第一，犯罪嫌疑人藏匿起来、逃脱诉讼或相关人员的住所不明，且案件的证据还不充分；第二，不知犯罪由谁实施；第三，经医生确认，犯罪嫌疑人的健康状况极差或精神能力失去控制。

（2）案件撤销的情形：第一，出现《老挝刑事诉讼法典》第 4 条规定的原因之一；第二，没有充足的证据证明犯罪嫌疑人实施了犯罪；第三，刑事案件的诉讼时效期限届满，被中止的刑事案件可以被撤销。

中止和撤销的案件可以重启。当中止案件的原因不复存在，且追诉时效期限尚未届满，侦查机关的负责人或公共检察官应签发命令恢复被中止的诉讼；仅在"没有充足的证据证明犯罪嫌疑人实施了犯罪"的撤销情形下有新的证据出现，且诉讼时效尚未届满时，才能重新启动被撤销的案件。重新启动已被撤销的案件，公共检察官应签发一份重新启动案件的命令，取消原来签发的撤销案件的命令。

6.起诉

《老挝刑事诉讼法典》中对起诉的规定非常简短，总共只有两个法条，但却规定了两种完全不同的起诉制度：

（1）普通公诉制度

《老挝刑事诉讼法典》第 75 条规定，公共检察官应当自收到案卷之日起至迟 15 日内研究案件，并根据不同审查结果签发下列命令：如果认为案件侦查不完整，公共检察官应当将案卷连同补充侦查指示发还给侦查人员或讯问人员；如果认为案件存在中止或撤销事由，应签发命令，中止或撤销案件；如果认为侦查人员、讯问人员使用的侦查措施或强制性措施对案件情况不相符，公共检察官有权修改、废除或取消那些措施;如果认为资料和证据充分,公共检察官应签发命令,向法院起诉犯罪嫌疑人。

(2)直接公诉制度

《老挝刑事诉讼法典》第 40 条规定,如果犯罪嫌疑人所犯之罪为轻罪,或法定最高刑为不超过三年剥夺自由刑的重罪,或者有完整的证据,侦查人员或讯问人员可以不采取普通程序,直接将案卷、物证、犯罪嫌疑人呈送给公共检察官,不需要启动侦查程序,由公共检察官直接向人民法院起诉该犯罪嫌疑人。

(三)审判程序

老挝刑事诉讼中的审判程序包括一审诉讼程序、上诉程序、最高上诉程序和再审程序。

1.一审程序

一审诉讼程序是基本审判程序,其他审判程序参照一审程序。一审程序包括庭前程序和庭审程序:

(1)审前程序

庭前程序规定的主要是开庭前法院收到案卷后的处理方式。法院自收到公共检察官的起诉令后,应在一个月内审查案件;对于依据《老挝刑事诉讼法典》第 40 条的规定直接起诉的案件以及轻微刑事案件,法院应当自收到公共检察官的起诉令之日起 15 日内审查案件,并作出裁决。《老挝刑事诉讼法典》第 76 条规定,收到公共检察官提交的案卷后,法院院长应指派一名法官审查该案,然后将其提交给法院院长,以便他作出如下决定:如果认为侦查不完整,将案卷发还给公共检察官进行补充侦查;如果认为呈送法院的起诉令遗漏了犯罪或犯罪人,将案卷发还给公共检察官去签发补充起诉的命令;如果认为侦查正确、完整,决定庭审的时间。

(2)庭审程序

根据《老挝刑事诉讼法典》第 78 条、第 79 条和第 80 条的规定,法庭审理遵循下列原则和程序进行。

开庭后,庭审程序遵循直接、言辞、公开、各方辩论的原则展开。审判长有责任公正地引导审判。宣布开庭后,审判长应宣布下列事项:审判庭组成人员、公共检察官、书记员的名字;告诉当事人在案件审理过程中有权申请整个审判庭或部分审判人员、公共检察官、书记员、专家、翻译人员回避;当事人和诉讼参与人的权利。如果因申请回避而导致审判庭调整,审判庭应宣布休庭,并就相关事宜作出裁决。完成上述事项后,审判长要当庭询问被告人个人基本情况,并询问公共检察官的起诉令。此后,审判庭应听取受害方或附带民事诉讼原告人、被告人、承担民事责任方、律师、证人、其他诉讼参与人的陈述。在审理过程中,当事人和其他诉讼参与人、公共检察官、审判员经审判长同意,有权向其他参与人提问,审判庭应当庭出示物证和其他证据,并应让当事人进行辩论。当辩论结束后,审判庭应建议公共检察官作最后陈述。随后,审判长应当允许被告人或他的律师作最后陈述。最后,审判长应当宣布结束辩论,并宣布休庭,以便秘密合议后作出裁决。需要注意的是,如果审判庭组成人员有任何调整,审判必须重新进行。

审判组织作出判决前需要合议,合议秘密进行,允许合议成员发表意见,并先投票,审判长应当最后发表自己的意见,并投票,持异议的法官有权以书面形式表达自己的意见,如果有上诉或撤销的请求,持异议的法官的书面意见应归入案卷提交给上级法院审理。最后决议以多数票通过,裁决必须公开宣判。宣判可以当庭进行,也可以延后,但不得超过 7 日。

2.上诉、抗诉程序

当事人或公共检察官不服一审法院的裁决可以提起上诉或抗诉,案件的上诉或抗诉应当遵循一定的规定:

(1)上诉、抗诉期限

在上诉程序中,当事人及其律师或保护人、公共检察官自收到一审法院的指示、命令之日起 7 日内有权提起上诉或抗诉,自收到一审法院判决之日起 20 日内有权提起上诉或抗诉。对一审法院的指示、命令、判决的上诉请求只能向一审法院提出。

(2)上诉、抗诉的撤回

《老挝刑事诉讼法典》第 88 条规定,上诉法院就上诉案件进行审议和作出裁决前,当事人、其他相关方、公共检察官都有权撤回上诉或抗诉请求。当撤回上诉或者抗诉请求后,上述各方无权请求再次上诉或抗诉。

(3)上诉法院审理范围

《老挝刑事诉讼法典》第 91 条规定,上诉法院不仅审理上诉、抗诉的事项,而且要重新审理整个案件,包括被告没有上诉或公共检察官没有抗诉的事项。

（4）上诉、抗诉规则

一审法院必须在 30 日内将上诉或抗诉请求与案卷一并递交上诉人民法院进行进一步审理。如果一审法院不接收或延迟接收上诉或抗诉请求,当事人、公共检察官有权直接向上诉法院提出上诉或抗诉请求;如果一审法院延迟提交案卷,当事人、公共检察官有权请求上诉法院要求一审法院提交案卷。上诉法院审理案件的期限为两个月,自收到案卷之日起计算。在上诉法院开始审理和作出裁决前,当事人和公共检察官都有权向上诉法院提交一份书面陈述,讲明要求上诉或抗诉的额外理由,或对对方的上诉请求或抗诉请求进行评论。上诉法院审理案件的规则与一审法院审理案件一样,遵守本法第 77 条至第 82 条之规定。在有新证据提出的情况下,法院应告知上诉检察官和其他诉讼参与人。在审判长依照规则开始庭审,承办法官报告案件后,审判长应让对判决提出上诉的人或对判决提出抗诉的公共检察官就上诉或抗诉的理由进行陈述。

（5）上诉法院的裁判种类

上诉法院通过审理可以作出如下几种判决:第一,完全维持一审法院判决;第二,部分或全部修改一审法院的判决,并加重或减少一审法院适用的刑罚;第三,如果一审法院没有考虑当事人或公共检察官的某些请求,撤销一审的决定,并将案件发回一审法院,一审法院重新组织审判庭进行审理或由原审判庭重新审理;第四,撤销一审判决,并判决被告人无罪。

《老挝刑事诉讼法典》第 93 条规定,撤销、修改一审判决的理由有:第一,侦查不全面、不透彻、不客观;第二,法院的推理与案件事实不符合;第三,适用的刑罚与犯罪的性质不相适应,或者与危及社会的犯罪不相适应或与罪犯的特点不相适应。

（6）上诉遵循上诉不加刑原则

《老刑事诉讼法典》第 91 条第 2 款规定,经过审理,上诉法院有权减轻刑罚,但无权加重刑罚,除非有公共检察官抗诉;第 94 条规定,案件的重审,仅在重新调查发现新的事实,证明被告人实施了另外的犯罪的情况下,一审法院才可以加重刑罚,并应由公共检察官另外签发起诉令。

3.最高上诉程序

老挝刑事审判程序中除了一审程序、上诉程序,还有一个独立的审判程序,即最高上诉程序。《老挝刑事诉讼法典》第 95 条规定,只有最高人民法院有权审理最高上诉案件。最高上诉程序的对象为上诉法院作出的指令、命令和判决。老挝刑事诉讼中对最高上诉程序的规定主要有以下几个方面：

(1)最高上诉请求抗诉期限

被告人、律师、保护人、附带民事原告方、公共检察官均有权利在收到上诉法院的指令、命令之日起 7 日内，判决宣布之日或通知之日起 2 个月内提出上诉或抗诉。需要说明的是，最高上诉请求不需要任何的条件，只要当事人或公共检察官对于上诉法院作出的指令、命令和判决不服，都可以向最高法院提出。

(2)最高上诉法院审理范围

与上诉程序不同的是，案件方面，最高上诉法院只负责审理最高上诉、抗诉请求中有关的法律适用问题，不得审理事实方面的问题；被告人方面，如果该案中有多人被确定有罪，但最高上诉、抗诉请求只涉及其中的一个或几个人，最高上诉法院应审理同案中所有被判有罪的人。

(3)最高上诉、抗诉规则

《老挝刑事诉讼法典》第 98 条明确规定，最高上诉法院以庭审的方式审理最高上诉或抗诉请求，最高检察院的公共检察官应当出席庭审进行陈述。如果认为有必要，最高上诉法院将召唤被判刑人或其他有关人员参加法庭审理。在最高上诉法院撤销上诉法院的判决，将案件发回上诉法院重新审理的情况下，应按照本法典第 90 条(上诉法院审理案件的规则)进行重审。值得注意的是，老挝刑事诉讼中的最高上诉程序不遵循上诉不加刑原则，如果最高上诉法院发现上诉法院不正确地判决无罪，或者发现对确定有罪的人适用的刑罚与实际罪行不符，最高上诉法院应撤销上诉法院的判决，然后将案件发回上诉法院重新审判。

(4)最高上诉法院的裁判种类

经过审理，最高人民法院可以作出以下几种判决：第一，如果认为当事人或公共检察官没有遵守最高上诉、抗诉的规定，驳回最高上诉或抗诉请求；第二，撤销最高上诉、抗诉请求，维持上诉法院作出的指令、命令、判决；第三，如果上诉法院的指令、命令、判决违反了法律，对其进行部分或全部修改；第四，不将案件发回上诉法院重审，直接完全废除上诉法院的指令、命令、判决，然后作出无罪判决；第五，部分或全部废除上诉法院的指令、命令、判决，并将案件发回上诉法院组成新的审判庭重新审理，如果原上诉庭没有审理某些请求，也可以将案件发回上诉法院的原审判庭重新审理。

4.再审程序

生效判决有可能被提请重审。《老挝刑事诉讼法典》第 108 条规定，最高

人民法院对再审案件有管辖权,再审程序需要遵循必要的规则:

(1)再审的启动主体

《老挝刑事诉讼法典》第108条规定,仅在最高人民检察院公共检察官因有新的资料或证据而提出再审请求的情况下,最高人民法院才能受理案件进行审理。即再审的启动主体只能是最高人民检察院。当事人如果希望案件重审只能通过最高人民检察院的公共检察官提出。提出再审的条件是出现新的资料或证据,其中新的资料或证据是指本法典第109条规定的内容:第一,证人做了虚假证言,专家提出了错误的意见,翻译出现了错误,或者提出的证据是虚假的,从而导致了错误的判决;第二,法官、公共检察官、讯问人员、侦查人员不公正,从而导致了错误的判决;第三,其他的事实证明被判有罪的人有罪或无罪,而法院在作出判决时不知道这些事实。该法典第111条规定,对已经作出生效命令或判决的案件,任何个人或组织发现了新情况或者证据,应当提交申请书,或应通知省或省级市的公共检察官。当存在第109条规定的任何情形时,公共检察官应当签发查找新情况或证据的侦查命令。

(2)再审请求期限

《老挝刑事诉讼法典》第110条规定,发现了新的资料或证据,为增加被判有罪者的刑事责任而需要再审的案件,应在判决生效之日起1年内提出。为减轻或解除被判有罪者的刑事责任,请求再审没有时间限制,可以在任何时候提出。

(3)再审案件的裁判种类

案件经过法庭再审程序,最高人民法院可以做出以下判决:第一,驳回最高检察院公共检察官的再审请求;第二,撤销法院判决,做出无罪判决;第三,撤销生效的判决,并将案件发回一审法院组成新的审判庭审理。新审判庭审理发回重审的案件,应当遵守一审程序的有关规定。

(四)判决的执行

老挝刑事诉讼生效判决由两个部门分别执行。省或省级市的司法区的裁判执行部门、区或市镇司法部门的裁判执行小组负责民事损害赔偿、罚金、没收财产、不剥夺自由的再教育等几种刑罚;监狱负责剥夺自由刑的执行。刑罚执行中较为有特点的是死刑的执行。《老挝刑事诉讼法典》第107条规定,受死刑判决的人有权自收到最高人民法院确认死刑判决的命令之日起30日内请求国家主席赦免。死刑应在不同意赦免的决定作出之后起1年后执行;如果死刑犯没有请求赦免,死刑应在最高人民法院院长签发死刑令之日起 1 年后执行。

(五)其他规定

1. 特殊程序

《老挝刑事诉讼法典》第 10 编针对被羁押人、服刑人员需要治疗时诉讼程序如何进行作了规定,治疗措施程序也是《老挝刑事诉讼法典》中规定的唯一一个特殊程序。《老挝刑事诉讼法典》第 114 条规定,在侦查或法院审理期间,或者执行剥夺自由刑期间,经医生确认,被羁押人或服刑人员有精神病、失去了精神能力、患有严重疾病、患有传染病、毒品成瘾或酒精成瘾,公共检察官或人民法院有权对其适用治疗措施,将其送往医院或特殊治疗中心。经有效治疗后,如果起诉时效期限或执行刑罚的时效期限没有届满,应继续对其进行追诉。

2. 刑事司法国际合作

刑事司法国际合作规定在《老挝刑事诉讼法典》的第 11 编,共 4 条。法典既从正面规定了老挝与其他国家进行刑事司法合作的原则,又从反面列举了老挝拒绝提供司法协助的情形。《老挝刑事诉讼法典》第 11 篇规定老挝人民民主共和国进行刑事诉讼的主管机构与外国主管机构之间的刑事司法国际合作应当坚持尊重独立国家的领土主权、不干涉内政、平等互利的原则。司法协助请求不符合老挝人民民主共和国与外国签订的协定,或不符合老挝人民民主共和国加入的国际公约,或不符合老挝人民民主共和国的法律,提供司法协助可能影响国家的主权、安全,或影响老挝人民民主共和国重要利益的,老挝人民民主共和国刑事诉讼主管机构可以拒绝提供司法协助。

三、老挝刑事诉讼法的主要特色

(一)侦查程序的特色

1. 明确的羁押期限

羁押措施关乎犯罪嫌疑人、被告人的人身自由。在我国,根据《刑事诉讼法》第 155 条的规定,因为特殊情况,在较长时间内不宜交付审判的特别重大复杂的案件,由最高人民检察院报请全国人民代表大会常务委员会批准延期审理。可见,我国刑事诉讼法比较有弹性地规范了犯罪嫌疑人、被告人的羁押期限。而《老挝刑事诉讼法典》第 65 条明确规定还押候审的期限不得超过 3 个月,特殊情况下可以延长还押候审一次,期限 3 个月,涉嫌微罪和 1 年监禁的重罪,还押候审总期限不得超过 3 个月。在案件审理前,只要还押候审期限届满,又没有足够的证据向法院起诉被还押候审的人,公共检察官应立即签发释放令,将被还押候审的人释放,并将被认可的记录回执完好无损地返还给被还押候审的人。综上所述,老挝刑事诉讼中的羁押期限比较明确,期限届满,被羁押人必须被释放。

2. 辩护人介入时间统一

法律保障犯罪嫌疑人、被告人的辩护权几乎是世界各国刑诉通行的原则,但是对律师介入刑事诉讼的时间的规定却各有不同。在我国,律师介入刑事诉讼的时间和不同的当事人有关,犯罪嫌疑人自被侦查机关第一次讯问或者采取强制措施之日起,有权委托辩护人,被告人有权随时委托辩护人,公诉案件的被害人及其法定代理人或者近亲属,附带民事诉讼的当事人及其法定代理人,自案件移送审查起诉之日起,有权委托诉讼代理人。而在老挝,无论是犯罪嫌疑人、被害人还是附带民事诉讼的当事人从启动侦查命令签发之日起有权委托律师或保护人。律师、保护人依法行使辩护权,维护委托人的权益。

3. 直接公诉制度是实现案件分流的主要途径

在诉讼公正的前提下实现刑事诉讼的效率,是构建刑事诉讼程序的价值目标之一。迟来的正义是非正义,提高诉讼效率是实现司法公正的要求。[①]在国际上,各国刑事诉讼法往往会根据案件的类型设置不同的程序来提高案件审判效率,缓解司法资源的压力。在老挝,刑事诉讼主要是通过直接公诉制度来实现司法资源的合理分配。即如果犯罪嫌疑人所犯之罪为轻罪,或法定最高刑为不超过三年剥夺自由刑的重罪,或者有完整的证据,侦查人员或讯问人员可以不采取普通程序,直接将案卷、物证、犯罪嫌疑人呈送给公共检察官,不需要启动侦查程序,由公共检察官直接向人民法院起诉该犯罪嫌疑人。直

---

① 桑杨:《中国与老挝刑事公诉案件一审程序的比较》,内蒙古大学 2015 年硕士学位论文,第 42 页。

接公诉制度合理地运用了老挝有限的司法资源,大大提高了刑事案件的司法效率。

(二)审判阶段的特色

1.法庭审判组织统一化

我国刑诉中人民法院审理案件适用人民陪审员制度并会根据审级的不同调整审判组织成员数量。在老挝,刑事案件审判不适用人民陪审员制度且审判成员的组成较为统一。《老挝刑事诉讼法典》第 10 条规定,最高人民法院、上诉人民法院、省或城市人民法院、区或市镇人民法院由 3 名法官组成审判庭,其中一人担任审判长,其他的两名法官担任审判员。

2.审理期限相对固定

在司法实践中,案件的审理时间受到法院的日程安排、案件的特殊性、当事人的状况等多种因素的影响,因此,法律对审理期限的规定一般比较有弹性。如我国刑事诉讼规范中对于审理期限的规定有着较大的弹性,《刑事诉讼法》第 202 条规定,人民法院审理公诉案件,应当在受理后两个月以内宣判,至迟不得超过三个月。对于可能判处死刑的案件或者附带民事诉讼的案件,以及有本法第 156 条规定情形之一的,经上一级人民法院批准,可以延长三个月;因特殊情况还需要延长的,报请最高人民法院批准。第 132 条规定,第二审法院审理上诉、抗诉案件,应当在两个月以内审结。对于可能判处死刑的案件或者附带民事诉讼的案件,以及有本法第 156 条规定情形之一的,经省、自治区、直辖市高级人民法院批准或决定,可以延长两个月;因特殊情况还需要延长的,报请最高人民法院批准。因此,我国一审审理、二审审理期限可能最终由最高人民法院批准或决定,弹性较大,而老挝不同。《老挝刑事诉讼法典》第 75 条规定,人民法院自收到公共检察官起诉令后,法院应在一个月审查案件;第 87 条规定,上诉法院审理案件的期限为两个月,自收到案卷之日起计算;第 97 条规定,最高上诉法院审理案件的期限为 2 个月,自收到案卷之日起计算。除了上述的条文之外,审理期限没有其他特殊情况的规定。可见,老挝刑事诉讼中的审理期限少有延长,较为固定。

3.上诉人享有绝对的撤回上诉的权利

在老挝,当事人享有绝对的撤回上诉的权利。在判决作出之前,当事人、公共检察官可以撤回上诉或抗诉,无须经过法院的允许,但是上诉或抗诉一旦撤回,他们则无权再次上诉或抗诉,即使是在上诉期限届满前撤回上诉或抗诉。《老挝刑事诉讼法典》第88条规定,上诉法院就上诉案件进行审议和作出裁判前,当事人、其他有关方(民事责任方)、公共检察官都有权撤回上诉或抗诉请求。当上诉请求或抗诉请求被撤回后,当事人、其他有关方、公共检察官无权请求再次上诉或抗诉。

4. 上诉审判程序以公开审理为原则

《老挝刑事诉讼法典》第90条规定,上诉法院审理案件的规则与一审法院审理案件一样。可见老挝刑事诉讼的上诉法院审理案件同一审法院一样遵守审判公开原则。

5. 一元化的再审法院和多元化的再审请求期限

在《老挝刑事诉讼法典》中,只有最高人民法院对再审案件有管辖权,再审案件只能通过最高人民检察院公共检察官启动。再审案件的审理对象为生效判决。生效判决既可能是一审判决,也可能是上诉判决。但《老挝刑事诉讼法典》第113条规定,最高人民法院再审案件可以撤销生效判决,并将案件发回一审法院组成新的审判庭或原审判庭重新审理。从上述条款可以看出,即使是上诉法院的生效判决,最高人民法院也只能发回一审法院重新审理。这与我国再审案件发回重审的规定不同。除此之外,在我国,审判监督程序启动没有时间的限制,只要相关人员发现案件存在错误裁判,就可向法院或者检察院提起再审。而根据《老挝刑事诉讼法典》第110条,发现了新的资料或证据,为增加被判有罪者的刑事责任而需要再审的案件,应在判决生效之日起1年内提出。为减轻或解除被判决有罪人的刑事责任,请求再审没有时间限制,可以在任何时间提出。该条一方面反映了刑事诉讼在打击犯罪的同时保护被告人的正当权益,另一方面,也对司法人员的办案质量提出了要求。

6. 案件审理实行三审终审制

审判程序中,一审程序、上诉程序、最高上诉程序独立为三编。在《老挝刑事诉讼法典》中,法律规定上诉法院的判决是终审判决,但实际上上诉法院的判决依然有机会进入最高上诉程序。《老挝刑事诉讼法典》第96条规定,对上诉法院的指令、命令、判决,附带民事原告方、被告人、任何一方律师或保护人、上诉公共检察官有权向最高人民法院提出最高上诉请求或抗诉。不过,前文已述,在最高上诉程序中,法院只负责审理案件中的法律问题,不涉及事实问题,即事实问题只能通过再审程序纠正。最高上诉制度反映了老挝刑事诉讼对案件即时审判公正性的重视,有助于树立司法权威。

7.刑事审判中存在缺席判决

《老挝刑事诉讼法典》第 82 条规定了"视为各方出席的判决"和"缺席判决"。"视为各方出席的判决"是指在附带民事被告人或被告人已经收到法院的传票,但没有正当理由没有出庭的情况下,法院作出的判决,或者涉嫌的犯罪是轻罪,附带民事原告人或被告人同意在相关方没有参加的情况下法院所作出的裁判。对这种裁决,无论是附带民事原告方还是被告人都没有权利反对,但有上诉的权利。"缺席判决"是指法院已经将传票送出,并认为附带民事诉讼原告方或被告人已经收到了传票,但由于某种原因事实上没有收到传票,法院在附带民事原告方或被告人没有出席庭审的情况下作出的判决。对于这种裁决,附带民事原告方或被告人有权自收到法院作出的裁判之日起 20 日内提出反对。由此可见,老挝刑事诉讼中存在缺席判决。

第五章

马来西亚刑事诉讼法

马来西亚,全称马来西亚联邦(Malaysia,前身为马来亚),简称大马。马来西亚被南中国海分为两个部分:位于马来半岛的西马来西亚,北接泰国,南部隔着柔佛海峡,以新柔长堤和第二通道连接新加坡;位于婆罗洲(加里曼丹岛)北部的东马来西亚,南部接印度尼西亚的加里曼丹。

马来西亚曾经被多个国家殖民。葡萄牙人于1511年消灭了马六甲王朝,[①]开始了马来半岛的殖民史。葡萄牙统治马来半岛到1641年,之后被荷兰人击败,马六甲又由荷兰人统治。英国人十八世纪开始了对马来半岛的控制。1786年,莱特首登槟城,1819年莱佛斯占领新加坡,英国人和荷兰人交换殖民地,使英国人也获得了马六甲,并于之后建立了马六甲海峡殖民地。在英国殖民期间,英国人为了大量开发锡矿和树胶园,从英国及印度大量引进劳工,使马来亚多元种族的社会特征开始形成。1942年日本入侵马来亚,击溃英殖民政府,并统治了马来亚三年零八个月。日本投降后,英军回归马来亚继续其殖民。1940年末至1950年初掀起的争取独立运动,终于使英殖民政府让马来亚于1955年进行了第一次全国选举,由代表马来人的巫统、代表华人的马华公会及代表印度人的印度国大党组成的联盟取得了52议席中的51席。1957年8月31日,联盟主席东姑阿都拉曼宣布马来亚独立,马来文成为国语。1963年,马来亚连同新加坡、沙巴及沙捞越组成了马来西亚联邦,但

---

① 马六甲王朝是拜米里苏拉在1403年于马来半岛的马六甲建立的王朝。

1965年,由于东姑阿都拉曼与李光耀的政治分裂,新加坡宣布退出马来西亚。

马来西亚首都为吉隆坡,联邦政府则位于布城。马来西亚是东南亚国家联盟的创始国之一,环印度洋区域合作联盟、亚洲太平洋经济合作组织、英联邦、不结盟运动和伊斯兰会议组织的成员国。

马来西亚是一个多民族、多元文化的国家,这在政治上起了很大的作用。宪法规定伊斯兰教为国教,保护宗教信仰自由。国家元首是国王,被称为最高元首。政府首脑是总理。

马来西亚是一个新兴的多元文化经济国家,经济突飞猛进,为"亚洲四小虎"国家之一。马来西亚已成为亚洲地区引人注目的多元化新兴工业国家和世界新兴市场经济体。旅游业是马来西亚的第三大外汇收入来源,知识经济服务业也在同步扩张。

一、马来西亚刑事诉讼制度概况

刑事诉讼是国家行使刑罚权的活动。刑事诉讼制度的发展,是从非理性走向理性、野蛮走向文明的一个动态过程。马来西亚刑事诉讼制度亦是如此。其在发展完善的过程中不断吸收外国先进诉讼制度理念,形成契合自身实际的马来西亚刑事诉讼制度。这里主要介绍马来西亚刑事诉讼法的历史沿革、司法机关、刑事诉讼法的主要渊源及刑事诉讼法典的结构。

(一)刑事诉讼法的历史沿革

《马来西亚刑事诉讼法典》制定于1935年。此时,马来西亚仍然处于英国殖民时期,法典体现出较明显的英美法系特点。近代以前,马来西亚的法律相继受到中国法、印度法及伊斯兰教法的影响,后来马来西亚又相继经历了葡萄牙、荷兰和英国的统治。英国人接管马来西亚后,将英国的法律制度带进马六甲,到1855年英国法律制度被推行到整个马来西亚。马来西亚受英国统治时间较长,当代的法律制度属于英美法系。现行《马来西亚刑事诉讼法典》有一些较明显的英美法系特征,如在审判方式上实行控辩平等对抗而非法官主导讯问。马来西亚许多刑事诉讼制度与英国相似,如1995年以前实行英国的陪审团制度;实行令状主义原则,一切侦查行为都要接受法官的司法审查,由法官签发逮捕令、搜查令、人身保护令等。

因英国法律制度并不完全适合马来西亚,《马来西亚刑事诉讼法典》制定以后又经历了几十次修改,时间跨度从 1936 年到 2001 年。《马来西亚刑事诉讼法典》的修改可以分为两个阶段,即马来西亚联邦成立前和马来西亚联邦成立后。在马来西亚联邦成立前,《马来西亚刑事诉讼法典》的修正案称为《马来西亚刑事诉讼法典》(修正案)条例;马来西亚联邦成立后,《马来西亚刑事诉讼法典》的修正案称为《马来西亚刑事诉讼法典》(修正案)法案。

1.《马来西亚刑事诉讼法典》(修正案)条例

1935 年《马来西亚刑事诉讼法典》制定以后直到马来西亚联邦成立前,马来西亚分别通过 1936 第 19 号修正案、1938 年第 29 号修正案、1947 年第 13 号修正案条例、1952 年第 1 号修正案条例、1952 年第 79 号修正案条例、1954 年第 8 号修正案条例、1955 年第 21 号修正案条例、1957 年第 69 号修正案条例、1958 年第 69 号修正案条例共九次修改刑事诉讼法。此时的马来西亚仍然处于英国的殖民统治之下,无国家主权,因此无法以法令的形式颁布修正案。在马来西亚联邦成立之前的修改,一直无法摆脱殖民色彩。例如《马来西亚刑事诉讼法典》第 5 条规定,涉及刑事诉讼法相关事项的,只要不存在冲突或不一致的地方,英国法中与刑事诉讼相关的法律可以一律适用,并且补充本法典的内容。

2.《马来西亚刑事诉讼法典》(修正案)法案

1963 年马来西亚联邦成立后,《马来西亚刑事诉讼法典》以法案的形式经历了 13 次修改,修正案法案包括 1963 年第 9 号法案、1967 年第 25 号法案、1967 年第 38 号法案、1969 年第 A6 号法案、1974 年第 A233 号法案、1976 年第 A324 号法案、1976 年第 A365 号法案、1989 年第 A768 号法案、1993 年第 A841 号法案、1995 年第 A908 号法案、1997 年第 A979 号法案、1998 年第 A1015 号法案、2001 年第 A1132 号法案。一方面,这些修改逐渐扩大了伊斯兰法院的管辖权。伊斯兰教是马来西亚的国教,《马来西亚刑事诉讼法典》受伊斯兰法影响较大,体现出明显的宗教色彩。当前,马来西亚仍存在世俗法院与伊斯兰教法院两种法院制度,且两种法院都有相应的专属管辖权。另一方面,由于是伊斯兰国家,马来西亚特别注重社会风尚,这些修改对原有法条中不符合本国风土文化的条款进行了修改和删除。这些修改对预防、惩处犯罪,威慑不法分子,维护国家、社会的稳定与繁荣都起了积极作用。

(二)刑事司法机关

马来西亚的刑事司法机关包括法院、检察机关和司法行政机关。法院是主要的司法机关,而检察机关兼具司法机关与行政机关的性质。

1. 法院

根据《马来西亚联邦宪法》的规定,司法权属于两个具有同等管辖权与地位的高等法院以及由联邦法律规定设置的各下级法院。马来西亚的司法机关主要指法院。广义的司法机关还包括检察机关和司法行政机关。法院和检察机关是代表国家进行审判和追究刑事责任并提起公诉的机关,他们所行使的这种职权就是司法权,而实现司法权的主要方式是审理各类诉讼案件。[①]

(1)法院的设置

马来西亚法院体系包括联邦法院、高等法院(包括马来亚高等法院和婆罗洲高等法院)和初级法院(包括地方法院、巡回法院)。此外,还有审理各种特殊案件的专门法院,如特别军事法院、伊斯兰法院、少年法院、土地法院、(东马)原住民法院、劳工法院、工业法院、铁路法院等。联邦法院 1985 年以前叫联邦法院,1985 年 1 月 1 日改称最高法院,1994 年 6 月又改名为联邦法院。联邦法院之下设有上诉庭,上诉庭负责复审来自高等法院的上诉案件。各高等法院有权审理该州重大的刑事案件,以及审理初级法院的上诉案件。初级法院主要审理地方的中、小刑事案件,并有一定的权限规定。马来西亚还设有各类行政法院,例如处理土地利用计划事宜的行政法院。还有依据某项法令而成立的审判庭,例如医务委员会。此外,还有根据合同而成立的法庭,例如各工会的纪律委员会。[②]

(2)法院的职权

根据《马来西亚联邦宪法》的规定,联邦法院是马来西亚最高级别的法院,其管辖权是:第一,裁决对高等法院或高等法院法官的判决(由高等法院注册官员或其他官员所作出的决定,可依联邦法律规定向高等法院法官提出上诉者除外)所提出的上诉的专属管辖权;第二,由《马来西亚联邦宪法》第 128 条

---

①　何勤华、李秀清:《东南亚七国法律发达史》,法律出版社 2002 年版,第 337 页。

②　何勤华、李秀清:《东南亚七国法律发达史》,法律出版社 2002 年版,第 339 页。

和第 130 条规定的,对于议会或州立法机关所制定的法律以该项法律涉及议会或州立法机关无权立法的事项为理由,提出该项法律是否有效的问题,以及州与州之间或联邦与任何州之间对任何其他问题的初审管辖权和咨询管辖权;第三,其他由联邦法律赋予或根据联邦法律规定的管辖权。

在 1985 年之前,对联邦法院的判决上诉要到伦敦的枢密院,但从 1985 年 1 月 1 日开始,最高法院成立之后,即废除了英国枢密院的最终裁决权,也废除了刑事及宪法诉讼上诉到枢密院的程序。[①]

2.检察机关

联邦检察机关设总检察长一人,检察长(官)若干人。各州检察机关的设立由各州的刑事诉讼法典规定,其组织、权力、工作程序基本上与联邦检察机关相似。联邦总检察长的办事机构称为总检察长办公室,其下设 7 个内部机构。总检察长办公室职权范围相当广泛,享有国家公诉人、政府和国会的法律顾问与律师、国家国际利益的维护者等多重职权身份。

(1)检察机关的组织结构

总检察长办公室的下设机构有:咨询司、民事司、法律草拟司、国际事务司、法律修订及改革司、起诉司、管理司等。

咨询顾问司提供的建议和咨询包括根据《马来西亚联邦宪法》第 145 条第 2 款的规定完成总检察长宪法性的义务和最高元首、内阁或任何部长指定的法律事项。咨询顾问司分为两个部分,即市民处和伊斯兰教处。市民处负责处理除伊斯兰法外所有的法律领域;伊斯兰处负责涉及市民法律和伊斯兰法律规定相互交叉的部分。这些法律官员的咨询在咨询司总部的监督之下。他们执行咨询任务,如果涉及宪法、私有化、公共利益和敏感问题,必须事先得到咨询部总部批准。民事司由五个部分组成,各自负责处理不同的案件和专业领域:宪法和行政法处、政府合同和医疗事故处、侵权及法定职责处、仲裁和其他争端解决处、执行和执法处等。法律草拟司要确保所有起草的法律符合联邦宪法,并符合立法起草规范。与此同时,该司要确保所有附属法例的草拟或审查不超过任何法律或条例的授权,并与立法起草规范一致。国际事务司全面研究所有相关的国际条约、公约和其他有关文书,以确定他们的可接受性。法律修订与改革司的主要职能是发布已修订的法律,以双语(英语和马来语)

---

① 陈兴华:《东盟国家法律制度》,中国社会科学出版社 2015 年版,第 45～46 页。

重印法律,将马来西亚半岛的法律延伸至沙巴、沙捞越和其他联邦领土,将1967年以前的法律从英文文本翻译至马来文本,开展法律改革,并研究法律现代化以适应不断变化的社会需求。起诉司负责在案件的侦查和起诉方面,向相关执法部门提供咨询意见和指导,或者直接向法院提起公诉。管理司负责检察长办公室所有的行政管理,该司的目标是尽可能提供最好的支持条件,包括人力资源管理、信息技术管理、行政、财物和资源中心的管理,以及提供一个非常有利的工作环境。

(2)检察机关的职权

马来西亚检察机关无论是作为国家司法机关,还是作为国家行政机关的组成部分,都具有参与民事诉讼、行政诉讼和刑事诉讼的职权。检察机关的职权范围相当广泛,享有国家公诉人、政府和国会法律顾问、马来西亚国家国际利益的维护者等多重职权身份。这里主要介绍检察机关的刑事检察权。

马来西亚的检察机关是代表国家追究刑事责任和提起公诉的机关,并兼有侦查、监督等职能。它有权进行预先调查和侦查,决定被告是否羁押,有权决定在哪级法院起诉犯罪嫌疑人,有权提出量刑意见,有权终止追究刑事责任,监督审判的执行等等。但是,马来西亚在相当长的时间内实行以司法警察机关为主、检察机关为辅的起诉制度。在马来西亚,与刑事案件的侦查权相适应,对绝大部分刑事案件的起诉都是由司法警察机关进行,检察机关只是对少数重大刑事案件提起公诉。此外,各部法律执行机构的其他执行官员,如卫生部、移民部、道路交通部的执行官员,也有权根据法律的规定行使部分诉讼权利。对国家工作人员的腐败案件,由直接隶属于首相的廉政公署负责侦查。总检察长有权自行决定应否提出、进行或终止任何刑事案件的诉讼。总检察长在执行职务时,有权出席联邦的任何法庭。副检察长的工作基本上以法院为基础。为了追求公正,他们出庭参加许多案件的审判,有义务确保有效和公正的审判,确保预防对有罪人的无罪宣告和对无罪人的有罪判决。

下级法院的案件通常由来自警察和产生案件的各种政府部门的检察官起诉。在警察调查的案件中,由一名有一定等级的警察向有关法院起诉。在由其他政府部门调查的案件中,任命一名代表部门的官员为检察官起诉。从1995年12月15日开始,由警察负责调查的开庭审理的案件都由隶属于州起诉机关的副检察长起诉。这样就提高了起诉人水平,使起诉更专业。副检察长是否对一个人提起上诉,主要考虑的是证据的充分性和起诉是否符合公共利益。

（3）检察机关参与禁毒工作的专门规定

马来西亚政府认为，毒品是社会的头号敌人，所有政府和非政府机构都有责任参与毒品预防。国家禁毒委员会是马来西亚禁毒工作的最高职能机构，总检察长办公室作为其成员机构，负责根据毒品形势及禁毒工作需要提出立法建议。马来西亚法律规定，案件向高等法院的移送、保释、任何对毒品交易罪的指控必须经过检察官的同意，证明持有毒品的举证责任在控方。控方有责任证明被告保管或控制有毒品，且被告对自己保管或控制的物品是毒品在主观上明知。根据《1988 年危险毒品（没收财产）法》，检察官有权从特定的官员处获得、调取有关毒品犯罪所涉及财产的信息，并对特定的违法者作出起诉决定。任何外国提出毒品财产方面请求的，检察官在确信无疑的情况下可以行使其由法律所规定的相关权力，对外国或有关当局提供司法协助。根据《1985 年惩治毒品犯罪（特殊预防措施）法》，警方有权拘押任何被怀疑与毒品交易活动有牵连或涉嫌毒品交易的人，而无须起诉到法院审判。拘押时间每次不超过两年，但可以连续延期。①

3. 司法行政机关

司法行政机关是进行司法管理的机关。司法部是马来西亚的最高司法行政机关。此外，马来西亚还设有司法和法律事务委员会，有权管理所有司法和法律事务部门的成员。

（三）刑事诉讼法的主要渊源

马来西亚刑事诉讼法的主要渊源包括宪法、刑事诉讼法典、法院司法权法、下级法院法等与刑事诉讼相关的法律，以及判例法、习惯法等非成文法。

1. 宪法

宪法作为根本法，它是其他法律、法规赖以产生、存在、发展和变更的基础和前提条件，是一个国家法律制度的基石，是公民权利的保障书，是依法治国的前提和基础。同样，刑事诉讼法的制定和修改，也必须以宪法为根据。《马来西亚联邦宪法》作为国家的根本法，确认了马来西亚的国体与政权组织形式，规定了马来西亚的政治制度、国家结构形式、公民的权利和义务、国籍的取

---

① 张文山、李莉:《东盟国家检察制度研究》,人民出版社 2011 年版,第 153～167 页。

得和丧失、国家机关组织活动的基本原则等,具有最高法律效力,是一般法的基础。《马来西亚联邦宪法》第九章为司法机关,规定联邦司法权属于两个具有同等管辖权与地位的高等法院以及由联邦法律规定设置的各下级法院,详细规定了联邦司法权、联邦法院组织、联邦法院与高等法院法官的任命、高等法院法官的调任、法官的就职宣誓、任期与薪金、联邦法院和高等法院对藐视法庭的处罚权力、联邦法院管辖权、联邦法院的咨询管辖权、关于联邦法院院长不能执行职务等。

2.刑事诉讼法典

《马来西亚刑事诉讼法典》制定于 1935 年,彼时马来西亚正处于英国殖民时期。后来经过多次修改,现行刑事诉讼法为 2001 年《马来西亚刑事诉讼法典》,这是马来西亚刑事诉讼法主要的法律渊源。

3.其他与刑事诉讼相关的法律

这是指在其他法律中有关刑事诉讼的规定。其中,比较重要的有《刑法》《境外犯罪法》《法院司法权法》《法律援助法》《法律专业法》《下级法院法》《下级法院规则法》《国内法院(刑事管辖权)法案》《刑事司法法》《证据法》等一系列法律。这些法律中有关刑事诉讼的规定是对刑事诉讼法典的补充,共同组成马来西亚刑事诉讼成文法部分。

4.判例法

受英国影响,马来西亚同时存在成文法与判例法,形成了以普通法和判例法为基础,由成文法补充组成的法律体系。判例法是基于法院的判决而形成的具有法律效力的判定,这种判定对以后的判决具有法律规范效力,能够作为法院判案的依据。

5.习惯法

迄今,马来西亚仍然保留着习惯法的传统,东马来西亚的沙巴和沙捞越地区是遵循习惯法的代表地区。这两个州绝大部分层次居民是原住民,在历史上开发较晚,受外来影响小,原住民的古老习惯被良好保留,在英国殖民统治时期也未系统化地移植英国法律。

(四)刑事诉讼法典的结构

现行《马来西亚刑事诉讼法典》共九编、四十四章、444 个条文。第一编为导言,主要对法典中出现的诸多名词的内涵与外延作了界定,同时明确了英国法在马来西亚刑事诉讼法中可以有条件地作为诉讼依据的法律地位。第二编为关于刑事法院的规定,该部分就马来西亚刑事司法系统的法院及其管辖权作了规定。第三编为概括规定,主要涉及对犯罪嫌疑人逮捕、追捕程序中公众的协助义务、逮捕令和搜查令以及实施逮捕和对被逮捕人及其住处的搜查、强制出庭程序等内容。第四编为犯罪预防,主要内容包括:(1)法官要求控告人、被告人、惯犯提供维护治安和行为良好保证的权限及程序;(2)地方法官、警察有驱散非法集会以及驱散行为不受起诉的权力;(3)地方法官责令移除妨害公共安全、公共秩序行为的权限及程序;(4)地方法官就可能破坏社会治安的不动产争议进行处理的权限及程序;(5)警察出于阻止犯罪目的采取预防性措施的权力。第五编为警察收到的情报及侦查权,根据收到的犯罪情报可以将涉嫌罪行分为可逮捕的犯罪和不可逮捕的犯罪。在可逮捕的犯罪中,警察可以不经检察官命令而采取本法赋予的特殊侦查权力,这些权力包括要求证人到场并询问证人的权力、记录供述和认罪的权力、搜查权。第六编为公诉程序,主要内容包括:(1)刑事案件的审判管辖;(2)刑事诉讼的提起和审查程序;(3)法庭审理的开始和进行程序;(4)简易审理程序;(5)高等法院的审判程序;(6)法庭审理的一般规则;(7)判决;(8)刑罚的裁量与执行程序。第七编为上诉和二审,该部分就可以提出上诉的案件范围、上诉的程序、审理结构以及费用的承担等问题做了规定。在二审程序中,赋予上诉法院进一步调查、要求下级法院提交审理记录、允许当事人出庭等权力。第八编为特别程序,包括四章,分别规定了死因调查程序、心智不健全的被告人涉嫌犯罪的处置程序、妨害司法行政权的特定犯罪处置程序以及人身保护令。第九编为补充规定,其中涉及检察长的职权、被告人物品和财产的处理、案件移送以及程序错误及处理等内容。

二、《马来西亚刑事诉讼法典》的主要内容

《马来西亚刑事诉讼法典》用大量篇幅规定了一审程序的主要内容,从第121条对普通案件调查与审判的管辖开始,至第303条对先前无罪释放或有罪宣告的辩解结束,共183条,占整个法典条文的41%。其余法条主要规定了警察的侦查权、上诉和二审程序、特别程序及补充规定。

（一）侦查程序

马来西亚将犯罪分为可逮捕的犯罪和不可逮捕的犯罪,不过侦查程序没有太大的差别。大致程序为:收到犯罪情报、要求证人到场或询问证人、逮捕或搜查等调查程序、向检察官递交报告。在侦查程序中,警察的职权主要包括:逮捕权、要求证人到场的权力、搜查权、签订出庭保证权等。

1. 逮捕权

当犯罪行为人实施了可逮捕的犯罪时,警察有权力对行为人实施逮捕。《马来西亚刑事诉讼法典》第110条规定:"如果队长以上的警察或警察局负责人基于收到的情报或者从其他途径得到的信息,有合理理由怀疑发生了可逮捕的犯罪,除非检察官基于案件性质作出无须报告的指令,警察需要立即向检察官提交报告,并且亲自或者委派下属到事发地点调查案件事实和情况,为调查证据可以采用必要的侦查措施,如果适当可以对犯罪行为人实施逮捕……"在不可逮捕的犯罪中,警察没有得到检察官的命令不能实施逮捕,但在可逮捕的犯罪中没有限制。第108条第3款规定:"队长以上的警察或者警察局负责人在接受检察官命令后可以履行除无证逮捕以外的侦查权力,该权力与在可逮捕案件中警察在没有检察官命令时履行的侦查权力相同。"

2. 要求证人到场的权力

在案件侦查中,警察有要求证人到场的权力,如果该证人拒绝到场,警察可以将该情况报告给地方法官,地方法官以签发令状的形式命令该公民到场。《马来西亚刑事诉讼法典》第111条第1款规定:"根据本章规定实施侦查的警察可以书面命令要求其实施侦查所在的警区内的公民到场,该公民可以是情报提供者或者是熟悉案件的人。该公民接到命令后应当到场……"第2款规定:"如果公民拒绝到场,警察可以将此情况汇报给地方法官,法官可以自由裁量签发令状,命令该公民依照警察命令到场。"

3. 搜查权

搜查包括对人的搜查和对物的搜查。对人搜查时,该法规定了对女性搜查要由女性进行,并要严格维护其人格尊严。《马来西亚刑事诉讼法典》第19条第2款规定:"需要对女性进行搜查时,由另一名女性进行,并要严格维护其人格尊严。"对物品进行搜查时,应当先由法院签发传票或者命令要求公民出示物品或文件,当公民不遵照传票或命令时,警察可以实施搜查。第116条第

1款规定:"当警察对被授权侦查的犯罪实施侦查行为时,如果其认为出示某文件或者物品对于侦查有必要,并且其有理由相信根据第51条已经签发或者可能签发传票或者命令的公民不会遵守传票或者命令出示该文件或者物品,或者不知道该文件或者物品在谁的手中时,警察可以在任何地方进行搜查。"

4.要求控告人或证人签订出庭保证的权力

在马来西亚,证人出庭的常态化有赖于审前和审中的各种保障证人出庭作证的制度。如在侦查阶段,为了确保证人出庭,警察有权要求证人签订出庭保证书。《马来西亚刑事诉讼法典》第118条规定:"当警察根据本章规定进行侦查时,认为有充足的证据或者合理的根据来证明可以针对某人启动或者继续刑事诉讼程序,如果其认为有必要,可以要求控告人和其他熟悉案件情况的人签订出庭保证,对被指控者的指控事项提供证据。"

(二)刑事法院

在马来西亚,司法机关主要指法院。联邦宪法第九章"司法机关"只列出了法院,在第十章"公共服务"中,提到联邦设立"司法与法律委员会"(第138条),设联邦总检察长(第145条)。在《马来西亚刑事诉讼法典》中,第二编专编对刑事法院进行了规定,而将检察官放置于第九章的补充规定里。马来西亚的法院体系设置包括联邦法院、高等法院和初级法院。联邦法院之下设有上诉庭,上诉庭负责复审来自高等法院的上诉案件。马来西亚的高等法院只设有两个,即包括负责西马来西亚的马来亚高等法院和负责东马来西亚的婆罗洲高等法院。初级法院设立于各州,包括地方法院和巡回法院。

1.公开审理原则

《马来西亚刑事诉讼法典》第7条规定:"刑事法院调查或者审理违法犯罪的地点,必须是公众可以进入的公开审理的法庭。"该条奠定了马来西亚公开审理原则的基础。即人民法院审理案件要对社会公开、允许群众旁听对刑事案件的审理、允许新闻记者采访报道,把法庭审理的全过程公之于众,保证社会公众的知情权和参与权,保证刑事司法活动的公开透明。公开审理原则是现代法治国家普遍遵循的一项司法原则,也是联合国在刑事司法领域制定和推行的司法准则之一。

2.刑事法院的管辖权

根据《马来西亚刑事诉讼法典》第9条,马来西亚法院的刑事管辖权包括:

(1)听审、审理、决定和处置针对完全或者部分在当地法院辖区范围内发生的，并且可以审理的一系列对犯罪行为提起的控诉；(2)调查对犯罪行为的指控，传唤和询问与犯罪行为有关的证人，传唤、逮捕、签发逮捕罪犯和违法者的令状，根据法律对被逮捕者做出处理；(3)对死亡进行调查；(4)根据其他成文法赋予法院的权力，做法律授权的事情。此条规定的法院的管辖权不是法院对案件的管辖权，更确切地说应该是法院对刑事案件的权力。与我国不同的是，马来西亚法院对刑事案件除了一般的听审、审理、询问与讯问、决定以外，还具有签发令状的权力。法官根据自己的判断签发令状，记明行使逮捕权和搜查权的时间、程序和界限。令状主义也属于马来西亚抄袭英国的法律制度之一，比较注重对公民个人权利的保护和对正当法律程序价值的追求。凡是涉及限制公民个人权益的行为，都纳入司法裁判的范围，侦查机关采取的涉及限制、剥夺个人合法权益的强制性措施和侦查行为本身的合法性，都受到中立的裁判者的审查。

(三)刑事诉讼程序

马来西亚有三级法院：初级法院、高等法院和联邦法院。实行多审终审制度，即当事人不服初级法院的判决时，可以向高等法院上诉，不服高等法院判决时，可再向联邦法院提出上诉。但如果是由下一级法院就此案再向联邦法院上诉，不必办理相关的手续，由高等法院承审法官出具有关证明或检察官出具证书即可，主要说明为了符合公共利益，该案所涉及的法律问题宜由联邦法院解决。[①] 地方法院和高等法院都有一审案件的管辖权。另外马来西亚还有特别军事法庭和伊斯兰教法庭，管理军人或伊斯兰教徒的案件。

1.一审程序

一审程序是法院对公诉或自诉案件进行初次审判时应当遵循的方式方法。马来西亚的一审普通程序包括庭前准备、开庭审理、检察官陈述案情、辩护、检察官答复、判决。马来西亚庭审程序的主要制度包括：

(1)强制证人出庭制度

证人有如实作证的义务。马来西亚《刑事诉讼法典》第 112 条第 3 款规

---

① 　张树兴：《东南亚法律制度概论》，中国人民大学出版社 2015 年版，第 156 页。

定:"根据本条规定作出回答的公民,不论其是否全部或者部分回答警察的问题,均有义务如实供述。"不过,证人拥有拒绝自陷于罪的特权,该条第2款规定:"该公民应当回答警察向其提问的所有与案件有关的问题。该公民可以拒绝回答任何有可能导致其受到刑事指控或者刑罚或者丧失名誉的问题。"

在马来西亚,证人出庭作证是一般性原则,依据《马来西亚刑事诉讼法典》第118条第1款,如果警察根据本章规定进行侦查,认为有充足的证据或者合理的根据来证明可以针对某人启动或者继续刑事诉讼程序,如果其认为有必要,可以要求控告人和其他熟悉案件情况的人签订出庭保证,对被指控者的指控事项提供证据。第3款规定:"如果控告人或者证人拒绝签订保证,警察应当将此情况报告给法院,法院可以自由裁量签发令状或者传票确保原控告人或者证人出庭,对被指控者的指控事项提供证据。"马来西亚将证人出庭作为一般性原则,并且采取签订出庭保证书的方式来保证出庭率。此外,依据第173条第1款第 i 项,被告人基于询问或交叉询问、提交相关文件或其他事由向法庭申请要求启动强制证人(无论在本案中是否已经接受过询问)出庭程序的,除非法庭认为其是出于妨害正义的庭审,否则法庭应当启动该程序并将理由记录在案。因此,只要被告人申请,法庭必须启动强制证人出庭程序保证证人出庭,方便被告人询问或交叉询问,保障被告人的对质权。

(2)被告缺席审判制度

《马来西亚刑事诉讼法典》建立了被告缺席审判制度。第137条第1款规定:"法官签发传票时,可以依据自由裁量在传票后背书或者作脚注说明,并在其认为适当的情形下,免除被指控人的出庭义务,而允许其代理人代其出庭。"第2款规定:"在可能仅判处罚金或者不超过三个月的监禁或者同时判处两者的案件中,如果法官签发了传票,作出有罪答辩的被指控人,可以由其代理人代为出庭,或者通过信件向法官进行答辩并且缴纳犯罪判处的罚金,法官可以对答辩进行记录并且根据法律对其定罪、判处罚金并且在不缴纳罚金时判处或者不判处监禁。"对于被告人蓄意缺席而进行的审判只规定在了简易程序中,即第173条第1款第 O 项规定:"被告人未按传票中载明的时间和地点出席庭审,且传票已经在出庭期日前合理地送达被告人,并没有足够的理由表明应当休庭的,法庭可以单方面听取并决定该控告,也可以延期审理。"与其他建立被告缺席审判制度的国家不同的是,马来西亚的被告缺席审判的情形是由法官依据自由裁量权决定的,一般发生在比较轻微的案件中。而其他国家的缺席审判情形更加侧重于被告人在审判开始后蓄意缺席,法庭继续对案件进行审理并作出处理决定。除此情况外,一般不得对被告人进行缺席审判。在轻罪案件中,经被告人同意或者申请,法官可以允许被告人缺席审判。

(3)交叉询问制度

交叉询问制度是英美法系最具魅力的一项制度,马来西亚也确定了该制度,但是《马来西亚刑事诉讼法典》中没有专门对该制度进行规定,关于该制度的内涵体现在该法典的多条规定中。例如第 113 条第 1 款规定:"当公民被指控实施了犯罪并作了供述,无论是否达到认罪的程度,以及是口头作出还是书面作出,无论是在何时作出,无论是在指控之前还是指控之后,无论是否在警察侦查期间,或全部回答还是部分回答警察的问题,或者在督察或者督察以上警衔的警官的听审期间,无论该供述是否被另一警察告知该警察,其所作的供述将在审判中作为证据使用。"如果被指控人作为证人,那么此供述可以用来对其交叉询问,还可以用来弹劾其信誉。第 173 条第 1 款第 e 项规定:"被告人应当被准许询问所有控方证人。"第 173 条第 1 款第 l 项规定:"被告人基于询问或交叉询问,提交相关文件或其他事由向法庭申请要求启动强制证人出庭程序的,除非法庭认为其是出于妨害正义的理由,否则法庭应当启动该程序并将理由记录在案。"马来西亚确定的交叉询问制度与其他英美法系国家的交叉询问并无区别,都遵循相同的交叉询问规则:首先由提供证人的一方进行主询问,然后对方当事人可以针对证人在主询问时陈述的内容或与此相关的事项对该证人进行反询问。反询问的目的是暴露对方证人的证词矛盾、错误或不实之处,以降低其证据的价值。反询问结束后,举证方可再次询问,使证人对其反询问中回答的问题进行解释和补充,抵消反询问的不良影响。再主询问结束后,对方当事人可以针对证人在再主询问时陈述的事项进行再反询问,以此类推。在交叉询问中,需要遵循一些规则,如前文提到的强制证人出庭作证规则、主询问中禁止诱导性询问规则等。

(4)无罪推定原则

《马来西亚刑事诉讼法典》体现了无罪推定原则。无罪推定原则是现代法治国家一项重要的刑事司法原则。随着人权保障理念的重大发展,无罪推定原则不仅在英、美等西方法治发达国家得以确立,也成为亚、非、拉诸多国家和地区的一项重要的宪法性原则。无罪推定原则的内涵包括:受刑事指控者被证实有罪之前应被推定为无罪;证明责任由控方承担;证明应达到排除合理怀疑的证明标准;存疑案件的处理应有利于被告人。无罪推定原则的确立,既有利于维护犯罪嫌疑人、被告人的合法权益,也有利于实现司法公正及推动其他诉讼制度的完善和发展。在《马来西亚刑事诉讼法典》中,体现了无罪推定原则精神的条款有:第182A条第2款规定:"如果认为控方的证明已经排除合理怀疑,法庭应当确认被指控的罪责,被告人应当据此被宣告有罪。"第3款规定:"如果认为控方的证明没有排除合理怀疑,法庭应当宣告被告人无罪。"这款规定体现了在刑事诉讼中由控方承担证明责任,证明应达到排除合理怀疑的证明标准,如果没有达到,则应做有利于被告人的处理。

2. 二审程序

《马来西亚刑事诉讼法典》第三十章是对上诉审即二审程序的规定,包括上诉案件的范围、上诉的程序、上诉的审理、费用的承担等。归纳起来,马来西亚二审程序的主要内容包括:

(1)上诉案件的范围

《马来西亚刑事诉讼法典》通过规定不得上诉的案件情形来确定可以上诉的案件范围。第304条规定:"涉嫌罪行仅可能面临不超过25令吉的罚金时,案件中所涉及的地方法官的裁判、判决及命令均不得上诉。"第305条规定:"被告人作有罪答辩且地方法官已宣告有罪的,除非对量刑范围及其合法性存有疑问,不得提出上诉。"可见对作出有罪答辩的被告,其上诉权受到限制。第306条规定:"地方法官作无罪宣告的,仅检察官有权书面提出上诉。"即被宣告无罪的被告人不得提出上诉。

(2)上诉理由和主体

二审上诉的理由为法律适用错误、事实错误或量刑失当,并且上诉人不限于与案件有利害关系的人,其他无关人员也可以提出上诉。第307条第1款规定:"除本法第304条规定的情形且适用第305条、第306条之规定外,自地方法院的裁判判决或决定作出之日起10日内,认为其存在法律适用错误、事实错误或者量刑失当的任何人均可向高等法院提出上诉。上诉应当由地方法院的书记员向高等法院发出上诉通知。"与其他国家不同的是,马来西亚的刑事诉讼具有全面参与的特征,除了此处任何人可以提出上诉以外,在侦查阶段,签发搜查令的法院可以依姓名将搜查令交给不是警察的一人或者数人,并由其中一人或数人来执行搜查令。

(3)听证审理程序

听证程序是马来西亚二审的必经程序,法官通过听证程序作出审理结果。听证程序由上诉人和被上诉人共同参与。《马来西亚刑事诉讼法典》第313条第1款规定:"上诉人出席听证的,应当首先发表意见,被上诉人有权就上诉人的意见提出异议,上诉人有权作出回应。"但是,实践中,上诉人和被上诉人并不是都会出席听证,因此马来西亚刑事诉讼法规定了上诉人和被上诉人缺席二审听证的情形。第 2 款规定:"上诉人未出席听证的,法庭可以依据其上诉径行作出决定;若上诉人不受该法庭管辖或者上诉人未亲自出庭是出于执行保释所附加的条件的原因,法庭可以拒绝受理上诉或者作出相关决定。"被上诉人蓄意未出席的,即上诉通知送达后,在确定的日期内被上诉人仍未出席听证的,法庭可以径行作出决定;无法确定上诉通知书是否送达被上诉人且被上诉人缺席的,法庭不得作出对被上诉人不利的决定,但应当另行确定听证日期,签发听证通知并通过书记员送达被上诉人。

　　(4)审理结果

　　马来西亚并未确定上诉不加刑原则,因此审理结果有以下几种:驳回上诉、维持原判、予以改判、撤销原判发回重审。在变更判决时,可以减轻或者加重原判刑罚。《马来西亚刑事诉讼法典》第 316 条规定:"在上诉听证程序中,法官认为没有足够理由干涉原裁判的,可以驳回上诉;在针对无罪宣告的上诉中,法官可以推翻无罪宣告的命令,并可以决定进行进一步调查和审理,根据法律判定被上诉人有罪并予以量刑;在针对有罪判决或量刑的上诉中,法官可以推翻原判决及刑罚,并宣告被上诉人无罪释放,或者要求其重新接受审判,或者可以变更判决同时维持原判刑罚,或者在维持或变更有罪判决的同时减轻或者加重原判刑罚,也可以改变刑罚种类;在针对其他命令的上诉中,变更或推翻该命令。"

　　3.简易程序

　　《马来西亚刑事诉讼法典》第十九章专章对简易程序进行了规定。法典没有对适用简易程序的条件进行规定,而是规定了简易审的程序。第 173 条简易审理程序共有 14 款 22 项,详细规定了简易审程序,从这些规定中不难看出,适用简易程序需要具备下列条件:(1)限于地方法院①审理的案件。第 173 条第 1 款规定:"地方法官适用简易程序审理案件应当遵循以下程序……"(2)被告人承认犯有指控的罪行。第 173 条第 1 款第 b 项第 2 目规定:"记录有罪答辩前,法庭应当确认被告人理解有罪答辩的性质和后果并无条件承认认指控的罪行。"(3)法庭依据有罪答辩作出判决。第 173 条第 1 款第 b 项第

---

　　①　地方法院是初级法院的一种,初级法院一共包括地方法院和巡回法院。

1 目规定:"如果被告人承认犯有被指控的罪行,无论指控是否经过修改,有罪答辩应当被记录并可用作有罪判决的依据,法院应当根据有罪答辩依法作出判决。"

适用简易程序审理的案件,检察机关需要派员出庭支持公诉,但是检察官不必陈述案情。第 174 条第 1 款第 a 项规定:"检察官不必陈述案情,但应当迅速出示证据。"且被告人虽然做了有罪答辩,但被告人及其辩护律师仍然可以出示证据,申请传唤证人,询问所有控方证人,进行交叉询问等。第 174 条第 1 款第 b 项规定:"当被要求进行答辩时,被告人及其律师在出示证据之前可以进行当庭陈述,提出事实及法律依据,并在其认为有必要时对控方证据发表意见。被告人提供的证据或目击证人经审查,他或他的律师可以就全案进行证据总结。"在马来西亚,简易程序的证明标准并没有降低,仍然是排除合理怀疑,控方证明需要达到排除合理怀疑的程度,否则法庭将作无罪宣告。第173 条第 1 款第 m 项规定:"审理终结时,法庭应当考虑向其提交的所有证据,且应当判定公诉人的证明是否已经排除合理怀疑;法庭认为公诉人的证明已经排除合理怀疑的,应当裁定被告人有罪并可以以此为依据作出有罪判决,并依法量刑;法庭认为公诉人的证明未排除合理怀疑的,应当作出无罪宣告并记录在案。"在简易程序审理中,若被告人没有按照规定的时间和地点出席庭审,法官可以自由裁量决定对被告缺席审理或者延期审理。第 173 条第 1 款第 o 项规定:"被告人未按照传票中载明的时间和地点出席庭审,且传票已经在出庭期日前合理地送达被告人,并没有足够理由表明应当休庭的,法庭可以单方面听取并决定该控告,也可以延期审理。"

(四)特别程序

《马来西亚刑事诉讼法典》在其第八编规定了四种特别程序,分别为死因调查程序、心智不全的被告人诉讼程序、妨害司法行政权的特定犯罪处置程序、人身保护令程序。妇女与未成年人诉讼程序被 1950 年第 26 号条例删除。

1.死因调查程序

马来西亚的死因调查程序主要内容是警察对死亡案件进行调查以确定死亡原因,如果怀疑为非正常死亡的应立即报告政府法医,由政府法医进行尸检。第 329 条规定:"每个警察局负责人一旦收到以下信息时,如他杀、死亡的环境表明他人有合理作案嫌疑、发现被害人尸体,但尚不知死亡原因等,应当不迟延地将上述信息告知负责本辖区的警官。警区负责人或由其指定的其他警官应当立即赶赴现场进行调查,并就显而易见的死亡原因出具报告。警区负责的警官应当立即将死因调查报告呈递有管辖权的地方法官。"第 331 条规定:"一旦收到本法第 330 条所指的信息,政府法医应当立即进行尸体检验。出于确定死因的必要,法医应当将尸体检查拓展至尸体解剖及特定部位的分析,并有权将尸体的某一部分移交给医学研究所。"在死因调查中,死因调查由地方法官主导,警察实施。在调查中,地方法官应当就死亡的时间、地点、致死的手段和方式以及与之有关的人员展开调查。第 335 条规定:"依照本章规定主持死因调查的,地方法官可以行使调查犯罪时的所有权力。无论是否依照第 331 条进行了尸体检验,主持死因调查的地方法官认为有必要由法医检验尸体的,可以签发命令要求法医进行尸体检验。为进行尸体检验,可以要求将尸体从坟墓中掘出。"第 336 条规定:"主持死因调查的法官无须查看尸体,但其认为有必要时可以要求查看,甚至可以因此而将尸体从坟墓中掘出。"第 337 条规定:"地方法官应当就死亡时间、地点、致死的手段和方式以及与之有关的人员展开调查。"检察官有要求调查死因的权力。第 339 条规定:"检察官可以在任何时间要求地方法官就本法第 329 条至第 334 条规定的死亡原因及与之有关的情况展开调查。地方法官接到调查令后应当组织调查,并对检察官要求调查的事项予以记录。调查程序终结后,检察官认为有必要进一步调查的,可以要求地方法官重启调查。地方法官有权重启调查程序展开进一步调查,并行使与原调查程序相同的权力。地方法官应当不延迟地执行检察官的指示。"因此在死因调查程序中,是法官领导侦查而非检察领导侦查。在马来西亚,法官具有强大的调查权,并积极参与犯罪预防,例如可以对位于其司法辖区内土地或水源权利的争议进行调查。第 101 条第 1 款规定:"当一级地方法官认为位于其司法管辖区内的土地或者水源实施某行为或者禁止实施某行为的权利可能破坏社会治安,法官可以进行调查……"

2.心智不全的被告人的诉讼程序

对被告人心智不全的认定,以法医签署的书面证明为证据,如果无法确定,应将被告人关押在精神病院进行观察。第 342 条第 2 款规定:"被告人不必出席调查程序,法官或地方法官可以将法医签署的书面证明作为证据,该证明应说明被告人心智不全或者被告人适于关押在精神病院以便观察。"法医签署的证明和医务监管者的认证都可以直接作为证据使用。除了法官或地方法官可以将法医签署的书面证明作为证据以外,第 343 条规定:"医务监管者证明被告人心智正常且有能力自行辩护的,法官或地方法官应当进行审理。医务监管者证明被告人心智不正常、无能力自行辩护,且法庭予以确认的,法庭应当据此作出裁决,延期审理。医务监管者的认证应当被用作证据。"如果确定被告人心智不全,需要关押在精神病院以保证安全的,由国家元首或者州长发布命令,法官执行命令。第 344 条第 2 款规定:"被指控的犯罪不能保释或者在无法保证足够安全的情况下,法官或地方法官应当向国家元首或者审判地州长报告。国家元首或者审判地州长可以命令将被告人关押于精神病院,法官或地方法官应当执行该命令。"确认被告人在实施犯罪行为时无法认知该行为性质的,应由法官宣告被告人无罪。在被告人心智不全的案件中,大多数命令均由州长发布,州长命令心智不全的被告人关押于精神病院和出院,州长命令出院的精神病人交由其亲属或朋友监管,且被告人在州长指定的时间接受指定人员检查。第 348 条规定:"判决书认定被指控的行为是被告人所为,且倘若未发现被告人是无行为能力人则该行为构成犯罪的,审理该案的法庭应当责令被告人接受安全监护,并将案件的情况报告审判地的州长。期间,州长可以责令将被告人关押在精神病院。"第 350 条规定:"依照第 348 条规定,被告人被关押于精神病院的,到访者和医务监管者共同证明被告人没有伤害自己或他人的危险而可以出院的,州长可以命令被告人出院。"第 351 条规定:"州长在询问了到访者或者其中任意两个义务监管者后,可以命令将被告人交由其亲属或朋友监管。将被告人交由其亲属或朋友监管时的附加条件是被告人在州长指定的时间接受指定人员的检查。"

3.妨害司法行政权的特定犯罪处置程序

将妨害司法行为列为打击对象已成为世界各国的通用做法。妨害司法行为是一类偶发性的犯罪,对其处置不同于一般的刑事案件,一般以及时制止妨害司法行为为主。《马来西亚刑事诉讼法典》第 353 条至第 357 条均是对妨害司法罪处置程序的规定。当在法庭中出现妨害司法行为时,法官可以对违法者予以拘留,然后对该行为进行审理,以判处罚金为主,监禁为辅。第 353 条规定:"地方法院发生刑法第 175 条、第 178 条、第 179 条、第 180 条或第 228 条规定的犯罪行为的,不管是在民事法庭或者刑事法庭中,法庭均可对违法者予以拘留。休庭前的任何时间,法庭应当对该行为予以审理并判处罪犯不超过 50 令吉的罚金,未按时交纳罚金的,判处其 2 个月以内的监禁。"第 356 条规定:"因被告人未按照法定要求行事或者故意扰乱法庭秩序而被判处处罚的,一旦被告人遵守法庭命令、要求或者法庭确信无疑的,法庭可以释放被告人或者免除处罚。"此种规定体现出对扰乱法庭的行为以制止为主,保证法庭秩序正常即可,并不一定对违法者处以重罚。

4.人身保护令程序

人身保护令程序在普通法系国家由法官签发手令,命令将被拘押之人带至法庭,以决定该人的拘押是否合法,是以法律程序保障个人自由的重要手段。在马来西亚,有权签发人身保护令的只能是高等法院法官,初级法院法官无此项权力。人身保护令程序既可以依职权也可以依申请启动。《马来西亚刑事诉讼法典》第369条规定:"被告人被逮捕后,关押场所的负责人应当立即将其带至法庭依法定程序处置,否则,法庭应当立即责令将被告人带至法庭。"这里规定的是法官依职权责令将被告人带至法庭。第366条规定:"因被告人依引渡令被关押或者声称被非法或不合理地关押而向法庭提交申请书的,为了使法庭有理由确信被告人被关押违背了其意志且无合理依据,申请人应当向法庭提交宣誓书,在申请人所知晓的范围内,载明被告人的关押地点及由谁关押。"此处规定可看出,被告人如果被关押,有权向法院提交申请书,由法庭对其关押的合法性进行审查。对人身保护令程序,马来西亚刑事诉讼法还赋予了被告上诉权。第374条规定:"认为高等法院依照本章规定作出的决定或者命令侵犯其合法权益的,被告人有权在该决定或者命令作出之日起30日内向联邦法院提起上诉。"

(五)证据制度

《马来西亚刑事诉讼法典》除了第三十九章证据的特别规定外,在各章中也散见一些有关证据的一般规定。归纳《马来西亚刑事诉讼法典》,其关于证据的规定主要包含如下内容:

1.证明标准

与其他英美法系国家一样,马来西亚采取排除合理怀疑的证明标准。无论是在普通程序还是简易程序中,排除合理怀疑的证明标准都一概适用。《马来西亚刑事诉讼法典》第182A条第1款规定:"作出审理结论前,法庭应当考虑全案证据,并就控方的证明是否已经排除合理怀疑作出决定。"第173条简易审理程序第1款第i项规定:"审理终结时,法庭应当考虑向其提交的所有证据,且应当判定公诉人的证明是否已经排除合理怀疑。"排除合理怀疑是对控方证明标准的要求。对辩方的举证,《马来西亚刑事诉讼法典》并未作出要求,通常认为,辩方不承担证明自己无罪的证明责任,辩方提出的证据只需使法官或陪审团对有罪认定造成合理怀疑即可。

2.非法证据排除规则

《马来西亚刑事诉讼法典》规定了非法证据排除规则,在第113条对证据的可采性作了规定。第1款第a项第1目规定:"供述在下列情况下不能被作为证据使用——1.如果法庭认为该供述的作出是由于警察关于指控程序的引诱、威胁或者许诺,并且足够让被指控人合理认为通过该供述其可以在指控时获得优势或者避免任何针对其不利的指控……"因此,这里的非法证据包括警察通过威胁、引诱、许诺而取得的供述。这三种形式虽然无法与刑讯逼供相当,但破坏了被告人供述的自愿性。早在十八世纪末期,英国判例法就确立了被告人自白排除法则,被告人认罪的自白可被起诉方用作指控被告人有罪的证据,只要它是自愿的,不是因为被告人不公正的对待、希望得到好处或者被司法官员威胁、压制而获得。马来西亚全盘引进英国法律制度,自然也引进了自白排除法则。

第2目规定:"在公民被逮捕后所作的供述,除非法庭认为警察已经将以下警告或者类似的警告提示给被逮捕人(否则不能采纳为证据):'我应当提醒你,你有权保持沉默,没有义务回答我的问题,但是你所说的每一句话,无论是否在回答我的问题,都可能在法庭上作为证据使用。'"这就是产生于美国的米兰达规则,是反对强迫自我归罪的程序性保障措施。这项规则赋予了被控告人沉默权,如果警察没有明确告知被控告人享有沉默权,则供述不能被采纳为证据使用。不过,《马来西亚刑事诉讼法典》也对被告人的沉默权作出一些限制。其第256条第2款规定:"为了实现本章规定的目的,被告人不得被要求宣誓,且不得因拒绝回答法庭提问或者因回答错误而受到处罚。但法庭有权对被告人拒绝回答的行为或者其错误的回答作出其认为合理的推定。"当被告人拒绝回答问题时,法庭可以作出其认为合理的推定,其中就包括对被告人不利的推定,这是针对沉默权制度发展中暴露的弊端而采取的限制措施。

3.传闻证据规则

《马来西亚刑事诉讼法典》第三十九章主要针对传闻证据规则的例外进行规定。根据该章规定,不适用传闻证据规则的情形主要包括:

(1)死者的陈述

《马来西亚刑事诉讼法典》第395条第3款规定:"在对上述被告人的审判中,如果有证据证明宣誓证人死亡或者无法出庭,证词应当在法庭上予以宣读,只要收集证词的地方法官能够证实且没有相反的证据反驳或者有旁证证明:(a)证人接受询问时病危的;(b)在指定的时间和地点收集前述证据;(c)收集证据的意图已经合理告知了对其不利的人,以便他或他的律师可以到场,并在到场后有机会交叉询问。"如此规定主要是因为陈述者在案件审理时已经死亡或者无法出庭,无法提出更好的证据,因此允许在法庭上宣读证人的证词。

(2)公共文书中的陈述

在马来西亚,公共文书主要是指医学证人、国家医疗官员、政府雇用的药剂师、文件鉴别师、度量检查员、中央银行就货币所作的报告。由这些人员签署的文件可以在调查询问、审判或者其他诉讼程序中用作证据,除非该人或书记员经法庭或被告人或检察官要求出庭。《马来西亚刑事诉讼法典》第399条规定:"(1)任何经由本条第2款规定的人签署的、旨在报告由其调查或分析的人或事务的文件,或者经由书记员签署的旨在报告指纹的文件,可以在调查询问、审判或其他诉讼程序中用作证据,除非该人或书记员经下列人员要求出庭作证——(a)法庭;(b)被告人。被告人应当至少在开庭前3日内提请检察官注意:检察官要以上述报告用作证据的,应当至少在开庭前10日内向被告人送达报告副本。(2)下列人员适用本条规定:(a)医学研究所的公职人员;(b)国家医疗官员;(c)马来西亚或新加坡政府雇用的药剂师;(d)由部长在报纸上发布公告而任命的文件鉴别师;(e)根据马来西亚现行有关度量的制定法任命的度量检查员;(f)由部长在报纸上发布公告宣布适用本条规定的某个或者某类人。(3)第2款规定所涉及的人员以及书记员应当在其所签署的报告中陈述真实情况。"第399A条规定:"刑事诉讼程序中需要确定某一纸币或者硬币是否发行的,中央银行行长或者其书面授权的人应当出具由其签署的证明文件,就上述事实进行说明。该证明文件应当被用作证明上述事实的足够证据,且银行行长及银行官员也不必就证明文件的内容接受交叉询问,除非法庭另行发布命令。"公共文书中的陈述之所以构成传闻证据规则的例外,是因为公共文书通常具有较强的可靠性。

(3)先前有罪判决或无罪宣告的证明

《马来西亚刑事诉讼法典》第400条第1款规定:"除了现行法律规定的任何其他方式外,在本法规定的调查、审判或其他诉讼程序中,先前将被告人置于警察监视之下的有罪或无罪判决或命令应当以以下方式证明——(a)由马来西亚或者新加坡共和国负责保管法庭记录的官员签署的摘要证明,摘要中应有有罪或无罪宣告的判决或命令的复印件;(b)如果是有罪判决,可以由马

来西亚或新加坡共和国的监狱负责人签署的证明文件证明,该证明文件中应
当载明惩罚的部分或全部;也可以通过出示关押令及可证明被告人身份的证
据来证明。"第3款规定:"用作证明有罪宣告的文件以及由马来西亚或新加坡
共和国监狱负责人签署的证明文件,法庭应当推定其为真实的,并且法庭同样
应当推定,签署文件的官员与文件中提到的监狱负责人为同一人。"如此规定
意味着先前有罪的判决或无罪的宣告只要经过合法的文件资料展示,可以直
接作为证据使用,无须再对证据的可采性进行审查。

三、马来西亚刑事诉讼法的主要特色

《马来西亚刑事诉讼法典》有其立法技术的特色,也有内容的特色。结构
上条文数量多,运用了名词解释、案例、附表等形式;制度上对死刑适用不严
格,保留了宗教色彩。

(一)刑事诉讼法典的特色

法典的特色体现在四个方面,分别是对特定术语进行了解释、解释与例释
通贯全篇、附表形式方便易懂、立法技术追求务实。

1. 对特定术语进行了解释

《马来西亚刑事诉讼法典》第一编为导言,主要针对法典中出现的诸多名
词的内涵和外延作了界定。一共解释了25个名词,包括对一些诉讼参与人含
义的界定,如"辩护人""法院""外交官员""政府医院"等,也包括对一些程序含
义的解释,如"起诉""问询""司法程序""违法行为""青少年犯罪"等,还包括对
一些后果含义的解释,如"罚金""令状案件""可逮捕的违法行为""可保释罪
行"等。

刑事诉讼法典中对这些名词采用精练的语言进行了详细的解释,在其他
法案中如有相同的名词且含义相同时,法典引用其他法案中的名词解释对其
进行解释。如"邮递品"同邮政服务法案(第465号法案)内所表达的含义相
同;"辩护人"意为1948年和1967年解释法案(388号法案)第三编中所赋予
的含义。这样解释既为理解名词含义提供了精确的指引,又节约了法典的篇
幅,避免法典内容过于冗长。

2.解释与例释通贯全篇

在《马来西亚刑事诉讼法典》中,全篇多次出现"举例"字样,所举例子多少皆有,少则一个,多则五六个,在第 165 条(对多个罪名的审判)中,所举例子甚至高达 11 个。第 165 条一共有三款,针对每一款都进行了举例,通过解释与例释相结合的方式帮助理解法条含义,相较于名词解释的方式更加生动明确。此外,马来西亚是一个英美法系国家,判例法是其主要的法律渊源,判例能够作为法院判案的法律依据。法典中的例释与判例有异曲同工之妙,所举例子就是一个极简的小案例,可以为法院判案提供清晰的指引,达到成文法与判例法的双重指引作用。

3.附表形式方便易懂

《马来西亚刑事诉讼法典》正文后面有三张附表,第一张附表为罪行是否可以无证逮捕、是否可以保释和缓刑、在初审时是否需要签发逮捕证和传票的规定。其中的罪行包括刑法第五章教唆犯,第五 A 章犯罪预备,第六章反国家的犯罪,第七章有关武装部队的犯罪,第八章有关破坏公共秩序的犯罪,第十章有关藐视公务员合法权利的犯罪,第十一章伪证罪和危害司法公正的犯罪,第十二章关于货币和政府印花的犯罪,第十三章与度量衡器相关的犯罪,第十四章有损公众卫生、安全、便利、礼仪及道德的犯罪,第十五章与宗教有关的犯罪,第十六章侵害人身安全与生命的犯罪,第十七章侵犯财产的犯罪,第十八章有关证件、货币及银行票据的犯罪,第十九章违背合同的犯罪,第二十章与婚姻有关的犯罪,第二十一章诽谤罪,第二十二章有关刑事恐吓、侮辱及寻衅滋事罪。对于这些罪行是否可以无证逮捕,是否可以判处缓刑和保释等问题在刑诉法的第一张表格中做了明确的规定,其一共 65 页的篇幅,共 409 个罪名,可以避免实践操作的模糊和混乱。

第二张附表为各种令状的格式,如传唤证的格式、逮捕令的格式、搜查令的格式,共有 54 种表格形式。这些格式包括抬头、正文、印章、法官签字等内容。法官在签发这些令状时根据案件具体情况填写具体的姓名、案由、期限、日期等内容。

第三张附表列出了历次修正案,不仅包括《马来西亚刑事诉讼法典》修正案,还包括其他修正案,例如《首席秘书的权力法案》修正案、《联邦宪法》修正案、《警察条例》修正案、《刑事司法条例》修正案等,包括修正案修改年限,生效日期等信息,方便对修正案进行查询。

4.立法技术追求务实

立法技术是指将立法理念有效地转化为具有清晰性、一致性和可操作性，并能够发挥预期效果的法律规范的各种技能和方法的总和。清晰性、一致性和可操作性强调的是法律文本的编排技巧及其语言的规范性。对法律规范预期效果的关注强调的是立法过程中法案起草组织的构成，意见的交流与反馈，草案的说明与论证等技术环节。马来西亚刑事诉讼立法以实践为导向，注重解决刑事司法中存在的实际问题，立法活动以一种务实的态度推进，为立法技术的施展提供了充分的空间。注重立法技术细节，追求法的清晰性、具体性和可操作性。马来西亚修法采取的是附属化的形式，在保持原有法律体系、结构、内容乃至条文顺序不变的情况下，补充、修正和删除有关法律条文并在法典中加以标识。法典中需增设的条文，在与之相关的原条文之后加入并连续编号，不影响原法典条文的序号；法典中条文被删除的，保留原法典条文的编号并注明"删除"字样。在法典条文末还逐一注明历次修改的时间与修正案的编号。①

(二)刑事诉讼制度的特色

1.法院职能综合

虽然为英美法系，但马来西亚法院除了承担审判职能以外，还承担维护社会治安、维护公共秩序的职能。维护社会治安的职能表现在当存在可能引发破坏治安的不动产争议，如土地争议、水源争议时，地方法官可以根据警察报告或其他信息，签发书面命令，要求争议当事人亲自或者其代理人在法官确定的时间内出庭。为了查明争议，维护社会治安，法官可以主动进行调查。如第101条第1款规定："当一级地方法官认为涉及对位于其司法管辖区内的土地或水源实施某种或禁止实施某种行为的权力可能破坏社会治安，法官可以进行调查。"维护公共秩序职能体现在当法官收到报告或信息，认为应当排除公众或公共场合合法使用的公路、码头、湖泊、河流或者渠道中的非法障碍物或者妨害，应当抑制、移除或者禁止对社会公众健康或者生理安全有害的任何贸

---

① 牟军、张青：《刑事诉讼的立法模式与立法技术批判》，载《法制与社会发展》2012年第6期。

易、职业或者保有相关的货物或者其他有妨害公共秩序的行为时,可以作出附加命令要求引起公共秩序障碍或者妨害的公民在一定时间内作出处理。且地方法官作出的此类命令,除非经过上诉,不得在任何法院受到审判。

2.刑事检察制度的特色

马来西亚的检察机关是其公诉机关,兼有侦查、监督等性质。其有权对刑事案件进行预先调查和侦查,决定被控告人是否羁押,监督审判的执行等。[①]1995年以前,马来西亚的检察机构在刑事诉讼中所起到的作用是有限的,和英国类似,检察机构只对某些谋杀、叛国等少数重大疑难案件提起公诉。从1995年开始,由警察负责调查的开庭审理的案件都由隶属于州起诉机关的副检察长起诉。马来西亚刑事检察制度的特色如下。

(1)公诉案件不是全部由检察机关起诉

在我国刑事诉讼中,公诉案件由检察院提起指控,自诉案件由自诉人提起。然而在马来西亚,不是所有的案件都由检察机关起诉。警察和各部法律执行机构的其他执行官员,如卫生部、移民部、道路交通部的执行官员,也有权根据法律的规定行使部分诉讼权力。[②] 具体表现为,《马来西亚刑法典》第五章规定的犯罪外,除了第127条、第108A条、第298A条及第505条规定的犯罪外,只能由检察官提出指控或者其他被检察官赋予权力的官员提出指控。《马来西亚刑事诉讼法》第337条第1款第2项规定:"经检察官书面授权,以下人员在检察官的指挥下可以进行刑事指控和在地方法官面前调查询问:律师、职务不低于督察的警官、政府部门官员、地方政府官员、依法成立的机构或团体的负责人、被地方政府或依法成立的机构或团体雇用的人。"

(2)检察官可以聘请律师代为指控

在我国刑事诉讼中,律师与检察官处于对立的地位,在刑事诉讼中各自站在自己的立场争取自己的利益。但是在马来西亚,检察官与律师的冲突对立并没有这么明显。第379条规定:"经检察官书面授权,可以聘请律师代为进行指控或者调查询问、代表检察官的利益参加刑事上诉程序或者法律保留事项。律师酬劳由财政支付,数额受财政部的限制。律师代表检察官进行刑事指控或者调查、出席刑事上诉程序或者法律保留事项的,应当被视为'公务人

---

① 张树兴:《东南亚法律制度概论》,中国人民大学出版社2015年版,第157页。

② 张树兴:《东南亚法律制度概论》,中国人民大学出版社2015年版,第157页。

员'。"在此种情况下,给予律师站在公诉人的角度为公诉人利益而战的机会,给予律师站在对方角度考虑问题的契机,缓和了律师与检察官之间紧张关系。

3.对死刑适用限制少

目前,多数国家都已经废除死刑,保留死刑的国家也采取了各种措施限制死刑的适用。例如中国对死刑的适用采取了五种限制措施,包括死刑适用条件的限制、死刑适用对象的限制、死刑适用程序的限制、死刑执行方式的限制、审判级别的限制。马来西亚对死刑的限制比我国少,例如在死刑的适用对象上,只规定了怀孕的妇女不适用死刑。《马来西亚刑事诉讼法典》第275条规定:"可能被判处死刑的妇女被定罪后声称已经怀孕,或者法庭认为合适的情况下,法庭应当指定一名或多名医生经宣誓对该名妇女进行检查,以确认其是否怀孕。根据检查报告确定被告人怀孕的,应当判处终身监禁,不能适用死刑。"除此之外,再无其他法条对死刑的适用对象进行限制。再如在死刑的适用程序上,马来西亚的地方法院也可以作出死刑判决。第281条第1款第b项第2目规定:"在规定的时间内送达了上诉通知书,且上诉法院就上诉作出裁决的,作出死刑判决的法官应当将第1目中提及的审理报告提交联邦法院……"据此,地方法院作出死刑判决后,交上诉法院裁决,上诉法院裁决后地方法院再将材料提交联邦法院。这意味着地方法院有判处死刑的权力,而地方法院是级别最低的一级法院,其工作能力、法律政策水平都相对较低,由其对最严厉的剥夺人生命的刑罚作出判决不利于死刑适用的控制。

4.诉讼费用不全由国家承担

马来西亚对诉讼费用的规定是:首先,法院可以自由裁量地决定由被告承担全部或者部分诉讼费用。如《马来西亚刑事诉讼法典》第294条第2款规定:"法庭认为合适的时候,可以责令罪犯承担起诉的全部或部分费用,经法庭许可,该费用可以分期交纳。"第426条第1款规定:"作出有罪判决的法院可以裁量对罪犯作出以下一项或多项命令:(a)责令支付全部或部分指控费用;(b)责令向身体、精神或财产受到犯罪行为侵害的人或其代理人支付由法院确定的一定数额的赔偿金。"

其次,对于上诉费用,如果是检察官提起的上诉,则由国家支付诉讼费用;如果是个人提起的上诉,则由上诉人支付诉讼费用。《马来西亚刑事诉讼法典》第307条第1款规定:"除本法第304条规定的情形且适用第305条、第306条之规定的外,自地方法院的裁判、判决或决定作出之日起10日内,认为其存在法律适用错误、事实错误或者量刑失当的,任何人均可向高等法院提出上诉。上诉应当由地方法院的书记员向高等法院发出上诉通知书,上诉通知书一式三份,上诉人应当承担上诉费用。"第 8 款规定:"检察官提出上诉时不承担上诉费用。"

最后,证人等出庭产生的费用由法庭承担。第 173 条第 1 款第 1 项第 2 目规定:"依申请传唤证人前,法庭可以决定其为审判而出席法庭的费用由法庭承担。"第 427 条规定:"由高等法院或地方法院审理的刑事案件中,法庭可以自由裁量决定由财政统一支付告发者和证人作证的费用,以及其他诉讼参与人因参加高等法院、地方法院诉讼程序而产生的费用,并赔偿上述人员因参加诉讼带来的不便和时间损失。"

马来西亚对诉讼费用进行了合理的分配,就算是国家公诉行为,也将费用分摊到被告人身上,通过加重被告人的经济负担来压制犯罪行为的发生,减轻了财政压力,节约了诉讼资源。

5. 程序中充分体现谦抑性

《马来西亚刑事诉讼法典》充分体现了谦抑性,在采取强制措施之前先行通知、告知、出示等,在公民不遵守先行的通知、告知、出示等命令时才会采取强制手段达到目的。如第六章"强制出示文件及其他动产和发现错误羁押的程序"第 51 条规定:"当法院或者实施侦查的警察,根据此法典的规定,认为为了侦查、询问、审判或者其他程序的顺利进行,有必要在其面前出示某物品或者文件,法院可以签发传票或者警察签发书面命令,命令该物品或文件的所有人出庭并出示该物品或者文件,或者在传票或命令中规定的时间和地点出示该物品或者文件。"第 54 条规定:"当被送达人不按照要求出示物品或文件,法院可以签发搜查令,由搜查令执行人进行搜查和检查。"可见,在强制搜查前,马来西亚刑事诉讼法设置了一个和平的自行出示程序,由出示人按照传票或书面命令的要求完成指定动作,在不到迫不得已时刑事诉讼法不会采取强制手段达到目的。第十三章规定警察侦查权时,第 118 条第 1 款规定:"如果警察根据本章规定进行侦查,认为有充足的证据或者合理的根据证明可以针对某人启动或者继续刑事诉讼程序,如果认为有必要,可以要求控告人和其他熟悉案件情况的人签订出庭保证,对被指控者的指控事项提供证据。如果控告人或证人拒绝签订保证,法院可以签发令状或者传票强制证人出庭。"此外,逮捕需要中立的法官签发逮捕令才能进行,也是刑事诉讼程序谦抑性的体现。

6.保留宗教色彩

马来西亚以世界三大宗教之一的伊斯兰教为国教,在国家社会生活中处处体现宗教色彩。当前,马来西亚仍存在着世俗法院与伊斯兰法院两种法院制度,伊斯兰法院有其专属的管辖权,形成世俗法院与伊斯兰法院并存的司法双轨制。虽然有专门的伊斯兰法和伊斯兰法院,但在应用于世俗法院的刑事诉讼法典中也有浓厚的宗教色彩。在第二十七章"刑罚的裁量与执行"中第286条至第291条对鞭刑的执行场所、执行时间、执行方式、特定情形下的禁用、不执行鞭刑的后果进行了规定。鞭刑与伊斯兰教"以牙还牙、以眼还眼"的教义有关。《马来西亚刑事诉讼法典》用了长达 6 条的篇幅对其进行规定,其程序设置也是非常严格。例如规定鞭刑不得分期执行,不适用鞭刑的对象只包括妇女、被判处死刑的男性、法庭认为已满 50 周岁的男性。对于未成年人,不仅没有排除在鞭刑的适用对象之外,还详细规定了鞭打的次数、藤条的直径。如果鞭刑全部或者部分未予执行,罪犯将被羁押直至法庭对已作出的判决予以修正,用监禁代替未执行完毕的鞭刑。

第六章

缅甸刑事诉讼法

缅甸全称为"缅甸联邦共和国",位于东南亚中南半岛的西部,西南临安达曼海,东南与泰国和老挝接壤,东北与中国接壤,西北与印度和孟加拉国接壤。缅甸地势北高南低,东面、北面和西面皆为山脉。其中北部为高山地区,西部为那加丘陵和若开山脉,东部为掸邦高原。缅甸属于热带季风气候,每年6~10月为雨季。

缅甸是一个具有5000余年历史的国家,在历史上,经历了蒲甘、东坞和贡榜三个封建王朝,在19世纪,英国对缅甸发动了三次侵缅战争,并占领了缅甸。随后,英国将缅甸纳为印度的一个省。在英国殖民统治期间,缅甸的交通以及教育等基础设施获得较大的改善。二战期间,缅甸人民开始走上了独立的道路,在日本的支持下,昂山将军组织缅甸独立义勇军,随后经过反对英国的殖民统治斗争,宣布从英国独立。随着反法西斯战争的节节胜利,昂山开始支持同盟国一方,但是在战后,缅甸仍然受英国的殖民统治,直到1948年,缅甸才脱离英国的统治,建立缅甸联邦。独立之后,缅甸也经历了曲折的发展历程。在二战之后缅甸面临着社会道路的选择问题,先后经历了缅甸联邦党、缅甸联邦革命委员会等统治,经历了军人独裁政权、社会主义道路等,2010年通过选举成立了新政府,2011年解散了军人政府,由新政府接管政权。

缅甸是一个多民族的国家,目前存在153个民族,但是主要的民族有八个:缅族、克钦族、克耶族、克伦族、钦族、孟族、若开族、掸族。其中,缅族人数最多,近七成的人口为缅族,除此之外,还有其他的一些少数民族。① 缅甸的经济发展水平总体不高。自二战以来,缅甸经济发展一直处于较低的水平,甚至 21 世纪以来的经济发展水平低于二战之前。在缅甸 1936 年和 2004 年国内生产总值的对比中发现,2004 年的人均年收入不到 1936 年人均年收入的一半。缅甸的经济发展经历了农业发展时期、社会主义发展时期以及区域经济一体化发展时期。②

　　缅甸的历史发展经历了封建统治、殖民统治以及民族独立三个阶段,在不同的历史时期出现了性质不同的法律,对缅甸的社会发展产生了不同的影响。缅甸在早期的封建统治时期就已经具有了法律,但是这一时期的法律主要受印度《摩奴法典》的影响。因此,封建统治时期的缅甸法律制度具有浓厚的宗教色彩。虽然属于封建统治时期,但是,缅甸在这一时期具有完善、独立的司法体系,并且法官中有女法官,法官的作用也具有多样性,不仅仅局限于裁判,还有解释法律、见证交易等功能。缅甸沦为英国的殖民地之后,其法律制度在很大程度上受到英国法律的影响,并且在殖民统治时期出现大量立法。在英国殖民期间,缅甸的法律呈现普通法的特点,具有英美法系国家的立法特点。二战结束之后,缅甸制定了《缅甸联邦共和国宪法》(以下简称《缅甸宪法》),该法在缅甸独立之后发挥了重要的作用。虽然缅甸独立之后也出台了不少法律,但是由于受到军政政权的影响,法律体系也呈现出军政色彩。

一、缅甸刑事诉讼制度概况

　　缅甸刑事诉讼法律制度是其法律体系的重要组成部分,体现在《缅甸宪法》《缅甸刑事诉讼法典》《联邦审判法》《联邦检察法》《反腐败法》以及《藐视法庭法》等法律当中。目前在刑事诉讼领域存在专门的《缅甸刑事诉讼法典》,该法典的内容非常全面。

---

① 陈兴华:《东盟国家法律制度》,中国社会科学出版社 2015 年版,第 352 页。
② 陈兴华:《东盟国家法律制度》,中国社会科学出版社 2015 年版,第 358～360 页。

(一)《缅甸刑事诉讼法典》的体例结构

《缅甸刑事诉讼法典》是规定刑事诉讼程序的主要法律,涉及刑事案件处理需要遵循的程序。《缅甸刑事诉讼法典》共计565条,内容包括序言、刑事法院及法官的设置、总则、犯罪预防、向警察的举报及警察的侦查权、一审诉讼程序、上诉程序、特别程序和补充规定九个部分。虽然该法典的部分条文已经失去效力,但是从整体上来看,缅甸关于刑事诉讼程序的规定还是非常全面的,具有系统性、全面性的特点。

《缅甸刑事诉讼法典》除正文之外,还包括四个附件,除附件一已经失去法律效力外,另外三个附件都具有法律效力。附件二是关于特定罪名的刑事诉讼程序规定,内容主要涉及八个方面:所在条文,罪名,警察是否可以无证逮捕犯罪嫌疑人,一审中是否可以按照普通程序签发令状或者传票,犯罪嫌疑人是否可以保释,犯罪嫌疑人是否可以不予起诉;《刑法典》规定的刑罚,以及管辖法院。附件二的内容特别丰富,对教唆犯罪、共同犯罪、危害国家安全犯罪、与公约规定有关的犯罪、外国势力的诋毁犯罪、军事犯罪、违反公共运输规定的犯罪等一系列犯罪的刑事诉讼程序都以表格的形式进行了清晰的说明。附件三对缅甸治安法官的普通权力进行了总结,根据《缅甸刑事诉讼法典》的规定,缅甸的治安法官分为地区治安法官、分区治安法官、一级治安法官、二级治安法官和三级治安法官。不同治安法官行使的普通权力不同,附件三对各级治安法官在《缅甸刑事诉讼法典》规定条文中的权力进行了总结。附件四是对治安法官有权行使的其他权力的总结,此处的权力需经联邦总统或地区治安法官特别授权。

(二)其他法律关于刑事诉讼程序的规定概况

《缅甸宪法》对刑事诉讼程序进行了总体性的规定,特别是体现在刑事诉讼的基本原则方面。独立审判原则、公开审判原则、未经法院批准不得超期羁押原则等都是刑事诉讼程序应当坚持的基本原则。此外,该宪法还以专章的形式对司法作出规定,《缅甸宪法》第六章"司法"的规定涉及法院的组成、各级法院的设立与管辖权、司法预算、司法工作报告、法官的任命、法官的资格、法官的弹劾以及法官的任期等内容。

　　除《缅甸联邦共和国宪法》的一般性规定外,2010 年的《联邦审判法》对缅甸联邦法院的运作进行了详细规定。该法共 74 条,是对《缅甸联邦共和国宪法》第六章规定的具体化,包括相应名称的含义、审判原则、联邦最高法院、省邦高级法院、各级法院等内容。

　　2010 年的《联邦检察法》也是涉及刑事诉讼程序的规范性法律。虽然检察院在缅甸属于行政机关,不属于司法机关,在《缅甸联邦共和国宪法》中对检察机关的职权也是在第五章"行政"中作出规定,但是缅甸检察机关在联邦最高法院审理的初审、上诉、再审和特别上诉案件中代表政府出庭,依法对犯罪行为提起公诉。

　　此外,《反腐败法》《藐视法庭法》等法律对刑事诉讼程序也有部分规定,后文将进行详细阐述。

二、《缅甸刑事诉讼法典》的主要内容

　　《缅甸刑事诉讼法典》作为缅甸联邦共和国刑事诉讼程序的规范性法律文件,在刑事诉讼中发挥着重要的作用。该法典主要涉及刑事诉讼的基础内容和具体刑事诉讼程序的规定等,特别是对刑事诉讼中基本术语的解释与说明具有重要特色,对我国刑事诉讼立法具有借鉴价值。

(一)术语的解释及法院、法官的设置

　　前言是《缅甸刑事诉讼法典》规定的基本内容,主要涉及刑事诉讼的目的、相关术语的含义以及法院和法官的设置。特别是对术语的阐释,对理解法典具有重要的作用,这也是缅甸刑事诉讼立法的一项重要特色。

　　1.刑事诉讼法中相关术语的解释

　　《缅甸刑事诉讼法典》适用于整个缅甸联邦,序言部分规定了刑事诉讼法特定术语的含义。"可以保释的犯罪"是指可适用于附件二规定的罪行,或者根据现行有效的其他法律可以保释的罪行。"不可保释的犯罪"是指除上述罪行之外的其他罪行。"指控"包括多个案件中对犯罪嫌疑人的指控。"法院书记员"是指根据《法院法》委任的独立法庭的司法常务官,包括由最高法院首席法官特别委任的行使法院文员职能的人员。

　　"警务专员"包括副警务专员。"控告"是指警务专员之外的人以口头或书面方式向法官告知已发生的犯罪行为,以期根据本法典采取行动的行为。"询问"是指除治安法官或法院根据本法典规定进行的审判之外的调查。"调查"包括根据本法典的规定由警务人员或由治安法官授权的人(治安法官除外)进行的收集证据的所有诉讼程序。"诉讼程序"包括任何在法律上作出或可经法律上宣誓的程序。"可审理的罪行"是指警务专员可以在没有令状的情况下进行逮捕的犯罪行为。"不可审理的罪行"是指警务专员在没有令状的情况下不得逮捕的犯罪,"不可审理的案件"是指警务专员在没有令状的案件中不得逮捕的案件。"犯罪"是指根据当时有效的法律规定的作为或不作为犯罪行为。

　　"警察局负责人"包括,当警察局负责人不在警察局或因疾病或其他原因无法履行职责时,警察局在场的下一级别的警察,或者联邦总统指示的其他在场的警察。"地点"包括房屋、建筑物、帐篷和船只。"请求人"是指根据当时有效的法律授权的恳求者。"警察局"是指联邦总统以一般或特别方式宣布成为警察局的任何地点,包括联邦总统指定的地点。"检察官"是指根据第 492 条规定委任的人,包括根据检察官指示行事的人,以及在最高法院享有刑事管辖权的案件中代表国家起诉的人。"传票"是指与犯罪有关的文件,不属于令状。"令状"适用于可判处死刑、流放或可能超过六个月监禁的罪行。

　　2. 刑事法院及法官的设置

　　缅甸联邦刑事诉讼中最重要的角色是处于审判地位的法官,除联邦宪法的一般规定之外,缅甸在刑事法院与法官的设置方面还进行了特别规定。

　　(1)刑事法院的权力

　　在缅甸,除《缅甸刑事诉讼法典》之外的其他法律规定的最高法院和一般法院外,在该法典规定中,缅甸联邦存在四级刑事法院,即:审判法庭、一级治安法院、二级治安法院和三级治安法院。缅甸联邦总统有权将任何地区做出进一步的划分,或者将任何地区的某一地区进行再分,并且其有权对分区的管辖范围进行修改。

　　缅甸刑事法院的受案范围可以分为《刑法典》规定的犯罪和其他法律规定的犯罪两种类型。基于刑事诉讼法典的规定,触犯其他法律的罪行,需要上述法院管辖的,可以由上述法院审理。如果该法律没有涉及管辖法院,则由最高法院管辖或者根据刑事诉讼法典附件二的规定分派管辖法院。最高法院可以作出经法律授权的任何判决;初审法院法官或者助理初审法院法官有权作出经法律授权的判决,但是法官作出的死刑判决需要经最高法院核准;除非判处死刑或流放期限超过七年或监禁超过七年的案件,助理初审法官有权根据法律的授权作出判决。

各级法院有权受理以下案件:一级治安法院有权受理监禁期限不超过两年的犯罪案件(包括根据法律授权的单独监禁)、不超过一千卢比罚金的案件以及可能判处鞭刑的案件。二级治安法院有权受理监禁刑不超过六个月的案件以及不超过五十卢比罚金的案件。三级治安法院有权受理监禁刑不超过一个月的案件以及不超过五十卢比罚金的案件。治安法院的任何法官可以参照既有判决作出裁判。治安法院法官在满足下列条件时可以对不能缴纳罚金的被告人判处监禁刑:第一,治安法院法官权力的行使不得超过刑事诉讼法典的规定;第二,治安法院法官对任何案件作出的监禁刑判决属于实刑的一部分,因不能支付罚金的监禁期间不能超过治安法院法官有权作出的除罚金刑之外的其他监禁刑的四分之一。治安法院法官根据法律授权,可以作出除判处死刑或流放期限超过七年或监禁超过七年的案件以外的判决。

(2)法官的权力

缅甸刑事诉讼中的法官可以根据相应的治安法院的级别相应设置,并且除普通法官之外,还存在补充法官的规定。

对于初审法院,联邦总统有权为每一审判地区设立法院,并且为该法院指定法官。联邦总统也可委任其他初审法官和助理法官在一个或多个这样的法院行使管辖权。初审法官经联邦总统任命也可以成为其他法院的补充初审法官,在这种情况下,他可以在被任命的地区直接处理案件。在每一个地区法院,联邦总统都应当任命一名一级治安法官,该法官被称为地区法官。

联邦总统也可以任命一级治安法官为补充法官,这些补充法官拥有刑事诉讼法典及其他法律赋予地区法官的所有权力,补充法官被认为是地区法官的下属。在地区法官职位出现空缺时,联邦总统有权发布命令指派其他人员行使地区法官的权力,接任该职位的人员有权享有刑事诉讼法赋予地区法官的所有权力。联邦总统有权任命初级法官,并对其管辖权的范围进行限制。联邦总统可以要求一级或者二级治安法官负责某一分区案件的管辖,并授权他们行使地区法官的权力,这些法官被称为分区法官。

此外,缅甸刑事诉讼法还规定了特别法官,在特定案件或者涉及特别类型的案件时,联邦总统有权授予任何一级、二级和三级治安法官以外的人行使上述三级法官享有的权力。这些法官被称为特别法官,通过总统签发的一般或者特别命令任命。同时联邦总统在适当的时候可以直接任命两名以上的法官作为刑事法官,刑事法官享有刑事诉讼法典赋予一至三级治安法院法官的所有权力。联邦总统或者受联邦总统领导的下属机构及地区法官在制定刑事法官的指导意见时应当注意以下问题:受理案件的类别、合议的时间和地点,刑事法官参与审判的组成、解决不同法官观点差异的方式。

所有地区治安法官、分区治安法官以及第一、二、三级治安法官都享有附件三规定的权力(法官的普通权力),这些权力被称为"普通权力"。除普通权力外,联邦总统或者地区治安法官可以授权分区治安法官和第一、二、三级治安法官行使附件四规定的权力(授予法官的其他权力)。但是上述赋予法官的权力应当在总统的控制下行使。联邦总统也享有撤销基于刑事诉讼法典规定而赋予任何人的权力,这种权力包括隶属于总统的机构或官员赋予的权力。地区法官也有权撤销其赋予的其他人的权力。

(二)刑事诉讼的一般性规定

《缅甸刑事诉讼法典》关于刑事诉讼的一般性规定是对刑事诉讼中的基本问题的规定,主要涉及一般公众的帮助义务、对犯罪嫌疑人的逮捕、犯罪嫌疑人逃跑后的重新归案、强制到庭义务等内容。

1.一般公众帮助义务

缅甸刑事诉讼法中关于一般公众帮助义务,规定在《缅甸刑事诉讼法典》第42条至第45条。其中,第42条规定了未被签发令状的普通公民的帮助义务,在下列情况下,公民有义务协助法官或者警察:第一,抓获法官或者警察将要逮捕的犯罪嫌疑人或者阻止其逃匿;第二,预防或制止破坏和平的行为,或预防企图对铁路、运河、电报或公共财产造成损害的犯罪。第43条规定了签发令状后的一般公众帮助义务。当搜查令被签发给警察以外的其他人员时,如果搜查者持有搜查令,并处于执行令状的过程中,其他人都应当协助执行该搜查令。

此外,第45条规定了土地所有者或者管理者的提供信息义务。每一名村官、村警、土地所有者或占有者、土地所有者或占有者的代理人,以及每一名由管理人员以收入或租金支付报酬的人员,应立即与就近的治安法官或警察进行沟通,提供他所掌握的以下信息:第一,在其担任村官或村警的村庄或他拥有或占有土地的地方,或者作为代理人、管理者的地方,发现盗窃者或销赃者的永久或临时住所的。第二,在任何地方或他所认识的人所在的村庄,合理地怀疑某人是暴徒、强盗、逃犯或已决犯的。第三,在该村内或在该村附近企图犯下任何不可保释的罪行的。第四,本村或者附近村发生的突然或不自然的死亡或可疑的死亡案件,或者在村庄发现尸体或存放尸体的地点,使人们有合理理由怀疑上述死亡案件发生,或者被合理怀疑实施了不能保释的犯罪的犯罪嫌疑人从本村消失的。第五,有可能影响维护秩序、犯罪预防或者影响由地区治安法官根据总统批准的保护人身、财产安全的命令执行的信息。

2. 逮捕犯罪嫌疑人

逮捕犯罪嫌疑人是保障刑事诉讼顺利进行的重要措施,对此,法典作出详细规定。同时,犯罪嫌疑人在被逮捕之后会出现逃跑和重新归案的问题,这也属于逮捕的规定内容,《缅甸刑事诉讼法典》对此类程序也进行了详细规定。

(1)对犯罪嫌疑人的一般逮捕

《缅甸刑事诉讼法典》规定了对犯罪嫌疑人的一般逮捕,主要体现在第46条至第53条。在逮捕时,警察和其他参与逮捕的人有权接触并限制被逮捕人的身体,除非被逮捕人口头或者其行为表明其服从逮捕。如果被逮捕人拒绝逮捕或者有逃匿的行为,实施逮捕行为的警察和其他人有权采取必要措施将其逮捕。在逮捕过程中,任何人不得采取剥夺被逮捕人生命的行为。

如果被授权进行逮捕的警察或者其他人怀疑被逮捕人已经进入或正处于某一处所,该处所的所有权人或者管理人应当允许警察或者实施逮捕的人出入该处所,并为搜索与逮捕提供必要的便利。警察或其他经授权行使逮捕权的人,为了使自己或者其他因执行逮捕而被困的人摆脱束缚,可破坏房屋或其他地方的外门、内门或者窗户。

在逮捕过程中,被逮捕人不应当受到超过避免其逃跑限度的约束。对于因警察执行不允许保释的逮捕令而被逮捕的人,或者令状允许保释但被逮捕人无力保释而被逮捕的人,或者被无证逮捕或者被私人逮捕,并且不被允许保释或者无力保释的被逮捕人,警察或个人有权采取措施对其进行搜查。有必要对女性犯罪嫌疑人进行搜查的,应当由女性工作人员严格执行。执行逮捕任务的警察或者其他人有权缴获被逮捕人携带的攻击性武器,并将所有武器在诉讼程序开始之前移交给法院或者警察。

(2)对犯罪嫌疑人的无令状逮捕

虽然刑事诉讼法典规定了令状逮捕,但是并非所有案件都需要签发令状。《缅甸刑事诉讼法典》第54条至第67条规定了专门针对犯罪嫌疑人的无令状逮捕制度。

警察在没有令状情形下采取逮捕措施的权力。法典第 54 条规定警察无令状逮捕的权力的内容。在没有法官令状的情况下,警察有权逮捕以下人员:第一,涉及可审判罪行的人,或者被提出合理控告和可靠信息的人,或者因合理怀疑而被关注的人。第二,没有合法理由而占有财产的人。第三,根据刑事诉讼法的规定或者联邦总统的命令而被宣告为有罪的人。第四,被合理怀疑实施了盗窃行为的人。第五,在警察执行任务时,妨碍警察执行任务,或者逃匿、逃避羁押的人。第六,被合理怀疑是缅甸海军、陆军或者空军的逃兵的人。第七,有合理指控或者可靠信息怀疑在缅甸境内实施可被惩罚的犯罪的人。第八,刑满释放后变更住所没有及时报告的人。第九,拟被逮捕的人因其他罪行而被逮捕的,不需要再次签发令状。警察局负责人或享有侦查权的警察,有权授权其下属在没有令状的情况下逮捕犯罪嫌疑人。

警察对拒绝提供信息的犯罪嫌疑人的处理。法典第 57 条对此作出规定。因犯罪或者被指控犯有不可审判罪行的嫌疑人,在被带至警察面前时拒不说出自己姓名、住所或者给出明显虚假的姓名或者住所地址的,警察为获得真实姓名与住址可以将犯罪嫌疑人逮捕。如果犯罪嫌疑人的真实姓名和住址确定,警察应当将其释放,但是,无论犯罪嫌疑人被释放时是否有担保,都可以应治安法官的要求将其带至治安法官面前。如果犯罪嫌疑人在缅甸没有固定住处,那么需要由有固定住处的人为其提供担保。如果在 24 小时内犯罪嫌疑人还没有交代其真实姓名、住址,也没有保释,为了安全起见,在必要的情况下可以将其带至最近的具有管辖权的治安法官面前。基于逮捕犯罪嫌疑人的目的,警察有权在没有令状的情况下在缅甸境内追捕犯罪嫌疑人。

此外,《缅甸刑事诉讼法典》还规定了对犯罪嫌疑人的私人逮捕。法典第 59 条对此做出规定。任何人认为某人犯有不可保释或者应当被受理的罪行或者怀疑其是已决犯,有权对被怀疑人进行逮捕,并毫不延迟地将其带至警察面前或者带至最近的警察局。对被逮捕的犯罪嫌疑人,警察有权作如下处理:如果有理由相信某人犯有不可被审判的罪行,其拒绝交代真实姓名、住址,或者交代的姓名、住址明显错误的,为获得其真实姓名住址,警察有权将其逮捕。如果没有充分理由怀疑被逮捕人犯罪,应当立即将其释放。警察逮捕犯罪嫌疑人后应当立即将其带至警察局负责人处。

对犯罪嫌疑人的羁押期间及保释。法典第 61 条规定了对犯罪嫌疑人的羁押期间。警察无令状逮捕犯罪嫌疑人的,对被逮捕人的羁押期间应当在合理期间内,不得过长,通常情况下不得超过 24 小时。第 62 条规定了对犯罪嫌疑人的保释,警察机关负责人应当向治安法官或者经治安法官授权的分区法官报告无令状逮捕的案件中被逮捕人是否有权保释。任何被警察逮捕的人,除缴纳保释金、经他人保释或有治安法官的特别命令外,均不得被释放。除警察逮捕外,治安法官在其管辖范围内发现有犯罪行为时,有权决定将犯罪嫌疑人逮捕并羁押。第66条规定了对犯罪嫌疑人的再次逮捕。被羁押的人逃跑或者被营救的,羁押他的人有权立即在缅甸境内对其进行追查并将其再次逮捕。

3.强制到庭义务

未被羁押的犯罪嫌疑人负有在审判的时候到庭的义务,《缅甸刑事诉讼法典》第六章专门作了规定。

(1)传唤

强制犯罪嫌疑人出庭之前需要向犯罪嫌疑人下达出庭通知,传唤其出席庭审。法典第68条至第74条对传唤通知的形式、送达以及签收等问题进行了规定。

依照刑事诉讼法签发的传唤通知,应当由法院院长或最高法院的其他法官以书面形式签发,令状的送达由警察执行或者签发令状的法院的工作人员或者其他公职人员负责。传唤通知或者传唤通知副本应当送达被传唤者本人,并且签收传唤通知的人应当签发送达回执。被送达人不在的情况下,其家庭成员的成年亲属基于勤勉义务可以帮其签收传唤通知,但是签收传唤通知的人同样需要在送达回执上签字。如果上述送达条件不能满足,送达人员有权将传唤通知置于被送达人住所显眼位置,并在送达回执上说明情况。如果被送达人是国家公务员或者铁路工作人员,传唤通知还将送达其所在单位。如果被送达人不在,其单位负责人有权代其签收,并在送达回执上签字。如果法院需要将传唤通知送达本院管辖范围外的人,可以将传唤通知副本送达被送达人居住地的法院,由该地法院法官代为送达。

(2)强制到庭程序中逮捕令状的签发

在强制到庭程序中,一般情况下不需要逮捕犯罪嫌疑人,但是,如果犯罪嫌疑人出现应当逮捕的情形,需要签发令状将其逮捕。

《缅甸刑事诉讼法典》规定的所有逮捕令状都需要审判长或者刑事法官以书面形式签发,令状的效力持续至取消令状或者令状被执行。被逮捕人如果被保释,并且承诺在开庭的时候到庭,签发逮捕令的法院可以在令状上背书授权执行人在被逮捕人满足上述条件时将其释放。背书的内容应当包括:保证人的数量、被逮捕人的数量以及被逮捕人出庭参与审判的时间。逮捕令通常由一到两名警察执行,如果需要立即执行逮捕令,则可以命令其他人执行,当多个人被授权时,每个人都可以执行逮捕令。

地区治安法官或者分区治安法官可以向其管辖区内的土地所有者或者管理者发布逮捕令,逮捕逃跑的罪犯、逃避逮捕的人、已决犯和不得保释的犯罪嫌疑人。土地所有者或者管理者应当以书面形式签发送达证,并在被要求逮捕的人进入其领地或者管理区域后及时将其逮捕。犯罪嫌疑人被逮捕之后将被送至最近的警察处,除非犯罪嫌疑人被保释,否则警察应将其带至有管辖权的治安法官处,其他人员逮捕犯罪嫌疑人的也应当毫不迟延地将犯罪嫌疑人带至有管辖权的法院。授权警察的逮捕令也可以由其他警察执行,但是需要被授权警察的背书。执行逮捕令的警察或者其他人应当将令状的实质内容告知被逮捕人,在必要的情况下还应当向其出示逮捕证。

如果逮捕令状需要在管辖区以外的区域执行,签发令状的法院应当通过邮政或者其他形式将令状邮寄至地区治安法院,而不是直接向警察授权。收到令状的法院应当在令状上进行背书,并在本管辖区内执行令状。需要在管辖区域以外的地方授权警察执行逮捕令状时,通常会将与对方具有同等级别的警察或者法官的名字背书。在将警察名字背书之后,犯罪嫌疑人所在地的警察享有执行逮捕令的权力。

如果法院有理由相信犯罪嫌疑人逃匿导致逮捕令无法执行,那么法院有权发布公告要求犯罪嫌疑人在指定时间出现在指定地点,指定的时间应当为公告发布日期的 30 日以内。公告应当以以下方式发布:第一,应当在该人通常居住的城村镇的显眼位置公布;第二,应被固定在房屋或宅地的显眼位置或者所居住的村镇的显眼位置;第三,应当将副本固定在法院的显眼位置。发布公告的法院有权在发布公告后扣押属于犯罪嫌疑人的动产或者不动产,该扣押命令适于本区域内犯罪嫌疑人的所有财产。

如果被扣押的财产是属于债务或者其他动产,法院可以采取以下措施:扣押、指定财产接收人、以书面形式禁止向被宣告的人或者其代理人交付财产。如果被扣押的财产是不动产,扣押应当按照下列方式进行:由政府占有、指定接收人、以公告形式禁止向被宣告人支付不动产收益。如果被扣押的物品属于生鲜产品或者易腐烂物品,则法院在合适的时机应当将物品出售,所得收益按照法院令状执行。如果被公告人未在公告规定的时间内出现,被扣押的财产将由政府处理,但是应当在扣押之日起六个月之后执行。

(三)预防犯罪程序

《缅甸刑事诉讼法典》注重对社会治安的维护,法典第四编非常全面地规定了犯罪预防,包括社会治安的维护、非法集会的控制等问题。

1. 对社会治安的维护

各级治安法官在得知存在危害或者有可能危害社会治安的犯罪之后,有权对该类案件作出处理,可以逮捕犯罪嫌疑人,要求犯罪嫌疑人提供保证等。

(1)法官对破坏社会治安案件的管辖

地区治安法官、分区治安法官或者一级治安法官被告知某人有可能犯有破坏和平或者扰乱社会安全的罪行,或者已经实施了破坏和平与扰乱社会秩序的行为的,有权要求涉嫌犯罪的人提供理由,说明自己不应当因为涉嫌扰乱治安而被采取强制措施提供一年期的保证。除非被告人或者逮捕被告人的地点在地区治安法院的管辖范围内,否则保障社会治安稳定和行为人良好行为的诉讼程序不应当被启动。

没有被赋予逮捕权的法官如果有理由怀疑他人实施了危害社会稳定或者扰乱治安的犯罪行为,或者有理由相信他人有实施上述行为的可能,该法官记录下原因之后有权逮捕并羁押犯罪嫌疑人,并且将其书面理由副本交由有权签发令状的法官。被联邦总统特别授权的地区治安法官或者一级治安法官,认为犯罪嫌疑人在其管辖区域范围内有以口头、书面或者其他形式散布或者企图散布或者教唆他人实施以上行为,企图破坏和平或者扰乱治安行为的,被授权的法官有权将实施上述行为的人逮捕。如果上述被告人出庭,应当向其宣读令状内容,如果其有疑问,应当就令状的实质内容向其作出解释。如果不出庭接受审判,治安法官应当签发传票要求其出庭接受审判。如果被告人正在被羁押,则法官有权指示羁押工作人员将被告人带至法庭。如果法官根据警察提供的信息发现,犯罪嫌疑人实施破坏和平或者扰乱社会秩序的犯罪,只有及时将其逮捕方可制止其犯罪行为,法官有权立即签发逮捕令状。

(2)要求实施犯罪行为的人提供保证

实施了破坏和平或者扰乱社会秩序犯罪的人,在被判处监禁刑时,为维护社会安全,要求犯罪人提供保证的,保证期限应当从其刑期届满时开始计算。而在其他案件中,保证期限应当自该保证作出之日起计算。被执行的保证应当保证犯罪人不对社会稳定造成危害,同时保证犯罪人遵纪守法、品行良好。

如果担保人不适格,则法官有权拒绝对犯罪人的担保;拒绝之前,法官可以以口头形式或者书面形式对被告人进行调查并质询;在质询之前,法官需要通知保证人及被保证人,并将质询内容作为证据予以记录。

如果被保证人没有遵守保证义务,那么应当将其逮捕入狱;如果已经逮捕,其将被羁押至保证期间届满之时或者法官令状指明的时间。如果被保证人的保证期间超过一年,治安法官决定不再对犯罪人保释的,有权签发令状,要求在初审法官开庭之前将其羁押。没有被保释而被羁押的犯罪嫌疑人,如果法官认为其对所居住社区不具有危害性,可以在没有保释的情况下将其释放。同时,如果被监禁而无力保释的犯罪嫌疑人,法官有权通过降低保证金或者减少保证人或者减少保证期限的方式对其保释。如果保证期限届满,犯罪嫌疑人不再符合保释条件,那么法官将撤销对其的保释。地区治安法官在具有充分理由的情况下,有权以书面形式撤销对被保释人的决定。

2.驱散非法集会

任何治安法官或者警察机关负责人有权控制非法集会,或者有权控制五人以上实施的可能破坏公共安全的非法集会,并有义务驱散上述非法集会人员。如果上述非法集会不能通过法官指令的形式予以驱散,则治安法官或者警察机关负责人有权申请调用军队驱散非法集会。法官决定以武力驱散非法集会的,其可以要求现役军官或者非现役军官指挥部队士兵对非法集会人员进行逮捕。如果非法集会危及公共安全,军队中任何经过授权的长官有权力用军事力量驱散非法集会,并有权逮捕或者羁押非法集会人员。但是,随后需要与法官沟通,并接受法官的指示以决定是否继续羁押。

3.签发紧急逮捕的临时指令

对于妨害公共安全或者具有逮捕危险的紧急案件,治安法官有权签发临时命令。法典第144条规定,如果联邦总统授权签发临时命令的地区治安法官、分区治安法官认为,根据本条规定具有充分理由进行诉讼,需要立即控制或迅速采取补救措施的,应当以书面形式陈述案件情况,并送达犯罪人,要求其放弃特定行为或者要求其对自己占有或管理的财产执行特定命令。如果法官认为这样的指示可以阻止或者倾向于阻止妨害、干扰或者降低上述行为的危险,也可以阻止对工作人员的生命、健康、安全的威胁或者对社会安全的干扰,那么其有权签发该临时命令。临时命令必须是在紧急案件或者在合理时间内不能送达当事人的情况下作出,可以针对特定人,也可以针对一般公众。

治安法官基于自己的动议或者声称被侵犯权利的人的申请,有权撤销或者修改自己或者其下属或者其前任作出的命令。收到申请之后,治安法官应当为申请人提供平等的机会,使其能够由本人或者其辩护律师向法院陈述反对临时命令的理由。如果法官拒绝申请人或者其律师提出的理由,则应当以书面形式记录。临时命令的有效期限不得超过两个月,起算期限为作出命令之日。但是在对人的生命、健康或者安全存在危险的案件中,或者在有发生骚乱或者斗殴危险的案件中,联邦总统可以通过公报的形式表明临时命令不受两个月期限的限制。

4. 采取预防性强制措施

法典第 149 条规定,为了防止犯罪行为,警察有权采取预防性措施。同时,第 150 条、第 151 条规定,每名警察都可以为了防止和尽可能防止可审判的罪行而进行干预,每名收到企图实施可审判罪行信息的警察都可以将此信息传达给他所属的最近的警察局。如果实施的罪行不能通过其他方式预防,那么了解犯罪嫌疑人可能实施犯罪的警察可以不经法官签发令状而将其逮捕。

法典第 152 条和第 153 条对预防性强制措施的具体内容作出规定。警察基于防止犯罪的目的,可以对企图实施破坏公共财产罪行的犯罪嫌疑人进行干预,无论其意图损坏的是动产还是不动产,甚至是其他公共标志。警察机关负责人为了检查或者搜查用于称量的砝码、量具或者工具,可以在没有令状的情况下进入该警察局的管辖区域范围。只要警察机关负责人认为用于称量的以上三种物品具有导致错误称量的可能,在犯罪嫌疑人使用或者持有的情况下,可以无证搜查。如果在被搜查的地方发现了此类物品,应当将其扣押,并移送有管辖权的法院。

(四)向警察的控告以及警察的侦查权

对刑事案件的侦查不仅由侦查机关自身查获犯罪信息,同时,普通民众也可以向侦查机关提供案件信息,受害人等也可以向侦查机关提出控告,侦查机关应当进行侦查。

1. 向警察的控告

被害人等可以向警察机关提出控告,普通民众也可以向警察提供犯罪信息。法典第 154 条规定,对于提供给警察机关负责人关于可审判罪行的信息,如果是以口头形式告诉的,警察机关负责人应当指示制作成书面形式,并向提供信息的人宣读。所有信息不论是书面形式,还是按照上述方式制作的书面形式,都应当由提供信息的人签名。

2. 警察的侦查权

警察的侦查权受到管辖范围的限制。法典第 155 条规定,未经一级或者二级治安法官的命令,不得侦查没有管辖权案件,不得进行审判,也不得作出判决。已接受该命令的警察,可以在调查中行使以在有管辖权案件中行使职权同样的权力(不受逮捕的权力除外)。

法典第 156 条规定,在没有法官命令时,警察局局长可以侦查有管辖权的案件,对警察局辖区有管辖权的法院有权查询或者依照有关调查或审判地点的规定进行调查。在没有授权的案件中,警察在任何情况下都不得对案件进行侦查。法典第 157 条、第 158 条规定了警察机关负责人对案件的侦查。如果警察机关负责人根据收到的消息或者其他消息,有理由认为需要行使前述权力对犯罪进行调查,并应立即将调查报告寄交有权认定该罪行的地方法官。如果指控犯罪人实施犯罪的信息仅涉及其名字,并且案件非为严重犯罪,警察机关负责人对此可以不需要亲自侦查或者授权其下属侦查。如果警察机关负责人没有充分理由对案件进行侦查,则可以不进行侦查。在上述案件中,警察机关负责人应当在报告中说明不进行侦查的理由,并且应立即以联邦总统指示的方式通知线人,通知其不需再调查案件及原因。收到报告的治安法官有权指挥侦查,或者在其认为合适的情况下由其本人或者授权其下属立即对犯罪嫌疑人进行初步调查,或者以其他方式处置该案件。

进行侦查的警察有权以书面命令要求其管辖区域内或者附近对线人所提供的案件情况有所了解的人到警察局接受询问,了解案件情况的人必须出席。在调查过程中,向警察作出的陈述被制作成书面材料的,陈述人不需要签字。在询问或者审判过程中可能被用作证据的任何其他书面陈述或者记录(不论是在警察日志还是其他记录)也不需要陈述人签名。但如果证人陈述已经转化为书面形式,则在询问或审理时被称为控方或辩方意见,这些陈述的部分内容在合适的情况下可以为辩方或者控方使用。当上述陈述已经被转化为书面形式时,基于被告人的要求,法官应当向被告人提供副本。但是并非所有的信息都需要向犯罪嫌疑人披露。法典第 162 条规定,如果法院认为陈述的内容与审判的事项无关,或者为了司法的公平正义或者公共利益,没有必要向被告人披露,在作出书面记录后,可以在副本中将上述内容剔除。

侦查过程中获取的犯罪嫌疑人的自白应当进行书面记录。法典第 164 条规定,任何一级治安法官及经联邦总统特别授权的二级治安法官,应当记录犯罪嫌疑人在侦查过程中向其作出的陈述或自白。这些陈述和自白应当按照合适的方式予以记录,并且这些记录将被交给管理该案件的治安法官。在记录自白之前,治安法官会向作出自白的人解释:其可以保持沉默,但是其所作陈述将会用于对其不利的指控。除非治安法官在侦查讯问时有理由相信犯罪嫌疑人的自白是自愿的,否则治安法官不记录犯罪嫌疑人的自白。在记录之后,治安法官应当在书面记录的脚注处作出备忘录,以表明该记录的有效性,备忘录内容如下:

"我已经向犯罪嫌疑人释明,其可以保持沉默,但是如果其作出陈述或者自白,那么该陈述将可以用作对其不利的证据,我相信犯罪嫌疑人的自白是自愿作出的。这是在我的面前和听证会上作出的,已经向他阅读,并得到他陈述的充分性和真实性的确认。

签署人 A

法官 B"

法典第 165 条规定了警察机关负责人及警察的搜查权力。该条规定,负责侦查工作的警察机关负责人或者警察认为,为了侦查犯罪的需要,对其管辖领域内的任何地方进行侦查,存在合理理由相信不会出现可能签发或者已经签发的传票或者令状的指示或者出现事前不会为他人所知的情况时,警察有权进行侦查。该人员在切实可行的情况下,应当亲自搜查,如无法亲自搜查,可以要求其下属搜查,并向该下属官员递交书面命令,指定搜查的地点。

法典第 167 条规定,采取侦查措施的警察机关负责人或者警察有权请求同一辖区或者其他辖区的警察机关负责人采取搜查措施,等同于提出请求的警察机关负责人在其辖区内进行的搜查。接到搜查请求的警察机关负责人应当按照规定搜查,并将搜查到的物品移交提出请求的警察机关负责人。对被羁押的人进行侦查的,如果侦查不能在二十四小时内完成,但有理由相信这些指控或信息是有根据的,进行侦查工作的警察机关负责人或者警察应立即将与本案有关的材料中所记载的条目副本传送给最近的地方法官,同时将被指控的人移交给该法官。接受移交的法官,不论是否对该案享有管辖权,在授权的情况下,可以在适当的条件下羁押被告人。对该人可能判处七年以下有期徒刑的,羁押期间不得超过 30 日;对被告人可能判处三年以上七年以下有期徒刑的,羁押期间不得超过 15 日。如果治安法官对该案没有管辖权,但是被告人需要继续被羁押,应当将被告人移交有管辖权的法院。如果没有三级治安法官,则应当授权警察将犯罪嫌疑人羁押。

如果警察机关负责人或者其他警察没有充分理由将犯罪嫌疑人移交给治安法官,并且犯罪嫌疑人在押,那么应当在犯罪嫌疑人保释之后将其释放(可以有保证人或者无保证人)。如果有必要,警察机关负责人或者警察发现犯罪嫌疑人犯有可审判罪行的,可以将其带至法官面前,接受审判。如果警察机关负责人或者警察有充分的证据或者合理的理由证明上述行为,该等人员必须将被羁留的被告人转交给有权认定犯罪的法官,并审理被告人或将其判处死刑。如果该罪行可以保释,并且被告人有能力提供担保,保证其开庭当天出庭,则可以对其保释。警察机关负责人或者执行侦查任务的警察将犯罪嫌疑人带至治安法官面前或者根据法典的规定为保证其按时到庭对其保释时,其应向该法官移送与犯罪有关的武器或其他物品。

法典第172条规定了警察日记的记载。该条规定,每名警察都应当将侦查过程以日记的方式记载,记录受理案件的时间、开始侦查和终止侦查的时间、侦查地点以及通过调查所确定的案件情况的陈述。任何刑事法院都可以在法庭上查看调查或审判案件的警察日记,被告人及其辩护人不得查看这些日记,也不得因为法院所述而认为他们有权查看这些日记。

(五)一审程序

1.刑事法院的地域管辖

《缅甸刑事诉讼法典》第十五章规定了刑事案件的地域管辖,第177条至第188条对刑事案件侦查和审判的管辖进行了详细的规定。每一罪行均应由法院在管辖范围内调查和审判,此外,联邦总统有权指示在任何法院对任何地方的案件进行审判。当某人因已经发生的行为被指控犯罪,这种犯罪可以在法院管辖范围内调查或审判。当某种行为因与其他行为之间的关系而属于犯罪行为时,如果行为人有刑事责任能力,则属犯罪,其罪行应当由法院在管辖范围内进行调查或审判。对于教唆犯罪的指控应当由教唆行为发生地的法院调查或者审判,或者由犯罪嫌疑人所在地的法院管辖。对于接受或者保留赃物的犯罪行为,应当由犯罪行为发生地法院管辖,或任一犯罪人所在地的法院管辖。

在本地管辖范围内,法院有权管辖暴力犯罪、暴力谋杀犯罪、持械犯罪以及脱逃罪。侵占罪或者信托罪由犯罪地法院管辖,或者由财产所在地法院管辖。包括盗窃在内的其他犯罪,或者持有盗窃财产罪由犯罪地法院管辖,或者由盗窃或者持有财产的人所在地法院管辖。绑架罪或者劫持罪由犯罪地法院管辖,或者由被绑架人被藏匿、拘禁所在地法院管辖,包括运输经过地法院。如果犯罪行为在多个地区发生,或者部分犯罪发生在本地区部分犯罪发生在其他地区,并且犯罪具有持续性,或者几个犯罪行为在不同的地区实施,则所有法院对该犯罪均享有管辖权。

犯罪人在旅行过程中犯罪的,犯罪人所在地、被害人所在地或者犯罪所指向的物品经过的法院都有管辖权。最高法院下属的两个或者两个以上的法院对管辖有争议的,由最高法院决定。区治安法官或者分区治安法官以及经联邦总统特别授权的一级治安法官有合理理由相信有人在其管辖范围内实施犯罪(无论该人目前在境内还是在境外),该类犯罪不能根据前述方式管辖但可以根据缅甸的其他法律管辖的,这些地区的法官可以管辖该犯罪,强迫该人出庭。如果该罪是可以保释犯罪的话,在将其带至法官面前后可以对其保释。

多名治安法官对案件享有管辖权时,治安法官不能就案件的管辖问题达成一致意见的,该案件的管辖须申请最高法院决定。如果犯罪嫌疑人已经被地区治安法官以外的治安法官根据签署的令状逮捕,那么该法官应当将被逮捕人移送地区治安法官处或者分区治安法官的下属法官处。除非治安法官有权管辖该犯罪,并有权签发令状逮捕犯罪嫌疑人,否则应当将被逮捕犯罪嫌疑人交给警察或者交给签发令状的治安法官。缅甸公民在本国领域外犯罪的,将会受到与在国内犯罪一样的惩罚。

2.一审程序的启动

除法律另有规定外,任何地区治安法官或分区治安法官以及特此授权的其他治安法官,在下列情况下均可启动一审程序:第一,收到构成犯罪的事实的举报;第二,警务人员以书面报告形式所提出的事实;第三,从警察以外的人处收到的信息,或根据自己的认识或怀疑发现的罪行。联邦总统、执行联邦总统一般命令或者特殊命令的地区治安法官有权授权其他治安法官根据前述条件对企图实施犯罪或者已经实施犯罪的被告人进行审判。总统可以授权一级治安法官、二级治安法官依据条件对企图犯罪或者已经犯罪的被告人进行审判。在提出证据之前,被告人应当被告知他有权申请案件由其他法院审判,如果被告人反对由该法官审判,则该案件应当提交审判庭审理,或者将案件移送另一法官审判。地区治安法官、分区治安法官都有权将被指控的案件交由其下级法官审判。地区治安官有权授权一级治安法官将案件移交其所在地的其他法官审判,但是这些法官必须有能力调查或者审判该类案件。

3.控告人向治安法官的控告

控告人向治安法官提出控告后,治安法官应当立即对控告人进行口头审查,审查的实质内容应进行书面记录,由控告人和治安法官签字。在移送管辖的案件中,如果治安法官移交案件时已经对控告人进行审查的,移交后的治安法官不得重新审查。如果控告是以书面形式向没有管辖权的治安法官提出的,该法官应在控告人同意的情况下,将控告书提交给有管辖权的法院。如果没有以书面形式提出控告,则治安法官应指示原告向有管辖权的法院提出。

治安法官接到控告后,认为存在适当理由的,可以以书面形式推迟启动强制被控告人出庭的程序,并自行查询个案。如果是三级治安法官以外的治安法官,则可指示其下属的任何治安法官或警务人员或他认为合适的其他人进行询问和审查,以确定控告的真实性。治安法官对案件进行调查后,可以将证人的口头陈述作为证据。如果经治安法官调查,发现没有合理理由支持控告的,则应当驳回控告,但是需要书面记录其理由。

治安法官认为有充分的理由启动诉讼程序的,首先应当签发传票,签发传票目的在于保证被告人出庭,治安法官在合适的情况下也可以签发令状,以要求被告人在特定时间出席法庭审判。治安法官签发传票时,如果认为理由充分,可以免除被控告人亲自出庭的义务,并允许其辩护人出庭。在诉讼中,治安法官在必要的情况下可以要求被告人亲自出席法庭,也可以强制被告人出庭。

4.对一审案件的调查

地区治安法官、分区治安法官或者一级治安法官以及经联邦总统授权的三级治安法官以外的其他治安法官,可以将任何人交由初审法院或最高法院审理其可以审理的犯罪行为。如果案件由初审法院或最高法院审理,或者治安法官认为应由本法院审判,则应由治安法官通过以下程序讯问:当被告人被带到他面前时,治安法官应出示所有支持控方和被告人的证据,或者以治安法官要求的方式要求控告人(如有的话)聆讯。

被告人可与控方证人自由交叉询问,在这种情况下,检察官可以重新审查。在提出证据并进行检查的案件中(如有),治安法官认为有足够理由启动诉讼的,应当陈述被起诉的罪名。在起诉后法官应当向被告人解释,如果被告人提出要求,应免费提供副本。对被告人作出解释后,被告人须立即决定是否要自己提供证据,以及他是否愿意通知证人;如果被告人意欲提出证人,则应立即要求他以口头或书面形式表明被传唤的证人及其地址。法官可酌情决定,允许被告人在随后的时间进一步提供证人名单。控辩双方的证人和控告人必须出席审判,如果控告人或者证人拒绝出席审判,或者拒绝执行保证,法官有权将其羁押,直到其执行保证,或者直到其出席审判。

5. 庭审中检察官对被告人指控的形式与内容

对被指控人的指控均需要表明其所犯罪行,如果罪名有法律的明确规定,则该罪行只能由该名称来描述;如果法律没有规定具体罪名,则该罪行必须以被指控的罪名陈述。应当在控诉书中提及规定犯罪行为的法律法规,在特定情况下,构成被控犯罪的每项法律条件都应当得到满足。如果被告人未经指控而接受审判或者受到错误指控或者存在瑕疵的指控,法官或者书记员可以根据案件情况改变指控或者增加指控或者选择其他形式的指控,但是案件的指控形式应当符合法律规定。

除上述一般指控外,《缅甸刑事诉讼法典》还专门规定了合并指控。如果被告人被指控从第一次犯罪到十二个月内的最后一次犯罪期间违反多项罪名,不论犯罪对象是否是同一个人,法院都可以一次性对其不超过三次的犯罪进行指控和审判。在可以合并指控的犯罪中,如果被指控人犯有多项罪行,则可以由同一检察官指控并由同一法院审判。如果所述行为属于两个或多个单独定义的犯罪行为,则被告人可以被合并起诉并进行审判。下列人员可被共同起诉和审判:在同一案件中被指控犯有同一罪行的多个人;被控告犯罪的人以及教唆他人或者意图实施犯罪的人;被指控犯有两项以上同类犯罪的人,并且犯罪是在十二个月内实施的;在同一案件中实施不同犯罪行为的人;接受、隐瞒、保留或者转移盗窃、敲诈勒索等犯罪所得的人,教唆或企图实施该类犯罪的人。

6. 治安法院审判案件的程序

治安法院审理案件,应当遵守下列程序:当被告人被带至法官面前时,应向他陈述被指控的内容,并应询问他是否有理由表明自己无罪,不必提出正式指控。如果被告人承认被指控的罪行,则应将其原话予以记录;如果他没有提出无罪的充分理由,法官可据此判决他有罪。如果法官没有按照上述规定对其作出有罪判决或者被告人没有认罪,则治安法官应当听取控告人的意见(如果存在),并收集可能认定被告人有罪的证据。如果被告人要求亲自提供证据或者明确表示不提出证据,则法官应当听取其意见。法官在合适的情况下,可以就控告人或者被告人提出的申请向证人发出传票,要求其出庭作证,证人因出庭作证产生的合理费用由法院支付。治安法官作出判决之前,如果控告人撤回对被告人的指控,治安法官可以允许其撤回,并将被告人无罪释放。

在提起控告或者向警察、治安法官提供犯罪信息的案件中,如果一人或者多人被指控犯有可被治安法官审判的罪行,审理的治安法官认为指控是虚假的、轻率的、甚至是无理取闹的,可以排除或者撤销关于犯罪的全部或者部分指控,并将被告人释放或者认定其无罪。治安法官应当记录并考虑控告人或者信息提供者提出的理由,如果他确信指控是错误的、轻率的或者无理取闹的,则这些原因应当被记录下来,并且向被告人支付不超过一百卢比的赔偿。如果治安法官是三级治安法官,那么赔偿的额度不得超过五十卢比,并且治安法官可以决定由控告人或者信息提供者向被告人赔偿。根据上述命令向被告人支付赔偿金的,治安法官可以判定在支付不能的情况下,被要求支付赔偿金的人需要承受不超过三十天的监禁。

7.治安法官传唤案件的审判程序

治安法官在审理传唤案件时应遵守以下程序:当被告人出庭或被提交治安法官时,治安法官应听取控告人的意见(如果有的话),并采纳支持起诉的所有证据,被告人有权对控告人(如果有的话)以及支持控方指控的证人进行交叉质证。治安法官从控告人或者其他人处确定可能知道案件事实的人,并且这些人能够为指控提供证据,则治安法官在需要的情况下有权传唤这些人,要求其出庭作证,被告人也享有与被传唤的人进行质证的权利。

指控应当向被告人宣读并解释,被告人也将被讯问是否认罪以及是否需要辩护。如果被告人认罪,治安法官应当将认罪情况予以记录,并可以酌情对其定罪。如果被告人拒绝认罪或者要求法官直接对其审判,他要立即表明是否希望交叉询问,如果需要,应当明确控方哪位证人需要接受交叉询问。如果他不希望进行交叉询问,本方提出的证人将被要求出庭,在交叉询问以及再询问之后,他们将被允许离开。控方提出的证人随后出庭作证,在进行交叉询问以及再询问之后,他们也可以离开。案件随后进入被告人陈述阶段,被告人有权就其犯罪进行最后陈述,如果其提出书面陈述,该书面陈述应当记录并存档。

8.最高法院和地方刑事法院的审判程序

最高法院审理的所有案件都应由陪审团审理;移送最高法院的所有刑事案件,如果最高法院明确由陪审团审判,则由陪审团审理。联邦总统有权通过宪报的方式发布命令,指令由陪审团组成的地方刑事法庭审判所有罪行或特定类别的罪行,并可撤销或更改该命令。联邦总统也可以发布类似命令,要求任何地区的犯罪案件都可以由陪审团审判。当被告人因几项罪名被同一法院审判,但是部分罪名不属于陪审团审判的案件时,则所有案件都可以由陪审团审判,地方刑事法院审判不能由陪审团审判的案件,在地方刑事法院审判的案件都应当由检察官出庭支持公诉。

(1)程序的启动

审判程序开始时,被告人应当出庭或被提押到法庭,法官应在法庭上宣读对他的指控并向他做出解释,询问他是否认罪或者接受审判。被告人认罪的,应当予以记录,并对其定罪。如果被告人拒绝认罪或者要求法院审判,则法院应当按照指示选择陪审员审理案件。除非被告人有异议,法院在合适的情况下,可以由同一陪审团依法审理多个被告人。

(2)陪审团的选择

最高法院参与审判的陪审团由九人组成,陪审团审判时人数不得少于五人或多于九人,如果联邦总统做出特别指令,则该指令适用于特定地区或该地区特定类型的犯罪。如果被告人被控犯有可判处死刑的罪行,则陪审团应由不少于七人组成。陪审员应当从被传唤的人中选出,按照最高法院的规定,由最高法院裁决,如果传唤人员不足,经法院许可后可以从可能出席的人员中选出。陪审员被选中后,在庭审中应当庭宣读陪审员的名字,并且被告人应被询问是否反对由陪审员审理。如果陪审员具有下列情形,则不符合条件:具有推定或者偏袒的倾向;不足 21 周岁或者超过 60 周岁或者缺乏陪审员的特定条件;以宗教信仰或者习惯为由放弃陪审员资格;在法院内任职;执行警察任务;被法院定罪;不适合担任陪审员的其他情形。对陪审团提出异议的,应当由法院决定,并作出记录。如果异议成立,则该陪审员由其他陪审员代替,如果没有其他陪审员,则由陪审团名单上的其他人或法庭认为适当并在陪审团任职的其他人担任陪审员。陪审团成立后,应当选任一名主席,陪审团主席应主持陪审团的审判,提交陪审团的裁决,并向陪审团或陪审员提供法院要求的资料。陪审员在合理的时间内对任命主席不能达成一致意见的,由法院任命。

(3)案件的审判和辩护

如果由陪审团审判,当陪审员已被选定后,或者如果审判没有陪审团,被告人拒绝认罪或要求审判的,检察官应当通过提供以刑法或其他法律为依据的指控证据开启审判程序,明确对被告人指控的罪名。询问完毕控方证人之后,法官应当讯问被告人是否要提供证据或者提出证人。被告人拒绝提供证据的,应当接受控方的讯问;证人要求提供证据的,应当允许。法官或者陪审团审查后,认为被告人不构成犯罪的,应当立即将其释放。被告人或者辩护人有权向法院提出支持其主张的事实或者法律,并有权就该事实或者法律提出意见。在审判过程中,如果陪审员本人知道与案件有关的事实,则其应当作为证人出庭作证。陪审团成员参加案件的审判后应当及时出庭,陪审团成员应当在休庭后的每一次审判中出庭,并且直到案件审判结束。最高法院可以根据情况制定案件审判期限超过一天的规则,陪审团应当受制于这样的规则,主审法官可以命令陪审员在法官的指挥下共同审判,也可以要求其停止审判而解除陪审义务。

(4)陪审团审理案件的终结

由陪审团审理的案件中,法官应当对陪审团进行指示,总结起诉和辩护的证据,并制定指导陪审团的规则。法官有责任从事以下活动:决定在审讯过程中产生的所有法律问题,特别是涉及事实相关性的问题,以及涉及证据的可接受性、各方或代表双方提出的问题的适当性问题;在审判时,决定文件的含义和构成;决定所有可能需要证明的事项,以便能够提供特定事项的证据;在适当的情况下向陪审团表达他对事实问题或与诉讼有关的法律和事实问题的意见。在有陪审团参与的刑事诉讼中,陪审团的责任是决定事实问题。

在陪审团审理的案件中,法官完成任命后,陪审团可以退庭以作出裁决,除法庭许可外,陪审员以外的任何人不得与陪审团成员交谈。陪审团判决时,陪审团主席应通知法官他们达成的一致判决或多数判决。如果陪审团不能达成一致判决,法官可要求他们休庭以进一步考虑,直到法官认为陪审团可以作出裁决。在最高法院审理的案件中,陪审团意见一致或有六人意见一致的,法官应据此作出判决;如果意见一致的人不超过六人,法官应在合理的时间内解散陪审团。陪审团解散后,被告人应被羁押或保释(视情况而定),并由另一陪审团审理。

9.证据的获取与记录

除非法律另有规定,所有证据都应当向被告人展示,被告人没有出席法庭审判的应当向其律师展示。治安法官审判的传唤案件、一级治安法官和二级治安法官审判的部分案件,应当由治安法官对证人证言的实质内容进行书面记录,该备忘录应由治安法官用法言法语表述,并由他签署。在上述提及的需要进行证据记录的案件中,治安法官在合适的情况下可以通过备忘录的方式将证人证言记录。备忘录应当按照叙述的方式记载,不得以问答的方式记载。

备忘录的内容应当向被告人宣读,如果被告人不出庭则需要向其辩护人宣读,发现记载错误的,应当及时纠正。如果证据是以不同于其所用的语言记录的,并且证人不明白被记录的语言的,则此类证据需要以他所使用的语言或以他所理解的语言进行解释。

如果法庭上出示的证据是以被告人不能理解的语言呈现的,在被告人亲自出庭的情况下,法院应当以其理解的语言向其解释。如果辩护人出席法庭审判,证人证言是以法庭官方语言以外的语言呈现的,辩护人不理解证言内容的,法庭应当以官方语言向辩护人进行解释。为证实证明目的而提交文件时,法院应酌情解释其所需的内容。当刑事法官或治安法官记录了证人的证言时,还应记录审查期间该证人的言论(如果有的话)。被告人被治安法官或者最高法院法官以外的其他法官审理时,应当对法官提出的问题以及被告人回答的问题以审查的语言进行完全记录,并应当向其宣读;如果不具备该条件,则应当以法院官方语言记录,但应当以被告人理解的语言向其解释。得到被告人的确认之后,应当由法官和被告人在记录上签字。如果对被告人的审理未由治安法官或法官记录,则审查的前提是备忘录以法言法语作出,并由法官签字。如果法官未能按照上述规定作出备忘录,则应记录未能作出备忘录的原因。

10. 案件的判决

任何原审管辖的刑事法院的判决应予以宣告,对判决的实质内容应作如下解释:审判结束后应当通知被告人及其辩护人,该通知应当以法院的官方语言或者被告人明白的语言陈述。如果被告人或者检察官提出要求,则审判长应当将判决内容向其宣读。被羁押的被告人被带至法院听取判决,除非被告人在审判期间一直出庭,或者对他的量刑仅仅为罚金,或者其辩护律师代为出庭听取判决;未被羁押的被告人也应当被法院要求出庭听取判决。刑事法院作出的判决不得仅仅因为一方或者其律师缺席宣判而被认定为无效。

除非刑事诉讼法典另有规定,所有判决均应由审判长或者法官以法院官方口授语言的方式作出,判决书应载有判决的要点、判决原因。判决书由审判法官注明日期并签字,如果判决不是由审判法官本人手写,每一页判决书都应由他签字。判决应当指明判处的罪行、被告人被定罪的法律依据、被判处的刑罚;如果是无罪判决,应当明确说明被告人无罪,并宣告他无罪释放。由陪审团审判的案件中,法官不必作出判决,但法官在庭审时需要将控方记录提交给陪审团。被告人提出申请时,应立即提供判决书副本,并且该副本不得收费,但传唤案件除外。在陪审团审判的案件中,如果被告人提出申请,应当向其送达向陪审团提交的控方记录的副本。刑事法官判处被告人死刑的,应当通知其可以提出上诉的期限。

11.死刑量刑确认的提交

当法院作出死刑判决时,诉讼程序应提交最高法院,除非得到最高法院的确认,否则判决不得执行。如果最高法院认为提交的此类案件需要进一步调查,可以直接对此进行审查,也可以指定刑事法官进行审查。除非最高法院另有指示,在陪审员在场的情况下,不得作出此类审查,否则在采取同样行为时可以免除被定罪人的出庭义务。当调查和证据(如果有的话)不是由最高法院提出和收集时,调查的结果和证据应向最高法院证明。由地方刑事法院向最高法院提交被判处死刑的案件的,最高法院作出是否确认死刑的命令或者其他命令后,最高法院的法官应当立即将该命令的副本送达原审地方刑事法院。

(六)简易审判程序

地区治安法官、经联邦总统特别授权的一级治安法官以及经联邦总统授权行使地区治安法官权力的一级治安法官,在适当的情况下,可以对下列犯罪采取简易审判程序:不可以被判处死刑、流放刑的犯罪以及可能判处不超过一年监禁刑的犯罪;被盗财产不超过一百卢比的盗窃犯罪;违反刑法第403条规定而不正当地盗用财产的犯罪,违反第406条规定而违反信托的行为,盗用或转换财产的价值不超过一百卢比的;违反刑法第411条规定而获得并保留被盗财产,并且协助隐瞒或处置被盗财产,其价值不超过一百卢比的;实施刑法第427条规定的伤害行为的;实施第504条规定的意图煽动破坏和平行为以及根据第506条规定的刑事恐吓;教唆任何上述罪行;企图犯任何上述罪行的。

此外,联邦总统可以授予任何二级或三级治安法官行使地区治安法官的权力,以便立即审判以下罪行:可能判处死刑、流放刑以外的犯罪以及可能判处不超过三个月监禁刑的犯罪;违反刑法第264条至第266条、第269条、第271条至第294条、第323条、第337条、第342条、第374条、第434条、第448条、第504条规定的犯罪;被盗的财产价值不超过五十卢比的盗窃犯罪;违反刑法第403条规定而不正当地盗用财产的犯罪,违反第406条规定而违反信托的行为,盗用或转换财产的价值不超过五十卢比的;违反第 411 条规定而获得并保留被盗财产,并且协助隐瞒或处置第 414 条所述的被盗财产,其价值不超过五十卢比的;教唆实施上述罪行的;企图实施上述罪行的。按照简易程序审判的案件,不得判处超过六个月的监禁刑罚。

(七)执行程序

地方刑事法院的死刑判决得到最高法院的核准后,应当签发令状并采取必要措施保障命令的执行。如果被判处死刑的妇女怀孕的,最高法院应当命令将对该妇女的执行延期,在合适的情况下,也可以将量刑修改为终身流放。如果被告人被判处流放或者监禁刑,作出判决的法院应当立即向监禁被告人的监狱送达令状,除非被告人已经被监禁,否则应当立即将被告人收监执行。将被告人收监执行的令状应当向监狱负责人或者其他羁押罪犯的地方负责人送达,被告人被羁押的,应当将该令状交与监管人员。如果被告人被判处罚金,作出判决的法院可以通过以下方式追缴罚金:第一,签发扣押和出售属于罪犯的可移动财产的令状;第二,通过民事程序将犯罪人的动产或者不动产变现执行。所有关于执行的令状都应当由作出判决的治安法官或者刑事法官作出,或者由其工作的继任者作出。

被告人仅被判处鞭刑的,可以由法官直接执行;如果被告人仅被判处鞭刑,并且执行时间、地点待定的,法院应当要求罪犯提供担保;如果被告人不仅被判处鞭刑,还被判处监禁刑,并且被告人上诉的,在判决作出后的十五日内不得对其执行鞭刑,在上诉期满后或者上诉法院作出确认判决后立即执行。对判处监禁刑并判处鞭刑的,除非法官现场执行鞭刑,否则应当在监狱负责人在场的情况下执行。被判处鞭刑的犯罪者是未满十六周岁的未成年人的,则对其鞭刑的执行需要按照联邦总统的指示实施。鞭刑不得分期执行,下列人员均不得以鞭刑处罚:妇女;被判处死刑或者流放刑或者五年以上监禁刑的男子;超过四十五周岁的男子。除非医务人员提供证明书或者有医疗人员在场,否则不得施加鞭刑处罚;除非在场的治安法官或行政人员认为罪犯处于健康状态,否则也不得实施鞭刑。在执行鞭刑过程中,如果医疗人员以及治安法官或者行政人员在场但被告人的身体状态不适合执行鞭刑的,则鞭刑的执行应当停止。

（八）上诉程序

上诉程序的规定包括上诉法定原则、经认罪的案件不得提出上诉、上诉审的范围和上诉的裁判结果等方面。其中，上诉法定原则是缅甸刑事诉讼法律规定中比较有特色的地方。

1. 上诉法定原则

《缅甸刑事诉讼法典》第 404 条规定了上诉法定原则。该条规定，除由《缅甸刑事诉讼法典》或其他现行法律规定外，刑事法院的任何裁定均不得上诉。被二级治安法官或三级治安法官判处有罪的人可以向地区治安法官提出上诉。地区治安法官有权指令其下属的一级治安法官对上诉进行听证。如果是向一级治安法官提出上诉的，一级治安法官需要将案件提交其上级地区治安法官；如果案件已经移交区治安法官，则可以由区治安法官的下属治安法官听证。

地区治安法官有权撤销已经移交其下级治安法官的上诉案件。被助理刑事法官或者一级治安法官判决有罪的人有权向审判法院提起上诉。向审判法院或者刑事法官提出的上诉案件都应当由刑事法官或者助理刑事法官开庭审理，但是助理刑事法官只能审理由联邦总统特别授权的案件。任何被刑事法官或者助理刑事法官定罪的人都可以向最高法院提出上诉。

2. 认罪案件和轻罪案件不得上诉

《缅甸刑事诉讼法典》第 412 条规定了认罪案件不得上诉原则。虽然上诉保障了被告人的诉讼权利，但是除审判的合法性受到影响外，任何审判法院或者一级治安法官审理的被告人认罪的案件不得提起上诉。

同时，轻罪案件也不得上诉，法典第 413 条、第 414 条、第 415 条规定了轻罪案件不得上诉制度。如果法院对被告人判处三个月以下监禁刑、不超过两百卢比的罚金或者鞭刑，或者由地区治安法官及一级治安法官判处不超过一个月的监禁、两百卢比的罚金，则被告人不得提出上诉。经特别授权的治安法官做出不超过一个月监禁刑或者两百卢比罚金判决的案件，不得以任何方式提出上诉。

但是轻罪案件不得上诉制度存在例外，上述情形存在两种或者两种以上的刑罚的组合的，被告人可以提出上诉。上文不得以任何方式上诉的案件，存在维护社会和平的理由的，可以上诉。多人因同一罪行被定罪的，如果部分被告人提出上诉且已经进行听证并予以批准的,其他所有同案被告人都有权提出上诉。检察长可以指示检察官针对原审判决或者上诉命令或者最高法院之外的法院作出的无罪判决提出抗诉。

3.上诉审的范围

在缅甸刑事诉讼中,除针对陪审团判决提出的上诉仅就法律问题提出之外,所有上诉可以就法律和案件事实问题提出。

对上诉审的范围,《缅甸刑事诉讼法典》作出专门规定。法典第418条规定,在陪审团审判的案件,任何被判处死刑的人以及在同一审判中被定罪的其他人可以就事实和法律问题提出上诉。第419条规定了上诉的形式,所有上诉需要由上诉人或者辩护人以上诉书的形式提出,并且上诉应当附原审判决书副本或者驳回上诉命令的副本。陪审团审判的案件,还需要附陪审团审判的书面记录。对在押犯的上诉,第420条规定,如果上诉人在监狱内提出上诉,可以将上诉请求及上诉书交监狱长,由监狱长交上诉法院。关于上诉的审查,第421条、第423条作出规定,上诉法院在收到上诉书后,应当仔细审查,如果缺乏足够的证据,则可以驳回上诉,但是上诉法院应当对上诉举行听证会,否则不得驳回。如果上诉法院受理了上诉,应当立即通知上诉人及其律师,上诉法院应当将上诉通知被告人。

4.上诉的裁判结果

根据《缅甸刑事诉讼法典》的规定,上诉的裁判结果有以下几种:第一,撤销原判决,将被告人予以释放;第二,将案件交由上诉法院下属的法院重新审判;第三,维持原裁判结果;第四,在原有判决基础上依法改判,但是不得加重对被告人的刑罚。《缅甸刑事诉讼法典》关于管辖权的规定适用于上诉法院对上诉案件的管辖。上诉法院在处理上诉案件的过程中,如果认为需要采纳其他证据,在做出记录之后,可以自行采纳证据,也可以要求刑事法官采纳该证据。如果上诉法院是最高法院,可以要求治安法院或者审判法院采纳该类证据。当存在补充证据时,该类证据应当被提交给上诉法院,上诉法院应当立即处理上诉案件。除非上诉法官另有指示,补充证据应当提交给法官,但是没有向陪审员展示的,被告人及其辩护人应当出庭。

(九)特别程序

《缅甸刑事诉讼法典》关于刑事诉讼特别程序的规定体现在以下方面:针

对精神病人的诉讼程序,妨碍法庭秩序的特定犯罪的诉讼程序,保护妻子、子女权益的程序,人身保护令性质的指示程序。

1.针对精神病人的特别诉讼程序

第464条规定了针对精神病人的特别诉讼程序的调查与庭审。治安法官在调查或者审判时,有合理理由相信被告人属于精神病人无法进行辩护的,应当对此进行调查。治安法官有权要求管辖区内由联邦总统特别授权的外科医生或者其他医生进行检查,该医生应当作为证人在法庭审判时出庭,并且作为证人接受交叉询问,不得以书面形式作证。

对该特别诉讼程序的具体审判在第456条作出规定。如果被告人存在精神不健全的情况,治安法官应当对此进行书面记录,并有权决定延期审理。如果被告人所犯罪行应当由最高法院或者审判法院审理,法官发现被告人精神不健全,不能行使辩护权的,陪审团或者法官应当在审判时考虑被告人精神不健全的情况,如果其认为该情况属实,在作出记录后,可以决定延期审理。对被告人精神状况的审查应当视为法庭审判的组成部分。

精神病人有权申请保释。法典第466条规定,发现被告人属于精神不健全的人之后,法官基于对被告人的照顾及防止其伤害他人的考虑,可以根据案件的情况对被告人决定保释。同时,法官在对精神不健全的被告人决定保释时,还应当考虑其按时出庭的可能性。如果法院或者治安法官认为被告人的情况不符合保释条件,则应当根据案件情况以合适的方式将被告人羁押。

对于因属于精神病人而延期审理的案件,法官有权恢复审理和调查。法典第467条规定,因被告人属于精神病人而延期审理的,法官有权随时恢复审查和审判,并要求被告人出庭接受审判或者将被告人移交法院羁押。被告人被保释的,保证人应当在其精神恢复正常并且能够进行自主辩护时,将其移交法院或者治安法官。

被告人被重新移交法院或者被告人本人能够出庭的,法官在被告人有能力自行辩护的情况下可以继续之前的审判;如果法官认为被告人仍然无法继续自行辩护,则应当按照上述提及的程序行事。如果被告人被关押在监狱或者精神病医院,有证据证明被告人有能力自行辩护的,则其应当被带至法院重新审判。如果有证人证明被羁押于精神病医院的被告人对其他人没有危害,可以将其释放。对于没有被羁押而是关押在精神病医院的被告人,也可以将其转移至收容机构,但是应当由一名司法人员以及两名医务人员组成委员会进行管理,该委员会应当对被告人进行检查。对于需要释放或者羁押被告人的,应当在适当的情况下向联邦总统提出。

2. 妨碍司法的特定犯罪的诉讼程序

民事法院、税务法院认为被告人犯有妨碍诉讼程序的罪行的,为了维护司法正义,有权向刑事法院提出申请,要求对该犯罪行为按照第195条第1款b项的规定进行审查。民事法院、税务法院或者刑事法院的审判长在必要的情况下签署书面意见,并将其交给具有管辖权的一级治安法官。被告人符合保释条件的,可以对其保释;不符合保释条件的,应当将被告人羁押,以便在审判的时候将其带至法官面前接受审判。在对被告人适用本特殊程序审判的案件中,如果其原有罪行审限将至,则法官可以中止原案件的审理,直到作出特别程序裁决。

在民事法院或税务法院发现或者在诉讼中接到民事法院或税务法院的通知的,该类案件应当由高级法院审理,但是该类犯罪的调查应当由原法院进行。基于调查该类犯罪的目的,民事法院以及税务法院可以行使治安法官的所有权力。民事法院和税务法院作出提交审判的文书之后,应当将该文书连带案件记录移交地区治安法官或者经过特别授权的其他治安法官,治安法官应当将上述材料以及控辩双方提出的证人名单一同移交最高法院或者审判法院。在此类案件中,法官应当对犯罪事实、被告人陈述予以记录。在审判妨碍司法的被告人时,如果其停止继续妨碍行为,并服从法院命令,具有悔意的,法官有权酌情赦免或者释放该被告人。证人或者被要求向刑事法院出示证明材料的人拒绝回答法院的问题或者拒绝提供证明材料的,应当具有合理理由,如果不具有合理理由,法院应当对其行为予以记录,并有权对其判处简易监禁。对上述拒绝回答问题或者拒绝提供材料的行为,最高法院可以将其认定为藐视法庭罪。

3. 保护妻子、子女权益的程序

法典第488条规定了保护妻子、子女权益的诉讼程序。如果具备足够条件抚养无法维持生活的妻子和婚生、非婚生子女,但拒绝抚养的,地区治安法官、分区治安法官或者一级治安法官有权命令该人每月向妻子和孩子提供不超过一百卢比的津贴以维持生活。该津贴应当从法官命令作出之日或者申请人申请之日起支付。同时,法典对该程序的后果也作出规定。第489条规定,如果被命令支付津贴的人没有充分理由而不履行义务,法官可以发出征收令;如果还是没有支付的,法官可以判处该人一个月以上的监禁,甚至可以判处其直至支付完毕时的监禁。如果男方同意共同居住以抚养对方的,法官应当听取妻子的意见。如果妻子存在通奸或者没有充分理由而拒绝与丈夫共同居住或者双方同意分居,则妻子不能得到丈夫提供的生活津贴,并且法官可以取消之前做出的命令。

4.人身保护令的性质说明程序

法典第491条对人身保护令的性质说明程序作出规定。该条规定,最高法院在适当的情况下,可以做出以下指示:在刑事上诉案件的管辖范围内处理上诉案件;被告人被国家或者私人非法羁押的,解除对被告人的羁押;要求被羁押在监狱的囚犯,移送法院作为在该法院待决或待审查的案件的证人;将被羁押被告人带至军事法庭或总统授权的委员会,就相关事项对被告人进行审查与询问;为了审判的目的,将被羁押的被告人转移至另一羁押场所。

(十)补充规定

《缅甸刑事诉讼法典》在对刑事诉讼程序做出规定后,还对一些特别问题进行了补充规定,在此,笔者仅对公诉人、保释、证人调查委员会等典型问题进行介绍。除补充性规定外,法典后文还存在对刑事诉讼程序进行解释的附件,在此笔者就不再逐一介绍。

1.公诉人

联邦总统可以以一般指令或者特别指令的形式命令特定官员代表国家出庭,这些人被称为检察官。地区治安法官或者隶属于区治安法官的分区治安法官在没有检察官或者在检察官没有被指定的情况下,可以指定其他人作为检察官代表国家出庭支持起诉,但是被指定的官员的级别不得低于联邦总统可能指定的官员的级别。在陪审团审理的案件中,检察官经法官同意,在判决作出前可以撤回相关指控,其中既可以撤回部分指控,也可以撤回全部指控。撤回指控之后,应当将被羁押的被告人释放,如果有证据证明被告人无罪的,应当宣告被告人无罪。

2.保释

被指控犯有不可保释罪行的人以外的任何人不得在没有警察机关负责人令状的情况下被逮捕或羁押或者被带至法官面前。被控告人在被监禁期间或在法庭审判阶段提出保释的,法官可以允许。被指控犯有不可保释罪行的人在没有警察机关负责人令状的情况下,不得被逮捕、羁押或者被带至法官面前,被控告人被监禁期间或者在法庭审判期间可以保释,但是有可能被判处死刑或者流放的不得保释。16 岁以下的人或者妇女有权获得保释。侦查人员或者治安法官在对被告人进行调查的过程中,发现没有充分理由证明被控告人实施了不可保释的罪行,但是有充分的理由表明需要对其进行进一步侦查的,在侦查期间被控告人可以保释。在法院审判结束之后判决作出之前,法院认为被指控的不可保释的被控告人无罪的,应当立即将其释放。如果被保释人通过欺诈、误导或者其他方式骗取保释,或者提交的保释金不足,法官有权签发逮捕令,将被保释人逮捕。

3. 证人调查委员会

在调查或者审判的过程中,地区治安法官、刑事法官或者最高法院法官为了诉讼目的可以审查证人,证人不方便出庭或者证人无力出庭的,法官可以免除其出庭义务,但是应当委托所在地的区治安法官或者一级治安法官向证人取证。经调查委员会委托的法官或者一级治安法官享有与刑事法官相同的权力。如果证人在缅甸以外的国家或者地区,政府之间或者政府与地区之间就证人出庭作证问题作出规定的,委员会应当按照相关规定取证。诉讼程序的当事人都有权向法官或者委员会提出对证人的书面质询,委员会委托的法官或者代表委员会执行任务的法官应当审查证人。

4. 特殊证据规则

尽管在被告人在场的情况下由治安法官或其他医务人员交存了相关证据,或者根据证人调查委员会进行调查交存了其他医务证据,但在侦查、审判或其他诉讼程序中,不被称为证人的外科医生或者医务人员也可以提供证据。法官有权传唤或者审查外科医生或者医务人员。由政府交由化学检验人员或者助理人员进行分析的物品的报告可以作为证据在法庭上呈现,并且可以接受审查,与其他证据印证。在审判或者其他诉讼程序的调查中,已生效判决书可以作为证明案件事实的证据。犯罪人被监禁的情况下,监狱负责人签发的材料可以作为证明被告人有罪或者无罪的证据。

5. 财产处置

调查或者法庭审判期间发现的被用于犯罪的财产或者犯罪所得财物,法院可以下令在调查或者审判期间对此保管,如果财产有减少的可能性,在进行书面记录的情况下,法官也可以下令将涉案财物出售。调查结束或者审判结束之后,法官可以采取合适的方式处置、扣押、没收或者向财产所有人交付被保管的财物。最高法院或者其法官不能直接发布命令将财产交付给所有权人,而应当指示地区法官执行。

三、其他法律关于刑事诉讼程序的规定

　　缅甸关于刑事诉讼制度的规定不仅体现在《缅甸刑事诉讼法典》中,在《缅甸联邦共和国宪法》《联邦审判法》《联邦检察法》以及《反腐败法》中也有规定。《缅甸联邦共和国宪法》对缅甸的司法权进行了总括性的规定,其中包括刑事诉讼制度的规定,特别是对法院的级别、司法的基本原则等问题进行规定。除此之外,宪法中还专章对司法问题作出规定。《联邦审判法》和《联邦检察法》则分别从两个角度对法院、检察院,法官、检察官等进行了详细规定。而《反腐败法》则是从专门角度对专门刑事诉讼程序进行规定。

(一)《缅甸联邦共和国宪法》关于刑事诉讼程序的规定

　　缅甸目前适用的宪法是 2008 年出台的,对刑事诉讼既有总括性的规定,也有具体制度的规定。特别是对刑事诉讼基本原则、法院的级别等问题的规定对刑事诉讼具有指导意义。

　　《缅甸联邦共和国宪法》第 19 条规定了司法应当遵循的基本原则,这些原则也适用于刑事诉讼,包括根据法律独立审案原则、公开审案原则以及依法享有上诉权和抗诉权的原则。其中,根据法律独立审案原则与宪法第 11 条第 1款规定的分权制衡原则又存在关联。第 11 条第 1 款规定:作为国家权力三大组成部分的立法权、行政权、司法权应尽可能分开行使,并相互制衡。此外,宪法第 21 条第 2 款也规定了对犯罪嫌疑人采取强制措施时应当遵循的原则:未经法院批准,对任何人的羁押不得超过 24 小时。关于缅甸国家司法权的范围,则在宪法第 18 条第 1 款作出规定:缅甸国家的司法权由包括联邦最高法院、省法院、邦法院和民族自治地方法院在内的各级法院行使。在缅甸联邦境内,联邦最高法院只有一个,是国家最高级别的法院,联邦最高法院有权颁布最终裁决令。

　　此外,《缅甸联邦共和国宪法》中还对检察机关、法院等进行了细致的规定。虽然存在检察制度的规定,但是关于检察制度在刑事诉讼中的运行并没有作出具体规定,只是对检察长的任命、任期、辞职、停职等问题进行了规定。对于与刑事诉讼有关的检察制度在下文关于《联邦检察法》的介绍中再进行细致分析。同时,由于《联邦审判法》对法院的司法权有更为全面的规定,此处亦不进行详细介绍,更多内容在下文中进行介绍。宪法规定缅甸的司法机构包括联邦最高法院、省法院、邦高级法院、自治州法院、自治县法院、县法院、镇区法院以及依法成立的其他法院,同时还包括军事法院和宪法法院。虽然联邦最高法院属于最高司法机关,但是,并不干涉军事法院和宪法法院司法权的行使。

(二)《联邦审判法》关于刑事诉讼程序的规定

《联邦审判法》是缅甸为顺利执行审判工作而制定的单行法律,其中主要内容为审判的基本原则、各级法院的设立、司法权,以及职责权力。

《联邦审判法》第3条规定了审判应当遵循的基本原则,与宪法规定相一致。该条规定的基本原则除宪法规定的独立审判、公开审判和依法享有辩护权与上诉权外,还包括惩处犯罪应当注重品行教育等具体原则。同时,在缅甸刑事诉讼中,判决一旦生效,任何有关刑事的法律都不再对该案件具有法律约束力。任何犯罪行为只能根据犯罪当时生效的法律作出判决,不得判处该项法律规定之外的其他处罚。对法院作出的特别程序判决或无罪判决,除上级法院重新审理外不得再次审理该案件。

除以上关于基本原则的规定外,《联邦审判法》的内容重点在于各级法院的设立、管辖等方面。

1.联邦最高法院是国家最高司法机关,其负责人称为联邦首席大法官

根据《缅甸联邦共和国宪法》,缅甸联邦共和国设立联邦最高法院。联邦最高法院是国家最高司法机关,但无权干涉军事法院和宪法法院工作。联邦最高法院有权就以下事项行使司法权:与缅甸联邦签署的国际条约规定的相关事务;联邦政府与省、邦政府间发生的除涉宪问题之外的其他争议;省、邦、联邦直辖区相互间发生的除涉宪问题之外的其他争议;海盗案,国际领海或领空侵犯案,违反国际法规定的侵犯领土、领海案;法律规定的其他事务。

同时,在不违背《缅甸联邦共和国宪法》和其他法律规定的情况下,联邦最高法院有权作出以下行为:对于初审作出的裁决、指示或命令拥有上诉裁判权;对省、邦最高法院作出的裁决、指示或命令拥有上诉裁判权;对其他法院作出的裁决指示或命令拥有上诉裁判权。联邦最高法院有权对其他法院作出的判决或命令进行再审。联邦最高法院有权下达死刑命令和判决死刑上诉案。

此外,联邦最高法院对移送至本院的案件具有管辖权,有权决定案件的移送管辖。联邦最高法院还享有发布下列国家法令的权利:国家最高法令、授权令、禁止令、质询令和传票。但是联邦最高法院的法令不得与现行法律授予其效力的命令相抵触。当事人无权对联邦最高法院作出的最终判决提起上诉,但是可以根据《缅甸联邦共和国宪法》的规定对联邦最高法院作出的初审判决、指示或命令提起上诉。联邦最高法院有权对已作出最终判决或已下达指示或命令的初审上诉和再审案件给予特别上诉权。

除由受理特别上诉案的法院或由合议庭判决的案件外,如联邦首席大法官认为由联邦最高法院作出的最终裁决在社会上有可能产生较大影响,则可让特别上诉的法院或合议庭重新审判。联邦最高法院的司法权可根据联邦首席大法官规定的权限由一位或多位法官执行。联邦最高法院是国家最高级别的法院,因此,有权对上诉案作出最终判决,但无权对由联邦最高法院作出最终判决的案件提起上诉。

联邦最高法院有权监督和管理国内法院,联邦最高法院应规定自治州法院、自治县法院、镇区法院和法律规定的其他法院的刑事案件的司法权。联邦首席大法官和联邦最高法院法官为依法行使权力、确保案件审理的及时性,有权到全国各地的监狱、看守所、羁押所视察罪犯或被羁押人员。除关于诉讼程序的规定外,《联邦审判法》还规定了联邦最高法院成员的任命、任期等问题。

2.省、邦高级法院的程序规定

在缅甸各省、邦分别设立了省高级法院和邦高级法院。省、邦高级法院的负责人称为省或邦大法官。省、邦高级法院应设于省、邦政府驻地,也可根据情况设于省、邦内的某一地区。

在案件管辖方面,除内比都各法院司法工作由曼德勒省高级法院管辖外,省、邦辖区内的某一地区如被划入联邦直辖区,该地区法院司法工作由省、邦高级法院管辖。省、邦高级法院依法享有以下司法权:案件初审、审理上诉案、审理再审案以及审理法律规定的其他案件。省、邦高级法院有权对自治州法院、自治县法院作出的关于上诉的判决、指示或命令进行再审。对移送至本院的案件,省、邦高级法院享有管辖权。同时有权决定将省或邦司法管辖权范围内的某一法院的案件移送至其他法院。此外,省、邦高级法院按照联邦最高法院的指示对其司法管辖权范围内的下级各法院的司法工作进行监督和管理。同时,《联邦审判法》也规定了法官的任职条件、任期等。

3.省、邦高级法院依法设立的各级法院

省、邦高级法院依法设立以下各级法院：自治州法院、县法院、镇区法院以及法律规定的其他法院。自治州法院、县法院对刑事案件的初审以及法律规定的其他案件具有司法管辖权。自治州法院、县法院对镇区法院和法律规定的其他法院作出的判决、指示、命令有二审权和再审权。自治州法院、县法院对移送至本院的案件具有司法权，有权决定将自治州法院、自治县法院、县法院司法管辖权范围内的某一法院的案件移送至其他法院。

镇区法院对刑事案件的初审以及法律规定的其他案件具有司法管辖权。依法设立的其他法院对法律规定的相关案件具有司法管辖权。自治州法院、自治县法院、县法院依据联邦最高法院、省或邦高级法院的指示有权对管辖权范围内各镇区法院的司法工作进行监督和管理。

(三)《联邦检察法》关于刑事诉讼程序的规定

与我国检察机关的性质不同,缅甸检察机关属于行政机关,联邦总检察长属于联邦政府机关组成人员,对总统负责。[①] 因此,缅甸检察机关在刑事诉讼中的职责与我国检察机关的职责不同,缅甸检察机关并不具有我国检察院享有的法律监督权。

缅甸除联邦最高检察院外在省或邦检察院以及其司法权管辖范围内,按以下方式组成:1.无自治地方的省、邦设县检察院、镇区检察院。2.有自治地方的省、邦,自治州设自治州检察院、县检察院、镇区检察院;自治县设自治县检察院、镇区检察院;其他地区设县检察院、镇区检察院。3.联邦直辖区设县检察院、镇区检察院。4.依法成立的其他检察院。

缅甸检察总长履行以下职责:履行联邦政府成员的职责;适时在联邦议会会议、人民院或民族院会议上做特别司法事务的工作报告;应总统、联邦议会议长、人民院或民族院主席、联邦级机构、联邦各部或者内比都委员会的请求提供司法建议;在由联邦最高法院审理的涉及国家的初审、上诉、再审和特别上诉案中代表政府出庭;代表国家向联邦最高法院下达指示;依法对犯罪行为提起公诉;在刑事案件中代表国家出庭;在政府作为原告或被告的民事案件中

---

① 　张树兴:《东南亚法律制度概论》,中国人民大学出版社 2015 年版,第 113 页。

代表政府出庭；对于涉及政府的由省或邦最高法院作出的判决、指示或裁定，必要时可向联邦最高法院提起上诉或再审；解释法律；向相关政府部门和组织提出有关国际性、地区性或双边条约的司法建议；就谅解备忘录、协议备忘录、国内外投资协定以及其他协议有关的法律事务向政府部门和组织提出司法建议；就各省或邦高等检察院提出的法律问题提供司法建议；指导、监督联邦最高检察院及各级检察院检察官；按规定向联邦最高法院提交有关联邦最高检察院的法律草案；履行《缅甸联邦共和国宪法》、现行法律及细则、本法细则、法规、命令、指示规定的其他职责；履行联邦政府或法律规定的其他职责。在上述职责中与刑事诉讼程序有关的职责主要为：出庭义务、提起公诉义务。

在刑事诉讼中，检察总长享有以下权力：根据需要向法院要求撤回控诉、被告人或整个刑事案件；对不能提起公诉的刑事案件予以审结并作决定；就省、邦最高法院的无罪判决依法向联邦最高法院提起上诉。联邦副总检察长需要履行检察总长交付的职责，行使检察总长的权力。省、邦检察长在刑事诉讼中履行的职责、享有的权力与联邦检察总长相同，主要集中在提起公诉、代表国家出庭、撤回控诉、不起诉以及上诉等方面。其他各级检察院检察官享有以下权力：在刑事案件审理前依法检查和提出司法建议；就刑事案件向法院提起公诉；在刑事案件中代表国家出庭；检查起诉机关起诉前的证据是否确实；检查并决定是否撤销控告、被告人和整个刑事案件的上诉；检查不能提起公诉的刑事案件，予以审结并作决定；在刑事案件中，根据刑事程序法的规定决定是否给予被告人豁免；为被指控犯有死罪的贫困被告人聘请律师；监督由检察官出庭的刑事案件中原告聘请的律师；根据需要，就有关法院作出的涉及政府的判决、命令或决定的刑事案提起再审；根据需要，就法院作出的无罪判决提起上诉。[①]

(四)《反腐败法》关于刑事诉讼程序的规定

《反腐败法》是缅甸于 2013 年 8 月颁布的一项重要法律，其主要目的是追究任何缅甸境内的人或者在境外的缅甸人的腐败行为。在缅甸，有专门负责反腐败犯罪的调查小组和预审小组，并且有依照法律专门成立的打击行贿受

---

① 张文山、李莉：《东盟国家检察制度研究》，人民出版社 2011 年版，第 265～267 页。

贿委员会和委员会办公室。

1. 反腐败犯罪调查小组打击贪腐犯罪的行为

打击受贿行贿委员会需要甄别和接受控告信,驳回涉嫌诬告陷害的控告信,依法追究诬告者的责任。同时,该委员会有权授权调查小组和小组成员进入建筑物内搜查、寻找、收集行受贿证据。除以上职责外,委员会还享有以下职权:一是下达指示,扣押涉及受贿的钱财、物品作为证据,犯罪嫌疑人提交保证书后,下达命令归还扣押的证据,或撤销归还的命令。二是向银行、金融机构负责人下达命令,授权调查小组搜查和收缴有关银行和金融机构的涉案钱财和物品作为证据,查询和复印金融记录,视情况将其扣押作为证据。三是在调查期间,向有关部门、机构和人士下达禁令、封存令,禁止将可用于证据的钱物改变、替换、隐匿、毁坏和改变形状。四是撤销前述的封存令和禁令。五是为实施《反腐败法》,向有关政府部门、政府机构、非政府机构和有关人士获取必要的协助。六是依照现行法律,向依照本法组建的预审小组、工作委员会、工作小组和调查小组传唤的证人发放证人费和差旅费。七是授权调查小组或调查员从事以下行为:(1)公职人员触犯刑法的,依法向有关省或邦最高法院起诉;(2)非公职人员触犯刑法的,依法向有管辖权的法院起诉。八是审核预审小组的报告,如认定公职人员的财产物品是受贿所得,下令将其财产物品扣押入国库。九是检举人提供充足证据检举索贿受贿行为使犯罪人得到惩处的,给予检举人应有的保护和规定的奖金。

2. 预审小组打击贪腐犯罪的行为

委员会根据调查报告或其他充分证据,发现公职人员有行贿受贿行为的,有权指示调查小组领导或调查组长将其起诉到省或邦最高法院。发现非公职人员有行贿受贿行为的,有权指示调查小组领导或调查组长将其起诉到有管辖权的法院。委员会根据调查小组的调查报告或其他证据,发现有受贿的财产、物品并且证据充分的,应按专案组建由合适人员参加的预审小组调查取证,扣押违法所得财物。

预审小组应当从事以下行为:根据委员会赋予的职责,通知被调查人,赋予其本人或代理人辩护权;传唤调查有关人员,获取涉及违法所得财物的证据;分析调查小组的调查报告或委员会获取的证据,向委员会提交调查报告,汇报自己的发现、分析和看法;对调查行为和调查的案件保守秘密。调查小组成员根据委员会的安排开展如下工作:接待和调查、控告、检举;调查犯有本法所指罪行、企图犯罪、协助犯罪等行为。对《反腐败法》中规定的罪名,由调查小组或者调查员承担起诉任务。应当提交本法规定的行贿受贿有关物证,如果向法院提交有困难,则无须将该物证提交法院,可展示保管报告或有关资料证明,该展示视同在法院出示证物,法院将依法作出判决。

四、缅甸刑事诉讼制度的特色

缅甸经历了封建王朝统治、殖民统治以及民族独立制宪,这导致缅甸的法律制度呈现多元化的色彩。缅甸刑事诉讼制度作为法律制度的重要组成部分,在社会的发展中也经历了曲折的历程,兼具封建制的传统影响、外国殖民色彩的遗留以及本国制度的探索,因而具有自身的特色。

(一)缅甸检察机关在刑事诉讼中的地位具有显著特色

缅甸联邦检察机关由联邦最高检察院和各级检察院组成,被规定在《缅甸联邦共和国宪法》中,属于行政机关,特别是在第五章"行政"的内容中,联邦检察总长及各级检察长的任命、职责以及弹劾都有详细的规定。因此,缅甸检察机关在国家机构中的定位是行政机关。

不过,缅甸检察机关也是刑事诉讼的参与者,其在刑事诉讼中的职责体现为刑事案件的起诉与上诉。缅甸检察官在刑事诉讼中肩负着向法院提起诉讼的任务,同时,检察官在刑事诉讼中需要代表国家参加刑事案件的审判,对法院作出的无罪判决,检察机关有权提出上诉。同时,其也有权撤销对犯罪嫌疑人的指控,并且有权撤销向上诉法院提起的上诉。缅甸检察机关的法律定位是行政机关,但其又是刑事诉讼的重要参与者,是代表国家追究被告人刑事责任的主体,与我国的检察院具有相似之处。但是我国检察院还具有法律监督者的角色定位,二者之间还是存在区别,只不过缅甸检察机关表面上具有准司法机关的色彩。

(二)《缅甸刑事诉讼法典》中对术语的解释以及对法条的阐述独具特色

《缅甸刑事诉讼法典》对刑事诉讼程序作出细致的规定,虽然有不少规定

203

因为不符合司法实践的要求已经被取消,但是规定的全面性是其重要特色,尤其体现为对相关术语的界定以及对相关条文的释义。

一方面,《缅甸刑事诉讼法典》第 4 条对相关术语进行了全面的界定。在第 4 条的规定中,其对"可保释犯罪""指控""可审判罪行""侦查"等二十余个术语进行了解释。虽然有的术语已经不再适用,但剩余术语的解释仍非常详细,足见缅甸刑事诉讼注重对基本术语等细节与技术性问题的规定,以避免刑事诉讼因相关术语的不准确而出现差错。

另一方面,《缅甸刑事诉讼法典》中多处出现了对法律条文的解释与示例。法律条文的规定具有僵硬性,特别是一些复杂的法律规定,往往需要立法者进行解释或者提出具体的事例予以例证,《缅甸刑事诉讼法典》就体现了这一特色。如在第一章"指控"的规定中,多次出现了对法律条文的解释与说明,第221 条规定了指控的内容、指控的罪名等内容。由于该条文的规定是纯粹的技术性规定,未能体现实践中的实例,因此,在随后立法者通过具体的案例进行了说明。在对共同指控、共同审判的规定中也多次出现了该类解释与说明,这是缅甸刑事诉讼法规定的一大特色。

(三)《缅甸刑事诉讼法典》通过附表阐释刑事诉讼制度独具特色

《缅甸刑事诉讼法典》后文共附有四个附件,除附件一已经失效外,其余三个附件都还具有效力。其中附件二是对特定罪名的诉讼程序的说明,附件三是对治安法官权力的规定,附件四是对治安法官被授予的其他权力的规定。

附件二是最具有特色的内容,在该附件中,对教唆犯罪、共同犯罪、危害国家安全犯罪等犯罪的诉讼程序进行了详细的规定。这些诉讼程序的规定也涉及警察是否可以无证逮捕、一审程序中是否签发令状或者传票、犯罪人是否可以保释、是否可以不起诉、案件由哪一法院管辖等内容。该附件为警察、检察官以及法官处理刑事诉讼案件提供了具体的依据,对刑事诉讼中的典型问题作出细致的规定。

附件三对各级治安法官的权力进行了规定,这些规定涉及批准羁押、逮捕的权力,签发令状的权力,处理涉案财物的权力,启动审判的权力,终止诉讼程序的权力等。该附件并非对各级治安法官的权力进行笼统规定,而是根据不同法律条文的规定,对每一条文中涉及的治安法官应当享有的权力进行说明。

这使得治安法官在处理案件时所依据的法律规范的操作性很强,避免出现程序不当问题。

附件四则是对被授权的治安法官的权力的行使进行了细致规定。该规定虽然是对特别授权的规定,但同样是逐条对治安法官享有的权力进行的说明,操作性和参考性非常强。

(四)令状的签发体现英美法色彩

令状制度是英美法系国家的典型制度,缅甸作为曾经受到英国殖民多年的国家,刑事诉讼中的令状制度也体现了英美法系的特点,在《缅甸刑事诉讼法典》中多处出现了令状制度的规定。

在强制到庭程序中,犯罪嫌疑人具有应当逮捕的情形时,需要由审判长或者刑事法官签发书面形式的逮捕令状,签发之后的令状具有效力持续时间,直到法官取消令状或者该令状被执行。因签发令状而被逮捕的犯罪嫌疑人也可以被保释,但是需要签发令状的法官或者法院在令状上做出背书,要求犯罪嫌疑人或被告人在法庭审判时能够准时出庭。此外,在传唤等诉讼程序中也存在关于令状签发的规定,这都体现出了缅甸刑事诉讼法中的英美法色彩。

缅甸令状的签发通常由警察机关申请,但是治安法官也可以主动签发关于逮捕等行为的令状。法官在签发令状时需要对实质性条件进行审查,以使令状的签发更具有准确性与公正性。在缅甸,令状签发之后,一般是由警察机关执行,并且在有的情况下可以由申请令状的警察机关以外的警察机关执行。与我国文书签发不同的是,我国逮捕通知书等文书的签发是由本机关负责人批准,本机关对逮捕与否具有很大的决定权。

(五)私人逮捕制度具有很大特色

私人逮捕制度是指在刑事诉讼中对现行犯或者犯罪后立即被发现等情形下的犯罪嫌疑人、被告人,由公安司法机关以外的人逮捕的制度。我国也存在私人逮捕制度,不过我国的称谓是"扭送",并非以"私人逮捕"的形式表述,但实质内容差距不大。

我国《刑事诉讼法》第 82 条规定了扭送制度。对具有下列情形的人,任何公民都可以立即扭送公安机关、人民检察院或者人民法院处理:正在实施犯罪或者犯罪后即时被发现的、通缉在案的、越狱在逃的,以及正在被追捕的。我国关于扭送制度的规定相对比较详细,对可以扭送的情形做了列举式规定,操作性较强。《缅甸刑事诉讼法典》规定的私人逮捕制度与扭送制度具有相似之处,但是,并没有如此细致的规定,并且采取逮捕措施的普通公民享有很大的权力。《缅甸刑事诉讼法典》第59条对私人逮捕制度作出规定,任何公民认为他人犯有不可保释的罪行、应当由法院审理的罪行或者怀疑他人是已决犯,其有权将被怀疑人逮捕,并且立即将其送交警察或者带至警察局。虽然缅甸关于私人逮捕制度也具有适用情形的规定,但是其规定相对宽松,普通公民对逮捕享有较大的权力。

第七章

菲律宾刑事诉讼法

　　菲律宾共和国(The Republic of The Philippines),简称菲律宾,位于西太平洋,是东南亚一个多民族群岛国家。1946 年 7 月 4 日,菲律宾获得独立。菲律宾现为东盟(ASEAN)主要成员国,也是亚太经合组织(APEC)的 24 个成员国之一。经过多年的发展,菲律宾经济快速成长,已成为东南亚重要的新兴工业国家以及世界的新兴市场之一。

　　菲律宾于 1975 年 6 月 9 日同我国建交,此后两国关系步入正常化发展的新时期,经济合作随之不断加强,农业、文教、科技、军事等领域的交往与合作日益增多。中国奉行的独立自主的外交政策和对外开放政策为中菲两国友好关系打下了坚实的基础。从中菲双边关系上说,建交后中菲官方和民间交流不断,为双方经济、文化的发展注入了源源不断的生机与活力;从多边关系上说,中菲关系是中国—东盟合作关系的重要一环,中菲合作的升级也将为中国与东盟合作的稳定和深化带来新的契机。尽管南海问题等冲突和争端使中菲关系陷入泥淖,但随着双边对话协商的加强,中菲关系亦将在曲折中逐步发展。

一、菲律宾刑事诉讼制度概况

(一)历史沿革

菲律宾没有专门的刑事诉讼法典,刑事诉讼程序规定在《菲律宾法院规则》(以下简称《法院规则》)中。《菲律宾法院规则》共 144 条,主要分为四个部分,其中第 1 条至第 71 条为民事诉讼规则,第 72 条至第 109 条为特别程序规则,第 110 条至第 127 条为刑事诉讼规则,第 128 条至第 134 条为证据规则,其余条款是关于法院和司法工作人员的职权、律师和律师协会的权利义务,诉讼费用和效力等方面的规定。"菲律宾刑事诉讼规则"经过两次修改,第一次修改文本生效于 1985 年,第二次修改文本生效于 2000 年,沿用至今。2000年修改的《菲律宾刑事诉讼规则》共 17 条 187 款,主要包括起诉程序、预先调查程序、逮捕与保释、被告人的权利、答辩程序、审判程序、搜查和扣押等内容。菲律宾的刑事诉讼规则相对民事诉讼规则较为简略,其中关于上诉和送达等内容援引了民事诉讼规则的相关规定,但是涵盖了主要的刑事诉讼程序,条目分明,规定明确。菲律宾的刑事诉讼规则从体例和内容上都体现了菲律宾诉讼程序的特色。

由于《菲律宾法院规则》只规定了从起诉开始的诉讼程序的操作方法,而没有涉及警察在侦查阶段的具体操作细则,因此《菲律宾法院规则》只是狭义上的"诉讼"程序规则,[①]关于侦查阶段的程序规定于《菲律宾国家警察犯罪侦查手册》(以下简称《侦查手册》)之中。

---

① 一般认为,刑事诉讼程序具有广义和狭义之分,狭义的刑事诉讼仅指起诉至审判期间的诉讼程序,尤其是以审判为中心。对犯罪的侦查,属于有关国家职能部门为维护社会治安而进行的行政活动;生效判决的执行则是国家职能部门为实现判决所确定的刑罚权和其他内容而进行的活动。广义的刑事诉讼除起诉后的审判外,还包括侦查活动和执行活动,因为大多数刑事案件非经侦查,就无法决定是否起诉;非经执行,则判决内容无法实现。参见孙长永:《刑事诉讼法学》,法律出版社 2013 年第 2 版,第 5 页。

（二）刑事司法机关

1. 审判机关

菲律宾实行司法独立。《菲律宾共和国宪法》规定："司法权属于最高法院和依法设立的各级地方法院。"菲律宾普通法院系统分为四个层次，即最高法院、上诉法院、司法区区法院以及市级法院。此外，菲律宾还设有一些专门法院及法庭，包括特别法院（即行政法院，又称反贪污法院）、穆斯林法院、军事法院等。以下分述之：

（1）最高法院

最高法院是菲律宾最高司法机关，负责受理对法院各条款解释有争议的案件。最高法院由 1 名首席法官和 14 名大法官组成，首席法官是其他法官的行政领导。涉及有关大使、其他外交使节和领事的案件，以及有关申请发布调卷重审令、制止管辖令、批示行为令、责问权限令和人身保护权令的案件，由最高法院行使初审审判权；对各下级法院的判决或裁决不服者，当事人可以上诉到菲律宾最高法院，由最高法院行使上诉审判权；依照法律规定或《菲律宾法院规则》，当事人对下级法院关于特定案件的终审判决或裁决所提出的上诉或调卷重审令，最高法院有权进行复审、复查、驳回、改判或确认维持原判。①

（2）上诉法院

上诉法院主要负责受理对民事、刑事一审不服上诉的案件。菲律宾只在首都马尼拉市设立了全国唯一的一所上诉法院，享有除最高法院管辖以外的上诉案件的专属管辖权。除涉案法律问题存在争议需要由最高法院进行最终裁决的案件外，上诉法院二审作出的判决是终审判决。上诉法院共有 50 名法官，包括 1 名首席上诉法官和 49 名法官。50 名法官平均分为 10 个小组，其中 4 个小组（民事小组）分管来自区法院的民事案件的上诉；2 个小组（刑事小组）分管来自区法院的刑事案件的上诉；其余 4 个小组（特别案件小组）分管特殊类型案件的上诉。②

---

①　本章仅列举部分菲律宾最高法院的管辖权，具体参见陈兴华：《东盟国家法律制度》，中国社会科学出版社 2015 年版，第 135 页。

②　参见上诉法院网站，http://ca.judiciary.gov.ph/index.php? Action＝profile2，最后访问日期：2017 年 9 月 24 日。

（3）司法区区法院

菲律宾全国被划分成 15 个司法管辖区,每一管辖区域设立一个区法院。每一个区法院分为几个分支部门,享有对初级法院判决不服的上诉案件的二审审判权。同时区法院还享有特殊刑事、民事案件的初审审判权,包括诉讼标的物无法以金钱估价的所有民事案件、所有涉及不动产的民事案件(强行侵入案件和非法滞留案件除外)、所涉标的总额超过 2 万比索的海事案件和遗嘱案件以及有关婚姻关系或婚约的案件等。

（4）市级法院

市级法院处在菲律宾法院系统的最底层,享有除区法院,特殊法院专属管辖外的普通民商事案件、刑事案件、青少年犯罪案件的一审审判权。大城市法院、市法院及市巡回法院这三种法院构成菲律宾的基层法院体系。大城市法院是在法律规定的大城市设立的法院系统,例如在菲律宾首都的法院是马尼拉法院;市法院分为两种,一种是设立在除法律规定的大城市外的普通市、自治城市的市法院,另外一种是设立在行政区划上较市低一级的合成市的合成市法院,在大城市法院或市巡回法院所在的领域外的每一个合成市、市或自治城市都设有一个市法院;为了加快诉讼、方便诉讼,菲律宾还设立了市巡回法院。市巡回法院是按照法律所划分的巡回管辖区域,跨越行政区划,涵盖多个城市而设立的巡回管辖法院。

2.检察机关

菲律宾的检察机关是国家行政机关的组成部分。菲律宾的各级检察院与作为国家政府部门之一的各级司法厅在行政上存在隶属关系,检察机关的工作由司法部进行统率和领导,司法部长统摄全国检察工作。菲律宾检察机关共分为三级,由设在司法部的国家检察办公室,司法区区检察院,市级检察院组成。除涉及选举的犯罪(由选举委员会行使公诉权)外,菲律宾检察机关享有对刑事犯罪提起公诉的权力。需要强调的是,检察机关虽然与司法行政机关存在隶属性,但是在具体案件的侦查和处理上,检察机关具有相对独立性,在此事项上,司法部长仅对检察长享有监督权。①

此外,菲律宾还设有独立调查处,专司行政监督与渎职案件的调查,这是菲律宾检察制度的独特之处。独立调查处设调查官一名,总助理一名,助理若

---

① 张文山、李莉:《东盟国家检察制度研究》,人民出版社 2011 年版,第 173～174 页。

干。独立调查处的主要职责在于对公司企业工作人员，以及国家工作人员的渎职行为、贪污贿赂行为进行调查，并指示政府行政管理部门对违法违纪的工作成员施以惩戒，严重者可直接起诉。

(三)刑事诉讼法的法律渊源

菲律宾曾先后沦为西班牙和美国的殖民地，由于该特殊的历史因素，其现行法律体系同时受到大陆法系和英美法系的影响，成为两大法系相融合的典范。[1] 菲律宾刑事实体法方面主要体现了大陆法系的法律精神与立法理念，而在刑事诉讼法方面，英美法律的传统则对菲律宾法律体系的建立具有显著影响。[2] 菲律宾刑事诉讼法的法律渊源主要有以下几项：

1.制定法

制定法是菲律宾刑事诉讼法最主要的法律渊源，包括宪法、其他法律、行政命令，以及行政规则等。是其刑事诉讼法最主要的法律渊源之一，规定了刑事诉讼的基本原则、诉讼程序中被追诉人的权利、国家机关的职权等事项，奠定了菲律宾刑事诉讼法的基本框架。《法院规则》则是其他制定法中最主要的法律渊源，对菲律宾刑事诉讼的具体程序，如起诉程序、强制性措施、审判程序等进行了详尽的规定。其他制定法如《侦查手册》《修正刑法典》也是菲律宾刑事诉讼法重要的法律渊源。

2.司法判例

菲律宾法律制度最体现英美法系法律制度特色的一点便是将司法判例作为重要的法律渊源，虽然菲律宾不承认判例拘束主义，但为了应对法律含糊不清或矛盾等问题，赋予判例解释法律的作用。[3] 在包括刑事审判在内的审判过程中，法官和各方当事人可以援引判例以支持自己的主张，但是只有最高法院的判例具有拘束力。

3.国际条约

国际条约是菲律宾刑事诉讼法的重要法律渊源。菲律宾加入的国际条约

① 陈兴华：《东盟国家法律制度》，中国社会科学出版社 2015 年版，第 125 页。
② 齐树洁：《菲律宾继承法研究》，载梁慧星主编：《迎接 WTO——梁慧星先生主编之域外法律制度研究集》第 3 辑，国家行政学院出版社 2000 年版，第 292 页。
③ 张卫平：《菲律宾的法律制度》，载《东南亚研究资料》1985 年第 4 期，第 74～77 页。

在国内具有同样的法律效力,如菲律宾签署的双边、多边引渡条约和刑事司法援助条约等。

(四)刑事诉讼法的主要结构

《菲律宾刑事诉讼规则》共 18 条,从性质上属于操作细则,因此缺乏相关诉讼原则的规定。第 1 条[①]为犯罪的起诉,共 16 款,主要包括起诉的条件、公诉书和申诉状的定义和要求,以及法院的管辖权等。第 2 条为刑事附带民事诉讼的起诉,共 7 款,主要包括提起刑事附带民事诉讼的条件,附带民事诉讼的赔偿范围,附带民事诉讼中刑事诉讼与民事诉讼的关系,附带民事诉讼的中止等。第 3 条为预先调查程序,共 9 款,主要包括启动初步调查程序的条件,进行调查的人员、程序和期间、方式,调查决议等。第 4 条为逮捕,共 14 款,主要包括逮捕的定义、方式、执行、期间,逮捕执行人员的权力等。第 5 条为保释,共 26 款,主要包括保释的定义、条件、依据,保证方式,保释申请的提交,保释的变更和撤销,法院对在押人员的检查和羁押必要性的审查等。第 6 条为被告人的权利,主要包括应推定被告人无罪,被告人的知情权、沉默权、举证权、质证权,以及自行辩护权和委托辩护权等。第 7 条为提讯和答辩程序,共 11 款,主要包括提讯和答辩的具体程序,答辩的类型和撤回,提讯过程中的证据审查,提讯的中止等。第 8 条为撤销案件的动议,共 9 款,主要包括提出撤销案件的动议的时间、形式和内容、原因,动议的更改和撤回等。第 9 条为庭前程序,共 4 款,主要规定庭前程序的内容,庭前合意等。第 10 条为审判程序,共 24 款,主要包括审判期限、审判流程、证人和证据的审查、合并审理和分别审理等。第 11 条为判决,共 9 款,主要包括判决的定义、形式、内容,判决的宣告,判决的更改和撤销等。第 12 条为重新审理和复议程序,共 6 款,主要包括重新审理和复议的定义和理由,准予重新审理或复议的效力等。第 13 条为上诉程序,共 13 款,主要包括受理上诉的机关、上诉期限、上诉的撤回、为上诉被告人指定辩护律师等。第 14 条为市法院的审判程序,主要规定初级法院的审判程序与区法院的审判程序的一致性。第 15 条为上诉法院的审判程序,共

---

① 菲律宾刑事诉讼规则是法院规则的一部分,规定于《菲律宾法院规则》第 110 条至第 127 条,因此法律文本中本无"刑事诉讼规则第 1 条"的提法,本章为论述方便,将《法院规则》的第 110 条代之以刑事诉讼规则的第 1 条,余下条款以此类推。

18 款,主要包括上诉状提交的时间、形式和内容,上诉法院的判决范围,上诉审的处理方式,以及上诉审的审判组织。第 16 条为最高法院的审判程序,共 3 款,主要包括最高法院进行上诉审的程序与上诉法院具有一致性,最高法院对上诉法院判决的审查以及处理方式。第 17 条为搜查与扣押,共 14 款,主要包括搜查令的定义、形式、效力,扣押的财产范围,以及扣押财产的处理方式等。第 18 条为临时补救措施,共 2 款,主要包括在刑事诉讼中可以采取适当的民事临时补救措施,临时补救措施的适用情况等。

二、菲律宾刑事诉讼法的主要内容

《菲律宾法院规则》对起诉程序、强制性措施、审判程序等方面作出详尽的规定,侦查程序主要规定于《侦查手册》中,以下详述之。

(一)侦查措施

《菲律宾法院规则》除了强制性措施外并未对侦查程序作出规定,主要的侦查程序规定于《侦查手册》中,因此本段论述主要围绕《侦查手册》的相关规定展开。菲律宾刑事案件的侦查权由菲律宾国家警察(Philippine National Police,简称 PNP)享有,在接到电话报案或者当面报案后,警察应当展开犯罪侦查。《侦查手册》第 1 条第 1 款对侦查行为作出定义,即侦查是为了三重目的而进行的查明事实的行为。所谓的三重目的为:其一,确定犯罪嫌疑人;其二,锁定犯罪嫌疑人的位置;其三,调查指控其罪行的证据。在履行职责的过程中,警察必须把握 6 个侦查的基本点,即所犯罪行是什么,犯罪是如何发生的,谁实施了犯罪行为,犯罪发生于何地,犯罪发生于何时,为何犯罪。《侦查手册》第四章"基本刑事诉讼程序"以及《菲律宾刑事诉讼规则》第 113 条"逮捕",第 126 条"搜查和扣押"规定了主要侦查措施,以下详述之:

1.逮捕

《菲律宾法院规则》第 113 条,以及《侦查手册》第 4 章第 1 节对逮捕的对象、逮捕的执行等作出相关规定。

(1)逮捕的对象

逮捕是对应对犯罪行为承担刑事责任的人所采取的一种强制措施,但是

213

不得逮捕菲律宾总统,外交官员及其仆从,以及在国会开会期间,不得逮捕可能被判处 6 年有期徒刑以下的参议员或者众议员。

(2)逮捕的执行

执行逮捕须持法院签发的逮捕令,执行逮捕的警察应当在其收到逮捕令的 10 日内执行逮捕。逮捕期限届满的 10 日内,执行逮捕的警察应当向签发逮捕令的法官提交报告。未执行逮捕令的,应当说明理由。逮捕时,不得使用暴力或不必要的强制手段进行逮捕,被捕者不应当受到超过逮捕他所必需的程度外的限制。警察应当告知被捕者逮捕他的原因和签发逮捕令的事实依据,如果在警察告知之前被捕者逃跑或强行抵抗,或者告知这些信息将不利于逮捕的执行,可以不告知。如果警察有合理理由相信被捕者在某建筑物内部或者外围,但在其宣告权力和目的后被拒绝进入,警察可以直接进入或者离开。逮捕时不需要出示逮捕令,但逮捕后,如果被捕者提出要求,应尽快向他出示逮捕令。逮捕后,应不加拖延地将被捕者送至最近的警察局或监狱。

出现以下情况的,官方人员或私人可以无须逮捕令径行逮捕:第一,其在场目击被逮捕人已经实施犯罪行为,或者正在实施犯罪行为或者正在试图实施犯罪行为;第二,犯罪行为已经实施,某人根据自己对事实或情况的个人认识有合理理由相信该犯罪行为是由被逮捕人实施的;第三,被逮捕的人是一名从监狱中逃脱的罪犯,或者是在服刑过程中,被暂时羁押过程中,在从一个监狱转移到另一个监狱的过程中逃跑的人。在前两项规定的情况下,被逮捕的人,应当立即被送至最近的警察局或监狱,并按照《菲律宾法院规则》第 112 条第 7 款的规定进行诉讼程序。当进行没有逮捕令的逮捕时,执行逮捕的警察或者私人应当向被逮捕人宣告其执行逮捕的权力以及逮捕原因,若被逮捕人在逮捕人告知前逃跑或者暴力反抗抓捕的,或告知将不利于逮捕的执行的可以不告知。

2.突袭行动

突袭行动规定于《侦查手册》第 4 章第 2 节,是指对建筑物或区域进行突发搜查。突袭行动应具有法律依据并且以合法的方式进行。突袭行动将以搜查令或逮捕令的形式进行,可能是为了追捕一个被合理怀疑犯有重罪的人,也可能是为应对刚发生的重罪。只有在采取其他方法难以完成任务且经过仔细调查过后方可实施突袭行动。

(1)突袭行动的目标

突袭行动的目标是:第一,实行逮捕;第二,通过犯罪嫌疑人意料外的突发行动获取不法活动的证据;第三,查获赃物。

(2)突袭行动的基本要求

一般情况下,所有的警察行动(逮捕、突袭行动、搜查和扣押等)都应符合以下条件:第一,使用有标志的警车;第二,最好由现役军官指挥;第三,穿着警服。当使用一辆有标记的警车可能会危及突袭队的安全,并且会极大地影响行动的成功时,无须使用该种警车。

(3)实施突袭行动应当合理使用武力

实施突袭行动应避免使用武力。但是,在突袭行动中,由于不可避免的情况发生了武装对抗,警察可以使用合理的武力来压制嫌疑人所构成的威胁。只有在正当自卫、对等防御、面对更强的武力威胁时才可以使用武器,如果警方有理由(基于事实)相信嫌疑犯对警方或其他的人将造成迫在眉睫的死亡威胁或严重身体伤害的危险也可以使用武器。指挥官必须确保没有无辜的平民在交火中受到伤害。在一次武装冲突之后,指挥官应履行如下职责:第一,检查冲突的范围;第二,检查是否仍然存在危险;第三,将受伤人员转移到最近的医院;第四,对被杀害、受伤的被逮捕的人采取相应的处置方法。对发生武装冲突的地区有管辖权的警察部门应当联合 SOCO 小组(即为 Scenes of Crime Officer,犯罪现场调查小组),立即进行必要的调查和现场处理。

(4)突袭行动的注意事项

实施突袭应当注意以下几点:第一,勿冒险;第二,勿低估犯罪嫌疑人的能力或勇气;第三,勿在没有充分准备的情况下进行突袭;第四,勿危及旁观者的生命;第五,勿指派不熟悉的警察人员;第六,在使用催泪瓦斯时勿忘戴防毒面具;第七,勿对犯罪嫌疑人施加不必要的暴力;第八,除非十分紧急,勿开枪;第九,勿在缺乏证人、物权人或突袭地的合法占有人在场见证的情况下接触证据。

3.搜查与扣押

《菲律宾法院规则》第126条,以及《侦查手册》第4章第3节和第4节对搜查和扣押程序作出规定,主要涉及搜查令、搜查和扣押的执行以及搜查和扣押后的处理等事项。

(1)搜查令

搜查令是一份以菲律宾人民的名义签发的书面命令,用于搜查和扣押个人财产,由法官签署,指示国家官员搜查或扣押搜查令载明的个人财产,并将其带到法庭上。搜查令所针对的对象是:被告人的财产;盗窃、贪污和其他收益,或者犯罪所得;用于或准备用于犯罪的工具。警察可以向对犯罪行为有管辖权的任何法院申请签发搜查令,如犯罪行为已经立案,则只能向受理案件的法院申请签发搜查令。只有在法官亲自审查相关证人和证言后认为需要对犯罪行为进行审判,且搜查地或扣押物在菲律宾境内的情况下,才可以签发搜查令。搜查令从签发之日起 10 日内有效,该期限届满后,搜查令将失效。

(2)搜查和扣押的执行

搜查和扣押应在白天执行,如果搜查地或扣押物所在地日夜不息的运营,也可以在晚上进行。任何房屋、房间或其他场所的搜查都应在该场所的合法居住者参与的情况下进行,当合法居住者不在时则在其家庭成员在场的情况下进行,由共同居住且具有足够年龄和判断力的证人见证。如果执行人员在宣告其目的和授权后,被拒绝进入搜查地,可以打破房屋外部或内部的门、窗或房子的任何一部分或任何物品以执行搜查令,也可以突破自己或其他任何合法协助其的人员被施加的非法限制。当搜查到危险武器,或者其他被用于或者被证明涉及犯罪行为的物品,可以依法进行扣押。

(3)搜查和扣押后的处理

扣押财产后,执行人员必须向在场的搜查和扣押财产的合法占有人出具被扣押财产的详细清单;如果合法占有人不在场,则由共同居住且具有足够年龄和判断力的至少两名证人见证,并在财产扣押地留下扣押清单。此外,警察必须立即将被扣押的财产连同真实的财产清单交付给发出搜查令的法官,并宣誓确认。签发搜查令的 10 日后,签发的法官应当查明扣押的财产是否已经入库,如果没有,应当召集执行扣押的人员,并要求他解释仍不入库的原因;如果已经入库,法官应当查明是否是按照规定向财产的合法占有人或财产扣押地合法居住者出具扣押清单,并要求将被扣押的财产向其移交。搜查令的入库清单应由搜查和扣押财产登录簿的保管者登记并保管,并在入库清单上载明入库的日期、结果和其他行为。违反该款规定的,构成藐视法庭罪。

4.审讯

审讯规定于《侦查手册》第 4 章第 5 节。审讯是指在没有法院签发的逮捕令而执行了逮捕的案件中,由公共检察官对被捕者进行的随意、简要的调查,以明确被捕者是否需要继续被羁押,以及是否需要对其提出控诉。

(1)审讯的启动和终止

警察应当与市级检察机关协调,以进行有效的审讯程序。警察有权得到及时更新的负责审讯的检察官名单,该名单应详细载明检察官的姓名和工作日程。自审讯人员收到被捕者的宣誓书、侦查报告、控告者和证人的证言或者警方在对逮捕或羁押的人的调查过程中收集的其他证据等相关材料之日起，可以进行审讯，审讯程序必须在《修正刑法典》第 125 条规定的期限内终止。①

（2）审讯的程序

首先，特定案件中侦查人员应向审讯检察官提供相应材料。如在谋杀、故意杀人和杀亲案中，侦查人员应提供被害人的死亡证明或真实的死亡证明副本以及尸体剖检报告和验尸报告。如果侦查人员未在规定的期限内提供相应材料，审讯人员应当指示警察机关在《修正刑法典》第 125 条规定的期限内提交所需要的证据，否则审讯人员有权命令释放在押人员。其次，在押犯罪嫌疑人应出席审讯程序，但是在押犯罪嫌疑人正在住院的，因特殊情况被关押在其他地点的审讯可能造成安全风险的，因在押人员的年龄、健康、性别等因素导致审讯难以实施的，可以缺席审讯，审讯人员应当作出记录，并放入案卷。再次，审讯人员应首先确定在押人员的逮捕是否按照相关法律的规定进行。当审讯人员发现逮捕并未按照规定执行时应当建议释放被逮捕人，并在相关文件内记录处理意见，同时准备一份简短的备忘录，说明采取行动的原因，然后将上述文件连同案卷移送市级检察院以采取相应的处理措施。最后，当审讯人员认为执行逮捕适当时，应当询问在押犯罪嫌疑人是否同意对其进行初步调查。如果犯罪嫌疑人同意进行初步调查，视为放弃《修正刑法典》第 125 条赋予其的权利，初步调查可以由审讯人员本人或承办案件的助理检察官进行，并在 15 日内结束；如果在押犯罪嫌疑人不同意进行初步调查，或拒绝出具弃权书，审讯则通过审查控告者及其证人的陈词或宣誓书，以及其他指控犯罪嫌疑人的证据进行。

（3）审讯的结果

当呈交给审讯人员的证据使其对犯罪行为已发生以及在押人员可能有罪产生了合理怀疑，他应当立即准备相应的需呈交给法院的公诉书和检察建议。公诉书须载明所犯罪行，如果建议适用保释的话还应写明建议的保释金数额。

---

① 《修正刑法典》第 125 条规定："基于合法理由羁押犯罪嫌疑人的警察或者其他人员应当根据犯罪嫌疑人可能被判处的刑罚，在相应时间内向具有管辖权的司法机关移送犯罪嫌疑人；可能被判处轻刑的应在 12 小时移送；可能判处矫正刑的在 18 小时以内；可能判处重刑的应在 36 小时以内。所有案件中，在押人员有权被告知其被羁押的原因，有权与他的律师或代理人随时进行沟通和协商。"

审讯人员自己或者检察官助理应将案卷和公诉书提交给市级检察院以采取相应的行动。如果审讯人员没有产生合理怀疑,其应当建议释放被逮捕或者被羁押的人,并在相关文件内记录处理意见,同时准备一份简短的备忘录,说明采取行动的原因,然后将上述文件连同案卷移送市级检察院以采取相应的处理措施。释放在押人员的意见经批准后,应当向羁押场所出示释放命令。市检察官不批准释放建议的,在押人员将被继续羁押,并由省或市检察官或者承办案件的助理检察官提出控告。

5. 保释

保释规定于《菲律宾法院规则》第 114 条,以及《侦查手册》第 7 章第 8 节。菲律宾将保释作为被追诉人的一项重要权利,这在《菲律宾宪法》和《菲律宾法院规则》中都有所体现。[①] 保释即为对于羁押期间的被羁押人,在被羁押人或保证人保证按照法院要求按时出庭的前提下,将其释放。可以以公司担保、资产债券、现金担保或者保证书的形式提供保证。

(1)保释的条件

所有种类的保释都应符合以下条件:第一,保证应经批准方有效,除非被撤销,在区法院判决公布前持续有效,无论该案件是在初审阶段还是上诉在阶段。第二,被追诉人应当在法院要求的时候,在相应的法庭上出庭。第三,被追诉人在没有正当理由或者没有告知法庭的情况下拒不出席审判的,视为放弃其出庭的权利。在这种情况下,审判可以在缺席的情况下进行。第四,保证人有义务确保被追诉人出庭以执行最终判决。可能被判处死刑[②]、无期监禁或者终身监禁的被追诉人,不得保释。被追诉人可能被判处六年有期徒刑以上的,出现以下或者其他类似情况的,被追诉人不能被保释,或者在告知被追诉的前提下,将被检察官撤销:第一,被追诉人是累犯、准累犯(quasi-recidivist)、惯犯,或者因重复犯罪具有加重情节的;第二,被追诉人以前曾逃避法定羁押、逃避刑罚,或者在没有正当理由的情况下违反保释规定;第三,在

[①] 《菲律宾宪法》第三章第 13 条规定:"除因罪证确凿,可判无期徒刑的被告人外,任何被告人在定罪之前应准许其交纳适当的保证金而予以保释,或根据法律规定具结保释。即使人身保护令的权利被中止施行,上述保释权也不受影响。不得规定过高的保释金。"

[②] 菲律宾于 2006 年 6 月 24 日通过了《禁止在菲律宾适用死刑的共和国法案第 9346号》,以无期监禁和终身监禁代替死刑的适用。参见张树兴:《东南亚法律制度概述》,中国人民大学出版社 2015 年版,第 191 页。

缓刑、假释或有条件的赦免期间犯罪的;第四,根据案件的情况表明被追诉人可能在保释期间逃跑的;第五,被追诉人在上诉期间,可能犯新罪的。

(2)保证方式

如前所述,菲律宾保释具有多元化的保证方式,主要为保证金保证、公司保证以及保证书保证三种。首先,被追诉人可以提供保证金申请保释。签发逮捕令或者同意保释申请的法官应当根据但不限于下列因素确定合理的保释金额:申请保释的被追诉人的经济能力;犯罪的性质和相关因素;可能被判处的刑罚;被追诉人的性格特征和声誉;被追诉人的年龄和身体状况;指控犯罪的证据力度;被追诉人出庭的可能性;其他保释中没收的保证金;被追诉人在被捕时是一个逃犯;被追诉人保释期间有其他未决案件的。不得要求过高的保释金。被追诉人或其代理人可以向就近的法定收汇人(collector)或者地方税务局或者省、市财政部门以现金的方式支付法院或者调查检察官、承办检察官所要求的保证金,按照本条第二节的规定提交存款证明和书面承诺。缴纳的现金视为保证金,用于支付罚款和费用,如果有剩余,应返还被追诉人或者其他缴纳保证金的人。其次,被追诉人还可以以公司保证的方式申请保释。任何国内或国外的公司,只要有法律允许的担保资格并且有法律授权进行担保的,可以由公司董事会正式授权的公司人员,向被追诉人提供担保服务。这种商业保释制度下的保证人称为保释代理人(bail bondsmen)。保释代理人可以以保证金作为保证方式,也可以选择不动产保证,以不动产作为保证方式的保释代理人应在法官面前证明其具备法律规定的保证人资格。[①] 保释代理人应陈述保证财产的性质与特征,包括所有权性质、产权负担、保释代理人所订立的其他保证项目是否清偿,以及是否负有其他债务等。法院可以按照其认为合理的方式对保释代理人保证的充分性进行审查,保释代理人不适格的不得保释。因此菲律宾的公司保证兼具保证金保证和保证人保证的特性,既对保证财产的价值和性质提出要求又需要审核保证人的资质。最后,被追诉

---

① 《菲律宾法院规则》第 114 条第 12 款规定,以不动产作为保证方式的保证人应符合如下要求:第一,必须是菲律宾境内的不动产的所有人;第二,只有一种担保时,不动产的价值应当与保释所要求的金额相当;第三,如果有两种或更多的担保方式,每一种都可以以低于保释所要求的金额,但各担保方式的金额的总和必须与保释所要求的全部金额相当。每一个保证人都必须保证其用于提供担保的财产价值超过所有的债务、义务和免除执行的财产。

人还可以通过出具保证书申请保释。在法律或《菲律宾法院规则》允许的情况下,基于被追诉人或其法定责任人出具的保证书,法院可以释放在押的被追诉人。

(3)保释的变更和撤销

被告人被允许保释后,法院可基于合理理由,增加或减少保证金数额。当法院要求增加保证金时,被追诉人若没有在合理期间内缴纳应增加的保证金,他将可能重新被羁押。被提起公诉或者申诉的被追诉人如被释放,在任何后续诉讼阶段,法院只要发现被追诉人极有可能有罪,可以要求被追诉人缴纳固定数额的保证金,或者重新将其羁押。当法院要求,或者按照《法院规则》的规定被追诉人应当出庭时,被追诉人的保释代理人应当确保被追诉人在法院要求的日期或时间出庭,若被追诉人没有按照要求出庭,将宣布没收其保证金,保证人将被给予 30 日的期限以确保被追诉人出庭以及履行说明义务。[①] 法官可以分别或者共同要求被追诉人及保释代理人承担保证金。

基于保释代理人的申请,告知检察官后,保释可因被追诉人的放弃或死亡而撤销。被追诉人无罪开释的、案件被撤销的或者开始执行判决的,保释自动撤销。被追诉人违反保释规定或者在保释期间未经审理法院的许可试图离开菲律宾的,可以无须逮捕令将其重新逮捕。

(二)起诉程序

起诉程序主要规定于《法院规则》第 110 条至第 112 条,上述法律规范对起诉的标准,以及初步调查程序进行了规定,以下详述之。

1.起诉的标准

《菲律宾法院规则》第 110 条与第 111 条规定了对于刑事犯罪和由刑事犯罪引发的民事责任纠纷的起诉程序。从实体上看,第 110 条将"需要进行初步调查"作为追诉标准,而在第 112 条关于启动初步调查的标准规定为"有充足的理由相信存在犯罪事实,被调查者可能有罪且应受到审判",因此,存在犯罪事实、犯罪嫌疑人可能有罪、犯罪嫌疑人应受到审判是提起刑事控告的三大要

---

① 这些保证人的义务包括:第一,履行保释规定或者说明不履行保释规定的原因;第二,解释被追诉人在第一次被要求出庭时未能出庭的原因。

素。这三大要素为并列关系,缺一不可。从程序上看,菲律宾将刑事告诉分为公诉(information)和申诉(complaint),公诉应向市法院或市巡回法院提起,申诉既可以向初级法院提起,也可以向检察院提起。

2.初步调查

初步调查规定于《菲律宾法院规则》第112条。初步调查是为了明确是否存在犯罪事实,被调查者是否有罪且应受到审判的一种调查程序。初步调查并非菲律宾刑事诉讼的必经程序,只在特定案件中用以明确是否需要提起诉讼。除了在前述不经逮捕令径行逮捕的案件,对于法律规定可能判处4年以上刑罚的重罪、2个月以上刑罚的轻罪,以及单处1日以上刑罚的轻罪案件,应当进行初步调查。初步调查应由下列人员进行:市级检察院检察官及其助手,市法院或市巡回法院的法官,国家和区检察院检察官,法律授权的其他人员。

(1)初步调查的程序

首先,申请进行初步调查的,应当陈述被申请人的地址,并附有申请人及其证人的证言,以及其他有利于查明案件事实的文件。申请人应按照被申请人的人数提供相应数量的副本,加上需提交给审判机关的2份副本。证言呈交检察官或被授权的政府官员并进行宣誓,若上述人员缺席,则应由亲自审查并自愿执行和理解宣誓书的公证人代之。立案后的10日内,调查人员发现没有继续调查的理由应结束调查程序,或者向被申请人发出起诉书副本、传票以及证词和文件。随后,在收到传票、起诉状、证词和控方证据材料的10日内,被申请人提交他的反证词,以及他的证人和支持抗辩的证据或文件。反证词的提交应经宣誓,按照关于申请程序的规定进行证实,并向控方提供副本。若被申请人不能在10日内被传唤,或被传唤但未能提交反证词,调查人员应根据控方提交的证据处理起诉。此后,若当事人或证人能够说明案件事实问题,调查人员可以进行审查程序,以听取当事人和证人的意见。当事人可以出席,无权审查证据或者交叉询问,但可以向调查人员提出可能涉及的问题。该审查程序应在递交反证词和其他材料,或从提交反证词期限届满的10日内举行,并在5日内结束。调查结束后10日内,调查人员应确定是否有足够的理由让被调查人接受审判。

(2)调查检察官的审查及其决议

若调查检察官发现有充分的理由对被调查人进行审判,他应准备决议和公诉书。提交公诉书应当符合以下条件:第一,检察官自己或其他被授权人员已经亲自审查申诉人及其证人;第二,有合理理由相信犯罪行为已发生以及被告人是有罪的;第三,已告知被告人其已被控告且已将证据送达被告人;第四,被告人有权提交反证。否则,控告将被驳回。在检察官决议的 5 日内,其应当将案卷提交给市级检察院或首席检察官,或者在由反贪污法庭管辖的案件中提交给检察专员或其助理。上述人员在收到决议的 10 日内采取相应诉讼行为并立即通知诉讼各方当事人。

3. 公诉书和申诉状

申诉状是由被害人、和平官员或者公共官员提出,针对违反刑法典规定的行为的书面控诉。公诉书以书面形式对犯罪嫌疑人提起指控,由检察官提出并呈交法院。没有犯罪嫌疑人、犯罪嫌疑人已死亡、被害人同意犯罪,以及被害人已经谅解犯罪嫌疑人的,被害人不得再提起告诉。包括未成年人在内的被害人对于引诱、绑架和淫秽罪享有独立于其父母、祖父母或监护人的告诉权,除非其无法或者没有能力进行告诉。若包括未成年人在内的被害人未能提出告诉,其父母、祖父母或监护人也可提起告诉。若被害人在提出诉讼前死亡或者丧失行为能力,且父母、祖父母或监护人不明的,国家将代其起诉犯罪。

公诉书和申诉状应当载明被告人姓名(当犯罪行为由一人以上实施时,公诉书和申诉状应当列明所有犯罪参与人),刑法典所规定的犯罪行为,构成犯罪的作为或不作为,被害人姓名,犯罪的大致日期,以及犯罪的地点。以下进行具体阐释。第一,被告人姓名。公诉书和申诉状必须说明被告人的姓名或姓氏,或被告人为人所知的任何称谓或昵称。如果不能确定其真实姓名,则必须以假定的名称代之,并声明其真实姓名是未知的。如果被告人的真实姓名随后由其告知或以其他方式为法庭所知,则该真实姓名应载入公诉书和申诉状以及案卷记录中。第二,犯罪行为。公诉书和申诉状应说明刑法典所明确规定的犯罪行为,并指明其行为性质和加重情况。若刑法典没有规定该罪行,则应参照刑法典的分则或小结进行处罚。第三,作为与不作为。应当以普通和简明的语言表达构成犯罪的作为或不作为、行为性质和加重情节,虽不一定以法规中使用的语言,但是应足以让一个具有一般理解力的人了解被控罪行、性质和加重情节,以助法院作出判决。第四,犯罪地点。为符合指控的要求,公诉书和申诉状应当大致说明发生在某法院的管辖区域内的犯罪行为或犯罪行为的某些必备要素(essential ingredients)。如果犯罪地点本身构成犯罪的必备要素或者对犯罪行为的定性具有必要性,那么公诉书和申诉状应该明确说明犯罪地点。第五,犯罪日期。公诉书和申诉状无须说明犯罪的确切日期,除非犯罪日期构成犯罪的重要组成部分。被指控罪行的发生日期应尽可能接近其实际发生的日期。

公诉书和申诉状可以在被告人答辩之前的任何时候，进行任何形式的或实质的修改而无须经过法庭许可。在被告人答辩之后或审判期间，只有在法庭许可的情况下才可以进行正式的修改，并且不得侵害被告人的权利。在被告人答辩之前，进行降低指控罪行的修改或撤回任何公诉书和申诉状中的指控项目，只能经过检察机关的动议方可作出，须告知被告方并获得法院的许可。法院应说明支持该动议的理由，并向各方，特别是被告方提供裁定的副本。

4. 管辖

《菲律宾法院规则》第110条第15款规定了初审法院管辖权的划分，检察机关应当按照该款规定向具有管辖权的法院起诉。(1)依照现行法律规定，应当向犯罪行为发生地或犯罪行为本质要素发生地的市或地区的法院提起诉讼以及进行审判。(2)如果犯罪行为发生于火车、飞机、其他公共或私人车辆等旅途过程中，应向旅行期间火车、飞机或其他车辆所途经的任何市或地区，包括其离境地或到达地的法院，提起刑事诉讼以及进行审判。(3)在船舶航行过程中发生的犯罪，应当向第一个入境口岸的法院或在该航行途经的任何市或地区的法院提起诉讼并由其审判，但须符合普遍接受的国际法原则。(4)菲律宾境外的犯罪，根据《修正刑法典》第2条的规定应予处罚的，应由首先提起刑事诉讼的法院管辖。

(三)法院的审前程序

根据《菲律宾法院规则》的规定，法院在正式审判前应进行提讯和答辩程序以及预审程序，这两项诉讼程序的主要目的在于实现诉讼分流、提高审判效率。

1. 提讯和答辩程序

提讯和答辩程序规定于《菲律宾法院规则》第116条。该程序是指法院在案件开庭审理之前，明确被告人对指控作无罪答辩还是有罪答辩的程序。作有罪答辩的被告人将与检察官进行辩诉交易，该案件将不再开庭审理；作无罪答辩的案件将开庭审理。因此提讯与答辩程序具有诉讼分流的作用。

提讯和答辩应当按照如下程序进行：首先，受理公诉书或申诉状的法院或者其他具有审判权的法院应当提讯被告人。提讯应由法官或书记员在公开法庭上对被告人进行,并向被告人提供公诉书或申诉状的副本,该副本应以他所熟悉的语言或方言书写,并询问他是作有罪答辩还是无罪答辩。检察官可以申请在公诉书或申诉状中提出的证人出庭。其次,被告人必须出席提讯程序并亲自做出答辩。答辩应记录在案卷中,未记录在案卷中不影响提讯程序的效力。当被告人拒绝答辩或者作出有条件的答辩,视为作无罪答辩;当被告人作有罪答辩但是提出无罪证据时,视为被告人撤回有罪答辩并作无罪答辩。再次,在押被告人的案件将被分案处理的,案卷将在提出申诉或公诉的 3 日内移送至承办法官。被告人自案卷移送的 10 日内被提讯。案件的庭前会议(pre-trial conference)应在提讯后 10 日内召开。在辩诉交易、民事责任的确定以及其他需要被害人出席的事项上,被害人应当出席提讯。若被害人在经通知后没有参与提讯,法院可以允许被告人对公诉人指控的较轻的罪行进行有罪答辩。最后,自法院对被告人行使司法管辖权之日起,应在 30 日内进行提讯,除非有特别法或者最高法院的规定可短于 30 日。对撤销案件、保释申请的动议进行审查期间,或者其他会导致提讯中断的期间不计算在 30 日内。提讯中,经过公诉人和被害人的同意,法院可以允许被告人对弱于被指控罪行的较低罪行进行有罪答辩。提讯后、开庭前,被告人在撤回其无罪答辩后也可对上述较低罪行进行有罪答辩。当被告人对重罪进行有罪答辩时,法院应当对被告人答辩的自愿性以及对答辩后果的充分明知性进行调查,并要求控方证明被告人的有罪以及明确的罪责程度。被告人可以提出于其有利的证据。在法院作出最终判决之前,可以允许被告人撤回有罪答辩,并代之以无罪答辩。

该条还对应当中止提讯的情况进行了列举。第一,被告人表现出使其无法完全理解指控或者进行明智答辩的不健全的精神状态时应暂停提讯。在这种情况下,法院应当责令其进行精神检查,必要时,应当对其进行监禁。第二,在可能造成偏见的情况下应中止提讯。第三,对检察官初步调查的决议申请复议的案件在等待司法部或者总统办公室的批准期间,应中止提讯,由此导致提讯的暂停应当自向复议部门提交申请之日起计算,暂停期间不超过 60 日。

2. 预审程序

《菲律宾法院规则》第 118 条对预审程序做出了规定。预审程序是刑事诉讼的必经程序,由初级法院、区法院、反贪污法院管辖的所有刑事案件,法院在提讯后,应当在对被告人行使司法管辖权的 30 日内进行预审,除非法律有特殊规定或最高法院确立了更短的期限。预审主要涉及辩诉交易,对事实的规定,鉴定当事人的证据,放弃对证据的可采性的异议,当被告人认罪但是提出合法抗辩时变更裁定,有利于促进案件民事和刑事方面的审判的公正,以及迅速进行的其他事项。如被告人的代理人或者检察官没有出席预审程序,且未能提供其缺席的正当理由,法院可以对其施以制裁或惩罚。所有在预审程序中达成或提交的协议或许可应形成书面文件并由被告人及其代理人签字,否则,控方不能使用该协议以指控被告人。协议中涉及上述预审的主要事项的,应由法院批准。预审程序后,法院应当作出载明诉讼措施、事实和证据的裁定。这一裁定对当事人具有约束力,该裁定用于确定审判范围和审判事项,除非法院由于显失公平修改该裁定。

(四)审判程序

菲律宾实行两审终审制。《菲律宾法院规则》对初审程序和上诉程序作出相关规定。

1.初审

初审程序规定于《菲律宾法院规则》第 119 条至第 120 条,主要涉及审判期限、审判流程、对证人的审查,以及判决的内容和宣告等事项。

(1)审判期限

被告人作出无罪答辩后,应在 15 日内做好应诉准备,在被告人收到预审程序裁定的 30 日内法院应当择期开庭。审判一旦开始,应在可行的情况下继续不断地进行,直至作出判决。在审判开始后所有案件应在 180 日内审结,除非最高法院另有规定。审判开始后,下列时间不计算在审判期限内。第一,因为被告人原因造成诉讼的迟延,包括但不限于:对被控告人的身体和精神状况的检查所造成的迟延;对被告人进行其他刑事指控的诉讼程序造成的迟延;裁定特殊补偿造成的迟延;召开预审程序造成的迟延,至迟不超过 30 日;禁止令造成的迟延;改变案件审判地和从其他法院移送案件的期间;因发现偏见问题造成的迟延。迟延时间不得超过 30 日,在此期间内,法院对于任何关于被告人的诉讼程序都应当经过深思熟虑。第二,因重要证人的缺席造成的迟延。当重要证人下落不明或者经过尽职查找仍无法找到时,该证人视为不可用,将缺席审判。第三,因被告人生理上无行为能力或者精神上无认识能力致使被告人无法出庭而造成的迟延。第四,若基于检察官的动议公诉被撤回,且对于同一罪行又提起告诉的,从前诉被撤回之日起至后诉的诉讼期间开始计算之日止,该前诉的期间不计算在后诉期间内。第五,审判法院对被告人的同案被告人没有司法管辖权或者该同案被告人的诉讼期间尚未开始计算,或者分别诉讼的动议没有得到支持而造成的诉讼迟延。第六,由于法院自行决定,或者基于被告人或其辩护律师或检察官的动议所造成的诉讼延期。若有利于维护公众的最大利益或者被告人获得迅速审判的权利这一正义目的的实现,法院可以延迟诉讼。

如果被告人由于法院作出的重新审理决定将被择日另行审判,审判应在重新审理决定发布后的 30 日内进行。如果该期间由于证人的不可用或者其他因素而不具有可行性,法院可以延长该期间,但是不得超过该重新审理决定公布后的 180 日。

(2)审判流程

初审审判应按照如下流程进行:首先,由控方出示证明指控成立、在附带民事诉讼中证明被告人民事责任的证据。其次,由被告人出示证明其抗辩成立、因为案件临时补救措施(provisional remedy)造成的损害的证据。随后,控方和辩方可以按顺序进行反驳和质证,除非法院为正义的实现,允许双方提交了能够证明主要事实的其他证据。最后,当事人认可证据后,案件应当按照这些证据判决,除非法院指示当事人进行口头辩论或提供书面备忘录。如果被告人承认申诉状或公诉书中指控的作为或不作为犯罪,同时进行依法抗辩,审判流程可能有所变更。

(3)证人审查

当被告人被要求进行答辩时,他可以在告知其他当事人的基础上提出其具有于己有利的已被附条件审查(conditionally examined)的证人的动议。该动议须陈述:证人的姓名和住所,证言的内容,证人因为生病或虚弱等正当原因无法出庭,或者证人居住在距审判法院 100 公里之外的地方以致无法出庭,或者有其他类似的情况致使证人无法出庭。该动议需要由被告人的证言以及法庭可能要求的其他证据加以支持。如果法院认为应当对辩方证人进行当庭审查,应当发布一项命令,该命令包括对该证人进行审查的特定日期、时间和地点,副本应在审查证人之日的 3 日前送达控方。审查应当在法官面前进行,如果不可行,则由法官指定具有良好声誉的律师进行审查,如果该审查命令由上级法院作出,则由指定的下级法院进行审查。如已通知检察官,但他没有出席审查听证会不影响审查的进行。审查应当形成书面记录。当控方证人因为生病或虚弱无法出庭,或者离开菲律宾且没有明确的归期时,他可能立即被审判法院进行附条件审查。被告人应当出席审查程序,或者在提供正当理由后缺席,审查应当按照正式审判的审查方式进行。被告人在被通知后没有或者拒绝出席审查的,视为放弃出席权。审查中证人的证言可以用于支持或指控被告人。当法院认为证据已经充足时,可以不再询问重要证人,如任何一方提出动议,可以要求证人提供保证金对其保释,这被视为一种合理要求。如证人拒绝保释,法院可以羁押证人直到证人服从命令或者其证言被采纳后再将其依法释放。

(4)判决

判决是法院对于被控行为有罪或无罪,应当对其施以何种刑罚和民事责任的书面判定。判决必须用官方语言书写,由法官亲自、直接撰写并由其签署,判决应清楚直接载明认定的事实和法律依据。若判定有罪,判决应陈述:被告人触犯法律的犯罪行为的性质,以及该罪行的加重或者减轻情节;被告人参与犯罪的程度,是主犯、共犯或从犯;被告人被判处的刑罚;被害人提出的由于被告人的犯罪行为造成的损害和民事责任。若判定无罪,判决应写明无罪的理由是控方证据不能证明被告人有罪,还是控方证据未能达到排除合理怀疑的证明标准。任何一种情况下,判决应当写明作为或不作为是否会引发民事责任。

判决应当在审理的法庭内在被告人出席的前提下宣读。如果定的是较轻的罪名,可以在被告人的律师或者代理人出席的情况下宣布。当审判法官不在审判法院所在的省或市内时,可由书记员代为宣读。如果被告人被关押在审判法院外的省或市,判决可以由审判法院委托关押地所在的具有司法管辖权的区法院的执行法官宣读。宣判法院有权受理上诉,有权在上诉期间批准保释。如果审判法院对被告人的判决将罪名的本质由不可保释变更为可保释,保释申请只能向上诉法院提出并由其审查。法院的书记员应当亲自告知被告人或通过保释代理人、监狱长、辩护律师转告被告人,被告人应当出席判决的宣告。如果被告人因为保释或者脱逃下落不明,应向其最新的已知地址送达告知书。如被告人在已被告知的情况下未在宣判日出席,判决应记录在刑事案卷中并向被告人最新的已知地址或其辩护律师送达判决副本。

2.重新审理与复议

在判决成为最终判决之前,法院可以主动,或者根据被告人的动议,进行重新审理(new trial)或者复议(reconsideration)。重新审理和复议规定于《菲律宾法院规则》第121条。所谓重新审理和复议就是基于法定理由采取开庭或不开庭的方式重新对案件事实问题和法律问题进行审查,审查后可以可能直接改变之前的审判程序所认定的结论。

(1)重新审理或复议的理由

法院将基于下列任何理由进行重新审理:其一,审判期间,法律适用错误或者具有对被告人的重要权利造成侵犯的违规行为;其二,发现新的重要证据,该证据经过被告人全力查找但没有发现,也没有在审判中提交,且该证据的提交和采信很有可能改变判决结果。法院可以因为判决中无须进一步诉讼程序便可查清的事实或法律的错误进行复议。重新审理或复议的动议是基于事实问题提出的,法庭可以对提交的证言或其他证据进行审议。

(2)进行重新审理或复议的效力

进行重新审理或复议的效力如下:其一,当因为法律错误或者审判中的违法行为而进行重新审理时,所有被影响的程序和证据视为作废,并重新进行。法院可以为了正义的实现,允许提交新证据。其二,当因为新发现证据而进行重新审理时,已提交的证据暂停审查,法庭可以为了正义的实现允许提交新发现的证据或其他证据。新发现的证据或其他证据应与已经记录在案卷中的证据一起考虑。其三,在所有的案件中,当法院进行重新审理或者复议时,原判决应当被驳回或者撤销,并作出相应的新判决。

3.上诉程序的一般规定

《法院规则》对上诉程序的一般规定进行了明确,其中主要包括受理上诉的机关、上诉的提起方式以及上诉期限。除可能产生双重危险的被告人外,所有当事人有权对判决或裁定提起上诉。

(1)受理上诉的机关

上诉应向如下机关提出:由大城市审判法院、合成市审判法院、市审判法院或市巡回审判庭审理的案件向区法院提出;由区法院审理的案件向法律规定的相应案件的上诉法院或最高法院提出;由上诉法院审理的案件向最高法院提出。

(2)上诉的提起方式

可以通过下列方式提起上诉:第一,向区法院提起的上诉或者由区法院一审的案件中向上诉法院提起的上诉的,应向作出判决或裁定的法院提出上诉状,应向其他当事人提供上诉状副本;第二,对区法院初审的案件中向上诉法院提起上诉的,应当按照《法院规则》第42条的规定进行审查;第三,被区法院判处死刑、长期禁闭或终身监禁的案件,在同一情况下发生或由同一情况造成了更加严重的犯罪,应被判处死刑、无期监禁或终身监禁但判处了较轻的刑罚的案件,应按照第一点的规定提交上诉状;第四,被区法院判处死刑的案件没有提交上诉状的必要,最高法院自动审查原审判决。

（3）上诉期

上诉应在初审判决或裁定宣布的 15 日内提出。提出重新审理或复议动议将暂停上诉期的计算,法院驳回该动议的裁定送达被告人或其律师后,继续计算余下的上诉期。

4.上诉法院的审判程序

上诉法院的审判程序规定于《菲律宾法院规则》第 124 条,主要包括上诉状、上诉的审查和处理方式以及合议庭的组成形式等事项。

（1）上诉状

在上诉法院的书记员告知上诉人或其辩护人,证据、证词以及相关材料已附入案卷中移送至上诉法院的 30 日内,上诉人需要向书记员提交 7 份上诉状的副本,并向被上诉人提供两份上诉状副本。在收到上诉人的上诉状后的 30 日内,被上诉人应向上诉法院的书记员提交 7 份上诉答辩意见,并向上诉人提供两份上诉答辩意见的副本。一般情况下不允许延长上诉状提交的期限,除了能够提供正当且充分的理由,且在申请延长的期限届满之前提出延期动议。

（2）上诉审查

优先考虑处理被告人在押的上诉案件。上诉法院应当在确保各方当事人权利的前提下在最短的期限内进行审理和判决。上诉案件审理期间,被告人无须出庭。

（3）处理方式

除非发生实质性错误,否则不得推翻或修改原审判决。只有在上诉法院审查案卷记录以及当事人提交的证据后,发现存在损害了上诉人的重大权利的错误的情况下,才能撤销或修改原审判决。上诉法院可以撤销、确认或者修改原审判决,增加或者减少原审判处的刑罚,将案件发回原审法院进行重新审理或者复议,或者驳回上诉。

（4）合议庭组成形式

上诉法院合议庭应由 3 名法官组成。合议庭 3 名法官全体一致方可作出判决或最终解决方案,在合议庭中一名法官撰写判决之前,三名法官应协商达成判决。三法官无法达成一致时,主审法官应请求法院另行任命两名法官暂时同现在的合议庭一共商议,组成人数为五人的特别合议庭,合议庭大多数法官一致方可作出判决或最终解决方案。额外法官应当在上诉法院所有其他法官中严格抽取和轮替。

5.最高法院的诉讼程序

最高法院的诉讼程序规定于《菲律宾法院规则》第125条。除非宪法和法律另有规定,最高法院审理的一审案件和上诉案件的程序与上诉法院相同。当最高法院审理案件时,全体法官(en banc)中一半法官与另一半法官意见相悖,无法就无罪释放上诉人达成大多数一致,该案件应经重新审议,经重新审议后仍无法达成一致意见的,应撤销下级法院作出的有罪判决并将被告人无罪释放。

(五)其他规定

除上述主要诉讼程序的规定外,《菲律宾法院规则》还着重对附带民事诉讼和被告人权利作了相关规定。

1.附带民事诉讼

附带民事诉讼规定于《菲律宾法院规则》第111条,对由犯罪行为引发的民事责任的追责作了相关规定,主要涉及附带民事诉讼的提起,以及附带民事诉讼和刑事诉讼的关系。

(1)附带民事诉讼的提起

提起刑事诉讼时,因被控罪行而产生的民事责任纠纷应和刑事起诉一起提出,除非被害人放弃提起附带民事诉讼,保留单独提起民事诉讼的权利,或在刑事诉讼之前已经提起民事诉讼。在申诉状或公诉书中提起的损害赔偿超过实际损失的,被害人应当向法庭缴纳相应的诉讼费用;除《菲律宾法院规则》另有规定外,按照实际损失提起损害赔偿的无须缴纳诉讼费用。

(2)刑事诉讼与附带民事诉讼的关系

刑事诉讼与附带民事诉讼分别审理的,刑事诉讼开始后,作出最终判决前不得单独提出民事诉讼。如果单独提起民事诉讼且发生在提起刑事诉讼之前,则在刑事部分作出实质判决之前应中止民事诉讼,直至刑事部分作出最终判决。法庭进行刑事诉讼时也应当考虑被害人的动议。刑事诉讼与附带民事诉讼合并审理的,在附带民事诉讼中提出的证据自动转化为刑事诉讼中的证据,但不得损害公诉人对被害人在刑事部分审理中所提供的证人以及其他当事人提供的补充证据进行交叉询问的权力。合并审理的刑事和附带民事诉讼应同时审理和裁判。刑事诉讼未作出判决时,不能单独提出的民事诉讼的诉讼时效期间应中止。刑事诉讼的终止并不会导致民事诉讼的终止。但是,如果在刑事诉讼的最终判决中认为作为或者不作为犯罪没有引发民事责任,那么民事诉讼将被终止。

2.被告人的权利

《菲律宾法院规则》第 115 条采取列举方式规定了刑事诉讼中被告人的权利。第一,被告人在被排除合理怀疑地证明有罪之前被推定为无罪。第二,被告人有权知悉指控的性质和原因。第三,被告人有权亲自参与从提讯到宣判的每个诉讼阶段、自行辩护或由其代理人辩护,有权按照保释的相关规定放弃出庭权,除非法院为查明其身份特别要求其出庭。在法院已告知的情况下,被告人没有正当理由而缺席审判的,应当被视为放弃其出席的权利,在押期间逃跑的,视为放弃其在随后的所有诉讼程序的参与权,直到被重新羁押。基于动议,如果法庭认为在没有律师的帮助下被告人可以维护自身的权利,被告人可以自行辩护。第四,辩方证人出庭时,被告人有权对主询问所涉及的问题对其进行反询问,其沉默不会招致不利。第五,不得强迫被告人证明自己有罪。第六,被告人在审判过程中有权对控方证人进行对抗以及交叉询问。任何一方可以主张部分证据存在以下情形以进行抗辩:证据是由已故的,在菲律宾境外的,或者虽然在境内但下落不明的证人作出;证据在其他案件或者程序中被举示;证据不具有可采性或者无法质证;法官或者相关人员与当事人有关系或者与案件结果有利害关系。第七,被告人有权申请强制证人出庭,提出有利于己的证据。第八,被告人有权获得快速、公正和公开的审判。第九,被告人有权在允许上诉的案件中以法律规定的方式上诉。

三、菲律宾刑事诉讼法的主要特色

如上文所述,菲律宾由于历史原因,其法律制度既体现了大陆法系的精神,又体现了英美法系的传统,在诉讼制度方面英美法系模式则体现得更为明显,呈现出如下特色:司法制度上奉行司法独立,[①]其宪法规定司法权属于最

---

① 胡果·E.小格提里兹:《菲律宾最高法院与司法独立》,徐卫东译,载《当代法学》1990 年第 4 期。

高法院和依法设立的各下级法院,各级法院享有财政自主权,议会不得通过任何损害法官和其他司法人员职位保障的改组法院系统的法律;诉讼模式上采取当事人主义诉讼模式,双方当事人具有充分的诉讼活动的主导权,当事人在诉讼各阶段提出的动议兼具程序意义和实体意义,法官的作用较为被动和消极;诉讼目的上,菲律宾将刑事诉讼作为解决纠纷的一种方式,并围绕其建立起了高效、迅速的纠纷解决模式,更倾向于定纷止争,而不要求绝对真实。在上述司法制度、诉讼模式和诉讼目的的影响下,菲律宾刑事诉讼法从法律文本上和具体程序上都呈现出一定的特色。

(一)立法体例的特色

菲律宾先后沦为西班牙和美国的殖民地。在西班牙殖民期间,适用其宗主国当时施行的《刑事诉讼法典》。[①] 美国占领菲律宾后,认为原来的诉讼法典缺乏公平正义,过于复杂、花费大而且耗时,不能保证审判的高效和公正,于是在这方面仿效美国法制定了新的《刑事诉讼法》。1900 年,军事总督奥蒂斯将军发布第 58 号长官令,公布了一部简明但内容全面的刑事诉讼法典。该法典此后长期作为美国统治期间的刑事诉讼法律规范。在此特殊的历史背景下,菲律宾刑事诉讼程序立法呈现出独有的特色。

1. 刑事诉讼程序规则独立性不足

1940 年 7 月 1 日,《菲律宾法院规则》生效,将民事诉讼程序和刑事诉讼程序共同规定在《菲律宾法院规则》中,取缔了此前颁布的刑事和民事诉讼法典。《菲律宾法院规则》是最高法院依据宪法的有关规定制定,而不是由立法机关制定的,但它具有法律效力。[②] 因此,从严格意义上来说,现在的菲律宾是没有独立的刑事诉讼法典的。《菲律宾法院规则》作为菲律宾各级法院的活动准则是一部自给自足的法律系统,主要包括民事诉讼程序、特别程序、刑事诉讼程序以及证据规则,各部分之间相互联系,相互援引,存在一定程度的融合。而刑事诉讼规则涵盖于《菲律宾法院规则》之内,虽然被冠以"刑事诉讼规则",有独立的修改程序和生效日期,但法院在进行刑事诉讼时却不可能仅仅

---

① 果海英:《西法东来的样式》,华东政法大学 2010 年博士学位论文,第 8 页。

② Melquiades J. Gamboa, *An Introduction to the Philippine Law* (6th *edition*), Manila: The Lawyers Co-operative Publishing Company, 1955, p.86.

按照这部分的规定审判。关于证明标准和证明责任的相关规定需要援引《菲律宾法院规则》中证据法的部分,关于附带民事诉讼和上诉程序的相关规定需要援引民事诉讼程序规则的相关规定。《菲律宾法院规则》共 144 条,民事诉讼程序规则就占据了 71 条的主要篇幅,而刑事诉讼程序规则仅 18 条,单从篇幅上看,民事诉讼程序规则在《菲律宾法院规则》中就占据了主导性。许多刑事程序需要参照民事诉讼的相关规定进行,如《菲律宾法院规则》第 124 条"上诉程序"第 7 款规定:"刑事案件的上诉状目录应当按照第 44 条第 13 款和第 14 款的规定提供。"再如《菲律宾法院规则》第 18 条规定:"上诉法院以及最高法院在刑事案件中民事部分的一审和上诉审时,应适用第 42 条,第 44 条至第 46 条,第 48 条至第 56 条的规定,与本条不一致的除外。"由此可见,作为《菲律宾法院规则》两个主要部分的民事诉讼程序和刑事诉讼程序在适用中存在一定的糅合,刑事诉讼规则中有两条是专门规定刑事诉讼中民事部分的事项,这两条即为第 111 条"民事责任的追责"以及第 127 条"刑事案件中的民事临时补救措施"。

此外,《菲律宾法院规则》只能规制法院的相关活动,侦查机关进行侦查时的主要法律依据是《侦查手册》。《菲律宾法院规则》与《侦查手册》的相关规定还存在一定交叉和重叠,比如逮捕既规定于《侦查手册》中,又规定于《菲律宾法院规则》中,《侦查手册》规定得更为详细。因此,《菲律宾法院规则》是没有统摄"侦查—起诉—审判"这一基本诉讼程序流程的效力的,不同的诉讼程序由各自相应的程序法规规制,法院在进行刑事审判时对于涉及其他程序事项(如非法侦查行为)的审查则需援引其他法律法规的程序规定进行裁判。

2.措辞精简准确,可操作性强

《菲律宾刑事诉讼规则》从类型上被划分为操作细则,因此为避免模糊性、概括性、原则性规定所带来的不确定性,《菲律宾刑事诉讼规则》文本中所采用的语言都尽可能的精简化,条目清晰明了,具有准确、可操作性强的特点。首先,《菲律宾刑事诉讼规则》在每一条的标题下每一款都采取较为简洁的短语或句子概括此款的主要内容,每条款项的内容一目了然。如第 114 条"保释"第一款为"保释的定义 保释即为……"采取"关键词+具体内容"的模式,方便查阅。其次,条款内部的逻辑性较强,叙事类条款一般采取"主体+情况+措施+例外情况"的模式将条款所涉及主要事项(包括但不限于前述事项)加以罗列整合。如第 113 条"逮捕"第 7 款"逮捕令逮捕"规定:"当按照逮捕令执行逮捕时(情况),执行人(主体)应当告知被逮捕人逮捕他的原因和签发逮捕令逮捕他的事实依据(措施),除非在执行人告知他之前被逮捕人逃跑或强行抵抗,或者告知这些信息将不利于逮捕的执行(例外)。"又如第 119 条"审判程序"第 19 款"当未以适当的罪名起诉时"规定:"判决前发现未以适当的罪名起诉(情况),不能定被告人被指控的罪名或者其他被包含的必要的罪名(措施),如果有基于正当理由羁押被告人(情况),则不能据此将其释放(措施)。在此情况下,法庭(主体)应当允许被告人对合适的罪名进行答辩并驳回原控告(措施)。"此外,为了避免条文过度直接和准确所造成的机械化,《菲律宾刑事诉讼规则》也采取了一些指导性用语以使其使用更加灵活。如第 119 条第 3 款第 6 项规定:"若诉讼迟延是因为法院发现采取某一诉讼行为有利于公众的最大利益以及使被告人实现迅速审判的权利,法院可以延迟诉讼。"再如第 121 条第 6 款第 1 项规定:"当因为法律错误或者审判中的违法行为而进行重新审理时,所有被影响的程序和证据视为作废,并重新进行。法院可以为了正义的实现,允许提交新证据。"这些带有兜底属性的条款赋予法院一定的自由裁量权,有利于法律的灵活适用,防止法条的机械化造成的规范缺位。

但是因为在不同诉讼环节中所采取的诉讼活动可能存在交叉或重叠,所以某一活动既可能规定在某一条款之内又可能出现在另一条款中。如关于逮捕的内容,"逮捕令的发出"以及"无需逮捕令的径行逮捕"规定在第 112 条"初步调查"中,但是逮捕的定义和其他逮捕程序规定在第 113 条"逮捕"中。"逮捕令的发出"以及"无需逮捕令的径行逮捕"可谓逮捕活动的主要内容,虽在初步调查程序中极有可能涉及逮捕,但是在此专项规定下直接就另一事项的主要内容进行规定的做法,虽然在实践操作中一般不会造成司法机关的混淆,从法律文本的统一性和和谐性来说,却模糊了专款专项编撰体例下,事项与事项之间、概念与概念之间内涵与外延的界限,破坏了条目之间的逻辑性,造成文本内容一定程度的混乱。这也是《菲律宾刑事诉讼规则》的主要瑕疵之一。

(二)诉讼程序的特色

1.注重被追诉人权利的保障

菲律宾的宪法和刑事诉讼规则对被告人的权利作出较为详细的规定。从宪法的角度而言,菲律宾公民的权利问题主要规定在第三章中,其中涉及刑事诉讼程序中被告人的权利问题的主要有第三章第 2 条①、第 3 条②、第 11 条至第 14 条③、第 16 条至第 21 条④。菲律宾宪法通过数十条的宪法条文直接规

---

①　菲律宾《宪法》第三章第 2 条:"人民的人身、住宅、文件和财产不受任何性质任何目的的无理搜查、扣押和没收的权利不得侵犯。除法官在审查控诉人及其所提供的证人于宣誓后所提出的指控或证词,并且具体说明要求搜查的地点和要求扣押或没收的人或物后,确认有正当理由者外,不得签发搜查令或逮捕令。"

②　菲律宾《宪法》第三章第 3 条:"(一)通讯秘密不受侵犯,但根据法院的合法命令,或为维护公共安全和秩序的需要而另有规定者,不在此限。(二)违反本条或前条规定所取得的任何证据,在任何诉讼中均不得认定为任何目的的证据。"

③　菲律宾《宪法》第三章第 11 条:"不得以贫穷为理由拒绝任何人自由向法院和准司法机关提起诉讼,或拒绝向其提供正当的法律帮助。"第 12 条:"(一)任何因犯罪行为而受到侦查的人,均有保持缄默和聘用他自己选择的、具有法定资格的独立的律师的权利,并有被告知这种权利的权利。如果被告人无能力聘请律师,应免费提供一名律师。上述权利不得放弃,但其本人在律师面前以书面形式表示放弃者除外。(二)不得对被告使用拷打、武力、暴力、威胁、恐吓或任何其他摧残其自由意志的手段,禁止设立秘密羁押场所,单独监禁、不准与外界接触或其他类似的监禁方式均属违法。(三)违反本条和本章第 17 条规定而取得的任何口供,不得认定为对其本人不利的证据。(四)法律应规定对违反本条规定的民事及刑事处分,以及对蒙受拷问等摧残的受害人及其家庭给予赔偿。"第 13 条:"除因罪证确凿,可判无期徒刑的被告人外,任何被告人在定罪之前应准许其交纳适当的保证金而予以保释,或根据法律规定具结保释。即使人身保护令的权利被中止施行,上述保释权也不受影响。不得规定过高的保释金。"第 14 条:"(一)非经正当法律程序,不得迫使任何人负刑事责任。(二)在任何刑事诉讼中,被告人在最终定罪之前应推定为无罪,并享有由其本人和辩护人进行陈述,被告知其所受控告的性质和原因,要求迅速进行公正和公开的审判,同证人对质,要求以强制程序保证证人出庭并提供对其有利的证据等权利。但在提讯后,尽管被告人缺席,审讯仍应继续进行,但以正式通知被告人且缺席为无理者为限。"

④　菲律宾《宪法》第三章第 16 条:"人人皆有要求司法机关、准司法机关或行政机关迅速处理其案件的权利。"第 17 条:"不得强迫任何人作不利于其本人的证人。"第 18 条:"(一)任何人不得仅仅因其个人的政治信仰和愿望而被监禁;(二)对于被告人,除经正式定罪判处应受的刑法外,不得施加任何形式的非自愿的劳役。"第 19 条:"(一)不得判处过重的罚款,也不得判处残酷的、侮辱性的或不人道的刑罚。除非国会对非处死不可的滔天罪行今后另行规定,不得判处死刑。任何已经判处的死刑一律改判无期徒刑。(二)对在押犯人或者被羁押者施加折磨肉体、精神或侮辱性刑罚,或使用低于标准的废人待遇的服刑设施的,应受法律制裁。"第 20 条:"任何人不得因债务或未交纳人头税而受监禁。"第 21 条:"任何人不得因同一罪行而受两次审判。如果一种行为依照某项法律及某项法令应予惩处,无论根据法律或法令宣判有罪或无罪后,皆构成不得对同一行为进行另一次追诉的理由。"

定了刑事诉讼程序中被告人应当享有的权利,从宪法的高度上直接规定犯罪嫌疑人、被告人的沉默权、自行辩护和委托辩护权、无罪推定权、获得迅速审判权、不得强迫自证其罪权、获得保释权以及申请非法证据排除规则的权利等相关事项。从刑事诉讼法规的角度而言,菲律宾刑事诉讼规则在第115条采取专章专节的方式专门规定了被告人的权利,此种对被告人权利集中的、概括性的规定有利于这些权利的精神得以贯穿诉讼过程的始终。

2.强制性措施的适用和执行贯彻司法审查原则

强制性措施是在各诉讼阶段采取的,对犯罪嫌疑人、被告人人身或者财产进行不同程度的限制的强制手段。从强制性措施的种类上说,菲律宾的强制性措施则主要包括上文所述的逮捕、突袭行动、搜查和扣押、审讯以及保释等,既包括对被追诉人财产的限制也包括对被追诉人人身自由的不同程度的限制。特点在于菲律宾对被追诉人人身自由的长期限制仅通过逮捕得以实现,而保释是作为被追诉人的一种权利加以规定的,权利属性更加显著。

从强制性措施的决定上说,菲律宾刑事诉讼法关于强制性措施的规定最为突出的特点就是贯彻司法审查原则,[①]逮捕须由法院签发逮捕令,搜查和扣押也需要法院签发搜查令,保释的决定和变更也是由法官负责的。司法审查原则的出发点和落脚点在于:基于对法院中立性与公正性的信任,由中立的法官决定是否对被追诉人采取强制性侦查措施,避免以侦破案件、打击犯罪为己任的侦查机关出于打击偏好滥用强制性侦查措施,对被追诉人的权利造成非法侵害。《菲律宾宪法》在第三章第2条直接规定:"除法官在审查控诉人及其所提供的证人于宣誓后所提出的指控或证词,并且具体说明要求搜查的地点和要求扣押或没收的人或物后,确认有正当理由者外,不得签发搜查令或逮捕令。"

从强制性措施的执行上说,在对财产的强制性措施方面,菲律宾规定了对于被扣押的财产应当及时向被扣押人出示扣押清单且必须通过法律规定的手段加以保管,警察在执行搜查令后扣押的财物应及时移送法院并由法院进行

---

① 所谓司法审查原则即为强制侦查权力的行使必须有独立的司法机关的授权,并且允许侦查机关的相对人通过法定的程序向司法机关寻求救济,防止侦查机关违法行使侦查权力或者滥用侦查过程中的自由裁量权。参见孙长永:《强制侦查的法律控制与司法审查》,载《现代法学》2005年第5期。

管理,违反相关规定的警察将构成藐视法庭罪①;在对人身的强制性措施方面,菲律宾刑事诉讼规则规定在执行逮捕时原则上不得使用暴力或不必要的强制手段,若必须使用暴力或者强制手段进行逮捕时也应遵循比例原则。②此外,在逮捕犯罪嫌疑人后,由法官负责对被羁押人员进行审查,以消除不必要的羁押,执行法官还应按月对在押犯罪嫌疑人定期进行身体检查,并检查监狱的相关设施。③

　　3.通过法院审前程序进行诉讼分流

　　菲律宾比较有特色的法院审前程序是其提讯与预审程序。菲律宾在审前设置提讯程序要求犯罪嫌疑人作有罪答辩或无罪答辩,犯罪嫌疑人在提讯程

---

　　① 《菲律宾法院规则》第 126 条第 11 款规定:"根据搜查令扣押财产的官员必须向在场的搜查和扣押的财产的合法占有人出具被扣押财产的详细收据;或者在合法占有人不在场的情况下,则由居住在同一地点,具有足够年龄和判断力的至少两名证人见证,并在财产扣押地留下扣押收据。"第 12 款规定:"警察必须立即将被扣押的财产连同真实的财产清单交付给发出搜查令的法官,并宣誓确认;签发搜查令的 10 日后,签发的法官应当查明是否已经作出入库(return),如果没有,应当召集执行扣押的人员,并要求他解释仍不入库的原因。如果已经入库,法官应当查明是否存在违反本条第 11 款规定的情况,并要求将被扣押的财产向其移交,法官应查明是否按照本款第 1 项的规定移交;搜查令的入库清单应由搜查和扣押财产登录簿的保管者提交并保管,并在入库清单上登记入库的日期、结果和其他行为;违反本款规定的,构成藐视法庭罪。"

　　② 《菲律宾法院规则》第 113 条第 2 款规定:"不得使用暴力或不必要的强制手段进行逮捕。被逮捕的人不应当受到超过逮捕其所必需的程度外的更大的强制。"《侦查手册》第 4 章第 2 条第 3 款规定:"由于不可避免的情况发生了武装对抗,警察可以使用合理的武力来压制嫌疑人所构成的威胁。只有在正当自卫、对等防御、面对更强的武力威胁时才可以使用火器,如果警方有理由(基于事实)相信嫌疑犯对警方或其他的人将造成迫在眉睫的死亡威胁或严重身体伤害的危险也可以使用火器。"因此,可以说菲律宾警察在采取强制性措施压制犯罪嫌疑人的反抗时应当遵循比例原则。

　　③ 《菲律宾法院规则》第 115 条第 25 款规定:"法院对被羁押的所有人进行监督,目的是消除不必要的羁押。地区审判法院的执行法官应当对监狱和在各自管辖范围内的在押嫌犯每月进行个人检查。执行法官应当查明在押人员的数量,询问他们的住所和健康状况,并检查监狱设施的状况。应将男性和女性,未成年人和成年人进行隔离,以确保在押人员与法律顾问私下协商的权利,并努力消除对在押人员的不利条件;在最高法院指定的市、市辖区,市审判法官、市巡回审判庭的法官,应当对其管辖区域内的市监狱进行每月的个人检查,并向享有审判权的地区审判庭的执行法官提交一份报告;每月的探视报告应当由管辖法院的执行法官提交,报告需载明在押人员的总数、羁押超过 30 日的被押人员的名字、羁押期间、被控罪行、案件的情况、被羁押的原因,以及其他相关信息。"

序中选择作有罪答辩还是无罪答辩决定了不同的程序走向,起到了明显的审前诉讼分流的作用。作有罪答辩的被告人可与检察官进行辩诉交易(plea bargaining),可以就量刑进行协商也可以选择对较轻的罪行进行答辩,法院在庭前会议中对辩诉交易协议作出认可后即可产生实体意义。① 预审程序方面,菲律宾刑事诉讼规则要求法院在开庭审理前必须进行预审,主要涉及辩诉交易审查问题、证据可采信问题等有利于促进审判公正迅速进行的事项。预审程序一旦形成合意,法院将据此发布裁定,该裁定用于确定审判的事项和范围,对当事人具有拘束力,以保障庭审高效、有序地进行。

4. 审判程序反复

菲律宾审判程序反复主要体现在《菲律宾法院规则》对重新审理和复议的规定上。菲律宾的重新审理与复议程序是重要的诉讼程序,主要发生在一审判决发生最终效力之前,法院可以在征得被告人同意的情况下自行决定或者基于被告人的动议进行重新审理或复议。重新审理与复议的区别在于重新审理是通过正式庭审程序重新审理案件,而复议则适用于无须进一步开庭即可查清的事实或法律错误的情形。从提起理由的层面上说,申请重新审理的理由有二:一是审判期间,法律适用错误或者具有对被告人的重要权利造成侵犯的违规行为;二是发现新的重要的证据,且该证据的提交和采信很有可能改变判决结果。申请复议的理由是发现存在无须进一步诉讼程序便可查清的事实或法律错误。从适用情况的层面上说,重新审理与复议适用于以下三种情况:一是初审判决尚未成为最终判决之前,法院主动进行或者基于被告人的动议进行;二是上诉法院进行上诉审查后将案件发回初审法院进行重新审理或复议;三是上诉法院作出终审判决之前,被告人可以发现新证据为由提出重新审理动议,可以在上诉法院宣布裁判的 15 日内提出复议动议。从效力的层面上说,进行重新审理与复议将产生如下效力:其一,所有被违规操作影响的程序和证据作废,重新进行;其二,发现新证据的暂停审查原证据;其三,原裁判将

---

① 辩诉交易大行其道的原因除了犯罪率的攀升以及刑事审判的日益精密之外,也与实体刑法的扩充、法律职业的专业化密切相关。面对辩诉交易在提高诉讼效率上的丰厚回报,该制度更是以摧枯拉朽之势席卷各国,呈现出辩诉交易全球化的态势。参见阿尔伯特·W. 阿尔斯楚勒:《辩诉交易及其历史》,张建伟译,载陈光中主编:《诉讼法论丛》第 9 卷,法律出版社 2004 年版,第 252～282 页。徐美君:《德国辩诉交易的实践与启示》,载《法学家》2009 年第 2 期。

被驳回或撤销,并作出新裁判。进行重新审理或复议的理由是值得肯定的,一方面体现了菲律宾对于程序正义的追求,另一方面也有利于案件事实的查明。但是,重新审理既可以发生在初审判决宣告前也可以发生在初审判决宣告后,并且《法院规则》并未对进行重新审理或复议的期限以及次数作出明确的规定。由于重新审理和复议必将引起程序的待定和反复,因此,不加节制地进行重新审理与复议是否会导致诉讼拖延、效率低下以及司法资源税费大也是有待商榷的。

5.实行上诉指定辩护制度

根据初审法院的不同,菲律宾的上诉可以向相应的区法院、上诉法院或最高法院提出。由于辩诉交易的大量存在,最终经过一审审判后需要进行二审的案件并不多。菲律宾关于上诉的规定较为粗疏,仅规定了基本的上诉程序而较少涉及具体的上诉审查方式。菲律宾的上诉程序的主要特点是无论是向区法院提出的上诉还是向上诉法院或最高法院提出的上诉,初审法院的书记员都应当告知上诉的被告人其有权要求法院指定一名律师为其辩护。在上诉法院二审程序中,在押上诉人没有委托律师并亲自签署上诉意愿书的,上诉法院应当为其指定一名辩护律师。因为上诉人至少会拥有一名委托辩护人或指定辩护人,同时鉴于《法院规则》规定上诉法院应当在确保各方当事人权利的前提下在最短的期限内进行审理和判决,在上诉程序中被告人甚至无须出庭。

第八章

新加坡刑事诉讼法

  新加坡共和国(英语:Republic of Singapore,马来语:Republic Singapura),是地处东南亚马来半岛南端的一个城市国家,别称为狮城。^① 历史上,新加坡曾作为英国和日本的殖民地,1963 年加入马来西亚,1965 年独立。这个城市国家占地 719.1 平方公里,根据新加坡人口及人才署发布的《2017 年人口简报》,截至 2017 年 6 月底,其总人口达 561 万人,有华人(占 75%)、马来人(占 13.9%)、印度人(7.9%)和欧亚混血人(1.5%)等四大族群,是一个多元民族、多元文化的移民国家。基于此,李光耀在新加坡刚独立时就指出"新加坡不是一个马来人的国家,也不是一个华人的国家,更不是一个印度人的国家,而是一个综合民族的国家",将促进种族和谐作为政府治国的核心政策。另外,在政体上,根据《新加坡共和国宪法》(以下简称《新加坡宪法》),新加坡实行议会共和制,按照三权分立原则建立自己的宪政制度,即立法、行政和司法三种国家权力分别由不同机关掌握,各自独立行使、相互制约制衡。在政府管理方面,新加坡以稳定的政局、廉洁高效的政府而著称,形成其独具一格的廉政文化。资料显示,在 2015 年全球 180 个国家的"清廉指数"排名中,新加坡以 85 分廉洁度高居第 8 位。^② 这和新加坡廉政文化建设制度密切相关。在经济

---

  ① 据马来史籍记载,公元 1150 年左右,苏门答腊的室利佛逝王国王子乘船到此岛,看见一头黑兽,当地人告知为狮子,遂有狮城之称。

  ② 《2015 年度全球清廉指数》:http://www.zaobao.com/realtime/world/story2016 0127-575706,最后访问日期:2017 年 10 月 17 日。

上,新加坡是亚洲发达的资本主义国家,被誉为"亚洲四小龙"之一,其经济模式被称为"国家资本主义"。根据全球金融中心指数的排名,新加坡是继伦敦、纽约和我国香港特区之后的第四大国际金融中心。在发展经济的同时,新加坡亦注重城市保洁建设,故有"花园城市"之美称。半个世纪以来,新加坡人民筚路蓝缕、发愤图强,凭借勤劳智慧把新加坡建设成了亚洲最发达的国家之一,成为世界上重要的经济金融中心、航运中心、炼化中心,国家发展取得了举世瞩目的成就。

一、新加坡刑事诉讼制度概况

(一)刑事诉讼法的历史沿革

作为英联邦国家,新加坡的法律体系起源于英国的法律和司法实践。独立后,新加坡仍在继续沿用英国法律体系。1826 年,英国国会颁布《第二宪章》,授权东印度公司在槟城、马六甲和新加坡三个地方建立管辖法院,行使与英国国内法院相似的民事、刑事管辖权,从而奠定了英国法律在新加坡适用的基础。1833 年至 1855 年,由于英国国会对东印度公司占领地的级别重组,印度的参议会(Governor-General)获得了为海峡殖民地立法的授权。因此,在这段时间,新加坡司法处于英属印度政府的控制之下,直到 1867 年新加坡又归由英直辖殖民,只接受伦敦殖民办公室的管辖。此后,除了 1942 年到 1945 年新加坡被日本占领期间外,新加坡法院一直属于英国法院体系的一部分,新加坡适用英国法律。1963 年 9 月 16 日,新加坡与马来亚、沙巴、沙捞越共同组成马来西亚联邦,新加坡的法院成为马来西亚法院系统中的一部分。[①] 1965 年 8 月 9 日,新加坡脱离马来西亚成立共和国,但在司法体系上的关系,却持续到 1969 年才正式断绝。1969 年,新加坡成立了由高等法庭、上诉庭及

---

① 新加坡的最高法庭被马来西亚新加坡高等法院取代,上诉终审法院为吉隆坡的联邦法庭取代。

刑事上诉庭所组成的最高法院。自此,新加坡法律制度的本土化进程才真正开始。①

《新加坡刑事诉讼法典》产生于 1955 年英属殖民时期。从 1955 第一部《新加坡刑事诉讼法典》到现行《新加坡刑事诉讼法典》(2010 年),期间历经约 38 次修改。1955 年《新加坡刑事诉讼法典》生效后,紧接着在 1956 年、1957 年、1958 年分别颁布修正案,此后基本上也是以一年一修的频率进行。其中,1970 年、1985 年、2010 年进行了三次大改。近年来,《新加坡刑事诉讼法典》仍然保持较高的修改频率,甚至出现一年多修的现象。但是由于新加坡刑事诉讼程序已经成熟,当前的修改更多的是跟随其他法律的修改而作的调整。由于《新加坡刑事诉讼法典》与英国法律有千丝万缕的联系,其内容也受到很多英美法的影响,如对抗制、私人逮捕、保释、认罪程序等。同时,陪审制度也是英国殖民统治给新加坡留下的一项法律制度,但在 1959 年,李光耀出任新加坡总理之后不久,即废除谋杀以外一切刑事案件的陪审制度。保留谋杀案的陪审制度,是为了配合马来西亚当年的司法制度。新、马分家后,李光耀又请律政部长在国会提出动议,把谋杀审讯的陪审制度也废除了,即彻底废除了陪审制度。

(二)刑事司法机关

在新加坡,刑事案件一般也历经侦查、起诉和审判三个阶段,其职能的行使机关分别对应侦查机关、总检察署和法院。审判是新加坡刑事诉讼制度的中心。在审前阶段,涉及限制、剥夺犯罪嫌疑人身自由等强制性措施须要司法审批;在审判阶段,法院拥有最终的裁决权。在新加坡,侦查机关和总检察署被定性为行政机关,唯有法院为刑事司法机关。但鉴于侦查机关和总检察署在刑事诉讼中承担着重要的诉讼职能,一并介绍如下。

1. 侦查机关

新加坡的刑事侦查工作分别由刑事调查局(简称 CID)、中央肃毒局、贪污调查局、移民局、关税局、商业事务局等执法机关负责,检察官只负责检控,不

---

① 谢青霞:《法治与民生:新加坡法律制度分析》,中国政法大学出版社 2011 年版,第 13～14 页。

从事任何调查工作。① 除其他法律专门规定由专门机关侦查的案件外，所有的刑事案件都由警察局下属部门刑事调查局侦查，包括抢劫、强奸、赌博等违法犯罪活动。刑事调查局下属八个具体工作部门，各部门之间分工负责、互相协作共同完成侦查工作。这八个部门分别为：(1)主要犯罪部(Major Crime Division)。该部又分调查绑架、谋杀犯罪等严重罪行的专门调查科和调查强奸等性犯罪的严重性犯罪调查科。(2)专门犯罪部(Specialised Crime Division)。该部有6个科室，分别为秘密组织调查科、特别犯罪调查科、无证放贷打击科、专门犯罪政策科、知识产权科和赌场犯罪调查科。(3)技术犯罪部(Technology Crime Division)。该部主要是为有关技术犯罪的调查、司法鉴定及检控提供帮助，包括技术犯罪调查科和技术犯罪法医科。(4)炸弹及爆炸调查部(Bomb and Explosive Investigation Division)。该部主要负责管理涉及爆炸装置的所有事情的调查和爆炸后侦查工作人员的培训，同时也负责促进与域外执法机构的信息共享等。该部分支机构包括：炸弹数据中心、爆炸专家组、炸弹调查科、炸弹法医科和炸弹拆除科。(5)情报部门(Intelligence Division)。该部门主要收集和分析新加坡重大的、专门的和技术性的犯罪数据。(6)调查支援事务部门(Investigation Support and Services Division)。该部提供调查支持服务，如法医管理、维护犯罪记录、解析功能，以及行政和后勤支持。该部包括刑事档案科、法医管理科、专业访问科、企业服务科、人力科及服务质量科。(7)行动及调查政策部门(Operations and Investigation Policy Division)。该部门由行动处、检察科、联络处和训练组构成。行动处负责监督CID主要业务的指挥、控制和协调工作。该部门与总检察长密切合作，就决策和起诉等调查事宜提供指导。检察科由总检察长授予起诉权的警察、检察官组成。联络处协助国防部与外国警察部门建立更密切的工作关系，以促进跨国犯罪的解决。培训部门负责培训和提高CID官员在战术技能和犯罪解决技术方面的能力。(8)研究、规划及组织发展部门(Research, Planning and Organisational Development Division)。该部是刑事调查局主要成员部门，在战略和战术政策实施的研究、概念化、规划及监测方面向总部办公室提供工作

①　张文山、李莉:《东盟国家检察制度研究》,人民出版社2011年版,第136～137页。

人员协助。同时它还对新的能力、方法和程序进行研究。①

2. 新加坡总检察署②

新加坡总检察署历史悠久,是新加坡最高检察机关,性质是一个独立的行政部门,由总检察长主理。总检察署是新加坡司法体系的重要组成部分。总检察长是政府的首席法律顾问,总检察长公署下设五个部门,分别为立法处、法律起草处、刑事处、民事处和国际事务处,此外还设有专门的图书馆。检察官的选任和管理有专门的程序和制度,总检察长是在获得总理推荐后,总统依照宪法予以委任,是全国最高的执法官,总检察长的地位高于最高法院的法官,仅次于首席大法官;总检察署其他检察官由新加坡法律委员会委任。新加坡所有的检察官的管理由法律服务委员会负责。新加坡总检察署的职权包括:全面独立的刑事检察权;广泛的民事检察权;国际事务参与权与参谋权;法律草拟与审查权;法律改革与修正建议权;行政支持与内部管理权。此外,新加坡全国只有一个总检察署,没有其他检察分支机构,初级法院、最高法院的开庭均由总检察署的检察官出庭应诉,指控犯罪。

3. 法院

根据《新加坡宪法》第 93 条的规定,新加坡设两级法院:最高法院(the Supreme court)和初级法院(Subordinate Courts),③其中初级法院,于 2014 年 3 月更名为国家法院(the State Courts)。④ 案件实行两审终审制,法院执行法律时完全独立,不受政府和立法机关的牵制。最高法院由高等法庭和上诉法庭组成,包括高等法庭法官、上诉法庭法官及最高法院的司法常务官。高等法庭行使民事和刑事案件的原审管辖权与上诉管辖权。例如,在刑事案件中,高等法院一般审理涉及可能判处死罪或可能判处 10 年以上有期徒刑的案

---

① CRIMINAL INVESTIGATION DEPARTMENT(Specialist Staff Departments in Singapore Police Force):https://www. police. gov. sg/about-us/organisational-structure/specialist-staff-departments/criminal-investigation-department # content,最后访问日期:2017 年 9 月 18 日。

② 根据《新加坡宪法》第三章第 19 条的规定:特此设立总检察长一职。总检察长的任命应由总统在取得总理的意见后从具有最高法院法官资格的人中任命。

③ 《新加坡宪法》第 93 条:"新加坡的司法权属于最高法院和依据任何现行有效的成文法规定的初级法院。"

④ 参见新加坡国家法院网(State Courts):https://www. statecourts. gov. sg/AboutStateCourts/Pages/History-of-State-Courts. aspx,最后访问日期:2017 年 7 月 19 日。

件，且高等法庭审理的案件应当由该法庭的一名法官审理；[1]上诉法庭是终审法庭，行使民事和刑事上诉管辖权及死刑复核权。国家法院包括：地区法院、治安法院、专门法院（如少年法院、家事法院）等，审理全国超过95％的司法案件。[2] 其中，治安法院审理依法应当判处最高不超过5年的监禁刑或只判处罚金的所有犯罪，地区法院审理依法应当判处最高不超过10年的监禁或只判处罚金的所有犯罪。

（三）刑事诉讼法的渊源

新加坡刑事诉讼法的渊源可以分为：成文法、不成文法和国际条约。

1. 成文法

（1）《新加坡宪法》[3]

《新加坡宪法》共计14编165条。第一编为序言，第二编为共和国和宪法，第三编为新加坡共和国主权的保护，第四编为基本自由，第五编为政府，第六编为立法机关，第七编为保护少数民族权利总统委员会，第八编为司法机构，第九编为公共事务，第十编为公民资格，第十一编为财政条款，第十二编为反对颠覆的特别权力和紧急权，第十三编为一般条款，第十四编为过渡性条款。新加坡奉行"宪法至上"，《新加坡宪法》亦按照三权分立的理论，规定了政府制度、议会制度和司法制度，具有最高法律效力，是制定一切法律的根据。

（2）《新加坡刑事诉讼法典》和其他法律规定

《新加坡刑事诉讼法典》是新加坡刑事诉讼活动的主要根据，是刑事诉讼法的主要渊源。其他法律是指新加坡议会及有权为新加坡立法的其他机构所制定的法律文件，主要包括：《刑法典》《证据法》《最高法院司法法》《初级法院法》《儿童和未成年法》《监狱法》《家庭司法法》《反贪污受贿法》和《贪污、贩毒及其重大犯罪所得利益没收法》等。

---

① 《新加坡共和国刑事诉讼法》第234条规定：高等法庭审理案件应当由该法庭的一名法官独任审理。

② 参见新加坡法律网站（SingaporeLaw. sg）：http://www. singaporelaw. sg/sglaw/singapore-legal-system/2013-01-28-11-14-34/state-courts，最后访问日期：2017年7月20日。

③ 《新加坡共和国宪法》为1999年修订本，但其修宪较为频繁，如2008年、2010年、2014年、2015年、2016年分别以"修正案"方式修改宪法。

2.不成文法

(1)被接纳的英国法。1993年,新加坡议会通过《英国法适用法》,明确限定英国法在新加坡实施。它主要规定:第一,英国的习惯法和衡平法仍然是新加坡法的一部分;第二,某些英国法令可以通过修订,适合新加坡的特殊环境,仍然是新加坡法律的一部分;第三,新加坡的部长有权修改或颁布命令对英国法令进行修订,以便去除其在新加坡实行的难处。①

(2)判例法。与英美法系国家一样,判例法也是新加坡的主要法律渊源。在新加坡,最高法院的判例在全国均有约束力。但因新加坡国土面积小,案件也不是很丰富,故此,新加坡法院在判案时,有可能参照其他国家判例。对于这些国家的判例,只有在新加坡国内法出现"空白"及与新加坡当地的公共政策不相冲突时,方可适用。同时,在判例法与制定法的关系上,一旦发现某判例法与制定法相冲突,则应当根据制定法优先原则,适用制定法。

3.国际条约

在新加坡,国际条约也是刑事诉讼法的渊源之一。新加坡加入和批准的国际条约、协议、协议书等,对于新加坡的刑事法律具有重要的影响。新加坡加入的国际条约与刑事诉讼直接有关的包括:《儿童权利公约》《联合国打击跨国有组织犯罪公约》《刑事司法协助条约》《联合国反腐败公约》等;新加坡国内也制定了《刑事犯罪行为相互协助法案》与《引渡法案》,旨在刑事犯罪方面提供或获取国际司法协助。②

(四)《新加坡刑事诉讼法典》的主要结构

从编章体例上看,《新加坡刑事诉讼法典》没有分编,法典之下直接就是章,章下设节,共包括二十二章和五个附录,正文共计429个条文。③

第一章为序言部分,主要介绍《新加坡刑事诉讼法典》的简称、相关专业术语解释及通知书、命令、文书的送达等。第二章主要规定国家法院的刑事管辖

---

① 陈兴华:《东盟国家法律制度》,中国社会科学出版社2015年版,第84页。

② 《刑事犯罪行为相互协助法案》制定于2000年并在2001年进行修订,《引渡法案》颁布于1968年8月1日并在2000年进行修订。

③ 《世界各国刑事诉讼法·亚洲卷(二)》,《世界各国刑事诉讼法》编辑委员会编译,中国检察出版社2016年版,第572页。

权,包括治安法院和地区法院的刑事管辖权。第三章主要介绍总检察长和检察官的权力。第四章至第七章规定的是刑事诉讼中的一些基本制度。第四章"向警察控告和侦查权",规定了刑事程序的启动。第五章"预防犯罪"主要规定了不扰乱治安和良好表现的保安措施、强制解散非法集会,以及警察可以使用的预防性措施等。第六章"逮捕、保释和强制到庭程序"规定了侦查程序中的强制性措施。第七章"指控"规定了如何指控的问题。

从第八章开始正式进入刑事诉讼程序部分。以一审庭审程序为中心,刑事诉讼程序可以分为审前程序和审判程序。其中,第八章至第十一章规定的是审前程序,分别为"启动刑事诉讼程序并向治安法官提出控诉""国家法院的审前程序""高等法院的审前程序",以及"审前和认罪答辩程序有关的一般条款"。第十二章至第十五章规定的是庭审程序,这是刑事诉讼的核心部分,也是最能体现新加坡刑事诉讼特色的程序,分别为"适用于所有法院的审判程序""关于庭审程序的一般条款""证据和证人"以及"判决"。

第十六章至第十九章分别规定了"量刑""社区刑罚""赔偿与费用"以及"财产的处置"。第二十章规定的是上诉、申诉、改判及刑事动议,规定了可上诉的判决、上诉的理由、上诉的法院、上诉的程序等内容,此外,还特别规定了没有上诉时的死刑复核程序。第二十一章规定的是两类特殊程序,分别为"对妨碍司法的特定犯罪程序"和"复核羁押的命令"。第二十二章主要规定的是五个附录的内容,分别包括《刑法典》规定犯罪的列表说明""刑事案件开示程序适用的法律""移交程序适用的犯罪""可由被害人私了的犯罪"和"工作种类"。

二、《新加坡刑事诉讼法典》的主要内容

(一)侦查

根据《新加坡刑事诉讼法典》的规定,在不可捕罪案件中,①警察依据检察

---

①　不可捕罪指《新加坡刑事诉讼法典》中附录一第 3 列或其他任何成文法规定的,警察没有令状通常不可以逮捕的犯罪。

官或一名治安法官命令,可以行使该法第 21 条(要求证人出现的权力)、第 22 条(询问证人的权力)、第 34 条(可捕罪中搜查)、第 39 条(访问计算机的权力)和第 111 条(要求控诉人和证人出庭的保证权力)规定的任何特殊侦查权;在侦查可捕罪案件时,①警察直接行使上述侦查权。据此,《新加坡刑事诉讼法典》赋予警察的侦查权主要有:

1.命令提交任何文书或其他物品的权力

根据《新加坡刑事诉讼法典》第 20 条的规定,当警长或警长以上级别的警察认为,一份文书或其他物品(被邮政管理局或公共邮政许可人保管的文书和物品除外)是侦查、调查、审判或其他程序所必需的或对查明案件具有价值的,其可以向被认为占有或控制这份文书或物品的人签发一份书面命令,要求占有人或控制人按照规定的时间和地点提交这份文书或物品,或者允许一名警察获取这份文书或物品。

2.要求证人出现的权力和询问证人的权力

警察在依法侦查时,可以签发一份书面命令要求任何在新加坡范围内的可能知道案件事实的人到他面前。如果该证人没有按照要求出现,那么,该警察可以把此事报告给一名治安法官,治安法官随后可以自由裁量签发一份令状要求其出现。同时,根据《新加坡刑事诉讼法典》第 22 条的规定,警察在依法侦查时,经警察以及由警察总监依据《新加坡警察部队法》的规定书面授权,并依照其协助的警察或执法人员的指示而履行职责的司法鉴定专家,可以口头方式询问可能知道本案任何事实和情节的人。

3.搜查权

根据《新加坡刑事诉讼法典》的规定,法院依法以书面形式签发搜查令,并加盖院章。搜查令必须以书面的形式签发给警察总署和在令状中指定的一名或多名警察,由被指定的一人或多人行使。此外,该法院在合适的情形下可以将搜查令签发给警察之外的人行使。法院可以签发搜查证的情形包括:(1)该法院有理由相信,已经或可能被签发《新加坡刑事诉讼法典》第 20 条第 1 款规定的命令、第 20 条第 3 款规定的要求或第 235 条第 1 款规定的传票的人,不会依据这份命令、要求或传票提交文书或其他物品;(2)不知道谁占有该文书

---

① 可捕罪是指《新加坡刑事诉讼法典》中附录一第 3 列或其他任何成文法规定的,警察可以不用令状即可逮捕的犯罪。

或物品;(3)该法院认为一项概括或具体的搜查或检查将有助于公正或任何侦查、调查、审判或依据该法进行的其他程序;(4)法院有理由相信某人被拘禁,且该拘禁行为构成犯罪的,可以签发搜查令搜寻被错误拘禁的人;但有合理理由怀疑某人被非法拘禁在某地,并且有理由相信获取搜查令造成的延误很有可能会对解救被拘禁人或逮捕相关责任人造成不利影响的,可以不用搜查令即可搜查;(5)除高等法庭以外的任何法院无权签发令状搜查由邮政管理局或公共邮政被许可人保管的文书。同时注意,负责执行令状的人只能在列明的区域内搜查或检查。但亦有三种情形,警察无须搜查令即可搜查:(1)失窃财产案的无令状搜查。警长或警长以上级别的警察收到控告后,有合理怀疑失窃财产被隐藏或寄存在某地方,并且有充分理由相信获取搜查令造成的延误,很有可能造成这些财产被转移,可以不用搜查令即在指定地点搜寻宣称失窃的财产。(2)即决搜查。符合以下情形,警察总监可以书面授权任何警察搜查被盗财产:被搜查地当前或在搜查程序之前 12 个月内,由任何因接收失窃财产或窝藏窃贼被定罪的人占有或使用;被搜查地由任何因可判监禁刑的诈骗或欺诈犯罪而被定罪的人占有或使用。

4.扣押权

《新加坡刑事诉讼法典》第 35 条规定了扣押财产的权力,其主要内容如下:

(1)扣押的对象。警察可以扣押与被怀疑犯罪相关的任何财产、可能已经被用来或计划被用来实施犯罪的任何财产,以及可能构成犯罪证据的任何财产。如果被扣押财产被保存或可能被保存在金融机构的账户或保险箱里,督察或督察级别以上的警察可以以书面命令指示该金融机构将该财产移交警察或指示该金融机构在命令指令的期间内,不得允许任何与该账户或保险中的财产有关的交易。

(2)制作接收财产的报告,即警察必须在合理可行的情况下尽快制作接收财产的报告。

(3)金融机构违反规定的法律后果。金融机构违反"将财产移交警察"或"有关财产的禁止交易"书面命令,其行为构成犯罪的,应当判处不超过 3000 新币的罚金。

(4)解除对财产的扣押。法院在警察作出扣押书面令状之后,基于被阻止处理财产的人的申请,可以命令解除对全部或部分财产的扣押。具体情形包括:①该财产是支付基本消费所必需的,如食物、房租、医疗等支出。②支付合理的专业费用,以及报销与法律服务条款相关而发生的任何费用或支付该人被阻止处理财产的保管及维修的费用。③任何临时费用所必需的。④该财产是任何司法、行政或仲裁的留置或判决的对象。⑤该财产是公司日常运行所需的。

5. 访问计算机的权力和获取解码信息的权力

根据《新加坡刑事诉讼法典》第 39 条的规定,警察或被授权的人,在侦查一项可捕罪时,可以在任何时候访问、查阅、检查一台他合理怀疑与该可捕罪有关的计算机或通过该计算机搜查其中存储的任何数据,并且该警察或被授权的人也可要求正在使用或已经使用该计算机的任何人提供其所需的任何协助。如果任何人阻碍警察实施合法行为,或未能遵守警察提出的协助要求,其行为应该构成犯罪,应当被判处不超过 5000 新币的罚金或刑期不超过 6 个月的监禁刑,或并处这两项刑罚。根据《新加坡刑事诉讼法典》第 40 条第 2 款的规定,为了侦查该可捕罪,警察有权获取可以通过变形或解码将加密数据转化成可读的或可以理解的格式或文本的信息、代码或技术。同时,该警察有权要求正在使用或已经使用该计算机的任何人提供合理的技术协助或其他协助,并合理怀疑拥有任何解码信息的人;在该信息是为了获取侦查该可捕罪所需数据时,授权他访问这些解码信息。如果任何人阻碍警察或未能遵守警察提出的任何要求,其将遭受不超过 1000 新币的罚金或不超过 3 年的监禁刑,或并处的刑罚处罚。

(二)强制性措施

1. 逮捕

根据《新加坡刑事诉讼法典》第 67 条的规定,在无令状逮捕时,被逮捕人应当不迟延地被带至或送至治安法院,羁押期不应当超过 48 个小时,但不包括从逮捕地到治安法院所需的在途时间。第 74 条规定,在令状逮捕时,警察或执行逮捕令的其他人必须毫不迟延地将被逮捕人带至法院,包括治安法院、地区法院及高等法庭。

(1)无令状逮捕

其一,警察无令状逮捕。警察无令状逮捕包含一般情形和拒绝向警察告知姓名、住址时的逮捕特殊情形。前者包括:第一,已经被牵涉进一项可捕罪中,或被合理地怀疑涉嫌参与可捕罪,或已经有针对以上事实对其提出的合理控告或可靠信息；第二，占有入室行窃的工具但无法就该占有提供合法理由；第三，已经被公告的犯罪；第四，占有可以被合理怀疑为失窃财产或诈骗所得财产的任何东西，以及可以被合理地怀疑在获得财物时犯罪的人；第五，在警察执行公务时阻碍该警察，或从合法羁押中逃跑或试图逃跑；第六，被合理怀疑是《刑法典》第140条之二规定的或《刑法典》第七章被扩展适用的任何部队的逃兵；第七，在认为他这样做是为了实施一项可捕罪的情形下，试图隐藏他的行踪；第八，没有明显的谋生手段，或不能就自身情形作出令人满意的解释；第九，已知其是惯犯、习惯入室行窃的人或惯贼，或是明知经常其是失窃财物而接受该财物的人，或已知其惯常性地敲诈勒索，或是为了实施敲诈勒索而惯常性地企图将他人置于伤害恐惧中的人；第十，当警察在场时，实施或企图实施扰乱治安的行为；第十一，已知其计划实施一项可捕罪，并且在该警察看来无法通过其他方式组织该犯罪；第十二，处于警察监管之下，并且不履行本法或其他任何成文法的要求；第十三，已经违反任何成文法规定的任何羁押令。后者是指：第一，某人被指控实施可捕罪，或在警察在场时或在其面前实施可捕罪时，如果警察要求他提供姓名和住址而他拒不提供，警察可以将他逮捕；第二，某人提供新加坡外住址的，警察有理由相信其提供的是虚假的住址的，可以将其逮捕。

其二，私人无令状逮捕。根据《新加坡刑事诉讼法典》第66条的规定，私人逮捕的程序包括：第一，私人逮捕的对象。任何私人可以逮捕他面前或在他在场时实施不可被假释的可捕罪的人，或被公告为罪犯的人。此外，倘若是针对被害人的人身或财产实施犯罪，且不知晓其姓名和住址或提供新加坡以外的住址，被害人、雇员或其他任何人都可以将其逮捕。第二，移交。该私人必须毫不迟延地将被逮捕人移交给警察或将他带至警察局。第三，逮捕后处理结果。警察有理由相信被逮捕人属于上述无令状逮捕的一般情形时，必须将其正式逮捕。如果没有理由相信被逮捕人实施了犯罪的，必须立即将其释放。

（2）令状逮捕

第一，逮捕令签发主体。法院依据《新加坡刑事诉讼法典》的规定签发的逮捕令必须以书面的形式加盖法院章，并根据具体情况，由一名治安法官或地方法官签署，或在高等法庭的案件中，由高等法庭的一名法官或最高法院的司法常务官签署。

第二，逮捕令的指示对象。逮捕令一般必须向警察总监、任何执法机构的首长或主任，或在这样执法机构中具有类似级别的人作出。具体执行主体，可以由任何警察或警察总监指定的人执行,或者可以由该首长、主任或具有类似级别的人指定的人执行。

第三,逮捕后担保。被逮捕人通过保证人足以保证在法院另作指示之前,出席逮捕之日后的开庭及其后每次开庭的,签发逮捕令的法院可以通过在令状上背书指令被逮捕人必须提供这样的保证,并释放被逮捕人。

第四,令状内容的告知。警察或执行逮捕令的其他人必须将令状内容告知相对人,并依其要求向他出示逮捕令的原件或副件。

第五,无迟延地将被逮捕人带至法院。根据《新加坡刑事诉讼法典》第74条的规定,在令状逮捕时,警察或执行逮捕令的其他人必须毫不迟延地将被逮捕人带至法院。

2.查封

根据《新加坡刑事诉讼法典》第88条的规定,法院有理由相信逮捕令的相对人已经逃逸或正在隐藏,以至于该逮捕令无法被执行的,可以发布书面公告,要求该相对人自公告发布之日起在不少于30日后的指定时间内出现在指定地点。同时,第89条规定,法院可依据第88条规定签发的公告,命令查封属于被公告人的任何动产或不动产。若被公告人没有在公告指定的期间出现,被查封财产应当由政府处置。此外,包括被公告人在内的任何人,可以向法院申请解除依据第89条规定对财产或其变卖后所获净收益的查封。

3.保释

保释是指在被逮捕的人提供担保或者接受特定条件的情况下将其释放的制度,也有的学者将保释解释为在被羁押人向法庭支付金钱作为其将出庭受审的担保后将其释放的制度。新加坡刑事诉讼多个阶段都涉及保释问题,如侦查、调查、审判及其他相关程序等。保释的方式有两种,即个人保证和保证人保证,并附加必要的保释措施。同时,《新加坡刑事诉讼法典》规定了保释的例外情形(即不得被保释情形)、撤销及改变保释的情形、保证人的责任,并赋予保证人申请解除保证的权利、保证金没收的上诉权。

第一,保证的方式。(1)个人保证是最为简单的保释形式,被告人承诺会如期出席法庭即可获得释放,并且必须提供警察或法院认为充足的保证金。①

---

① 《新加坡刑事诉讼法典》第99条第1款规定:"在某人依据本节规定提交个人保证而被释放之前,该人必须提供警察或法院认为充足的保证金。"

如《新加坡刑事诉讼法典》第 92 条第 2 款规定,除保释外,如果被指控人签署一份提供保证人的个人保证,该警察或法院可以根据该人签署的不提供保证人的个人保证将其释放。(2)保证人保释。即被指控人提供适合保证人予以担保,被保人释放,同我国"取保候审"中保证人保证有异曲同工之效。其保证人制度亦规定了保证人的责任及保证金的没收程序。(3)附必要的措施。警察或法院准予保释或因个人保证而释放被指控人的,可以附加必要的措施。根据《新加坡刑事诉讼法典》第 94 条第 2 款的规定,其附条件的措施包括:交出该人持有的任何履行证件;自动归押,或让该人主动接受侦查,或在指定的日期、时间和地点出庭;因交保或个人保证而被释放时,不得实施任何犯罪;不得干扰任何证人或妨碍司法公正,无论是否与他本人有关。

第二,保释的例外情形。该法第 95 条规定,有三种情形不得被保释:(1)该人被指控实施可判处死刑或终身监禁的犯罪;(2)曾在任何刑事诉讼中因交保或提供个人保证而被释放,但没有自动归押、主动接受侦查或出庭,鉴于此,法院有理由相信释放后其不能履行上述保证义务;(3)依据《引渡法》第 10 条、第 24 条或第 34 条规定签发的或该法第 33 条规定被背书的令状,该人被逮捕或羁押。此外,该条第 2 款规定,无论第 1 款如何规定,法院可以将任何被指控实施以上犯罪的未成年人、病人或体弱多病的人保释;同时,亦规定被指控实施可判处死刑或终身监禁的犯罪,符合以下条件可以被保释:该犯罪也可以被判处死刑或终身监禁刑以外的替代性刑罚,该犯罪可以由地区法院或治安法院审理。

第三,撤销保释、改变保释的条件。该法第 102 条规定,对于情况发生变化、出现新的事实,法院可以变更保释或个人保证的条件,或者为该项保释或个人保证施加进一步条件,甚至可以将被释放人逮捕进而羁押。如果因错误、诈骗或其他方式导致不适格的保证人被接受、保证人后来变得不适格,法院可以签发逮捕令,指令将被释放人带至法院,要求其提供适格保证人,若没能提供适格保证人,法院可以将其羁押。

第四,保证人可以申请解除保证。该法第 105 条规定,保证人可以在任何时候,向该法院申请解除与他相关的保证。保证人向法院申请解除保证后,法院依其申请,可以签发逮捕令,指令将被释放人带至法院。被释放人自愿出庭或依逮捕令出庭的,该法院必须全面解除这项保证,并且必须要求被释放人提供其他适格的保证人。此外,还规定保证人可以逮捕其作保的人并立即将他带至法庭。被释放人未能提供其他适格保证人的,法院必须将其羁押。

4.强制到庭

根据《新加坡刑事诉讼法典》第 111 条的规定,所谓到庭保证是指任何控诉人和证人,提供保证以确保出庭并在针对被指控人的案件中作证。同时,警察必须将以上保证移送法院,倘若控诉人或证人拒绝提供保证,警察必须将此事报告给法院,该法院可以签发令状或传票,以确保该控诉人或其他人出庭并在针对被指控人的案件中作证。

(三)刑事检控

根据《新加坡刑事诉讼法典》第三章"总检察长和检察官"及其他关于检察职能的规定,检察总署行使"全面独立的刑事检控权",具体包括:

1.指挥侦查。新加坡刑事侦查工作根据分工不同,分别由刑事调查局、中央肃毒局、贪污调查局、移民局、商业事务局等执法机关负责,检察官只负责检控,不从事任何调查工作。侦查机关侦查完毕后将证据材料移送总检察署审阅,如主控检察官审阅后认定证据不充足,可以指示侦查机关终止调查,也可以指示侦查机关从不同角度进一步调查,且对退回补充侦查的次数没有限制。

2.批准检查。对于贪污罪行,总检察长认为必要时,可以发布命令,授权贪污调查局局长或特别调查官检查任何银行账户、股份账目、费用账目以及银行保险箱。

3.指导检控与审查起诉。新加坡判处刑事诉讼可分为自诉和公诉。前者是指,在治安法院审理的即决案件中,对最高刑期依法不超过 3 年监禁刑或只判处罚金的任何犯罪可由当事人向治安法院提起诉讼;后者是指除轻罪以外的其他犯罪由总检察署主控官或总检察长指定的警官向法庭提起诉讼。公诉案件又分为侦查机关检控的案件和总检察署检控的案件。关于侦查机关检控案件具体可见上述检察官的指示权。而其他严重犯罪行为或总检察署认为需要由其指控的犯罪行为,总检察署下的副主控官有权提起公诉。同时,主控检察官在审查起诉时拥有较大的自由裁量权,如对于侦查机关移送审查的证据充足的案件,主控官具有决定起诉与否的裁量权。

4.撤销、减轻、修改控诉权。当犯罪嫌疑人被警方或主控官提起公诉后,其代表律师会为其客户向总检察长建议撤销控状或减轻控状,总检察署下的主控官有权力根据法律和案情行使自由裁量权,拒绝申请、撤销控状或减轻控状。当嫌犯被提控后,总检察长或其属下有权中止程序的进行,令法庭无罪释放被告人,而不需要向法庭说明理由。值得注意的是,根据《新加坡刑事诉讼法典》第 128 条第 1 款的规定:法院在作出裁判前的任何时间,可以补充或替代当前指控、变更指控或作出新的指控。

5.出庭支持公诉。对于总检察署提起的公诉案件,总检察长或其属下的主控官应当出庭支持公诉。一般只有关系到公共利益的重大刑事案件,总检察长才会出庭。

6.上诉权。新加坡的刑事案件实行两审终审制,控辩双方一方不服一审判决,均可提出上诉。即使一审或二审判决被告无罪,也不会对主控检察官带来任何不利的后果。

(四)审前程序

该部分由《新加坡刑事诉讼法典》第八章至第十一章予以规定,主要包含四部分内容,分别为:启动刑事诉讼程序并向治安法官提出控诉、国家法院的审前程序、高等法庭的审前程序及认罪答辩程序。

1.启动刑事诉讼程序并向治安法官提出控诉

(1)刑事程序的启动。根据具体情况,可以依据传票、逮捕令、出庭通知,或依据本法或其他成文法规定的强制某人出庭的形式启动针对某人的刑事诉讼程序。

(2)对控诉的审查

根据《新加坡刑事诉讼法典》第 151 条的规定,任何人可以向治安法官提起控诉,当治安法官收到的控诉并非由警察、执法机构官员或依公共团体权限行事的人作出的,其审查的内容和程序包括:第一,立即在该控诉人宣誓后进行询问,并书面记录询问内容,该书面记录应由控诉人和治安法官签名;第二,基于调查案件的目的,签发传票传唤可能协助其决定是否有充分理由继续处理该控诉的人;第三,为了确认控诉真假指令警察进行侦查并向其报告侦查结果;第四,依据《社区调解中心法》第 15 条处理或为了使控诉人和被控诉人尽量友善地解决控诉事项,推迟处理该控诉。

(3)对控诉案件审查后的处理

第一,驳回控诉。驳回控诉包括两种情形:一是治安法官依据 151 条第 2 款第 a 项的规定询问控诉人,并依据第 151 条第 2 款第 b 项第 i 目的规定进行调查或第 151 条第 2 款第 b 项第 ii 目考虑调查结果的,如果认为没有充足理由继续进行诉讼,可以驳回控诉。二是治安法官或警官已经将与控诉有关的案件依据《社区调解中心法》第 15 条或第 16 条第 1 款第 c 项规定提交调解,而该控诉人未参加或拒绝参加调解会议的,如果其不能提供未能参加或拒绝参加的合理理由,治安法官可以驳回控诉。同时,治安法官应当记录驳回控诉的理由。

第二,继续处理该控诉。控诉并非由警察、执法机构的官员或依公共团体权限行事的人作出的,该治安法院认为有充分理由继续处理该控诉;控诉由警察、执法机构的官员或依据公共团体权限行事的人作出的,该治安法院认为有充分理由继续处理该控诉并且该控诉由控诉人书写和签名。

(4)签发传票要求被指控人出庭。根据《新加坡刑事诉讼法典》第 153 条第 1 款的规定,除上述继续该控诉的两种情形外,该治安法官知道或怀疑一项犯罪已经被实施,或该指控人未经处理而被带至该法院羁押,并且该犯罪嫌疑人被指控实施了该法院有权询问或审理的犯罪时,治安法官必须签发传票要求被指控人出庭。

2.国家法院的审前程序

根据《新加坡刑事诉讼法典》的规定,国家法院的审前程序主要是指刑事案件开示程序(Criminal Case Disclosure Procedures),相当于我国刑事诉讼法规定的庭前会议。

(1)刑事案件开示会议解决的事项

根据《新加坡刑事诉讼法典》第 160 条第 1 款的规定,控辩双方应当参加由法院主持的刑事案件开示会议,主要解决以下事项:第一,诉状和答辩状的提交;第二,在正式庭审中主审法官将审理的事实和法律的问题;第三,双方当事人申请出庭作证的证人名单;第四,双方当事人需要法庭认定的陈述、书证、物证以及审判日期。主持刑事案件开示会议的治安法官或地区法官不得在任何一方当事人缺席的情况下,就上述事项作出不利于该方当事人的命令。在刑事案件开示会议中,被指控人希望对指控作认罪答辩的,法院必须依照认罪答辩程序确定听取答辩的日期。

(2)适用刑事案件开示程序的情形

根据《新加坡刑事诉讼法典》第 159 条的规定,属于附录二列明的犯罪,被指控人愿意适用,并且由地区法院审判时,方可适用刑事案件开示程序,但在除附录二之外的其他犯罪,案件各方当事人都一致同意亦可适用。此外,如果案件依照第 159 条不适用刑事案件开示程序,在法院询问被指控人希望怎样答辩的当日,被指控人拒绝答辩、不作答辩或要求审判的,法院可以立即审判被指控人或在指定日期进行审判。在不适用刑事案件开示会议时,法院可以在任何时间确定审前会议的日期,并召开审前会议解决与审判相关的行政事项。

(3)召开刑事案件开示会议的日期。适用刑事案件开示程序的案件,在法院询问被指控人答辩的当日,被告人拒绝答辩、不作答辩或者要求审判的,除非有充分理由,法院应确定第一次刑事案件开示会议的日期,该日期应当不早于自询问之日起8周。

(4)提交诉状的时间。在首次刑事案件开示会议上,被指控人表明不对指控作认罪答辩的,控方必须在会议召开之日起2周内向法院呈递诉状,①并向被指控人和每个共同被指控人提供副本。

(5)提交答辩的时间。根据《新加坡刑事诉讼法典》第163条第1款的规定,在召开的进一步刑事案件开示会议上,被指控人没有表示作认罪答辩的,辩方应在不迟于进一步刑事案件开示会议召开之日或延期召开之日起2周内,向法院提交答辩状,②同时向控方和一起被审判的每个共同被指控人提供一份副本。

3.高等法庭的审前程序

根据《新加坡刑事诉讼法典》第十章的规定,高等法庭的审前程序主要是指预审程序,又称聆讯程序或移交审判程序。

在高等法庭审理的刑事案件,需要由治安法院的治安法官(被称为预审法官)进行预审程序,其基本功能在于审查控方证据是否达到法定起诉的标准——"证据充分"。新加坡预审程序采用的是预审法官审查证据的方式,并听取当事人关于被指控人应否被交付高等法庭审判的意见。在审查证据的预审程序中,首次传唤被指控人到治安法院,治安法官应当向他解释指控,但不

---

① 诉状的内容包括:(1)控方将在庭审中提出的指控;(2)一份支持指控的事实概要;(3)一份控方证人名单;(4)一份控方希望法院认定的物证清单;(5)被指控人任何时间所作的且被执行机构官员依法记录在案的任何陈述,该陈述属于控方证据材料的一部分。

② 答辩状的内容包括:(1)一份对指控的辩护和支持辩护的事实概要;(2)一份辩方证人名单;(3)一份辩方希望在庭审中被认定的物证清单;(4)对控方证据中相关的任何事实和法律问题提出异议的,必须包括:一份就异议的性质的阐述、将提交证据加以证明的事实问题和支持该异议的法律依据。

能要求被指控人向治安法院作出答辩。检察官有权在提交证据(全部为书面证据)之前简述案件情况,解释任何法律问题,控方可以全文宣读证据,也可以经法院批准后概述其要旨。随后,被指控人可以以书面陈述或口头陈述的方式向预审法官提出意见。预审法官在听取支持控方的书面陈述和所有其他证据后,认为据此应当将被指控人依控方指控交付审判的,应当向被指控人宣读和解释该指控,并允许被指控人再次作出抗辩;认为不存在充足证据将被指控人就其指控的罪名交付审判的,提出指控的人亦有权对此进行回应。倘若被指控人选择保留抗辩,其将被交付高等法庭进行审理。同时,根据《新加坡刑事诉讼法典》第179条第3款的规定,在本程序中任何人作出的书面陈述被采纳为证据的,预审法官可以主动或依参加聆讯的任一方当事人的申请,要求作出该书面陈述的人出席聆讯并作证。

案件被移交审理后的程序。根据该法第188条和第191条的规定,决定将被指控人移交审判的,预审法官应当向检察官和被指控人分别送达一份聆讯记录副本,并且当该法官收到检察官指令时,应将原始记录和任何文书、凶器或作为证据的其他物品移送至最高法院司法常务官。随后,最高法院的司法常务官应当召开刑事案件的开示会议。

4.认罪答辩程序

认罪答辩程序是指向被指控人宣读和解释最初拟定的或修改后的指控之后,被指控人对指控的罪名作认罪答辩的,其认罪答辩必须被记录,并且法官以此罪名对其定罪,则无须再进行审理程序,直接进入量刑程序。其中被指控人是否自愿选择认罪答辩也是值得关注的问题。对此,《新加坡刑事诉讼法典》第22条第2款亦作出规定,即在法院记录被指控人作认罪答辩前,法院必须确信被指控人理解其所作答辩的性质、后果、该罪行的法定刑罚及是否无条件作出认罪答辩。其中,对可能判处死刑的被指控人认罪答辩的,新加坡高等法庭是不能记录这项认罪答辩的,除非被指控人因该罪名已经被移送高等法庭受审,并且在庭审中由控方出示证据以证明控方主张。

在认罪后的量刑环节,控辩双方都可以向法院提出量刑意见,对于被指控人提出的任何从轻量刑的请求,控方都有回应的权利。倘若法院认为从轻量刑请求中提出的任何事项,对法律规定的该被控罪行的任何法定构成要件产生实质性影响,必须驳回被指控人的认罪答辩。

（五）审判程序

审判程序是指适用所有法院的一审庭审程序，亦不作公诉程序与自诉程序的区分。根据《新加坡刑事诉讼法典》第 230 条关于审判程序的规定，其包括以下流程：

1.宣读指控和听取答辩

庭审开始时，法院必须向被指控人宣读并解释指控的内容，并听取其答辩。如果被指控人对指控作认罪答辩，法院必须适用认罪答辩程序处理；倘若被指控人拒绝答辩、不作答辩或要求审判，法院必须继续审理此案。

2.控方开庭陈述

控方可以作出开庭陈述，简要陈述被指控人被控罪行的性质，以及提出证明被指控人有罪的证据。

3.举证与质证

因控方负举证责任，控方先出示证据。出示的证据，包括传唤证人、物证及书面证据。其中最为重要的莫过于证人出席法庭接受质证，即交叉询问。控辩双方举证、质证的顺序是：传唤证人、直接询问、交叉询问，再直接询问。控方首先传唤自己一方的证人，待控方所有证人作证完毕后，再由辩护律师传唤辩方证人。直接询问是由提出证据方对证人进行的询问，目的是通过证人的回答，把集中提出证据证明的事实展现给法官。交叉询问是对方对该证人进行的询问，目的是推翻或削弱对方论证的事实，质疑证人的可靠性，或从对方证人中获得有利于己方的证言。最终以对己方证人的再询问而结束。

在控方举证结束后，辩方以无可答辩事由为由申请法院撤销案件，检察官可以对该辩护意见作出回复。同时，在辩方辩护结束后，控方为了反驳辩方答辩，有权传唤证人，或者召回并再次询问已经被询问过的人。这样的证人可以由被指控人和每一位共同被指控人进行交叉询问，之后控方可以进行再次询问。

4.答辩总结

辩方辩护结束时，被指控人应当对其答辩进行总结。在辩方对其答辩总结之后，控方亦有总结全案的最终权利。

5.裁决

如果法院查明被指控人无罪，应当对其宣告无罪，如果没有其他未决指控,应当立即释放被指控人;如果法院查明被指控人有罪,必须记录该有罪认定,并且依照量刑程序依法量刑。

(六)量刑和社区刑罚

1.量刑

《新加坡刑事诉讼法典》第十六章关于量刑的规范,分为三个部分,即量刑的一般规定、鞭刑和刑罚的中止、免除和减轻。

（1）量刑的一般规定

第一,关于各级法院的量刑权限。根据该法第303条的规定,高等法庭可以依法作出法律授权的任何量刑判决。地区法院依据该法或其他成文法可以作出以下量刑判决:不超过10年的监禁;不超过30000新币的罚款;不超过12鞭的鞭刑;其他合法刑罚,包括法律授权的刑罚组合。治安法院依据该法或其他成文法可以作出以下量刑判决:不超过3年的监禁;不超过10000新币的罚款;不超过6鞭的鞭刑;其他合法刑罚,包括法律授权的刑罚组合。

第二,矫正处分与预防性羁押。根据该法第304条的规定,矫正处分适用18周岁以及18周岁以上的人,预防性羁押适用30周岁或30周岁以上的人。前者是指法院出于改造与预防犯罪的考虑,认为如果罪犯在刑满前被释放,他或她在一段时间的监督之后,应当在较长一段时间接受一项矫正性格的处分,那么除非有特殊理由,该法院应当对其判处5年到14年的矫正处分以替代任何监禁刑罚。该法同时也严格限制其适用的条件,即在高等法庭或地区法院因被判处2年或2年以上监禁刑罚的犯罪而被定罪,并且从他满16周岁之日起,在新加坡或其他地方因一项应判处如上刑罚的犯罪而被定罪至少2次;或者在高等法庭或地区法院的一次审判中,因3项以上应被判处2年或2年以上监禁的不同犯罪而被定罪,并且从他年满16周岁之日起,因一项应判处2年或2年以上监禁的犯罪而被定罪,并在新加坡或其他地方被判处1个月以上监禁。后者是指法院出于保护公众的考虑,认为如果罪犯在刑满前被释放,他在一段时间的监督之后应被长期羁押,那么该法院除非有特殊理由,应当对其执行7年到20年的预防性羁押以代替任何监禁刑罚。与矫正处分相比,预防性羁押的适用条件并没有多大差异,二者的主要区别在于适用对象年龄不同。此外,在对任何罪犯判处矫正处分或预防性羁押时,法院必须考虑其要求监狱长或被监狱长授权的他人代表其提交的报告。

　　第三,改造训练。根据该法第 305 条的规定,如果某人被一所法院判决犯有应受监禁刑罚之罪,而且该人在判决之日,年满 16 周岁不满 21 周岁,或者年满 14 周岁不满 16 周岁,且该项定罪之前,因涉嫌另一项犯罪而被一所法院处理,并且因该另一项犯罪而被移送至依据《儿童和未成年人法》第 64 条建立的未成年人改造中心,那么该法院在综合考虑其性格、先前行为、犯罪情节之后,认为他应当在改造中心接受一段时期的犯罪改造,可以对其判处改造训练以替代任何其他刑罚。

　　第四,警察监管。根据《新加坡刑事诉讼法典》第 309 条的规定,曾在新加坡或其他地方被判有一项应受 2 年或 2 年以上监禁的犯罪的某人,被判犯有另一项应受 2 年或 2 年以上监禁的犯罪的,法院除了判处他相应的刑罚之外,可以命令在一段时间该人置于警察的监管之下,该期间自最后一项刑罚执行完毕之后立即开始。高等法庭、地区法院、治安法院依据第 309 条第 1 款规定的监管期间分别不得超过 7 年、5 年和 3 年。该法第 310 条规定了被监管人必须履行的义务,如亲自到场并向其居住地所在辖区的警察局警官报告其居住地,变更住所则应及时向管辖区的警官局警官报告。此外,该法第 311 条规定,被警察监管并且未被羁押的人,倘若未遵守第 310 条规定,将被要求向其受审法院证明已经尽力遵守法律的规定,否则其行为构成犯罪,并且将被判处不超过 12 个月的监禁。

　　第五,死刑执行。死刑执行的适用程序主要体现在该法第 313 条,即(1)量刑宣告后,必须以规定的格式,就被判移交监狱长羁押监管的人制作一份盖有法院印章的令状。(2)该令状将全权授权监狱长或为该目的任命的官员,接受被移交羁押的人并羁押该人直到接到法院新的令状或命令。(3)审判被指控人的主审法院必须在判决宣告后的合理时间内,制作法庭出示的证据的记录副本,以及由他签名并阐述其认为是否有任何理由执行死刑的报告。(4)最高法院的司法常务官将接到上诉或复核申诉通知主审法官的,该主审法官接到通知后的合理时间内,必须将(3)中涉及的该证据记录和报告移送上诉法庭。上诉法庭驳回上诉或认定死刑判决的,首席大法官或其他大法官在合理时间内将(3)所涉及证据以及报告移交部长,陈述他是否同意主审法官的判决意见,并且随附首席大法官或其他大法官签字的上诉法庭决定的公告以及上诉法庭认为应当制作的其他报告。(5)依据宪法,总统必须将自己作出的签名并盖章的命令副本移交上诉法庭,如果执行该刑罚,在命令中载明刑罚执行的时间和地点。如果赦免或降低某人的刑罚,必须在命令中述明该赦免或减刑。总统可以在令状被执行前的任意时间,命令暂缓执行该令状,并在此之后指定执行该令状的其他时间和地点,同时必须将令状移交依法执行该刑罚的监狱长。(6)收到总统命令的副本后将执行刑罚的,上诉法庭应当制作由最高法院签章并由首席大法官或其他大法官签名的令状,或者当首席大法官或其他大法官不在场时,由上诉法庭或高等法庭法官签名,并依据总统命令,安排执行刑罚的时间和地点。(7)刑罚执行时,监狱主管人员、监狱的医务人员以及监狱长要求的任何其他监狱工作人员必须在场,牧师或监狱长认为合适并允许的其他人也可以在场。死刑执行结束后,监狱的医务人员必须立即检查被执行人的身体,确认死刑执行结果,签署并向监狱长移交死亡确认书。执行后的 24 小时内,验尸官应当依据《2010 年验尸官法》的规定确认尸体身份以及死刑是否如期执行。(8)必须分别向最高法院立案处和部长办公室移交验尸官报告副本并归档。死刑因被执行人逃跑而未能执行的,必须在重新抓捕该人之后,依据高等法庭命令的其他时间执行该死刑。同时,该法第 316 条亦规定了死刑的执行方式,即实施绞刑至死亡。此外,该法第 314 条和第 315 条分别规定,未满 18 周岁的人和孕妇不适用死刑。

(2)鞭刑适用程序

第一,禁止执行鞭刑的对象。根据该法第 325 条的规定,对女性、鞭刑实施时已经超过 50 周岁的男性和刑罚未被减轻但判处死刑的男性不得适用鞭刑。同时规定,依据其他成文法规定,某人因一项或多项被判处鞭刑的犯罪而被定罪,但依法不能对该人实施鞭刑的,该法院可以在该人已经被判处的任何其他刑罚之外,判处一项不超过 12 个月的监禁刑,以替代在没有本条规定时可能已经对该相关犯罪判处的鞭刑。

第二,执行鞭刑的时间、鞭数限制及方式。该法第 327 条规定,除上诉期尚未届满或者该法规定的其他允许延长期间的情形外,鞭刑应当尽快执行。第 329 条具体规定了鞭刑的执行方式,包括具体击打的位置和藤条的直径。此外,该法第 330 条规定,鞭刑不可分期执行,每次可对罪犯执行的最大鞭数,其中成年人不超过 24 鞭、未成年人不超过 10 鞭。

(3)刑罚的中止、免除和减轻。根据该法第 333 条,某人因犯罪被判处刑罚的,总统依据《新加坡宪法》的规定,可以在其认为合适的情况下,批准赦免刑罚、暂缓执行刑罚,或者部分或全部免除依法作出的刑罚、处罚或没收财产的处罚。总统认为某项已经被中止或免除的刑罚不符合条件的,可以取消该中止或免除;中止或免除处罚被取消的,如果被中止或免除刑罚的罪犯未被羁押,可以由警察对其实施无证逮捕,并将其还押继续执行未执行完毕的刑罚。而且该法第334条又细化了总统"减刑"的权力,总统可以将死刑减为监禁刑、罚金刑或者二者并处和将监禁刑减为罚金刑。

2. 社区刑罚

"社区刑罚"是指在相同的审判程序中法院作出的包含一种或多种社区命令的刑罚。社区令包括:强制医疗命令、每日报告命令、社区工作命令、社区服务命令和短期拘留命令。

(1)适用社区令的情形。根据第337条的规定,法院可以对以下事项作出社区令:第一,法律明确规定刑罚的犯罪;第二,法律预先规定特定的最低刑罚或者强制最低刑罚为监禁、罚款或者鞭刑的犯罪;第三,《罪犯登记法》附录三中规定的犯罪;第四,曾被判处一定刑期的监禁刑的人,但因未支付罚金而被判处一定刑期监禁的除外;第五,曾被判处改造训练、矫正培训或预防性羁押的人;第六,曾因《刑法(临时规定)》第六十七章第30条的规定被拘留或被警察监视的人;第七,依据《滥用毒品法》第34条的规定被移送至核准场所,或者依据《兴奋剂法》第17条的规定被移送至核准中心的人;第八,单处罚金或者被判处3年以上监禁刑的犯罪。

(2)强制医疗命令。根据该法第339条关于"强制医疗命令"的规定,法院在对一名罪犯定罪之前或定罪之时,依据犯罪情节或者罪犯的特征,并依据被任命的精神病医生提供的报告,[①]可以作出强制医疗命令,要求罪犯接受不超过24个月的强制医疗。

(3)每日报告命令。根据该法第341条关于"每日报告命令"的规定,以某项犯罪被定罪的罪犯年满16周岁的,如果对其定罪的法院在对包括犯罪本质和罪犯品行在内的情节加以考虑之后,认为适宜这样做,可以作出每日报告命令,要求该罪犯在任何一个每日报告中心向一名负责每日报告的官员进行报告。此外,法院在作出每日报告命令之前,必须要求一名负责每日报告的官员提交报告,以评估该罪犯在该官员的监管下接受辅导或矫正其行为的可行性。

(4)社区工作命令。根据该法第344条关于"社区工作命令"的规定,依据该条第5款的规定,因第2款所涉犯罪被定罪的罪犯年满16周岁的,如果对

---

① 报告内容:(1)罪犯正处于应当接受治疗的精神状态;(2)治疗对该罪犯是合适;(3)罪犯的精神状态是造成他犯罪的影响因素之一。

其定罪的法院认为改造该罪犯的目的,要求其执行与该犯罪有关的社区工作是适宜的,该法院可以对罪犯作出社区工作命令,要求其在一名社区工作官员的监督下进行任何无偿的社区工作。

(5)社区服务命令。根据该法第346条关于"社区服务命令"的规定,法院确信该罪犯的身体和精神状况,适宜依据社区服务命令从事社区服务或可以为他作出合适的安排以使他在该命令下从事社区服务,以某项犯罪被定罪的罪犯年满16周岁的,如果对其定罪的法院认为基于改造该罪犯的目的,要求罪犯履行第五附表中规定的对社区作出补偿的工作是适宜的,可以对其作出社区服务命令,要求该罪犯在一名社区服务官员的监督下从事任何无偿的社区服务。此外,法院在作出社区服务命令之前,必须要求一名社区服务人员出具一份罪犯是否适宜在该命令下从事社区服务的报告。

(6)短期拘留命令。该法第348条规定,以某项犯罪被定罪的罪犯年满16周岁的,如果对其定罪的法院在对包括犯罪本质和罪犯品行在内的情节加以考虑之后,认为适宜这样做,可以作出短期拘留命令,要求将该罪犯收监进行不超过14日的拘留。

(7)社区命令的担保。根据该法第349条的规定,法院作出本章规定的任何社区命令(短期拘留命令除外)的,可以要求适用该命令的罪犯或任何其他人向法院提供担保或作出该法院认为适宜的保证,以确保被适用该社区命令的罪犯遵守社区命令的相关规定。担保可以以担保契约、担保人、现金账户或其他方式作出。同时该法第350条规定,法院确信被作出社区命令的罪犯或者签订担保契约的其他任何人没有遵守依据第349条订立的担保契约中的任何条件的,可以立即要求没收全部或部分担保财产。

(七)上诉程序和死刑复核程序

《新加坡刑事诉讼法典》第二十章规定的是上诉、申诉、改判及刑事动议,此外,还特别规定了没有上诉时的死刑复核程序。此处,我们主要介绍"上诉程序"和"死刑复核程序"。

1.上诉程序

(1)上诉的对象和期限

针对法院的判决、量刑或命令,基于事实问题或法律问题都可以依法提出上诉。检察官应当针对被指控人的无罪判决、量刑或初审法院作出的命令提起上诉;被初审法院定罪的人应当针对该有罪判决、量刑或初审法院的命令提起上诉。同时不得针对治安法官、地区法官、国家法院司法常务官、最高法院的司法常务官在审前程序刑事案件开示会议中作出的任何命令提起上诉。此外,该法对认罪时的上诉权予以限制,即被指控人认罪并且以该认罪为依据被定罪时,只可针对量刑的合法性或轻重提起上诉。

根据《新加坡刑事诉讼法典》第 377 条第 2 款的规定,针对定罪或同时针对定罪和量刑上诉的,应在量刑之日起 14 日之内提起;针对其他情形的,应自作出判决、量刑或命令之日起 14 日之内提起。

(2)上诉法院的人员组成

上诉法院是指任何有刑事上诉管辖权的法院,具体包括最高法院的高等法庭和上诉法庭。高等法庭受理上诉一般可由一名独任法官庭审,但如果首席大法官要求,该上诉必须由 3 名或以上单数法官组成的合议庭庭审;上诉法庭受理的上诉一般可由 3 名上诉法官庭审,但如果首席大法官要求,该上诉必须由 5 名或以上单数法官组成的合议庭庭审。其中,3 名或 3 名以上法官庭审的,以多数意见作出决定。

(3)上诉的审理方式

第一,上诉的简易驳回。根据该法第 384 条第 1 款的规定,上诉理由中没有提出任何法律问题,并且上诉法院认为有充分证据证明有罪,并且案件实质情节不足以构成对定罪正确与否的合理怀疑或使上诉法院认为应当减轻刑罚的,该法官可以不经庭审而以命令的方式简易驳回上诉,且该命令应当证明上诉法院已经查阅卷宗并认为该上诉没有充足理由。

第二,庭审。上诉法院没有以命令的方式简易驳回上诉的,应当通知上诉各方进行上诉庭审的时间和地点,在上诉审理时,上诉法院应当听取出庭的上诉人及其律师的意见。

(4)上诉裁判

根据《新加坡刑事诉讼法典》第 390 条的规定,在上诉审理中,上诉法院可以在认为上诉没有充分理由时驳回该上诉,或者可以按照以下方式处理:

第一,针对无罪命令的上诉。撤销该命令并要求进一步调查,重新审判被指控人,或将案件发回原审法院;认定被指控人有罪并依据法律量刑。

第二,针对有罪判决的上诉。撤销原认定犯罪和量刑并对被指控人宣判无罪或撤销指控,或者命令有适格管辖权的法院重新审理,或者将案件发回原审法院重审;变更认定,维持原刑罚,或者无论是否变更认定,减轻或加重原刑罚;无论是否减轻或加重原刑罚,并且无论是否变更认定,变更刑罚种类。

第三,针对量刑的上诉。减轻或加重原刑罚,或变更刑罚种类。

第四,针对其他命令的上诉。改变或撤销该命令。

2.死刑复核程序

只有在被指控人没有在法定的上诉期间提起上诉时,检察官才在上诉期间届满的 90 日内,向最高法院司法常务官提交确认申请并送达该被指控人,才正式启动,即没有上诉时才对死刑复核。在复核死刑案件时,上诉法庭认为适宜时可以听取一方当事人本人或律师的意见。倘若上诉法庭对"被指控人因某项犯罪被判处死刑的有罪认定以及死刑不是法律规定的强制刑罚的,就该犯罪适用死刑"的准确性、合法性、合理性形成内心确信,则应当向检察官和被指控人或其辩护人签发一份对被指控人适用死刑的确认证明。反之,上诉法庭应当撤销死刑判决。

(八)特殊程序

1.针对妨碍司法的特定犯罪程序

妨碍司法的特定犯罪程序,即在庭审中犯罪的处理程序,是指在高等法庭以外的任何民事或刑事庭审中实施《刑法典》第 175 条、第 178 条、第 179 条、第 180 条或第 228 条规定的犯罪的,①该法庭可以将其收监并在当日庭审前的任何时间,在其认为适宜时认定该犯罪,并判处罪犯不超过 500 新币的罚款或不超过 3 个月的监禁,或两者并用。此外,在该程序中,应注意以下两点:一是犯罪构成事实的记录,即法庭应当记录构成犯罪的事实、罪犯陈述以及事实认定与量刑,倘若是《刑法典》第 228 条规定的犯罪,必须记录该司法程序的性

---

① 《新加坡共和国刑法典》第 175 条规定法律上负有出示或递交此类文件或电子记录义务的人故意不向公务人员出示文件或电子记录的,处 1 个月监禁,或处罚金,或两罚并处;如果文件或电子记录被要求在法院出示或递交而故意不出示或递交的,处 6 个月监禁,或处罚金,或两罚并处。第 178 条规定当一名公务员要求其宣誓时拒绝宣誓,处 6 个月监禁,或处罚金,或两罚并处。第 179 条规定法律上负有如实陈述的义务,并且拒绝向公务人员回答问题的,处 6 个月监禁,或处罚金,或两罚并处。第 180 条规定当被合法地要求时,拒绝在向一名公务人员作出的陈述上签字的,处 3 个月监禁,或处罚金,或两罚并处。第 228 条规定故意侮辱或侵扰出席于诉讼任何阶段的公务人员的,处 1 年监禁,或处罚金,或两罚并处。

质与阶段以及被中断或损害的具体程序;二是该程序同样适用证人出庭作证,即如果任何出庭证人拒绝回答问题或拒绝提供其占有的文件而未能提出拒绝的合理理由的,依照妨碍司法的特定犯罪程序处理。

2.复核羁押命令的程序

第一,申请主体。可以向高等法庭申请复核羁押命令的主体包括:(1)在新加坡监狱羁押,依据新加坡现行任何有关引渡逃犯的法律被作出引渡令的人;(2)声称被非法或不合理地羁押在私人或公共监狱的人;(3)要求被依法带至法院的人。

第二,申请书以及该申请书所涉及的所有证据的副本应一并向检察官提交。

第三,签发复核羁押命令。根据《新加坡刑事诉讼法典》第418条的规定,高等法庭可以在其认为适宜的任何时候命令在新加坡被羁押在监狱的囚犯:(1)被允许保释;(2)被带至军事法庭;(3)从一个监狱转移到另一个监狱。同时规定,不得针对要求或拒绝签署监禁复核命令的指示以及依据第418条的规定签发的命令提起上诉。

3.有关精神不健全者的程序

根据该法第十三章第五节的规定,有关精神不健全者的程序是指法院正在或将要展开任何调查、审判或进行任何其他程序的,如果有理由怀疑被指控人精神不健全并且因此不能自行辩护,应当在第一审中对此事实展开调查。虽并没规定在第二十一章特别程序中,但其本质亦属于特别程序,故此我们将其在此处简要介绍。

(1)留院观察。法院依职权或检察官的申请,认为被指控人无自行辩护能力,应当推迟调查、审判或其他诉讼程序,命令将被指控人还押至精神病院进行观察,观察期不超过一个月。

(2)提交诊断报告。指定医师在被指控人还押期间应当持续观察被指控人并提供任何必要的治疗,在观察期间届满之前,应当就被指控人的精神状态向法院提交书面诊断报告。

(3)安全监护。法院裁决声明被指控人实施了被指控行为的,如果该行为非因被指控人无行为能力而构成犯罪,法院应当命令在合适的场所和以合适的方式对被指控人进行安全监管,并向部长报告该案;在总统允许的情况下,部长可以命令将被指控人禁闭于精神病院、监狱或者其他合适的安全监护场所。

三、其他单行刑事法律中与刑事诉讼相关的内容

(一)《反贪污贿赂法》

《反贪污贿赂法》对贿赂的内容和范围、受贿的形式及主体、惩罚措施作了具体而明确的规定,也对查处贪污贿赂行为的机构、组织及其权利义务、查处程序等问题提出了明确的要求。概括而言该法主要包括三个方面:一是关于贪污贿赂犯罪及处罚的规定;二是关于贪污调查局的职权的规定;三是关于诉讼程序的规定。[①] 总体上来说,《反贪污贿赂法》是综合了实体法与程序法的特殊刑事法律,与刑事诉讼相关的内容主要是指"贪污调查局的职权的规定"和"诉讼程序"。相关程序规定主要体现在反贪污调查局职能中,故此,我们主要阐释"贪污调查局的职权",并对其他特色的程序设计作简要介绍。

1.贪污调查局的职权

1952 年新加坡政府将原警察反贪污小组独立出来成立了专门的反贪机构,即贪污调查局(Corrupt Practices Investigation Bureau,简称 CPIB),成为反贪腐的核心力量。贪污调查局是新加坡反贪污贿赂的最高专门机关,它既是行政机关,又是执法机关。其职责是依法调查和预防政府、企业中的贪污贿赂行为,重点侦查公共机构的贪污贿赂案件。贪污调查局具有两个突出的特点:一是效率高。新加坡特别强调贪污调查局查案的行动效率,"通过迅速和肯定、坚决但公正的行为取缔贪污罪行"是贪污调查局的使命和宣言。对于署名的投诉和举报,贪污调查局必须在一个星期内给予正式的答复;一旦决定调查的案件,必须在确定查案官员后 48 个小时内展开调查;除非案情复杂,所有的贪污案件必须在 3 个月内调查完毕。二是独立性。其独立性主要由机构的性质和领导体制所保障。在性质上,贪污调查局是独立的行政机关,不受司法机关制约;在领导机制上,直接隶属于总理,局长由总统根据总理的提名任命,

---

① 梅雪:《新加坡与中国反腐机制比较研究》,山西大学 2010 年硕士学位论文,第20 页。

具体工作由总理直接领导,对总理负责。根据 1960 年颁布的《新加坡反贪污贿赂法》以及后来对该法的修补,新加坡贪污调查局依法拥有如下具体职权:

(1)受理投诉权。贪污调查局统一受理新加坡公民对公务员贪污贿赂的投诉并对投诉进行审查。经审查认为可能涉嫌犯罪的,则立案侦查。

(2)调查权。在发现有违反刑法或反贪污贿赂法的行为,或依据《新加坡反贪污贿赂法》在调查期间证明有违反成文法行为时,贪污调查局局长或特别调查官无须公共起诉人的命令,可以行使《新加坡刑事诉讼法典》所授予的特别权力,即行使警察对拘捕犯罪调查的所有权力。经检察官以命令授权,贪污调查局还可以行使调查任何银行账目、股份账目、消费账目和其他账目,以及任何银行中的保险寄存箱等特别调查权。

(3)搜查和扣押权。根据《反贪污贿赂法》第 22 条的规定,当贪污调查局获取涉嫌贪污贿赂的线索后,有理由确信某地藏有相关罪证或赃物,贪污调查局局长可以签发令状(也可由治安法官签发),授权贪污调查局的特别调查员或者警员强行进入该所进行搜查并扣押一切可疑的物品或财产。而且特别调查员有合理理由相信,如果此时申请搜查会拖延时间可能导致搜查目标的破坏,也可无证搜查。

(4)逮捕、讯问、拘留权。贪污调查局不需要逮捕证就可以逮捕任何涉嫌违反《新加坡反贪污贿赂法》的人员并对其讯问。拘留的时间为 48 小时,经控方向法庭申请可以延展拘留期限。

(5)秘密跟踪、监视权。贪污调查局对所有公务员,无论其职务高低,都有暗中派人秘密跟踪监视的权力,其主要跟踪监视公务员在公务活动或日常活动中是否有违法违纪的行为。

(6)不明财产检查权。贪污调查局可随时调阅公务员在法院公证的财产申报材料副本,对公务员的任何不明财产进行检查。

(7)移送检控权。贪污调查局调查终结的案件,均须移送总检察署由主控官审查决定是否起诉,但局长有权根据收集的证据,向检察官提出适当的建议。因证据不足而无法起诉的,经检察总署同意后,可将案件转交有关部门,由有关部门决定是否对涉案的公务员给予纪律处分。

2.其他特色程序设计

(1)完善的举证制度

《反贪污贿赂法》对腐败贿赂的举证进行了两类界定:一是因商业或行业的惯例而收受利益,被称为习惯证据。而该法第 23 条明确规定这些惯例不得采纳为证据,即用某种职业或交易的风俗惯例试图证明或辩解贿赂行为是一种正常行为,而非《新加坡反贪污贿赂法》所规定的罪行,那么这些证据将不被接受。二是资产来源的证据。根据《反贪污贿赂法》第 24 条的规定,被指控人对于其所有的与其已知收入来源不成比例的金钱或者财产不能作出令人满意的说明的,或者对被控犯罪期间或前后时间内金钱或者财产的增加不能作出令人满意的说明的,法庭可以凭借上述情况来证明或者考虑在法庭调查或审理中证人所提出的,证明被告收受、获取、同意收受或企图获得贿赂的证言是确实可靠的,并且法院还可据此认定该贿赂是被告人非法收受、获取、同意收受或企图获得的。

(2)污点证人制度

对于共同腐败犯罪案件,实行较为宽松的证据采信制度。共犯的证言依然可以被法院采信,作为指控其他共犯的证据。《反贪污贿赂法》第 25 条规定,无论其他法律规则或成文法中是否有相反的规定,在对腐败犯罪所得的情况进行审判或调查中不得仅仅因为证人向代理人或者公共团体成员支付或者交付贿赂而推定证人不值得信任。而且为鼓励共犯作证,提高打击贪污贿赂犯罪的效率,该法第 35 条还特别规定了污点证人制度,即被要求提供证据的任何人,如果法庭认为该人就其依法审查的情况作了真实而全面的陈述,根据案件具体情况,有权利得到一份由治安法官或者地区法院签发的证明,证明其就已被审查的事实作了真实而全面的陈述,并不得再就这些问题对该人提起任何诉讼。

(3)检举人保护制度

为了保护检举人的合法权益及人身安全,《反贪污贿赂法》第 36 条规定了对检举人的保护制度:一是不得强迫或允许证人泄露检举人的姓名或地址,也不得要求证人陈述任何可能导致检举人被发现的消息;二是若可能被查阅的账目或文件中有关于检举人姓名、特征或有可能导致其被发现的任何记载,法官应当在诉讼程序开始之前隐藏或尽可能删去,以保护检举人不被发现;三是披露检举人信息只能在法院认为检举人故意在检举过程中就实质问题做错误的或不真实的陈述或法院认为不披露检举人就会造成诉讼双方不公平的情形下方可进行。

(二)《没收贪污、贩毒及其他重大犯罪所得法》

除上面以实体法为主的反贪污贿赂犯罪的法律规定以外,新加坡还制定了专门的反贪污贿赂犯罪诉讼法,以补充和完善普通的刑事诉讼法的有关规定,这也是新加坡反贪污贿赂刑事法制的一大特色。《没收贪污、贩毒及其他重大犯罪所得法》是在整合《没收贪污贿赂犯罪所得法》和《没收贩运毒品犯罪所得法》两部法律内容基础上制定的,并于 1993 年 11 月 30 日生效。该法将没收犯罪所得的犯罪类型从原来的腐败犯罪和贩运毒品犯罪扩展到共计 292 种严重犯罪。《没收贪污、贩毒及其他重大犯罪所得法》共有 7 章,两个附录,全文 64 条。主要内容包括:重要术语的解释、本法的适用范围、犯罪所得的评估、没收的条件、没收令及其程序、对潜逃的贪污犯罪分子所得的没收、为没收腐败犯罪所得开展的调查程序。对怀疑属于犯罪所得的财产的保全制度和托管制度、腐败犯罪所得反洗钱制度以及开展没收腐败犯罪所得的国际合作等。基于此,我们主要阐释确定可没收犯罪所得的范围的程序和贪污、贩毒及其他重大犯罪所得的处置程序,并对其他特色制度设计作简要介绍。

1. 确定可没收犯罪所得范围的程序

科学界定"可没收犯罪所得"的范围是没收令程序执行的前提。根据《没收贪污、贩毒及其他重大犯罪所得法》第 8 条至第 10 条和第 12 条的规定,确定可没收犯罪所得的范围的程序如下:(1)法院对腐败犯罪所得进行评估。犯罪人的犯罪所得应当是在任何时间段内其拥有的任何财产或者利益,而且这些财产或者利益与其已知来源不成比例,不能向法院作出令人满意的答复。(2)被告人和检察官也可以对法院的评估决定进行答辩,旨在对法院确定可以变现的数额提出个人异议。(3)法院最终确定没收令中应当追缴的可变现财产数额。当然,为了防止在评估犯罪所得价值时侵害第三人合法权利,《没收贪污、贩毒及其他重大犯罪所得法》第 13 条特别规定了"第三方权利保护条款"。与财产有利害关系的人在没收令签发前,可以向法院提出申请,要求法院明确没收财产中的利益性质、范围和价值。

2. 贪污、贩毒及其他重大犯罪所得的处置程序

根据该法第 4 条、第 5 条的规定,没收被告人贪污、贩毒及其他重大犯罪所得利益,必须根据法院的没收令。换言之,即法院在确认被告人具有相应行为时,应根据检察官的请求,在对其犯罪或该案件可能涉及的其他任何犯罪作

判决或其他处理之前,对被告人作出没收其已由法院确认贪污、贩毒及其他重大犯罪所得利益的命令,判其因此应偿还的财产和财产利益的数额。

(1)没收令的强制性。根据该法第14条的规定,法院作出的没收令具有强制执行力,适用《新加坡刑事诉讼法典》中监禁刑的执行程序,如果有关人员未能支付没收令中规定的数额,则根据数额的多少判处相应的监禁刑,最高刑可达10年。

(2)财产保全的程序。为了保证没收令得到有效执行,《没收贪污、贩毒及其他重大犯罪所得法》还规定了财产保全程序,即法院可以采用签发限制令和担保责任令的方式,以保证有关人员向政府缴纳腐败犯罪所得。

(3)变更没收令。根据《没收贪污、贩毒及其他重大犯罪所得法》第22条的规定,即使法院已经签发了没收令,如果可变现财产不足以支付没收令规定的应当追缴数额,被告人可以向法院申请,法院应当对这种情况进行证明,从而减少应缴纳数额。但是,如果被告人为了阻止财产被变现,实施了部分或者全部导致财产不足以支付没收令的行为,则法院可以不予签发证明,被告人应当如数缴纳没收令数额。

3. 其他配套制度

(1)调查制度

法院为了准确确定没收令的数额,有权对财产持有人、对财产提出主张的人、与财产有利害关系的人,以及其他有关个人和单位进行调查。调查制度主要包括两个方面:

第一,出示令制度。根据该法第30条至第33条的规定,出示令制度是指执法人员向法院申请的,要求可疑人员向其出示有关材料并允许其带走或者允许其使用的制度。出示令有助于法院甄别、查找或者计算被告人的财产。执法人员申请出示令的条件是:有合理理由怀疑特定人员持续地或者已经从贩运毒品或者其他严重犯罪中获得犯罪所得;有合理理由相信该材料对于调查或者申请没收令可能有重要意义且没有受法律特权保护的内容;具有维护公共利益的合理理由。如果要求金融机构出示与贩毒或其他重大犯罪有关的材料时,法律还特别规定,金融机构允许执法机关使用客户金融信息,不得被视为是违背了法律、合同或职业行为准则。同时亦规定,不得以其提供的材料导致客户账户中的资金、投资或财产变动或疏漏为由,对出于善意提供客户账号资料的金融机构提起诉讼。上述出示令制度具有强制性,被要求出示财产状况信息的人无正当理由违反令状,出示自己明知是虚假或者引人误导的材料,应当构成犯罪,处以 1 万新元以下的罚金,或者 2 年以下监禁,或者两者并处。

第二,搜查令制度。该法第 34 条确立了搜查令制度,即为了调查贩毒罪或其他犯罪活动,执法人员可以针对特定的场所向法院申请搜查令。如果法院确信有关人员没有按照出示令要求出示特定场所的材料,或者有合理理由怀疑特定人从贪污贿赂犯罪中获取犯罪所得,或者存在与某人或与贩毒及其他重大犯罪有关的材料,且该材料对案件调查至关重要,法院可以签发搜查令,授权执法人员进入和搜查该场所,执法人员可以扣押和扣留除法律特权保护的物品外的任何物品。对于任何阻止或者妨碍执法人员执行搜查令的行为,构成犯罪的,处 1 万新元以下罚金,或者 2 年以下监禁,或者两者并处。

(2)财产委托管理制度。对于追缴犯罪所得的财产,《没收贪污、贩毒及其他重大犯罪所得法》专门建立了一个公共信托人制度。所谓公共信托人,是指可执行财产之管理人,其成为所有权人。在经法院授权后,公共信托人对可执行财产进行管理、变卖等行为,并对财产负责。通过专业财务人士的加入,减少执行上不必要的障碍,同时也可使检察官全身心致力于公诉人的角色。

(3)反洗钱预防腐败资产转移的措施

第一,规定了金融交易文件的最低保留期。任何涉及金融机构在其职责范围内进行的金融交易的文件,应当有不少于 5 年的最低保留期。金融机构应当在适用于文件的最低保留期内保留每一份金融交易文件或者其他副本,且应当以一种便于检索的方式保留和存储文件;违反上述规定的,构成犯罪,应当定罪,处以 1 万新元以下罚金。如果法律要求金融机构在文件最低保留期结束前公开金融交易文件的原件,则金融机构应当保留一份完整的该文件副本,直到该期限结束或者原件返还,并且应当对公开的文件进行登记。[①]

第二,法律赋予任何人报告可疑情况的义务。根据该法第 39 条的规定,如果任何人知道或有充分理由怀疑某一部分财产或全部财产是贩毒或其他重大犯罪所得,或者故意将该财产用于可能构成贩毒或其他重大犯罪的行为,应在合理可行的情况下,向可疑交易报告官报告此消息或这些消息的来源,违反规定并构成犯罪的,应处以 2 万新元以下罚金。

第三,资产跨境转移的监测制度。为了调查和起诉腐败犯罪,《没收贪污、

[①]　《收贪污、贩毒及其他重大犯罪所得法》第 36 条、第 37 条和第 38 条。

贩毒及其他重大犯罪所得法》专章规定了"实物货币和无记名可转让票据的跨境流动",即对资产跨境转移进行规制。

第四,现金跨境流动报告。根据该法第 48C 条的规定,如果某人未按照本条规定就资金流动向移民官或可疑交易报告官进行报告,不得将超过规定数量的现金转移或试图转移出新加坡。否则,一旦违反规定即入罪,将被处以 5 万新元以下罚款或 3 年以下有期徒刑,或两者并罚。

第五,他国现金收据报告。根据《没收贪污、贩毒及其他重大犯罪所得法》第 48E 条的规定,任何人如果收到超过规定额度的现金,并且是从新加坡以外的国家收到的,应当按照规定,自收到收据起 5 个工作日内进行报告。否则,一旦违反规定即入罪,将被处以 5 万新元以下罚款或 3 年以下有期徒刑,或两者并罚。

第六,对现金有质疑和搜查的权力。根据《没收贪污、贩毒及其他重大犯罪所得法》第 48F 条的规定,执法人员对于进出境的人员,有权进行询问和搜查,要求出入境人员对携带现金情况进行申报并接受移民官对现金问题的询问。如果没有如实申报,可以对该人进行搜查,并扣押所携带的现金。为了确认汽车、火车、船舶或者航空器上是否有依法应报告的现金,执法人员还可以登临这些交通工具,进行检查或搜查;如果有合理理由怀疑所搜查到的现金可以作为不如实报告跨境现金流动犯罪的证据,则可以扣押该现金。

四、《新加坡刑事诉讼法典》的主要特色

《新加坡刑事诉讼法典》全方位地规定了新加坡刑事诉讼程序。在审前阶段,规制警察和检察官的权力,通过司法审查和令状限制强制性措施的适用。在审判阶段,采用定罪程序与量刑程序分立的模式,并通过交叉询问原则、证人出庭原则及其他配套制度保障庭审控辩双方进行有效对抗。其中,在量刑方面,虽然关于鞭刑、总统赦免权等具有封建遗留色彩的规定备受指责,但是,《新加坡刑事诉讼法典》也规定多种类型的矫正措施,旨在预防和改造犯罪。此外,在审前阶段与审判阶段之间,存在多元的审前程序予以分流。在上诉等司法救济阶段,不利于保障被告人救济权利,如认罪案件只能针对量刑合法性或轻重上诉、上诉不中止执行判决等。鉴于此,我们对结构体例、逮捕措施、保释制度、审前程序、庭审制度、矫正措施、上诉制度及权利与权力的配置八个方

面中的特色内容作简要介绍及评价。

（一）结构体例

第一，结构体例的宏观方面。纵观域外法治发达国家，其刑事诉讼法典都基本采取"编、章、条、款、项"的编排结构，然《新加坡刑事诉讼法典》没有分编，法典之下直接就是章，章下设节，节下设条，即采取"章、节、条、款、项"的编排体例，因为缺乏"编"的统领作用，此种编排结构的主要缺陷是显得整体混乱、冗杂，缺乏逻辑协调性。在内容排列方面，基本是按照立案、侦查、起诉、审判设计展开。但是，在具体的各个章节不同阶段权力配置存在层次不清、概念不明、前后矛盾的问题。如在《新加坡刑事诉讼法典》第二章规定的国家法院的刑事管辖权，治安法院对应当判处最高不超过5年的监禁刑或只判处罚金的犯罪享有刑事管辖权，地区法院对应当判处最高不超过10年的监禁刑或只判处罚金的犯罪享有刑事管辖权，两者适用案件存在全包含的关系，易造成管辖权适用混乱的问题。同时在量刑章节中规定，治安法院可以作出不超过3年的监禁刑罚，与治安法院刑事管辖权又存在前后矛盾之处。

第二，结构体例的微观层面。（1）在特定术语解释方面，《新加坡刑事诉讼法典》第一章为序言，主要就是针对法典中出现的诸多名词的内涵和外延作了界定和释明。一共解释了33个名词，如"执法机构""终身监禁"等，这些名词的含义对于理解法典正文具有基础意义。（2）在例释方面。《新加坡刑事诉讼法典》中，多次出现"示例"字样，全文共计22处。通过针对每一条每一款举例解释方式帮助理解法条具体含义，相较于名词解释的方式更加生动明确。（3）在附录方面，主要以表格的形式针对法典正文提到的内容进一步释明和梳理。如附录一"《刑法典》规定犯罪的列表说明"，对《刑法典》条文、犯罪、警察可否在通常情况下无令状逮捕，令状或传票应否通常在一审中发出，是否拥有保释的权利，以及《刑法典》规定的最高刑和除高等法庭外哪些法院可以受理等内容作了具体解释；附录二"刑事案件开示程序适用的法律"规定哪些犯罪可以适用刑事案件开示程序；附录三"移交程序适用的犯罪"明确《刑法典》第375条至第377条规定的犯罪可以适用；附录四"可由被害人私了的犯罪"，梳理和解释了何种犯罪和何时可以私了及由谁私了；附录五"工作种类"具体列举社区服务令中的工作种类，包括一般的清洁、修理、维护和修复工程、提供护理服务等。

(二)逮捕措施

就逮捕措施而言,我国逮捕措施与新加坡逮捕措施有一定共同之处,比如都进行一定的逮捕措施的分类、执行都由警察负责和都具有保障刑事诉讼顺利进行之目的。但是,相较于我国,新加坡强制性措施制度也表现出诸多明显的制度特色,具体而言:第一,逮捕措施的非令状化。逮捕措施除令状逮捕外,还包括非令状逮捕和私人逮捕。非令状逮捕和私人逮捕都无须法院签发令状即可进行逮捕。非令状逮捕是指依据附录一第 3 列或其他任何成文法的规定,警察可以不用令状即可逮捕的犯罪。除可捕罪之外,该法亦规定其他十一种无须令状逮捕的情形。私人逮捕是指任何私人可以逮捕在他面前或在他在场时实施不可被假释的可捕罪的人,或被公告为罪犯的人。此外,倘若是针对被害人的人身或财产实施犯罪,且不知晓其姓名和住址或提供新加坡以外的住址,被害人、雇员或其他任何人都可以将其逮捕。逮捕的非令状化无疑更有利于及时打击犯罪,维护社会治安,但同时也为权力之滥用及权利之侵害打开方便之门。第二,法院是令状逮捕唯一签发主体。在我国刑事诉讼法中,逮捕措施的签发主体是检察院和法院,新加坡在令状逮捕中,则强调法院是唯一令状签发主体,并且规定警察或其他执行逮捕令的人必须毫不迟延地将被逮捕人带至法官面前。

(三)保释制度

较之我国取保候审措施在适用条件、保证种类及保证金的没收等方面的不足,新加坡的保释制度在适用条件、保证种类及保证金的没收程序等方面亦有独到之处。具体而言:首先,在适用条件方面。采用一般加例外模式,即一方面明确规定哪些情形下必须适用保释制度,与我国取保候审采用"可以适用"立法模式,最大不同在于更有利于保障犯罪嫌疑人或被告人的权利,有效降低羁押率,减少发生公权力滥用的现象;另一方面明确规定哪些情形禁止适用保释制度,如被判处死刑或终身监禁的、曾被保释的犯罪嫌疑人或被告人未能主动接受侦查或出庭的,更有利于防止犯罪嫌疑人或被告人妨碍侦查、起诉及审判顺利进行的现象发生。其次,在保证种类方面。新加坡除了规定保证人保证和个人保证(犯罪嫌疑人自身保证)外,还附加保证金额的要求。也就是说,无论是保证人保证,抑或是个人保证,都要缴纳保证金。此外,《新加坡刑事诉讼法典》也赋予了保证人在任何时候,可以向法院申请解除与之相关的保证的权利,体现对保证人意愿的尊重。最后,在保证金的没收程序方面。与我国刑事诉讼关于违反取保候审的相关规定,对保证金行政化的没收方式不同的是,新加坡刑事诉讼关于保证金的没收程序规定更加程序化,具体而言:第一,法院是行使没收权力的唯一主体。第二,赋予受该保证约束的人辩解权。法院可以传唤受该保证约束的人要求他支付保证金或者说明不支付的理由。第三,赋予受该保证约束的人对没收保证金命令的上诉权。

(四)审前程序

较之我国刑事诉讼单一的审前程序,新加坡刑事诉讼多元化的审前程序在案件分流和提高诉讼效率方面的功能更加凸显。《新加坡刑事诉讼法典》规定了四种审前程序,分别为启动刑事诉讼程序并向治安法官提出控诉、国家法院的审前程序、高等法庭的审前程序及认罪答辩程序。第一,启动刑事诉讼程序并向治安法官提出控诉,是指治安法官对控诉的审查程序。倘若治安法官认为没有充足的理由继续进行诉讼或该控诉人未参加或拒绝参加调解,并不能提供合理理由的,治安法官可以驳回起诉;反之,治安法官则应签发传票要求被指控人出庭。该程序起着第一道工序过滤的作用。第二,国家法院的审前程序,具体主要体现在地区法院召开的刑事案件开示会议。该会议相当于我国的庭前会议,该程序不仅具有梳理争议与焦点的功能和程序分流与过滤的作用,而且为后续审判程序得以快速处理奠定基础。第三,高等法庭的审前程序,主要是指预审程序。在高等法庭审理的刑事案件,需要由治安法院的治安法官(被称为预审法官)进行预审,其基本功能在于审查控方证据是否达到法定起诉的标准。新加坡预审程序采用的是预审法官审查证据方式,并听取当事人关于被指控人应否被交付高等法庭审判的意见。第四,认罪答辩程序。认罪答辩程序是指向被指控人宣读和解释最初拟定的或修改后的指控之后,被指控人对指控的罪名作认罪答辩的,其认罪答辩必须被记录,并且法官以此罪名对其定罪,则无须再进行审理程序,直接进入量刑程序。此外,新加坡采用"书面+电子"形式的认罪答辩,即除了被指控人当面向法官作认罪答辩的形式之外,还可以以电子的形式作认罪答辩。根据《新加坡刑事诉讼法典》第226条的规定,可能被判处罚金,或12个月以下监禁,或两者并罚的被指控人,在法定期间内在最高法院司法常务官专门为此设计的计算机终端上输入一项认罪答辩,且须预先缴纳由治安法官对该作出认罪答辩的被指控人决定的罚金。治安法官收到认罪答辩和已付罚金记录后,可以在被告人缺席的情况下对其定罪。

(五)庭审制度

我国庭审普遍存在庭审虚化、控辩双方对抗不足的问题,然而新加坡刑事诉讼法在加强控辩对抗、实现庭审实质化方面,亦有独特的制度保障。其具体体现:第一,确立了交叉询问原则。除了有利于法官在控辩双方相互质证过程中查明案件事实,也是落实庭审实质化、保障控辩对抗的重要制度之一。第二,以证人出庭为原则,不出庭为例外。该法第 233 条规定,除非另有明文规定,依照本章的规定法院采纳证人证言必须有被指控人出庭,或者被指控人本人不出庭的,由其辩护律师出庭。同时第 284 条确立了"强制证人出庭"制度,即法院认为证人、其他负有出庭作证义务或者将要出庭作证的人意图离开新加坡,并且该人不出庭作证将导致无法公正审判的,可以依职权或依检察官或被指控人的申请,将该人移送监狱羁押直到庭审开始,或者直到该人作出令人满意的保证确保出庭作证或者遵守法院规定的其他条件。第三,确立了诉讼费用惩罚倒逼机制,加强控辩对抗。针对辩护一方,该法第 335 条第 1 款规定,法院以某项犯罪对某人定罪的,如果基于其自由裁量并认为该人的辩护是以过度且没有必要的方式进行的,可以就指控该人的相关费用,命令其支付一定数额的费用;该法第 357 条规定,法院认为任何诉讼过程中引起的诉讼费用是不合理的,或者该费用因辩护人未能以合理的能力和方式进行诉讼而浪费,法院可以要求认为应当负责的辩护律师向其客户返还该客户被命令支付给他人的费用或宣布辩护律师与其客户之间的费用无效。针对控诉一方,根据该法第 355 条第 2 款,若法院有证据证明指控是无价值的或者徒劳的,该法院可以要求公诉方、控告人支付被指控人辩护或为其辩护所产生的全部费用、支出和花销。

(六)矫正措施

《新加坡刑事诉讼法典》除规定罚金刑、鞭刑、监禁刑及死刑等刑罚外,同时也配备了多种矫正措施和预防措施。多样化的矫正措施在矫正犯罪和预防犯罪方面起到非常重要的作用,具体表现为:(1)矫正处分。矫正处分适用 18 周岁以及 18 周岁以上的人,是指法院出于改造与预防犯罪的考虑,认为如果罪犯在刑满前被释放,他或她在一段时间的监督之后,应当在较长一段时间接受一项矫正性格的处分,那么除非有特殊理由,该法院应当对其判处 5 年到 14 年的矫正处分以代替任何监禁刑罚。(2)改造训练。根据该法第 305 条的规定,如果某人被一所法院判决犯有应受监禁刑罚之罪,而且该人在判决之日,年满 16 周岁不满 21 周岁,或者年满 14 周岁不满 16 周岁,且该项定罪之前,因涉嫌另一项犯罪而被一所法院处理,并且因该另一项犯罪而被移送至依据《儿童和未成年人法》第 64 条建立的未成年人改造中心,那么该法院在综合考虑其性格、先前行为、犯罪情节之后,认为他应当在改造中心接受一段时期的犯罪改造或预防,可以对其判处改造训练以替代任何其他刑罚。(3)社区刑罚。社区刑罚是指在相同的审判程序中法院作出的包含一种或多种社区命令的刑罚,社区令包括:强制医疗命令、每日报告命令、社区工作命令、社区服务命令和短期拘留命令。此种针对性社区令在改造和教育罪犯方面功能显著,如强制医疗命令有助于改善罪犯的身体和精神状况;每日报告命令有助于在官员监管下接受辅导或矫正其行为;社区工作命令有助于强化罪犯对所犯罪行的后果的认识和责任感;社区服务命令通过社区服务的方式让罪犯明白"勿以善小而不为,勿以恶小而为之"的道理。

(七)上诉制度

新加坡刑事案件上诉制度的特点主要体现以下三个方面:一是认罪时上诉权的限制,即被指控人认罪并且基于该认罪依据被定罪的,只可针对量刑的合法性或轻重提起上诉;二是执行任何判决或裁定以不因上诉而中止为原则,除死刑或初审法院、上诉法院主动中止外;三是上诉先书面审后庭审,即上诉法院先书面审理该上诉是否有充足理由,如果上诉法院认为该上诉理由没有提出任何法律问题,有充分证据证明有罪,并且案件实质情节不足以构成对定罪正确与否的合理怀疑或使上诉法院认为应当减轻刑罚的,直接以命令的形式简易驳回,除此之外,上诉法院应当以开庭的方式审理该上诉;四是上诉可加刑制度,以防止被告人滥用诉讼权利。

(八)权利与权力的配置

　　《新加坡刑事诉讼法典》在权利与权力的配置方面,存在权利保障不足和权力制约不够的问题,即权利与权力的配置失衡化。具体而言:第一,就权利保障层面。整个刑诉法典没有专章规定被告人及辩护人的权利,而是散落在法典各章节中。另外,有关其权利规定不仅少,而且较原则。以获得辩护帮助权为例,《新加坡刑事诉讼法典》第236条规定:"每一个被追诉人在庭审中有权获得律师的辩护",也只是提到每个被追诉人在庭审中有权获得律师的辩护,但针对律师所享有的权利具体表现形式、如何行使及救济都未提及。此外,新加坡在1976年修订刑事诉讼法时,对沉默权作出重大限制:(1)警方没有履行沉默权告知义务,不告知也不会导致相关证据作为非法证据被排除;(2)法院可以根据被指控人的沉默作出不利于其的推断;[①](3)在腐败案件的调查完全排除沉默权的适用,且犯罪嫌疑人或者被告人如果作虚假回答将被定罪;(4)在审判的时候被告人必须宣誓后才能提供证词。[②] 原因在于新加坡提倡"国家至上,社会优先"的理念,新加坡一位大法官曾经说过:刑事司法的目的必须是保护公众,这是任何一名主审刑事案件的法官最优先最重要的考虑,法庭判刑时,公众利益有时会比被告人的处境更为重要。第二,就权力限制层面。《新加坡刑事诉讼法典》存在国家权力过大、缺乏合理的权力制约机制的问题。在侦查阶段,对于可捕罪,侦查机关可以无令状逮捕羁押犯罪嫌疑人,而且对于退回补充侦查的次数没有任何限制,尤其是专门负责职务犯罪侦查的贪污调查局,由于其直接隶属总理,在行使权力的过程中根本不受其他部门的制约。在审查起诉阶段,主控检察官享有较大自由裁量权,如对于侦查机关移送审查的证据充足的案件,主控官具有决定起诉与否的裁量权;而且检察总署本身性质属于行政机关,更是不受司法机关制约。在审判阶段,除了享有独立不受干涉的审判权,根据《新加坡刑事诉讼法典》第128条第1款的规定,法院在作出裁判前的任何时间,可以补充或替代当前指控,变更指控或作出新的指控,并必须向被指控人宣读和解释指控或变更后的指控。同时第129条

---

　　① 参见《新加坡刑事诉讼法典》第261条关于针对被指控人的沉默的推断。
　　② 赵亚辉:《新加坡刑事司法犯罪控制模式转向与启示》,载《人民检察》2014年第19期。

规定,法院依照第 128 条的规定变更指控或作出新指控的,必须立即要求被指控人进行答辩,并要求他陈述是否就变更后的指控或新指控接受审判。这与我国刑事诉讼中检察机关主动变更公诉的规定不同,即法院亦享有变更指控或者作出新指控的权力。虽然有利于提高效率,避免程序的返工,但是法院作为审判机关独立行使审判权,又享有变更指控权则有"当自己案件的法官"之嫌。

第九章

泰国刑事诉讼法

    泰国是东南亚的一个大国,历史上曾被称作暹罗,一直以来,被视为东南亚文化和宗教的中心聚集点。全国面积为51.4万平方公里,相当于中国的四川省,或与法国的面积差不多。泰国位于中南半岛中南部,它的西部与北部和缅甸接壤,东北边是老挝,东南是柬埔寨,南边狭长的半岛与马来西亚相连。全国共有人口6886万。首都曼谷,人口约1200万。

    1975年7月1日建交以来,中泰关系保持健康稳定发展。2001年8月,两国政府发表《联合公报》,就推进中泰战略性合作达成共识。2012年4月,两国建立全面战略合作伙伴关系。2013年10月,两国政府发表《中泰关系发展远景规划》。两国高层保持密切交往。江泽民主席(1999年)、李鹏委员长(1999年、2002年)、胡锦涛副主席(时任,2000年)、朱镕基总理(2001年)、胡锦涛主席(2003年)、温家宝总理(2003年、2009年、2012年)、吴邦国委员长(2010年)、习近平副主席(时任,2011年)、全国政协主席贾庆林(2012年)、李克强总理(2013年、2014年)、全国政协主席俞正声(2015年)、李源潮副主席(2016年)等中国领导人先后访泰或赴泰出席会议。2000年,泰国诗丽吉王后代表普密蓬国王对中国进行访问。哇集拉隆功王储(时任)、诗琳通公主、朱拉蓬公主等王室成员多次访华,历任总理、国会主席和军队领导人亦曾访华。两国互设大使馆,中国在清迈、宋卡、孔敬设有总领馆,在普吉设有领事办公室。泰国在广州、昆明、上海、香港、成都、厦门、西安、南宁、青岛亦设有总领馆。

一、泰国刑事诉讼制度概况

（一）刑事司法机关

泰国 1933 年宪法修正案将本国普通法院分为三个级别。包括：初审法院（the Courts of First Instance）、上诉法院（the Courts of Appeal）和最高法院（the Supreme Court）。初审法院最先受理案件，全国有多个初审法院，并被划分为普通法院、青少年与家庭法院和专门法庭。其中普通法院由于受理案件的广泛性，又被细分为瓦恩法院（Kwaeng Courts）、省级法院、刑事法院和民事法院。瓦恩法院和省级法院由该区法院院长领导的司法办公室负责管理，省级法院院长可以受理并裁决特殊案件，如行为极其恶劣的刑事案件或者是涉及公共安全的案件。普通法院案件的审理至少要有 2 名法官进行，由于法律问题或事实状况导致的不服判决可以在普通法院上诉。泰国专门法庭包括劳动法庭、税务法庭、知识产权和国际贸易法庭以及破产法庭。上诉法院主要由中央上诉法院和九个地方上诉法院组成。中央上诉法院受理因不服刑事法院判决的上诉案件；地方上诉法院受理不服本地区初审法院判决的上诉案件。地方上诉法院的管辖权和地区初审法院的管辖权一致。每个上诉法院由法院的院长和副院长领导。另外，基于法律规定的特殊事由或者上诉法院的法令，可上诉到最高法院。最高法院是泰王国境内所有刑事案件的终审法院。法院包括院长、副院长、秘书长和一定数量的法官。最高法院的院长也是整个泰国法院体系的领导者。

泰国检察机关实行垂直领导，隶属内务部，分为三级：总检察院、区域级检察院和府级检察院。在总检察院下，在曼谷设有 24 个办公室，在 9 个府设有 9 个司法区检察院。其中第三区检察院是最大的，清迈检察院是第五司法区。在 9 个司法区检察院下设有府检察院 73 个，治安法院的府检察院 21 个，青少年与家庭诉讼的府检察院，特殊划分区域的府检察院。泰国检察人员由检察官、政府工作人员和勤杂人员三部分组成。检察官的人事管理与其他公务员是分开的，检察官的主要职责是办理案件，任务是审查警察机关移送的刑事案件并决定起诉或免予起诉，同时监督法院判决是否公正，如果不同意法院的判决可以抗诉。行政人员提供行政服务支持检察官从事所有业务、管理。这包括预算、采购、记录管理和诉讼支持等。勤杂人员则以合同工为主。

(二)刑事诉讼法的主要渊源

1. 宪法。2016 年 8 月 7 日,泰国新宪法经全民公投通过,并于 2017 年 4 月 6 日正式颁布,成为泰国的第 20 部宪法。相较于 1997 年宪法和 2007 年宪法,新宪法增加了修改宪法的难度、改变了国会上下两院的选举制度、扩大了上议院以及独立机构权力范围。《泰国刑事诉讼法典》要根据宪法制定,宪法所规定的带有根本性的国家制定、原则、公民的权利和义务都是制定《泰国刑事诉讼法典》的依据。

2. 《泰国刑事诉讼法典》。这是泰国刑事诉讼法最重要的渊源。《泰国刑事诉讼法典》包括十一编,共 267 个条文,大致可分为总则和分则两大部分。其中第一编通则系总则性内容。第二编至第十一编按照刑事诉讼的进程,分别规定了四大阶段程序,即侦查程序、一审程序、上诉审程序及执行、赦免程序。其中第九编"证据"对证据与证明问题进行了单独规定。

3. 相关的司法解释。包括各机关就如何运行《泰国刑事诉讼法典》所作的解释、通知和批复等。如司法部关于《刑事诉讼法典》(B. E. 2539)第 13 条和第 13 条 bis 规定中法庭聘请的翻译人员和手语翻译人员补贴的实施细则,以及内政部发布的《颁布刑事诉讼法典法》(B. E. 2477)第 5 条实施细则,等等。

(三)《泰国刑事诉讼法典》的基本结构

《泰国刑事诉讼法典》的法律框架由编和附则组成。分为十一编十八章十七节及相关附则。第一编是通则;第二编是侦查人员的权力和法院的管辖权;第三编是刑事案件的起诉、刑事附带民事诉讼的立案;第四编是传讯与刑事令状;第五编是逮捕、拘禁、羁押、搜查和临时释放;第六编是侦查程序;第七编是一审程序;第八编是上诉审与最终上诉审;第九编是证据;第十编是判决的执行与费用;第十一编是赦免、减刑和减轻刑罚。刑事诉讼法典的附则经历了刑事诉讼法典修正案(第 6 号)(B. E. 2499)第 18 条的修正。刑事诉讼法典的附则主要是针对《刑法典》第 79 条所规定的可进行无证逮捕的罪名,包括对王室的暴力行为、危害国家内部安全的犯罪、危害国家外部安全的犯罪、对友邦的暴力行为,等等。

二、《泰国刑事诉讼法典》的主要内容

(一)侦查

根据《泰国刑事诉讼法典》第120条的规定,未经侦查,检察官不得向法院起诉。侦查程序作为以查明事实内容为主要目的的程序在刑事司法工作中起着重要作用。

1.侦查人员及其归属

根据《泰国刑事诉讼法典》第17条,所有的刑事案件中行政官员和警察均有权进行侦查,但案件同时包括公诉与自诉、但自诉案件除外。

刑事案件的侦查权由刑事案件犯罪地、犯罪举报地、可能犯罪地和犯罪嫌疑人居住地或被逮捕地的法律赋予负有社会安定职责的官员实施。根据《泰国刑事诉讼法典》第18条的规定,大城府和暖武里府由本地区的警督以上的警官负责案件的侦查。除此之外的其他地区均由高级行政官员和高级警官、警督,及其以上警官负责此类案件的侦查。

根据该法典第19条、第20条、第21条的规定,侦查人员辖区内发生的刑事案件,由该侦查人员负责,但由犯罪嫌疑人居住地和被逮捕地管辖更便利或更必要的则由前述地区侦查人员管辖。当涉及多个犯罪地点、犯罪地点不确定、持续性犯罪、被害人在犯罪行为发生时正在跨区域的,任何相关区域的侦查人员均有权调查。

如果案件发生在泰国境外且根据泰国法律应当受到惩罚,检察总长或其委托的人应担任侦查人员,也可指派给任何负责调查的检察官或者侦查人员。检察总长或其委托的人与一同调查的侦查人员享有同样的权力,被逮捕的犯罪嫌疑人管辖区域的侦查人员、由他国政府指定的侦查人员和提起公诉的被害人在检察总长或其委托人指令期间有权进行侦查。侦查完成后应当根据第140条、第141条、第142条的规定将侦查意见与案件资料一起送达检察总长或其委托人。

2.侦查程序

(1)侦查的地点。在侦查人员到达案发现场进行侦查的过程中,其有权在必要的时间内,命令所有人不得离开该场所。根据法典第130条的规定,为了保护相关人的权益,侦查应当在任何适当的地点、时间立即展开,无须考虑犯罪嫌疑人是否在场。

(2)询问被害人。在询问被害人时侦查人员应当禁止使用建议等诱导性词语、不得以其他欺诈手段阻碍任何个人按其自由意志给予证言。在涉及性权利相关的犯罪中,讯问女性被害人应当由女侦查员来进行;除非被害人同意或有其他事由并将其记录在案,并且被害人可以带其他任何一个人参与询问。

根据法典第124条的规定,被害人可以向任何官员或具有侦查人员身份的人举报。若向特定官员提起书面举报,该官员应当立即将其移交侦查人员并可以将其个人观察作为信息一并告知侦查人员;若向特定的官员口头举报,该官员应当立即安排举报人与侦查人员会面,以便于按照前面所述部分制作笔录。在紧急情况下,该官员可以自行制作笔录并立即将该笔录送往侦查人员,同时可以告知侦查人员所观察到的信息。

(3)讯问犯罪嫌疑人。在讯问犯罪嫌疑人时,侦查人员禁止对犯罪嫌疑人进行欺骗、威胁或承诺诱导等,使犯罪嫌疑人作出不利于自己的特定供述。根据本法典第134条的规定,犯罪嫌疑人被传唤、扭送、自首至侦查机关后,侦查人员应当讯问其姓名、国籍、出身、年龄、职业、住所以及出生地等。侦查过程中,侦查人员有权直接或者委托他人侦查犯罪嫌疑人的原有生活以及习惯性行为。但所获取的陈述,应当通知犯罪嫌疑人。

在讯问过程中必须事先告知其做的供述都将成为在法庭上指控他犯罪的呈堂证供。并告知该犯罪嫌疑人其涉嫌的罪名,犯罪嫌疑人无论是否做出陈述都应当记录在案。若涉嫌死罪或受指控时不满十八周岁,讯问前应当询问是否有辩护律师,如果没有,由国家指定律师为其辩护。犯罪嫌疑人有权允许自己的律师或信任的人来旁听其讯问,讯问过程中侦查人员有义务告知犯罪嫌疑人有权自愿做出供述并说明供述所带来的法律后果。犯罪嫌疑人无论是否作出供述都应记录在案。在涉嫌有期徒刑的案件中,在开始讯问之前,侦查人员应当询问犯罪嫌疑人是否有辩护律师,若没有辩护律师,而且犯罪嫌疑人想要请辩护律师,国家应当为其指定辩护律师。

未经过上述程序,任何犯罪嫌疑人在侦查人员面前做出的供述不能作为证据材料证明其犯罪成立。

(4)讯问未成年人。根据本法典第 133 条的规定,在涉及侵犯性权利、生命和身体的犯罪案件中,针对保护和打击卖淫活动法条规定的犯罪,规范妇女儿童产业法条规定的犯罪,公共场合娱乐法条规定的犯罪或其他应不超过 18 岁的未成年被害人或证人控告可能判处有期徒刑的犯罪,侦查人员应当对该不超过 18 岁的被害人或证人进行检查。侦查人员有义务通知心理学家、社会工作者进行单独检查并根据其建议进行询问。参与检查的心理学家、社工或检察官可以被未成年、被害人或证人申请回避。如有此情形,该特定人应当被替换。

若遇到极端紧急情况有合理事由不能等到心理学家或社工、被未成年人申请的个人以及检察官同时参加检查,侦查人员可以只要求第 1 款中所述的任何成员参加对未成年人的检查,但他应当将其他人不能参加检查的理由记入侦查案卷笔录。不应当将此类已经完成的对未成年被害人或证人进行的检查视为违法。

若被指认者为不超过 18 岁的未成年人,侦查人员应当安排合适于未成年人的指认地点,并保证该未成年人看不到其他人。若涉嫌死刑犯罪,或犯罪嫌疑人在被侦查人员明确指控之日,其年龄不超过 18 岁,在开始讯问之前,侦查人员应当询问犯罪嫌疑人是否有辩护律师;若没有辩护律师,国家应当为其指定辩护律师。针对指定辩护律师的情形,侦查人员应当执行相关部级的规定、程序和条件,国家指定的辩护律师应当获得经财政部批准的常规报酬以及佣金。

(5)收集有关的证据材料。根据法典第 131 条,要以科学的手段获取证据材料,对有助于说明事实情况的,可以获得授权以科学手段检验以及证明任何人、物品或文件。

在最高刑罚超过三年有期徒刑的犯罪中,若根据上述的检验与证明方法有助于检测和保存犯罪嫌疑人、被害人和相关人的 DNA 样本,主管侦查人员应当获得授权,允许医师和专家来进行上述检验,但仅限于以必要和合理的方式进行,并且要获取犯罪嫌疑人、被害人和相关人的同意。若他们没有正当理由不同意或没有正当理由阻止相关人员同意,则推定为该检验的证明结果可能对不同意的犯罪嫌疑人和被害人产生不利影响。

本条的检验和证明的费用应当根据具体案件,参照皇家泰国警察、内政部、司法部和总检察院的规定,并由财政部同意,从政府预算中支出。

根据该法典第 132 条的规定,为收集证据、材料,侦查人员有权做出下列事项:第一,取得被害人同意检查其人身,以及检查犯罪嫌疑人的人身或任何可能成为证据材料的物品或地点;若该犯罪嫌疑人和被害人是女性,应由女性工作人员来进行人身检查。第二,在搜查涉嫌犯罪、犯罪取得被用于和被怀疑用于辅助犯罪等财产项目时,如果被认为可能被用作证据材料,其搜查要符合该法典搜查部分的法律规定。第三,向任何可能被用作证据材料的物品的所有人开出传票,被开出传票的人不必亲自到场,且若其能上交上述特定物品即应当视为符合规定。第四,扣押上述第二项以及第三项中被搜查和被上交的物品。

根据法典第133条的规定,侦查人员被授权向被害人或任何有理由认为其证言可能对案件有用的人开出传票,并应当立即对其进行询问。在询问过程中,侦查人员可以要求做出证言的个人事前做出誓言或做出确认,而且侦查人员的做法必须符合口头证据的法条规定。

3.验尸调查

根据《泰国刑事诉讼法典》第155条的规定,该法典中侦查部分的条款适用于进行验尸调查的官员。在发生非自然死亡的任何地点,死者配偶、亲友或监护人一旦获悉死讯应当做出如下事项:(1)尽可能保证尸体处于其被发现时的确切地点。(2)尽快通知行政官员或警察。如果死者配偶、亲友或监护人不在现场,那么该义务延伸至任何当场发现尸体的人。任何不履行本条上述义务的人将会被处以不超过1000泰铢的罚金。在调查之前,侦查人员应当尽可能通知每一个死者的丈夫、妻子、长辈、晚辈、法定代理人或监护人。若有确凿的证据材料或有合理理由怀疑任何人死于自杀、他杀、动物导致死亡、意外死亡、未知原因死亡或在被正式拘禁的过程中死亡,应当对其进行调查,但依法被执行死刑的除外。

该程序启动后,尸体所在地的侦查人员以及持有职业证书或医师委员会许可函的法医医师应当尽快调查;没有调查清楚的或该医师不能履行其职责的,省级公共卫生署的医师应当执行。若没有公立医院的医师,或没有省级公共卫生署的医师,或该医师不能履行其职责,私立医院的医师或根据公共卫生部规章注册为自愿医师的医疗执业医师应当执行。而且在执行该职责过程中,此类私立医院医师或医疗执业医师应当被视为《刑法典》规定的官员。此类侦查人员和医师应当及时将验尸调查中的一切详情记入笔录,并且要在接到通知7日内做出报告附入笔录。期限可以延长,最多不超过两次,每次至多不超过30日,延期情况要被记录在案。如果死亡并非犯罪的结果,侦查人员应当在调查完成之时尽快将调查案卷移交检察官,由检察官根据第156条进一步调查。

4.侦查终结

根据法典第 139 条,侦查人员应当根据该法典关于侦查的一般规定,对侦查程序做出笔录,将收集的此类笔录以及其他文件附入案卷,包括其他侦查人员在侦查同一案件时移交的笔录和文件。书证也应当附入案卷,其他物证也应当在案卷中附上详细清单。为证人能在法庭规定的时间出庭,侦查人员应当将有关证人的所有通信地址和电话号码以及其他有助于与证人取得联系的方式都以清单的形式列入笔录,以便于侦查人员办公室联系证人。

根据第 140 条,若主管的侦查人员认为已正常完成侦查,应当作出如下决定:

(1)若不能确定犯罪的人,且此类犯罪最高刑罚不超过三年有期徒刑,侦查人员应当终止侦查并记入笔录,然后将笔录连同案卷移交检察官;若最高刑罚超过三年有期徒刑,侦查人员应当将案件连同对于是否终止侦查的建议一并移交检察官。若检察官命令终止侦查或继续侦查,侦查人员应当服从该命令。若已经查出犯罪嫌疑人应当适用法典第 141 条、第 142 条、第 143 条、第 144 条之规定。(2)若查出犯罪嫌疑人,但无法传唤和逮捕,侦查人员应当根据侦查的结果提交是否起诉的意见,并将该意见连同案卷一并交给检察官;若检察官同意不起诉,应当以不起诉决定终止侦查,并告知侦查人员;若检察官认为有必要继续侦查的,应当命令侦查人员执行;若检察官认为应当起诉的,应当采取必要措施搜寻犯罪嫌疑人;若犯罪嫌疑人居住在外国,检察官应当采取措施,引渡该犯罪嫌疑人。(3)若已查出犯罪嫌疑人,并已拘禁、羁押、已批准临时释放或相信其传唤后会到案,侦查人员应当根据侦查结果提交是否起诉的意见,并将该意见连同案卷交给检察官;若提交的意见认为不起诉,只有案卷和意见应当交给检察官,侦查人员有权释放犯罪嫌疑人;若犯罪嫌疑人已被羁押,侦查人员应当申请和要求检察官向法院申请释放犯罪嫌疑人;若提交的意见认为应当起诉,侦查人员应当将案卷和犯罪嫌疑人一并交给检察官,除非犯罪嫌疑人已经在押;若侦查人员已经和犯罪嫌疑人达成刑事和解协议,且犯罪嫌疑人遵守协议,据此应当制作笔录并将案卷转移交给检察官。

在收到侦查人员上一条所述意见和案卷后,检察官应当做出以下决定:(1)若该意见认为不起诉,检察官同意的,签发不起诉决定,若检察官不同意签发不起诉决定,则指示侦查人员将被起诉的犯罪嫌疑人移交检察官。(2)若移交意见认为需要起诉,检察官认为无必要的可以签发不起诉决定,对此进行驳回;若检察机关同意起诉意见,则签发起诉决定,并对犯罪嫌疑人在法庭的定罪做出初步裁量。在上述任意情况中,检察官有如下权限:第一,指示侦查人员补充侦查和将证人移交检察官询问,以便于及时做出进一步命令。第二,依案情决定对犯罪嫌疑人予以释放、临时释放、拘禁和由法院羁押并采取措施或发布上述命令。第三,在被害人系谋杀,或死于拘禁,且犯罪嫌疑人是主管的公职人员的案件中,起诉或不起诉命令仅能由检察院的总检察长和执行该职务的人员签发。

对于检察官起诉的刑事和解案件,检察官可以做出如下决定:第一,命令侦查人员审理以及和解该案,并将犯罪嫌疑人移交检察官。第二,若犯罪嫌疑人已经移交检察官,则将犯罪嫌疑人以及其案卷一同退回侦查人员审理并和解,或在适宜情况下,其他主管侦查人员应当被命令审理并和解。

另外,当总检察长以外的人做出不起诉决定时,若在曼谷,侦查案卷以及命令应当无延误地向警察总署署长、副署长和署长助理提交。若在其他府,侦查案卷连同命令应当无延误地向府长提交。但是,根据第 143 条,上述情形都不能禁止检察官处理犯罪嫌疑人。若检察总署署长、副署长和署长助理以及府长不同意检察官的命令,其冲突意见以及案卷应当送交总检察院总检察长决定;但若该案件时效即将期满或有其他的必要加速起诉的理由,应当同时根据警察总署署长、副署长和署长助理以及府长的意见,命令起诉。根据法典第146 条,犯罪嫌疑人和被侦查对象应当被告知最终的不起诉决定;若犯罪嫌疑人正处于被监控或被羁押状态,该犯罪嫌疑人应当被释放或依据案情申请法院予以释放。若检察官签发绝对不起诉决定,被害人、犯罪嫌疑人或利害关系人有权提请检察官展示与案件侦查人员和检察官意见相关的证据摘要,但应当在提起公诉的时效期间内。根据法典第 147 条,若已经做出不起诉决定,同一事实基础上的犯罪嫌疑人应当禁止被再次侦查,除非案件有新证据可能导致对犯罪嫌疑人的定罪。

(二)起诉与预审

1.起诉的概念和分类

起诉是指检察院或被害人及其他法定或指定代表人要求法院对犯罪事实进行确认并追究犯罪人刑事责任的行为。

泰国刑事诉讼法在起诉方面分为检察官起诉和被害人起诉两种。检察官起诉是由检察官代表国家向法院起诉;被害人起诉是由被害人个人向法院起诉。根据《泰国刑事诉讼法典》第 28 条的规定,刑事诉讼只能由检察官和被害人提起。尽管二者的诉讼目的都是控诉犯罪,追究法益侵害者的刑事责任,但二者的侧重点不同。检察机关控诉犯罪是为了定罪量刑,维护社会稳定,而被害人提起诉讼,则是为了证实犯罪,维护自身法益。因此,泰国法律为保障被害人权利的实现,规定了可以代为诉讼的两种特殊情况。《泰国刑事诉讼法典》第 29 条规定:被害人在提起诉讼后死亡的,其父、母、子、女、妻可以被害人的名义继续诉讼;被害人为未成年人、心智不全或是无行为能力者,或在刑事诉讼立案后死亡的,其法定代理人、监护人或是指定代表人可以以受害人的名义继续诉讼。

2.刑事起诉的特点

(1)检察机关与被害人可共同参与诉讼。泰国刑事诉讼在起诉方面规定了在一定条件下检察官和被害人可作为控方共同参与控诉。《泰国刑事诉讼法典》第 30 条规定,检察官提起的刑事诉讼,被害人可以在一审法院宣告判决前的任何阶段申请作为控方。《泰国刑事诉讼法典》第 31 条规定,由被害人提起的非自诉案件,在立案前任何阶段,检察官可以申请作为控方。此外,泰国刑事诉讼法还规定了制约被害人与检察人员共同作为控方的一些措施。《泰国刑事诉讼法典》第 32 条规定,检察官和被害人作为共同控方的,如果检察官认为被害人在诉讼中的行为可能会影响诉讼程序,检察官有权向法院申请,限制被害人的行为。

检察机关与被害人共同参与诉讼制度,可以更有力地证实犯罪,更高效地推动案件诉讼与审理的进行,节约法律资源,提高司法效率。而法律同时对案件所涉法益相关的被害人进行限制,维护了司法程序的客观公正。

(2)公诉与私诉可以合并审理。《泰国刑事诉讼法典》第 33 条规定,检察官和被害人共同向同一或不同的一审法院提起的刑事案件,任一法院可依职权在判决前接受控方申请,决定合并审理。

(3)公诉与私诉互为独立。在公诉机关决定案件不起诉的情况下,被害人仍有诉的权利。《泰国刑事诉讼法典》第 34 条规定,不起诉决定不影响被害人诉讼权益。

(4)被告人有权拒绝撤诉。在刑事案件受理后控方可以申请撤回起诉。但如果被告人拒绝撤诉,法院应当拒绝撤诉申请;非自诉案件在定案前控方可以撤诉或达成和解,但如果被告人反对,法院应当拒绝撤诉申请。

3.起诉状的相关规定

《泰国刑事诉讼法典》第 157 条规定,刑事案件应当起诉至本法典或其他法律规定的有管辖权的法院,刑事案件起诉应当递交起诉状。

《泰国刑事诉讼法典》第 158 条对起诉状的形式和内容有明确的规定。起诉状应当是书面的且包含如下内容:(1)法院名称以及日期;(2)案件控辩双方名称以及被指控的犯罪;(3)检察官职务,或在自诉案件中控方姓名、年龄、住址、国籍以及护照;(4)被告人姓名、住址、国籍以及护照;(5)所有怀疑由被告人作出的犯罪行为,此行为相关时间地点的一切事实材料,以及能让被告人清晰理解起诉的合理充足的人证、物证;起诉诽谤罪时,属于涉嫌诽谤的语言、文字、草图或其他材料应当在起诉状中充分陈述或附上;(6)规定有关行为构成犯罪的法条参考;(7)起诉状的控方、起草者、书写者或打印者的署名。起诉状的特殊事项:法典第 159 条规定,被告人曾因犯罪被定罪,控方想要基于累犯加重对被告人的刑罚,应当在起诉状中作出陈述。控方在一审判决后提起加重起诉申请的,若法院认为适宜则可准予。

4.审理的不间断性

法典第 160 条规定,不同犯罪可以合并审理,但不同犯罪应当在分离且连续的审判中分别陈述。每项指控也可区分于其他指控单独起诉。若法院认为适当,可以裁定将案件分开审理;法院可以在审判前或审判中作出该裁定。

5.法院受理起诉的情形

法院对起诉的案件决定是否受理存在两种情形,法典对此有详细的规定:根据第 161 条 ,若犯罪嫌疑人的行为并不违法,法院应当裁定控方修改起诉、撤销起诉或者拒绝接受起诉。控方有权对法院的该裁定提起上诉。而根据第 162 条,若起诉被认为符合法律规定,法院应当作出如下决定:(1)自诉案件中,法院应当预审,但若同一案件检察官也提起了刑事诉讼,则应当适用第 2 项;(2)公诉案件中,法院不需要预审,但其认为适当的情形除外。若存在上述预审,被告人认罪,法院应当接受起诉。

6.修改或补充起诉的情形

首先是对合理理由也有详细规定:法典第 163 条规定,有合理理由时,控方可以在初审法院判决前申请修改或补充起诉状。若法院认为适当,可以准许申请或命令先进行预审。准许申请后,修改或补充的起诉状副本应当送达被告人征求意见,法院可以指示分别审理或补充起诉。有合理理由时,被告人可以在法院判决前申请修改或补充其答辩。若法院认为合适并准予申请,上述副本应送达控方。另外规定,修改或补充起诉的申请,若有损于被告人的抗辩,法院不应许可。

7.预审程序的主要流程

《泰国刑事诉讼法典》对自诉案件和公诉案件的预审有不同的规定。该法典第165条规定:(1)检察官起诉的案件,被告人应当在确定的预审之日出庭或被带到法庭。法院应当将起诉状副本送达每一个被告人。法院确定被告人身份后,应当向其宣读起诉内容并解释,被告人应当被询问是否犯罪或是否愿意做任何抗辩陈述。被告人的陈述应当书面记录。若被告人拒绝作出任何陈述,应当记入记录,然后进行预审。被告人没有权利在预审阶段举证,但不应当阻止其获得律师的帮助。(2)若在自诉案件中,法院有权在被告人缺席的情况下预审;法院应当将起诉状副本送达每一个被告人并通知其确切的预审日期。被告人可以带或不带律师参加预审以及对控方的证人进行的交叉询问。若被告人不参加,可以指定律师对控方证人进行交叉询问。被告人不一定被法院要求陈述,在法院接受起诉之前,被告人都不需要作出陈述。

8.撤销起诉的相关情形

泰国《刑事诉讼法典》规定了撤销起诉的几种情形。根据该法典第166条,若控方没有在明确的听证日期出庭,应当撤销起诉;但若法院认为控方缺席有合理理由的,可以裁定案件延期。若法院撤销上述起诉,控方在撤销之日起15日内向法院申请说明其缺席的合理理由,法院应当重启该案的预审程序。若法院撤销上述起诉,被告人不再对同一起诉承担责任,但若法院仅在自诉案件中裁定撤销,不应当禁止重新对其进行公诉的权力,除非案件公诉和自诉的条件。

而根据第167条的规定,若案件表面上证据确凿,法院应当仅因表面证据确凿而接受起诉进行审理;若表面上证据不够确凿,该诉讼应当被撤销。

9.法院受理起诉后的处理

对于法院接受起诉案件的后续处理,法律有明确的规定。根据该法典第168条,若法院接受起诉,起诉状副本应当送达每一个被告人,除非被告人已获得副本。第169条规定,若法院已经接受起诉,但被告人尚未被带上法庭,法庭应当视具体情形传唤被告人或对被告人签发逮捕令状来接受审理。法院须对该案件的表面证据进行认定。法典第170条中对法院对表面证据的认定结果有相关规定:法院认定的表面证据确凿的裁定是终审裁定,否定表面证据确凿的案件可以依据本法典的规定向上诉法院或者最高法院上诉。根据控方申请,法院可以羁押被告人或因存在悬而未决的上诉或向最高法院上诉而临时释放被告人。对于侦查和审判程序的规定,根据法典第 171 条的要求,侦查和审判条款适用于预审程序,但本法典第 175 条除外。第 133 条 bis 和第 172 条 ter 适用于预审程序,其中公诉和自诉的案件有尚未超过 18 岁的未成年人证人的情形也应适用。

(三)审判职能

1. 调查取证

对于调查取证程序,《泰国刑事诉讼法典》有详细规定,主要体现于第 172 条:审判与调查取证应当在法庭上公开进行并且被告人应当出庭,法律另有规定的除外。若控方或其律师以及被告人都出庭,法庭确认被告人身份后,应当宣读起诉状并向被告人作出解释,随后应当询问被告人是否犯罪以及其抗辩。被告人所做供述应当书面记录。若被告人拒绝供述,该事实也应当书面记录,然后审判继续进行。该法条也对调查取证中的特殊情形有详细规定:在调查取证的过程中,若考虑到性别、年龄、身份、健康以及证人精神状况或者已经产生的对被告人的恐惧心理,程序设置中可以避免证人直面被告人。可以设置适用闭路电视、电子媒介或者其他首席法官的规则中允许的手段,还可以由心理学家、社工或证人信任的其他人来进行询问。在调查取证的过程中,笔录证言应当转换为以图片和声音为媒介的记录以证实笔录的真实性;上诉法院和迪卡法院应当在司法程序中适用上述笔录。同时应符合首席法官规则的要求、方式和条件。首席法官规则应当在其在迪卡法院全体大会批准通过以及政府公报中公开发表后被强制适用。

对于在案件被告人缺席情况下的取证调查,法典第 172 条 bis 有明确规定。根据该规定,在第 172 条第 2 款的法院程序之后,如果法院认为审判程序不应再延误,其有权在下列案件被告人缺席的情况下启动审判并调查取证:(1)犯罪案件不论是否有罚金刑,可能的最高刑罚不超过十年有期徒刑的;或仅有罚金刑的犯罪案件;被告人有律师出庭并已经获得法院许可不参加审理和调取证据的;(2)若有多个被告人,检察官声明其申请的审理和调取证据不涉及任何被告人,法院同意的,可以对被告人缺席审理以及调取证据;(3)若有多个被告人,法院认为在适当的情况下可以对每一个特定被告人进行审理和调取证据而其他被告人缺席。第 2 项、第 3 项被告人缺席情形下,法院在任何案件中不受限于该规定,以避免损害相关被告人的利益。

2.对于未成年人参与审判的特殊规定

《泰国刑事诉讼法典》中关于未成年人参与审判的情形有详细规定。根据法典第 172 条 ter 之规定,在被告人自己作为证人的案件之外,证人系尚未超过 18 岁的未成年人,在对其已经安排适合于未成年人作证场所后,若法院认为合适,还可以适用如下规定:(1)对证人进行质证,由心理学家或社工对其中陈述问题的关键以及证人作证的相关事实进行询问;(2)允许通过由心理学家或社工来进行控辩双方的主询问、交叉询问以及再询问。

根据第 1 款,在证人作证时法院可以安排通过法庭复制图像和声音,并可通知心理学家或社工。在根据第 1 款调取证据之前,若法院认为适当或未成年证人不超过 18 岁或控辩任何一方有合理理由认为法院的不许可有可能对未成年人造成损害的,法院可以安排在控辩双方面前复制被害人或不超过 18 岁未成年证人的图像和声音,这些图像和声音已经根据第 133 条 bis 在侦查阶段录制、第 171 条第 2 款规定的预审阶段录制或者法院认为在审判阶段将其图像声音举证保留作为部分证言适当的,同时允许控辩双方以更多证人交叉询问或再询问进行程序,所有上述程序都必须以必要性和法院认为适当的程度为限。若因极端必要的事由不能根据第 1 款让证人作证,法院应当承认根据第 133 条 bis 的侦查阶段或第 171 条第 2 款的预审阶段作证所保留的图像和声音,并将其作为在法院审判阶段的作证,法院可能将其效力认可等同于其他审判阶段证人作证,并以此作出案件判决的依据。

法典第 172 条 quarter 补充规定,第 172 条 ter 可适用于法庭外未超过 18 岁未成年证人的调查取证案件。

3.对于辩护的相关规定

根据法典第 173 条之规定,在死刑案件中,或在被告人进入法庭诉讼之日尚未超过 18 岁的案件中,法院在考虑是否接受起诉之前,应当询问被告人是否有辩护律师,若没有辩护律师,法院应当为其指定辩护律师。在可能判处有期徒刑的案件中,法院在考虑是否接受起诉之前,应当询问被告人是否有辩护律师,若被告人希望有辩护律师,法院应当为其指定。对于本条下法院在考虑到案件情况以及被告人经济状况为被告人指定的辩护律师,法院应当向其支付报酬和佣金,但这些要符合经过财政部同意的法院行政委员会规则的规定。

4.证据审查

根据法典第 173/1 条之规定,为尽快、连续以及公正地对被告人拒绝答辩或作出否定答辩的案件作出审理,若控辩任何一方提出请求或法院认为适当,法院可以确定在调取证据日期之前的审查证据日期,并提前不少于 10 日通知控辩双方。根据第 1 款,在审查证据之日前不少于 7 日,控辩双方应当向法院提交详细的证人名单并复印足够份数,使另一方能从法院行政官员处获得副本;任何一方想要提交附加的补充证人详细名单应当在证据审查之前向法院提出。本法条中对于从第三人处调取书证与物证有明确的条件规定:若第三人持有任何书证或物证,控辩一方希望申请法院签发从上述持有人处调取书证或物证的令状的,应当在法院审查证据日之前或确定日期之前向法院提起包括有详细证人名单的调取书证或物证的申请。

《泰国刑事诉讼法典》对于证据审查有相关的程序规定。法典第 173/2 条规定,审查证据之日,控辩双方应当将其持有的书证和物证提交法院以供另一方审查,除非法院签发令状时考虑到具体情况不适宜提交。在控辩双方都向法院陈述其提交证据的方式之后,法院应当要求双方予以必要说明,并对需要调取的证据指定调取日期。在必要的情形下,为公正起见,若法院认为合适或任何一方申请,法院将对重要事实问题在指定的调取证据日期之前就签发调取证据的令状。

5. 举证和陈述

《泰国刑事诉讼法典》中对于举证和陈述的规定见于第 174 条和第 175 条。第 174 条规定,举证之前,控方有权率先向法院就起诉的案件进行陈述开场,也即宣读起诉的性质以及提议出示证据材料以证明被告人有罪。控方应当为其起诉举证。控方证人被提出以后,被告人被授权以向法庭陈述其辩护开场,公开其提起答复的事实或法条以及其提议举出的证据材料。被告人应当为其抗辩提出证人。辩方证人被提出以后,控辩双方被授权以口头或书面方式或两种方式并存结束其各自的案件陈述。审理过程中,若法院认为没有必要进一步举证或需要进一步的程序,可以签发豁免此类举证或程序的令状。第 175 条规定,若控方已经举证,法院视情形有权从检察官处获取侦查案卷以及考虑对案件的决定。

6. 案件审理

法典第 176 条规定,案件审理中,若被告人对起诉人认罪,法院可以不进一步举证径行判决;但若被告人对起诉认罪案件的最低刑罚是五年以上有期徒刑或更重的刑罚,法院必须听取控方证人证言直到认为被告人有罪。多个被告人案件中,只有部分被告人对起诉认罪,法院认为合适的,可以为拒绝认

罪的被告人,安排控方在法院设定的日期另案对这些被告人进行起诉。第
180 条规定,《民事诉讼法典》中维持法庭秩序的规则应当经过必要的变更以
适用于刑事案件,只要被告人并未妨碍程序进行,被告人不应当被命令离开法
庭。第 181 条、第 139 条和第 166 条应当经过必要的变更强制适用于审判
阶段。

对于案件审理中的其他情形,法典有详细规定:

(1)不公开审理。在《泰国刑事诉讼法典》中有明确的法条对不公开审理
作了规定。根据法典第 177 条之规定,法院可以自行或根据一方申请,签发不
公开审理的令状,只要其符合公共秩序利益或善良风俗,或为防止向公众泄露
国家安全方面的机密。对于不公开审理时参与审理的人员,法典第 178 条明
确规定,只有下列人员被授权出庭:(A)控方及其律师;(B)辩方及其律师;
(C)看管被告人的法警;(D)证人及专家;(E)翻译人;(F)法院允许的利益相
关人;(G)法院认为合适的官员以及维持秩序的官员。

(2)连续审理与延期审理。第 179 条规定,根据本法典或其他法律规定,
法院应当不休庭连续审理直到庭审结束;若存在证人未能出庭等其他合理理
由,法院应当视情况延期审理。

(四)判决和裁定

1.判决和裁定的相关事宜

根据《泰国刑事诉讼法典》第 182 条的规定,审理结束后,应当根据案件提
交的证据作出判决或裁定。判决或裁定应当在审理结束当日或结束后 3 日内
于法庭上公开宣读。若有合理理由,法院可以将宣读日期推迟,但该推迟理由
应当记录在案。同时,根据法典第 185 条的规定,如法庭认为犯罪不是被告人
所为,或被告人的行为不构成犯罪,或犯罪行为已过诉讼时效,或根据法律规
定不应判处刑罚,应当驳回起诉,释放被告人。在最终判决作出之前,法庭可
根据情况对被告人予以拘留或临时释放。如法庭认为被告人确有犯罪行为且
依法不能免除刑罚,应当根据罪名对被告人予以适当的刑罚。在最终判决作
出之前,法庭可根据情况对被告人予以临时释放。

(1)缺席判决。根据法典第 182 条的规定,法院向控辩双方宣布判决或裁
定后,应当要求双方签字确认。如控方因自身原因未到场,法庭可以缺席宣
判。除有合理理由怀疑被告人因逃避或故意不出席而未到场外,法庭应当推

迟宣判,直到被告人到场。如有合理理由怀疑被告人逃避或故意不出席,法庭应当对其发出逮捕令。如自逮捕令发出后1个月内,被告人仍无法到场,法庭应当缺席宣判,并视为控方或被告人出席了宣判。如因部分被告人缺席而推迟宣判,对被认定无罪的其他被告人,法庭可以在推迟宣布判决或裁定期间予以临时释放。

(2)对判决和裁定的异议处理。对判决和裁定的异议处理,法典有明确的规定。根据法典第183条,裁定、判决或异议意见应当以书面形式作出,由本案法官签名。对本案判决或裁定有异议的法官可以提出异议意见并附卷。同时,第191条规定,利害关系人在判决或裁定执行过程中有异议,向作出生效判决或裁定的法院提出的,法院应当对其进行明确的解释。

(3)对判决和裁定的合议。根据法典第184条规定的,判决或裁定的合议,应由大法官、司法委员会委员、法院院长或主审法官主持,就每一项待决事项轮流询问审理本案的每位法官,并最后总结发言。决定应当根据多数人的意见作出。如待决事项有两个以上不同观点或难以形成多数意见,提出对被告人较为不利观点的法官应当服从提出对被告人相对有利观点的法官的意见。

(4)关于判决和裁定的其他规定。《泰国刑事诉讼法典》对于判决和裁定的生效和更改等问题也有明确规定。根据法典第188条,判决和裁定自公开宣布之日起生效。第189条规定,经济困难的被宣布有罪的被告人要求提供生效判决书副本的,法庭应当免费提供一份。法典第190条要求,判决和裁定宣布后非因文字差错不得更改。

2.判决和裁定的内容

(1)判决和裁定应包含的内容。法典第186条规定,判决或裁定至少应当包括以下内容:法庭的名称和时间;控辩双方的名称;罪名;起诉书和辩护意见;法庭调查事实;作出决定所依据的事实问题和法律问题;本案的法律依据;驳回起诉或认定有罪的决定;对证据和民事请求的决定。轻罪判决不必包括起诉书和辩护意见、法庭调查事实和作出决定所依据的事实问题和法律问题这三项。法典第187条规定,中间裁定应当包括以下内容:日期;作出裁定的法律依据;裁定内容。

(2)对判决或裁定的内容的特殊规定。法典对判决和裁定的内容范围有明确的条文规定,不得超过或遗漏指控的内容。如法庭意见认为庭审调查的事实和与指控事实不一致,应当驳回起诉,但(不一致之处)非案件关键要素,或被告人在辩护中未被误导的除外,法庭可以根据法庭调查的事实确定刑罚。

如不一致为特定的内容,例如关于犯罪的时间或地点,偷盗罪、勒索罪、敲诈罪、欺诈罪、债务欺诈罪、挪用罪和窝藏赃物罪之间的区别,故意犯罪与过失犯罪的分歧,则上述内容不应当被认定为案件的关键要素。并且,前述于法庭调查的事实不应被认定为超出了申请范围或控方追诉的范围,但这些事实对被告人进行辩护确实造成了误导的除外。法庭根据上述内容定罪量刑时,不得超出法定的量刑比例。如法庭认为指控事实与法庭调查的事实不是控方主张定罪的事实,不得依法庭调查事实对被告人定罪量刑。如法庭认为控方指控的事实属实,但罪名或适用法律有错误的,有权根据实际的罪名定罪量刑。如指控的犯罪包括多个行为,可以构成独立犯罪的,法庭可以根据法庭调查的事实对任一行为定罪量刑。

(五)上诉审

1.上诉的范围

对一审法院作出的任何判决或裁定中的事实或法律问题不服,可以向上诉法院上诉。泰国刑事诉讼法对于犯罪程度较低、社会危害性不大的上诉案件实行严格限制上诉制度。根据《泰国刑事诉讼法典》第 193 条 bis 的规定,如上诉罪名的法定最高刑为单处 3 年以下监禁刑或罚金 60000 泰铢以下,或二者并处,则不得对一审判决中认定的事实问题进行上诉,但下列情形除外:(1)被告人已被法院判处监禁或替代监禁的限制手段;(2)被告人已由法院判处监禁,但法院中止了执行;(3)法院已确定被告人有罪,但尚未确定量刑;(4)被告人已由法院判处罚金 1000 泰铢以上。

为了保证司法公正,同时使有限的法律资源得到充分利用,泰国法律赋予了一审法院法官与公诉机关相关负责人对案件审查并决定是否受理上诉的权力。根据《泰国刑事诉讼法典》第 193 条 ter 的规定,依据第 193 条 bis 不得上诉的案件,若审理过该案,在判决书上签名或给出反对意见的一审法官经过认真审查,认为该案存在重大疑问需要由上诉法院审理,允许上诉。公诉机关负责人或由公诉机关负责人签名授权的公诉人,确定有合理理由认为该案应由上诉法院审理的,应受理其上诉。

2.上诉的条件

上诉人是本案被告人及其近亲属、法定代理人、监护人或是指定代表人。上诉案件所依法律须经一审法院审理时提出,或涉及公共秩序,或与本法典有关上诉条款相悖。根据《泰国刑事诉讼法典》第 195 条的规定,提起上诉的一方应当在上诉状中列明上诉基于的法律理由。涉及公共秩序或与本法典有关上诉条款相悖的法律理由,即使未曾在一审法院审理时指出,上诉人亦可提出,法院亦可采纳。

3. 上诉的程序

上诉应当自收到裁决书之日起 15 日内,以书状的形式提出,上诉状中应列明上诉基于的法律理由。上诉人应当向一审法院或在一审法院拒绝受理后直接向上诉法院提交刑事上诉状。对羁押或在监狱服刑的上诉人,可以在上诉期内向看守所长官递交上诉状。上诉应通过原审法院提出,如一审法院拒绝受理上诉,上诉人可以对此裁定向上诉法院提出上诉。

上诉主要有以下程序:(1)原审法院负责审查上诉并依照本法典规定决定是否应当受理上诉来移交上诉法院。如法院认为不予受理,应在裁定中写明理由。(2)法院应于收到上诉状之日起 15 日内,向诉讼另一方提供上诉状副本供其答辩。(3)决定开庭审理后,上诉法院应当确定开庭时间,并至少于开庭时间 5 日前向控辩双方发出通知。(4)当控辩双方已经做出委托或承诺出席庭审,或需要核实证据时,法院应当开庭审理。(5)如上诉法院发现上诉未在法定期限内提出,则应驳回上诉。

在案卷被移送至上诉法院前,上诉人可以向一审法院申请撤回上诉,一审法院可以准许。上诉撤回后,原判决或裁定即对上诉人产生最终效力,但不及于其他未上诉方。

4. 口头辩论和书面辩论

口头辩论申请应随同上诉状或答辩状提交。书面辩论必须在上诉法院判决之前提交。口头辩论应遵循如下规则:第一,如一方申请发言,该方应首先发言,另一方随后发言,然后先发言一方可以回应;第二,如果双方均申请发言则上诉人应首先发言,被上诉人其次,然后上诉人可以回应;第三,如果双方均申请发言而双方均为上诉人,控方应首先发言,被告人其次,然后控方可以回应。

5. 上诉法院的职能

上诉法院进行上诉审理时认为有必要收集额外的证据可以自己调取也可以指示一审法院调取。如上诉法院大法官认为有必要,任何案件的任何问题均可提交法官会议决定。法官会议应遵从多数人意见。同时,上诉法院应及时作出裁判,判决应由上诉法院宣告,也可以交由一审法院宣告。如上诉既针对原审判决的主要内容，又针对中间裁定，上诉法院可以在同一判决中作出裁定。此外，上诉法院作出的判决除一审法院判决书的重要内容外，还应包括：上诉人名称或官方称谓以及对一审法院判决的确认、推翻、修改或撤销的陈述。

（六）最终上诉审

1. 最终上诉的范围

《泰国刑事诉讼法典》第218条、第219条、第220条对最终上诉的提出进行较之于一般上诉更加严苛的限制。如上诉法院维持下级法院的判决或仅修改了非关键内容，且刑罚为5年以下监禁刑、罚金，或5年以下监禁刑并处罚金的案件，控辩双方则不得因事实问题提出最终上诉。被告人被一审法院判处2年以下监禁刑、40000泰铢以下罚金或并处的，如上诉法院未对其处以超出此范围的刑罚，则一方不得仅以事实问题提出最终上诉。但被告人如被上诉法院通过判决修改了关键内容且加重刑罚的，不受此限制。

2. 最终上诉的程序

最终上诉案件实际上是上诉未能解决留到最终上诉进行处理的案件，所以最终上诉程序是建立在上诉程序的基础之上的，其审理、判决和裁定程序也参照上诉法院的审理、判决和裁定。最终上诉应通过一审法院提出，有关最终上诉的法院受理程序，参照上诉审的有关规定（第200条、第201条）进行。

一审法院和上诉法院驳回控方的指控，则无权提出最终上诉。在案件进行上诉审理时，任何审理该案、在判决书签名或在一审或上诉审中提出反对意见的法官认为案件重大应交由最高法院，通过最终上诉裁断的，或检察机关负责人签名确认有合理理由经最高法院最终上诉进行裁断的，该案的最终上诉可以受理。在一方仅限于对法律适用问题提出最终上诉的情况下，该限制同样适用于涉及案件的其他各方，如最终上诉审只涉及法律适用问题，在裁判时，最终上诉法院审查的证据限于上诉法院依据证据查实的范围。

三、泰国刑事诉讼法的主要特点

(一)实行三审终审制

泰国实行的三审终审制比较特殊。三审终审制度由一审程序、上诉审、最终上诉审组成。泰国的一审程序以被告人被指控的内容为限,对于上诉罪名的法定最高刑为单处 3 年以下监禁刑或 60000 泰铢以下罚金以及二者并处的,不允许被告人就一审的事实认定提出上诉。上诉审和最终上诉审都必须经由初审法院的审查核准。而在主体上,上诉审并未限定上诉主体,最终上诉审的主体却限定在控辩双方;在其内容上,上诉审既审事实问题又审法律问题,而最终上诉审的审查内容仅限于法律问题。三审终审制可以最大限度地保障双方上诉的权利,维护控辩双方的利益。

(二)起诉状一本主义的案件移送模式

在案件移送方式与证据调查方面,泰国实现了起诉状一本主义的案件移送模式。起诉状的内容需要包含基本的案件信息和所有怀疑由被告人作出的犯罪行为以及与之相关的事实材料和能为被告人清晰理解起诉内容的人证、物证,这些内容主要以清单的方式列出。泰国的起诉状一本主义与该国的证据调查制度是密切相关的,辩方享有完全、独立并与控方平等的调查取证权,甚至调查取证得到的证据不需要在审前向控方出示。法官对于控辩双方收集到的事实证据,统一在庭审中进行听取、判断与裁量。从控辩平等的维度阻隔了法官审前预断的可能。

(三)刑事案件的繁简分流机制

泰国刑事庭审的繁简分流主要考虑两个因素:一是被追诉人是否认罪,二是案件是轻罪案件还是重罪案件。泰国刑事诉讼程序对认罪被告人的举证予以简化。审理过程中,如果被告人认罪,法院可以不进行举证径行判决,不过要受刑罚刑期的限制,仅针对最低刑罚可能判5年以下有期徒刑的案件。刑事案件的繁简分流机制有利于提升泰国刑事审判的诉讼效率,最终使司法资源得到合理的分配。

(四)令状主义的审查方式

在司法权对侦查权的审查与控制方面,泰国的法院有权在有申请人或强制的情况下,签发搜查令、拘禁令和逮捕令,同时法律赋予了其先行调查的权力。但是,泰国法官并不垄断行使签发令状权的权力:一方面,在法律规定的例外情况下,除警官外的行政官员未得法官令状也可进行逮捕;另一方面,在皇室居所地一般也禁止进行逮捕。从中我们也可以看出,泰国的令状主义并不是纯粹的"司法令状",是有条件和例外的,行政官员的无令逮捕与皇室地点的禁止逮捕,使泰国的司法审查并不彻底,具有相当的行政色彩。

(五)赋予犯罪嫌疑人沉默权

泰国刑事诉讼制度赋予了犯罪嫌疑人沉默的权利。其一,在逮捕中,警察必须将逮捕令向犯罪嫌疑人出示,同时被逮捕人有选择陈述与否的权利;其二,在侦查讯问时,侦查人员应当告知犯罪嫌疑人有权作出陈述,对于犯罪嫌疑人拒绝陈述的,侦查人员应当记入笔录,而不片面强调其必须如实陈述。犯罪嫌疑人沉默权的赋予使其在侦讯中能够有效地抵御审讯人员的不当讯问,充分地保障了犯罪嫌疑人的人权,并有利于办案机关讯问程序的规范化。

(六)充分的律师帮助权

在律师在场与法律帮助方面,在逮捕时,被逮捕人即有权会见律师获得法律帮助。这与中国的犯罪嫌疑人被采取强制措施之日起才有权会见律师的时间节点是有区别的,逮捕过程中的律师会见更有利于保障犯罪嫌疑人的辩护权利。同时,在侦查阶段不仅对有意愿获得律师帮助的犯罪嫌疑人,国家会强制进行法律辩护;在讯问过程中,犯罪嫌疑人也可以要求辩护律师到场参与讯问。律师的适时在场帮助不仅能为犯罪嫌疑人及时提供法律咨询,也能够起到监督见证的作用,避免办案机关滥用职权对犯罪嫌疑人进行侵害。

(七)重视被害人的权利保障

在被害人权利保障方面,泰国刑事诉讼法对被害人的重视程度远远超过其他国家,将其置于了一个第二公诉人的地位,使有的检察官与被害人形成控诉联盟,在法庭上以双公诉人的形式向辩护方提出控诉。但是,被害人的权利保障不一定要以充当公诉人的形式予以实现:一方面,现代的检察官正力求扮演一种客观中立的角色,被害人作为切实利益的受损者,绝大部分不能冷静对待案情;另一方面,被害人的正义可以借助检察官的公正起诉而实现,囿于自身专业知识技能的欠缺,被害人可能不能胜任公诉人角色。不过,从中我们也能侧面看出泰国对被害人权利保障的重视。

(八)具有王权色彩的赦免制度

泰国当今政体是议会制君主立宪制。泰国王权色彩还是相当浓厚的,国王在泰国国民中拥有相当高的威望,也存有一部分权力,其中就包括对于罪犯决定赦免的权力。《泰国刑事诉讼法典》第259条至第267条设专编对刑罚的赦免程序进行了规定。泰国的特赦令主要由王室来作出,任何服刑人或利害关系人都可以在案件结束后,向国王或司法大臣申请,赦免的决定权归属于泰国国王。该条款可能异化成为泰国王室干涉司法的工具,其决定主体决定了王室成员在国家中的优势地位,违背了刑事诉讼法的平等原则,如果没有严格程序性规则,会影响司法的公信力。

第十章

越南刑事诉讼法

　　越南,全称为越南社会主义共和国(The Socialist Republic of Vietnam),是亚洲的一个社会主义国家,也是东南亚地区的重要国家之一。[①] 越南位于东南亚中南半岛东部,北与中国的广西、云南接壤,西与老挝、柬埔寨交界,国土狭长,面积约 33 万平方公里,紧邻南海,海岸线长达 3260 多公里。历史上,越南中北部长期为中国的领土,公元 968 年,越南正式脱离中国独立建国,之后越南经历多个封建王朝并不断向南扩张,但历朝历代均为中国的藩属国。19 世纪中叶,越南逐渐沦为法国的殖民地。1945 年八月革命后,胡志明宣布成立越南民主共和国,1976 年,更名为越南社会主义共和国,采用人民代表大会制度,确立越南共产党为越南唯一合法的执政党。1986 年,开始进行革新开放。2001 年,越共九大确定建立社会主义市场经济体制。2011 年,越共十一大通过《2011—2020 年经济社会发展战略》,提出继续全面推进革新事业,为到 2020 年把越南基本建成迈向现代化的工业国奠定基础。2016 年,越共十二大通过《2016—2020 年社会经济发展方向和任务》等纲领性文件,提出要加强建设廉洁、稳健的越南共产党,全面、同步推进革新事业。另外,越南是一个以京族(也称越族)为主体的多民族国家。全国有 54 个民族,但京族占总人口的 86%,其大量聚集在冲积三角洲和沿海平原地区;少数民族(除华族以

　　[①]　在东南亚的 11 个国家之中,越南的人口、面积和国民生产总值分别排在 3、4、6 位。参见古小松:《东南亚——历史 现状 前瞻》,世界图书出版公司 2013 年版,第 310 页。

外)则多居住在占越南国土面积 2/3 的高地上,与京族鲜有共通之处。

一、越南刑事诉讼制度概况

2003 年 10 月 26 日,越南第十一届国会第四次会议讨论通过了现行《越南社会主义共和国刑事诉讼法》(以下简称《越南刑事诉讼法》)。此次修改《越南刑事诉讼法》,摒弃了以往审问式的诉讼构造原则,改采自由争讼的控辩制,旨在改变审问制所带来的审判形式化问题。[①] 现就越南刑事诉讼制度中的刑事司法机关以及主要诉讼参与人概述如下:

(一)刑事司法机关

1.侦查机关

根据《越南刑事诉讼法》与《越南社会主义共和国侦查机关组织条例》(以下简称《越南侦查机关组织条例》)的相关规定,在越南,享有侦查权的刑事司法机关除警察机关、检察机关、军队侦查机关外,还包括有权实施部分侦查活动的边防站、海关、骑兵巡逻队、海岸警卫队,以及警察机关或者人民军队中的其他有权侦查机构。[②] 其中,人民警察机关包括三级警察机构和两级安全机构。具体而言,三级警察机构包括:公安部中的警察机构、省级警察局中的警

---

① 陈明凡:《越南的司法改革》,载《云南社会科学》2013 年第 1 期。

② 有权实施部分侦查活动的边防站、海关、骑兵巡逻队、海岸警卫队以及人民警察机关或者人民军队中其他有权机构在各自管理权限范围内,若发现需要追究刑事责任的犯罪行为迹象,边防站、海关、骑兵巡逻队、海岸警卫队有权进行下列活动:对于一般犯罪,且犯罪嫌疑人属于现行犯、相关证据与犯罪嫌疑人的个人情况清楚的,上述侦查机构有权决定刑事立案并对犯罪嫌疑人启动刑事追诉程序以及实施初步侦查活动,自刑事案件立案之日起 20 天内,向有权检察机关移送案卷材料;对于严重犯罪、非常严重的犯罪或者特别严重的犯罪以及虽属于一般犯罪但案情复杂的,上述侦查机构有权决定刑事立案、实施初步侦查活动,并自刑事案件立案之日起 7 日内,向有权侦查机关移送案卷材料;在人民警察机关和人民军队中,除本法第 110 条规定的侦查机关外,如果其他有权实施部分侦查活动的机构在履行法定职责过程中发现犯罪行为的迹象时,有权决定刑事立案、实施初步侦查活动,并自刑事案件立案之日起 7 日内,向有权侦查机关移送案卷材料。

察机构,以及地区警察部门中的警察机构;两级安全部门包括公安部中的安全机构与省级警察局中的安全机构。警察机关除人民军队和最高人民检察院管辖的案件外,对其他一切刑事案件享有立案侦查权;人民军队中的侦查机关有权侦查属于军事法院管辖的案件;最高人民检察院中的侦查机关侦查一些司法机关工作人员妨碍司法活动的犯罪行为。

2.检察机关

根据《越南社会主义共和国宪法》(以下简称《越南宪法》)与《越南社会主义共和国人民检察院组织法》(以下简称《越南人民检察院组织法》)的相关规定,人民检察院行使公诉权,并对司法活动行使检察监督权。[①] 检察系统包括三级人民检察院和各级军事检察院。三级人民检察院包括:最高人民检察院,省、中央直辖市人民检察院,省辖市、郡、县人民检察院。[②] 军事检察院包括:中央军事检察院、军区和相当于军区的检察院、省军区和军分区检察院。其中,中央军事检察院在机构上属于最高人民检察院,中央军事检察院检察长兼任最高人民检察院副检察长,负责指导各级军事检察院的活动,对最高人民检察院负责并报告工作。另外,越南检察系统按照"上命下从"的统一领导体制运行。各级检察长领导本院的工作,上级检察院检察长领导下级检察院检察长的工作。并且,在最高人民检察院、省及直辖市人民检察院、中央军事检察院、军区级检察院中成立检察委员会,检察委员会按照少数服从多数的原则对《人民检察院组织法》规定的重要问题进行讨论并作出决定。[③]

3.审判机关

根据《越南宪法》《越南人民法院组织法》和《越南刑事诉讼法》的相关规定,刑事案件的审判权由人民法院行使。人民法院包括最高人民法院、地方各级人民法院和各级军事法院。最高人民法院是越南的最高审判机关,由国会产生,对国会负责并报告工作,负责监督各级人民法院的审判工作,指导各级

---

① 《越南重要法律文本(2005—2014)》,米良编译,社会科学文献出版社 2016 年版,第 26 页。

② 最高人民检察院检察长由国家主席提名,再由国会议员选出,专门处理监察事务,预防和打击犯罪,并直接向国会负责,在国会休会期间,向国会常务委员会负责并报告工作;地方人民检察院的检察长、副检察长,由最高人民检察院检察长任免,对地方的法律遵守情况向地方人民议会负责并报告工作,并有义务答复地方人民议会代表提出的问题。参见张树兴:《东南亚法律制度概论》,中国人民大学出版社 2015 年版,第 251 页。

③ 张文山、李莉:《东盟国家检察制度研究》,人民出版社 2011 年版,第 225~228 页。

人民法院统一适用法律,总结审判经验,向国会呈报法律预案并向国会常务委员会呈报法令预案;地方各级人民法院包括省级人民法院、县级人民法院,均由同级人民议会产生,对其负责并受其监督;军事法院按照军事区域设立于越南人民军队内部,包括中央军事法院、军区级军事法院、各地区军事法院,负责审理被告为现役军人的案件和法律规定的其他案件。在特殊情况下,国会可以决定设立特别法院。在基层,可设立调解组,每组人数为 3 至 7 人,由基层人民议会根据人民团体的介绍选举产生,其工作受县级人民法院指导。但需要明确的是,调解组是群众性组织,并不属于司法部门。①

4. 近年来与刑事司法机关有关的改革

随着越南经济社会的发展,特别是政治革新运动的推进,②社会公众对司法机关的期望值越来越高,希望司法机关在寻求正义、保护人权、维护法制和社会主义社会秩序以及打击犯罪等方面发挥更为积极的作用,且社会政治、经济、文化等方面的稳定发展也急需合理的刑事司法制度提供坚实后盾,因此,对刑事司法体制的改革势在必行。2005 年 6 月 2 日,越南共产党中央政治局发布了第 49 号-NQ/TW 号关于《2005 年至 2010 年司法改革战略》(以下简称《司法改革战略》),对一些重大司法体制问题提出了突破性的改革举措,其中包括围绕人民法院的组织和职能,对司法机关组织结构所进行的改革。

《司法改革战略》要求:第一,打破当前以行政区划为基础设立法院系统的做法,③以审判管辖范围为基础重新组织法院组织体系。法院系统中的地区法院为一审法院,管辖一个或多个区级行政区域;行使上诉管辖权的上一级法院,主要负责审理对一审判决提出的上诉、抗诉案件,并有选择性地审判部分一审案件,对该法院作出的一审判决不服的,可以上诉到按区域设置的更高一级法院;最高人民法院主要负责总结审判经验,发布法律统一适用的指导规

---

① 张树兴:《东南亚法律制度概论》,中国人民大学出版社 2015 年版,第 250 页。

② 越南政治革新起于 1986 年,在满足越南国内社会发展需要的同时也不断丰富着改革内容。进入 21 世纪,越南政治改革更是不断走向深入,其改革的主要内容包括:改进党的领导,强化国会的作用,提高行政效率,推进司法公正以及放松社会管控。详细内容参见许斌:《新世纪越南政治体制改革研究》,聊城大学 2017 年硕士学位论文,第 10~18 页。

③ 根据越南《宪法》第 110 条的规定,越南国家划分为省、中央直辖市,省划分为县、市和直辖市,省辖市划分成坊和乡,区(郡)划分成坊。参见《越南重要法律文本(2005~2014)》,米良编译,社会科学文献出版社 2016 年版,第 27 页。

则,发布司法判决先例,复核或者再审案件,研究和合理界定军事法院的管辖范围,使其主要处理有关军人及部队其他人员的渎职案件与军事秘密案件。第二,检察机关维持目前的职能不变,负责起诉和监督司法活动。人民检察院的组织体系将根据新的法院组织结构进行重组,同时,进一步探讨将检察机关改造为单纯的公诉机关,从而承担起诉与直接指导侦查两项职能的可能性。第三,现有立法所确立的侦查机关组织机构保持不变,但需明确划分侦查机关和其他承担部分侦查工作的相关机构的权责。侦查机关负责侦查所有的刑事案件,其他机构仅仅完成一些初步的侦查任务或者侦查机关委派的侦查任务。另外,根据减少工作量和便利检察官指导侦查工作的要求,对侦查体制的重组问题开展研究。①

(二)主要的诉讼参与人

1.被监禁人员(person held in custody)

根据《越南刑事诉讼法》第 48 条第 1 款的规定,被监禁人员包括:在紧急情况下被逮捕的人员、现行犯、依追捕决定被逮捕人员以及坦白或者自首而被决定监禁的人员。根据该法同条第 2 款、第 3 款规定,被监禁人员享有以下权利和义务:被告知监禁的理由;被详细告知权利和义务;进行申辩;自行辩护或者委托他人进行辩护;展示物证、书证和表达诉求;对监禁措施、公安司法机关及其工作人员的决定和诉讼行为进行申诉,但被监禁人员同时应当遵守有关监禁的法律规定。

2.犯罪嫌疑人

犯罪嫌疑人是指已被刑事立案的人员。根据《越南刑事诉讼法》第 49 条第 2 款、第 3 款的规定,犯罪嫌疑人享有下列权利和义务:被告知涉嫌的犯罪;被详细告知权利和义务;进行申辩;展示物证、书证和表达诉求;根据本法规定要求更换专门机关工作人员、专家人员、翻译人员;自行辩护或者委托他人进行辩护;获取立案决定书,适用、变更、撤销强制措施的决定书,书面的侦查终结报告,暂缓、停止侦查的决定书,暂缓、停止刑事案件的决定书,判决书,起诉

---

① 《越南 2005 年至 2020 年的司法改革战略》,龙飞、赵昕编译,载《人民法院报》2010年 7 月 9 日第 5 版。

决定书以及本法规定的其他程序决定书。相应的,犯罪嫌疑人必须根据侦查机关或者检察机关的传唤及时到案。

3.被告人

被告人是指法院决定对其进行审判的人员。根据《越南刑事诉讼法》第50条第2款、第3款的规定,被告人享有下列权利和义务:获取开庭决定书,适用、变更、撤销强制措施的决定书,终止案件的决定书,法院的判决书、决定书,以及本法规定的其他程序决定书;参与法庭审判活动;被详细告知权利和义务;根据本法规定要求更换专门机关工作人员、鉴定人员、翻译人员;展示物证、书证和表达诉求;自行辩护或者委托他人进行辩护;在判决评议之前作最后陈述;对法院的判决和决定提出上诉;对公安司法机关及其工作人员的决定和诉讼行为进行申诉。相应的,被告人必须根据法院的传票及时到案。

4.被害人

被害人是指因犯罪行为而遭受身体、精神损害或者财产损失的人。根据《越南刑事诉讼法》第51条第2款、第4款规定,被害人或其法定代理人享有如下权利:展示物证、书证和表达诉求;被告知侦查结果;根据本法规定要求更换专门机关工作人员、鉴定人员、翻译人员;建议赔偿的标准和方式;参与法庭审理,为保护其合法权益有权发表意见并进行法庭辩论;对公安司法机关及其工作人员的决定和诉讼行为进行申诉;就法院判决和裁定中涉及被告人赔偿和被告人所受刑罚部分提出上诉。一旦被害人死亡,其法定代理人有权行使上述权利。相应的,被害人须根据侦查机关、检察机关或者法院的传唤及时到案,若无合理理由而拒不提供证言,其有可能承担《刑法典》第308条规定的刑事责任。

二、《越南刑事诉讼法》的主要制度

《越南刑事诉讼法》与我国《刑事诉讼法》采取的立法体例大体上类似,即主要包括总则、立案、侦查和提起公诉、审判、执行以及特别程序。其中,《越南刑事诉讼法》在特别程序编专章规定了刑事申诉与控告制度,有别于我国的制度设计。因此,本部分除介绍辩护制度、强制措施制度、侦查、起诉与审判制度外,附带对越南刑事申诉与控告制度进行简要介绍。

(一)辩护制度

辩护制度作为控辩制诉讼模式运行的基础性制度,法律上对其进行具体、明确地规定实属必要。因此,越南《刑事诉讼法》在总则中对辩护人的范围、辩护人介入案件的时间、辩护人的权利与义务等内容进行了具体规定,现详述如下:

1. 辩护人范围

根据《越南刑事诉讼法》第 1 款、第 2 款的规定,社会律师、被监禁人员、犯罪嫌疑人、被告人的法定代理人以及人民辩护员(people's advocates)都可以担任辩护人,①其中,曾参与过办理本案的、属于曾参与办理本案或即将参与本案的人员的近亲属的,以及充当过本案证人、专家证人或者翻译人员的,不能担任辩护人。

2. 辩护人介入案件的时间

根据《越南刑事诉讼法》第 58 条第 1 款的规定,自追诉犯罪嫌疑人的程序启动之时起,辩护人即有权参与诉讼程序,同时,若属于紧急情况下逮捕或者逮捕现行犯、通缉犯的情形,自监禁决定作出之时起,辩护人即有权介入诉讼。另外,为保障特殊侦查利益的实现,该款对辩护人介入案件的时间进行了限制,即当侦查危害国家安全犯罪并有保守侦查秘密的必要时,检察长有权决定辩护人自侦查终结时起才能介入案件。

3. 辩护人资格的确认

根据《越南刑事诉讼法》第 56 条第 4 款的规定,在收到辩护人辩护请求和相关材料的 3 日内,侦查机关、检察机关或者法院应当审查并确认其辩护人资格,以便其着手辩护工作,若相关刑事司法机关拒绝确认其辩护人资格,有关机关必须对此详细说明理由;若委托人处于被监禁的状态,那么,自收到辩护人辩护要求和相关材料的 24 小时内,侦查机关、检察机关或者法院应当审查并确认其辩护人资格,以便其着手辩护工作,若拒绝确认其辩护人资格,有关机关同样必须对此详细说明理由。

---

① 　关于"People's advocates"的中文含义,本文直接引用了学者伍光红的翻译。参见伍光红:《中越刑事辩护制度比较研究》,载《广西民族大学学报(哲学社会科学版)》2010 年第 2 期。

4.辩护人的选任与更换

(1)委托辩护

委托辩护属于被追诉人自由意志控制的范畴,因此,一般而言,除对委托辩护的权利主体范围以及辩护人范围等进行限制性规定外,对于被追诉人是否进行委托辩护以及委托何人进行辩护,立法上不作强制性规定。根据《越南刑事诉讼法》第57条第1款的规定,被监禁人员、犯罪嫌疑人、被告人或者其法定代理人有权委托辩护人。

(2)指定辩护

根据《越南刑事诉讼法》第57条第2款的规定,若犯罪嫌疑人、被告人或者其法定代理人未委托辩护人,且具有下列情形之一的,侦查机关、检察机关或者法院应当要求律师协会指派辩护人为其辩护或者要求越南祖国阵线(Vietnam Fatherland Front)或该阵线的下属组织为其成员提供辩护人:根据《刑法典》规定,被指控之犯罪嫌疑人、被告人所涉嫌罪名的最高刑罚为死刑;犯罪嫌疑人、被告人是未成年人或者身体上、精神上有缺陷的人。[①] 需要明确的是,越南祖国阵线及其下属组织有权指派人民辩护员为被监禁人员、犯罪嫌疑人、被告人提供辩护,但前提是被监禁人员、犯罪嫌疑人、被告人为该组织的成员。同时,具有前述情形的犯罪嫌疑人、被告人或者其法定代理人仍有权请求变更辩护人或者拒绝辩护人的辩护。

5.辩护人的权利和义务

(1)辩护人的权利

根据《越南刑事诉讼法》第58条第2款的规定,在侦查人员向被监禁人员提取证词或者审问犯罪嫌疑人时,辩护人有权在场,并且经侦查人员许可,有权向被监禁人员、犯罪嫌疑人发问;在其他侦查活动中同样有在场的权利,并有权查看在其所参与的诉讼程序中形成的笔录和与其当事人有关的程序性决定;有权要求侦查机关提前告知审问犯罪嫌疑人的时间和地点,以便能够及时

---

① 根据《越南宪法》第9条的规定,越南祖国统一阵线是政治联盟组织,是政治组织、各种经济社会组织、社会组织,以及象征社会、民族、宗教、定居国内外的越南人的各个阶级、各个阶层中所有个人的自愿联合体。越南总工会、越南农民协会、胡志明共产主义青年团、越南妇女联合会、越南退伍军人协会在越南祖国阵线中与阵线的其他成员组织相互配合、统一行动,代表和保护组织成员、会员的合法、正当权益。参见《越南重要法律文本(2005—2014)》,米良编译,社会科学文献出版社2016年版,第3页。

到场;根据《越南刑事诉讼法》的规定要求更换专门机关工作人员、鉴定人员、翻译人员;向被监禁人员、犯罪嫌疑人、被告人及其近亲属收集与本案辩护有关的物证、书证以及其他细节,或者应被监禁人员、犯罪嫌疑人、被告人的要求,向机构、组织、个人收集上述证据材料,但辩护人的上述取证工作限于不涉及国家秘密、商业秘密的情形;出示物证、书证和表达诉求;会见被监禁人员或者被临时拘留的犯罪嫌疑人、被告人;在侦查终结后,依法查阅、记录、复制与本案辩护相关的案卷材料;参与法庭的质证和辩护活动;对公安司法机关及其工作人员的决定和诉讼行为进行申诉;若被告人是未成年人或者身体上、精神上有缺陷的人,即属于《越南刑事诉讼法》第 57 条第 2 款第 b 点规定的情形[①],辩护人有权对法院的判决或者裁定提起上诉。

(2)辩护人的义务

根据《越南刑事诉讼法》第 58 条第 3 款的规定,辩护人应当运用一切法定手段澄清案件事实以证明被监禁人员、犯罪嫌疑人、被告人的清白,以及明晰相关事实,减轻犯罪嫌疑人、被告人的刑事责任;在不同的诉讼阶段,辩护人应当将收集到的有关本案的书证、物证送交侦查机关、检察机关或者法院;为被监禁人员、犯罪嫌疑人、被告人提供法律帮助,以维护其合法权益;辩护人不得无故拒绝辩护;尊重事实和法律,不得引诱、强迫、煽动他人作虚假陈述或者提供不真实的材料;据法院传票及时到庭;不得泄露在辩护工作获知的侦查秘密;不得以侵害国家利益或者机构、组织及个人之合法权益的目的使用从案卷材料中提取或者复制的记录。对于违法的辩护人,视其违法的性质和严重程度,处以撤销辩护人资格、进行纪律处分、行政处罚甚至追究其刑事责任;如果造成损害,该辩护人还需依法承担赔偿责任。

(二)强制性措施制度

为及时规避犯罪行为,或者有理由认定犯罪嫌疑人、被告人存在阻碍侦查活动、审查起诉活动或者审判活动顺利进行或者有继续犯罪之虞的,以及为了保证判决的有效执行,在各自管辖权范围内,侦查机关、检察机关或者法院以及《越南刑事诉讼法》规定的其他有权主体,有权使用以下强制性措施:逮捕

[①]　该点规定的内容属于应当指定辩护人的情形之一。

(arrest)、监禁(custody)、临时羁押(temporary detention)、禁止离开居所(ban from travel outside one's residence)、保证人保证(guarantee)以及交付金钱或者其他财物的保释(deposit of money or valuable property as bail)。

1. 逮捕

根据《越南刑事诉讼法》第 80 条至第 82 条的规定,依据适用情形的不同,逮捕被划分一般逮捕、紧急情况下的逮捕以及针对现行犯或通缉犯的逮捕。据此,以下我们将逐类就其适用的主体、适用的情形、程序的要求等方面进行具体介绍。

(1)一般逮捕

根据《越南刑事诉讼法》第 80 条的规定,下列人员有权为了临时羁押而决定逮捕犯罪嫌疑人、被告人:各级人民检察院或者军事检察院的正副检察长、各级人民法院或者军事法院的正副院长、担任最高人民法院上诉法院正副院长职位的法官、审判庭(the trial panel)以及各级侦查机关的正副负责人。其中,侦查机关正副负责人决定逮捕的,逮捕令在被执行之前须经同级检察机关批准。① 执行逮捕的人员,须向被逮捕人宣读逮捕令,并解释逮捕令的内容以及被逮捕人享有的权利与义务,同时应将逮捕过程记录在案。并且,逮捕过程中,应有相关人员在场见证,具体而言:若在被逮捕人住所进行逮捕,那么,被逮捕人所在社区、基层行政组织的代表以及邻居应当作为证人到场见证;若在被逮捕人的工作场所进行逮捕,那么,被逮捕人供职机构、组织的代表人应当作为证人到场见证;若在其他地方进行逮捕,那么,逮捕地所在的社区、基层行政组织之代表人应当作为证人到场见证。禁止夜间逮捕,除非有紧急情况或者属于逮捕现行犯、通缉犯的情形。

(2)紧急情况下的逮捕

根据《越南刑事诉讼法》第 81 条的规定,当有理由相信某人会犯非常严重或者特别严重的犯罪,或在现场的被害人或者其他人员目睹犯罪过程并证明某人是实施该犯罪行为的重大嫌疑犯,并且立即进行逮捕被认为是阻止其逃跑的必要措施,或在嫌疑犯的身上或者住所发现犯罪线索,并且立即进行逮捕被认为是阻止其逃跑或者毁灭证据的必要措施时,各级侦查机关的正副负责

---

① 逮捕令须清晰地写明日期,逮捕令签发者的姓名、职位,被逮捕人的住址以及逮捕的理由,并且逮捕令签发者须签名并盖章。

人、独立的团级军事单位或者同级别其他军事单位的指挥官、设立在海岛或者边境的边防站指挥官、当飞机起飞或者船舶离港时的机长或者船长有权决定逮捕。紧急情况下逮捕令的内容及逮捕令的执行同样应当遵守《越南刑事诉讼法》第80条第2款的规定。同时，为保障检察机关法律监督权的有效行使，紧急情况下作出的逮捕必须立即以书面形式通知同级检察机关，并同时移送据以作出逮捕决定的相关材料，以供检察机关审查。检察机关应当对紧急情况下逮捕的理由进行严密监督，必要情况下，在审查相关材料之前，检察人员应当当面询问被逮捕人，以决定是否同意侦查机关的逮捕决定。在收到有关机关申请批准书及相关材料后的12小时内，检察机关应当决定是否批准有关机关紧急情况下所作的逮捕决定，若检察机关不批准，紧急情况下逮捕决定的签发者必须立即释放被逮捕人员。

（3）针对现行犯或者通缉犯的逮捕

《越南刑事诉讼法》第82条的规定，对于犯罪过程中或犯罪后即被发现或被追捕的人员以及通缉犯，任何人都有权对其进行逮捕并就近送交侦查机关、检察机关或者法院。接收机关应当对此进行记录并立即将被逮捕人移送有管辖权的机关。逮捕现行犯或者通缉犯过程中，任何人都有权夺取其武器或者其他有危险性的工具。

（4）逮捕的后续程序

根据《越南刑事诉讼法》第83条的规定，在执行逮捕或者接收被逮捕人后，侦查机关须立即向被逮捕人提取证词，并在24小时内作出是继续羁押还是予以释放的决定。若被逮捕人是被通缉人员，在提取证词后，接收的侦查机关应立即通知签发通缉令的机关来接收被逮捕人。签发追捕决定的机关在接收被逮捕人之后，应立即作出停止追捕的决定。若接收被逮捕人的侦查机关认为通缉令的签发机关不能立即来接收被逮捕人，其有权在提取证词后即作出继续羁押的决定，同时应立即将这一决定通知通缉令的签发机关。在接到上述通知后，签发通缉令并享有临时羁押逮捕权的机关在获得同级检察机关的批准后应当立即签发临时羁押令并送达接收被逮捕人的机关。接收被逮捕人的侦查机关在接到临时羁押令后，应立即将其就近押送到临时羁押中心（temporary detention centers）。同时，根据《越南刑事诉讼法》第84条的规定,执行逮捕的工作人员应当将逮捕活动中的各种情况记录在案。① 逮捕记录须向被逮捕人和现场的见证人宣读,被逮捕人、逮捕的执行人员和见证人都必须在记录上签字,如果前述人员对逮捕记录内容有不同意见或者表示异议,其有权在记录上写明自己的意见并签字。同时,移送和接受被逮捕人的活动也必须记录在案。除上述逮捕记录要求的内容外,移送、接收记录还应当清楚地写明证言笔录以及记载已收集之物证书证情况笔录的移送情况、被逮捕人的身体健康状况以及发生在移送与接受期间的一切情况。

关于有关机关逮捕后的通知义务,根据《越南刑事诉讼法》第 85 条的规定,逮捕令的签发者和接收被逮捕人的侦查机关应当立即通知被逮捕人的家庭成员及被逮捕人居住地的基层行政单位或者被逮捕人供职的机构或组织。若通知会阻碍侦查活动的顺利进行,则可以不进行通知,但是,一旦阻碍侦查的情形消失,逮捕令的签发者和接收被逮捕人的侦查机关应当立即进行前述通知。

2. 监禁

根据《越南刑事诉讼法》第 86 条第 1 款、第 2 款的规定,对于紧急情况下被逮捕的人员、现行犯、坦白者、自首者以及依通缉令被逮捕的人员,各级侦查机关的正副负责人、独立的团级军事单位或者同级别其他军事单位的指挥官、设立在海岛或者边境的边防站指挥官、当飞机起飞或者船舶离港时的机长或者船长以及地区海岸警卫队的指挥官享有签发监禁决定的权力。

根据《越南刑事诉讼法》第 86 条第 3 款的规定,监禁决定在签发后的 12 小时内,应被送交同级检察机关。若检察机关认为监禁决定是无根据的或者没必要的,应作出撤销该监禁的决定,而监禁决定签发者应立即释放被监禁人员。监禁决定书应清楚记载监禁的理由以及监禁的终止日期,并将监禁决定书的复印件交予被监禁人员。

关于监禁的期限,根据《越南刑事诉讼法》第 87 条的规定,监禁的期限不能超过 3 日,监禁从侦查机关接收被逮捕人时起算。在必要情况下,监禁决定签发者可以延长监禁期限,但不得超过 3 日;在特定情形下,监禁决定签发者可以再次延长监禁期限,但同样不得超过 3 日。并且,所有需要延长监禁期限

---

① 逮捕记录应当清晰地写明逮捕日期、时间和地点,制作记录的场所,所采取的措施,逮捕执行的过程,逮捕过程中提取的物证、书证,以及被逮捕人的申辩。提取被逮捕人的物品和文件材料,应当遵守《越南刑事诉讼法》规定的相关程序进行。

的情形必须得到同级检察机关的同意。检察机关在收到延长监禁期限申请及相关材料的 12 小时内,应当作出是否同意的决定。在监禁过程中,如果发现没有充分的根据对被监禁人员进行刑事立案,有关机关应当立即释放被监禁人员。另外,监禁期限应当从临时羁押的期限中扣除,监禁一天算作临时羁押一天。

3.临时羁押

在越南刑事强制性措施体系中,临时羁押发挥着羁押候审的功能,同时,也因为其是对被追诉人人身自由较长时间的剥夺,所以,《越南刑事诉讼法》在其适用主体、适用对象、适用期限等方面进行了明确规定。

(1)适用对象

根据《越南刑事诉讼法》第 88 条第 1 款、第 2 款的规定,临时羁押适用于具备以下任一情形的犯罪嫌疑人、被告人:犯罪嫌疑人、被告人涉嫌非常严重或者特别严重之犯罪;[①]根据《刑法典》规定,犯罪嫌疑人、被告人涉嫌严重或者一般的可能被判处 2 年以上监禁刑的犯罪,且有理由相信其可能逃跑,干扰侦查、起诉、审判活动的顺利进行或者继续犯罪。怀孕或者正在哺乳 36 个月以下婴儿的妇女、年老体弱的老人或者患有严重疾病并有明确住所的人,原则上不对其适用羁押,但可以适用其他非剥夺人身自由性质的强制措施,除非存在以下例外情形:逃跑但已经追捕程序逮捕归案的犯罪嫌疑人、被告人;适用其他强制措施的犯罪嫌疑人、被告人继续实施犯罪或者故意严重干扰侦查活动、起诉活动或者审判活动;犯罪嫌疑人、被告人涉嫌危害国家安全的犯罪且有充分理由相信,如果不对其进行羁押,将对国家安全不利。

(2)适用主体及通知义务

关于适用临时羁押的主体,根据《越南刑事诉讼法》第 88 条第 3 款、第 4 款的规定,各级人民检察院或者军事检察院的正副检察长、各级人民法院或者军事法院的正副院长、担任最高人民法院上诉法院正副院长职位的法官、审判

---

①　《刑法典》第 2 款、第 3 款对犯罪进行了分类。根据行为性质和社会危害性,《刑法典》将犯罪分为四类,分别为轻微犯罪(法定最高刑为 3 年以下有期徒刑)、一般犯罪(法定最高刑为 7 年以下有期徒刑)、严重犯罪(法定最高刑为 15 年以下有期徒刑)以及特别严重的犯罪(法定最高刑为 20 年以下有期徒刑、终身监禁或死刑)。参见张树兴《东南亚法律制度概论》,中国人民大学出版社 2015 年版,第 231 页。本书采用直译的方式,将四类犯罪分别译为一般犯罪、严重犯罪、非常严重的犯罪以及特别严重的犯罪。

庭、各级侦查机关的正副负责人有权签发临时羁押令。其中,对于各级侦查机关的正副负责人签发的临时羁押令,在执行之前必须得到同级检察机关的同意。在收到临时羁押令、请求审查与批准的申请以及相关文件材料后的 3 日内,检察机关应当作出是否批准的决定。在完成审查批准工作之后,检察机关应立即将相关案卷材料退回侦查机关。在执行过程中,签发临时羁押令的人员应当检查被拘留人的身份证,并应立即通知被拘留人的家庭成员及被拘留人居住地的基层行政单位或者被拘留人供职的机构或组织。

(3)对被羁押人员的管理

根据《越南刑事诉讼法》第 89 条、第 90 条的规定,对被监禁人员和被羁押人员的管理不同于服监禁刑的已决犯。临时羁押和监禁场所以及对日常活动、接收礼物、联系家属等的管理应当符合政府的相关规范。若被羁押人员或者被监禁人员有 14 岁以下的子女或者有无人照料的身有残疾且年老体弱的亲属,签发逮捕令或者临时羁押令的人员应安排其亲属照顾前述人员。若犯罪嫌疑人、被告人没有亲属,那么,则由签发羁押令的机关将其交由其居住地所在的基层行政单位照顾。若被羁押人员或者被监禁人员的房产及其他财物无人看管,签发逮捕令或者临时羁押令的人员应采取适当的保管措施,并将采取的措施通知被羁押人员或者被监禁人员。

(4)临时羁押的期限

根据《越南刑事诉讼法》第 120 条的规定,对于一般犯罪,临时羁押的期限不得超过 2 个月;对于严重犯罪案件,临时羁押的期限不得超过 3 个月;对于非常严重和特别严重的犯罪案件,临时羁押的期限不得超过 4 个月。如果案件涉及大量复杂的情况,并且,侦查机关认为需要更长的时间进行侦查,而目前又不存在变更或者撤销临时羁押措施的理由,那么,侦查机关至少应在临时羁押期限届满之前的 10 日内向检察机关书面要求延长期限,具体而言:对于一般犯罪案件,临时羁押期限可以延长一次,且延长期限不得超过 1 个月;对于严重犯罪案件,临时羁押期限可以延长两次,第一次的延长期限不得超过 2 个月,第二次的延长期限不得超过 1 个月;对于非常严重的犯罪案件,临时羁押期限可以延长两次,第一次的延长期限不得超过 3 个月,第二次的延长期限不得超过 2 个月;对于特别严重的犯罪案件,临时羁押期限可以延长三次,每次的延长期限不得超过 4 个月。① 在临时羁押期间,如果侦查机关认为没有必要继续羁押,应当及时建议检察机关撤销羁押措施,以便释放被羁押人员,或者在必要时,适用其他强制措施。一旦临时羁押期限届满,那么,临时羁押决定的签发者必须释放被羁押人员,或者在必要时适用其他强制措施。

4.禁止离开居所

禁止离开居所作为一种强制措施,适用于有明确居所的犯罪嫌疑人、被告人,以确保其应侦查机关、检察机关的传唤或者法院的传票及时到案。根据《越南刑事诉讼法》第 91 条的规定,各级人民检察院或者军事检察院的正副检察长、各级人民法院或者军事法院的正副院长、担任最高人民法院上诉法院正副院长职位的法官、合议庭、各级侦查机关的正副负责人以及主审法官有权决定适用禁止离开居所措施。签发该禁止命令的人员应将适用该强制措施的情况通知犯罪嫌疑人、被告人居住地所在的基层行政单位,并由基层行政单位负责管理和监督。适用禁止离开居所强制措施,犯罪嫌疑人、被告人必须保证不离开居所并按照传唤中要求的时间和地点及时到案。若犯罪嫌疑人、被告人有合理理由临时离开居所,其必须获得居所地所在的基层行政单位和决定适用此强制措施的机关的双重许可。违反禁止离开居所相关规则的犯罪嫌疑人、被告人,将被适用其他强制措施。

5.保证人保证

保证是临时羁押的一种替代措施。依据犯罪行为的性质、对社会的危害

---

① 在延长临时羁押期限的管辖权上,地区检察院或者地方军事法院有权批准延长一般犯罪的临时羁押期限和严重犯罪与非常严重犯罪的第一次延期申请;如果案件由省级或者军区级的侦查机关接手侦查,那么,将由省级或者军区级别的检察院批准延长一般犯罪的临时羁押期限和严重犯罪、非常严重犯罪以及特别严重犯罪的第一次延期申请;对于严重的犯罪,根据上述规定进行第一次延期后,期限届满之前仍不能完成侦查任务且目前又不存在变更或者撤销临时羁押措施的理由,地区检察院或者地方军事法院有权进行第二次延期;对于严重的犯罪、非常严重的犯罪以及特别严重的犯罪,省级或者军区级别的检察院有权进行第二次延期。如果案件由中央侦查机关接手侦查,那么,延长临时羁押期限的权力由最高人民检察院或者中央军事检察院行使。对于特别严重之犯罪,第二次延长的临时羁押期限已经届满,但是由于案情非常复杂,且目前又不存在变更或者撤销临时羁押措施理由的,最高人民检察院检察长可以进行第三次延期;对于侵害国家安全的犯罪,在必要时,最高人民检察院检察长可以决定再延长临时羁押期限一次,但延长的期限不得超过 4 个月。

程度以及犯罪嫌疑人、被告人的个人具体情况,各级检察院的正副检察长、各级法院的正副院长、担任最高人民法院上诉法院正副院长职位的法官、合议庭、各级侦查机关的正副负责人以及主审法官有权决定适用保证措施。

关于保证人的资格与权利义务,根据《越南刑事诉讼法》第92条第2款的规定,为犯罪嫌疑人、被告人提供保证的保证人可以是犯罪嫌疑人、被告人的亲属,此时,立法要求两个亲属同时提供保证;组织也可以为作为其成员的犯罪嫌疑人、被告人提供保证。但是,无论是个人还是组织提供保证,都需要书面保证不让被保证人继续犯罪以及确保被保证人应侦查机关、检察机关的传唤或者法院的传票及时到案。同时,承担保证人角色的个人必须具有好的品行且无违法犯罪记录。另外,保证必须得到保证人居住地所在的基层行政单位或者其供职的机构、组织的确认;若保证人是组织的,则该组织负责人的确认也是必要的。在进行书面保证的同时,作为保证人的个人或者组织将被告知与保证相关的案件情况。若承担保证义务的保证人违反了保证义务,其将承担相应的责任,同时,被保证的犯罪嫌疑人、被告人也将被适用其他强制措施。

6. 交付金钱或者其他财物的保释

交付金钱或者其他财物的保释也是临时羁押的一种替代措施。根据《越南刑事诉讼法》第93条的规定,依据犯罪行为的性质,对社会的危害程度,犯罪嫌疑人、被告人个人的具体情况以及财产状况,各级人民检察院或者军事检察院的正副检察长、各级人民法院或者军事法院的正副院长、担任最高人民法院上诉法院正副院长职位的法官、合议庭、各级侦查机关的正副负责人有权决定适用该措施。其中,对于各级侦查机关的正副负责人的决定,在执行之前必须得到同级检察机关的同意。该措施适用的目的同样是确保犯罪嫌疑人、被告人在传唤时及时到案。签发保释决定的主体必须制作保释笔录,保释笔录应当清楚地写明钱款数额以及财产的名称和状况,并将一份该笔录的复印件交予犯罪嫌疑人、被告人。如果犯罪嫌疑人、被告人经侦查机关、检察机关传唤或者法院传票,无合理理由拒不到案,那么,犯罪嫌疑人、被告人交付的保释金将被没收,上交国家基金(the state fund),并且,犯罪嫌疑人、被告人也将视情况被适用其他强制措施。若犯罪嫌疑人、被告人履行了各项保证义务,那么,公安司法机关必须返还相关的保释金或者其他保释财物。同时,保释的规则、程序、需要交保的钱款数额或者财物价值以及是否返还作为保释标的物的钱款或者财物应当依法进行和确定。

7.强制措施的变更和撤销

根据《越南刑事诉讼法》第 94 条的规定,当案件终结时,所有的强制措施必须被撤销。当强制措施被认为不再需要或者可以为其他强制措施所替换时,侦查机关、检察机关、法院应当撤销该强制措施。其中,由检察机关批准适用的强制措施,其撤销或者变更也由检察机关决定。

(三)侦查制度

1.侦查管辖制度

关于侦查的地域管辖,根据《越南刑事诉讼法》第 110 条第 4 款的规定,侦查机关有权立案侦查发生在各自管辖区域内的犯罪行为;若犯罪发生地无法确定,那么,该案将由犯罪行为的发现地、犯罪嫌疑人的居住地或者被逮捕地的侦查机关负责立案侦查。关于侦查的级别管辖,地方侦查机关或者地区军事侦查机关有权侦查地方法院或者地区军事法院管辖的案件;省级侦查机关或者军区军事侦查机关有权侦查省级法院或者军区法院管辖的案件,在其认为有必要自己直接侦查时,其有权侦查下级侦查机关管辖的案件。在认为有必要时,中央侦查机关有权管辖省级侦查机关或者军区侦查机关管辖的特别严重和复杂的案件。

如果案件超出本机关的管辖范围,侦查机关应当建议同级检察机关作出将该案件移送给有权侦查机关进行进一步侦查的决定。在收到前述建议的 3 日内,同级检察机关应当作出案件是否移送的决定。若案件移送超出省、直辖市或者军区的地界,移送案件的决定权由省级检察机关或者军区检察机关行使。

2.侦查立案制度

《越南刑事诉讼法》规定的立案程序包括:公诉案件的刑事案件立案程序、犯罪嫌疑人立案程序以及自诉案件的立案程序。

(1)对刑事案件的立案程序

根据《越南刑事诉讼法》第 100 条的规定,只有确定存在刑事犯罪的迹象(criminal signs)时,才能进行立案。犯罪迹象可以从以下一个或者多个渠道获得:公民的检举、政府机关或者社会组织提供的线索、大众传媒提供的线索、有关机关直接发现的犯罪迹象或者犯罪嫌疑人的坦白。

（2）对犯罪嫌疑人的立案程序

根据《越南刑事诉讼法》第126条第1款的规定，当有充分理由认定某人犯罪时，侦查机关有权作出对该犯罪嫌疑人的立案决定。

（3）自诉案件的立案程序

《刑法典》第104条第1款、第105条、第106条、第108条、第109条、第111条、第113条、第121条、第122条、第131条和第171条规定的案件，其立案程序的启动依据被害人的告诉，若被害人系未成年人或者身体、精神上有缺陷，可以由其法定的代理人代为告诉。自诉案件审理过程中，若告诉人在一审开庭之前撤销告诉，则人民法院应当终止该案件；若公安司法机关有理由认定告诉人撤销告诉系由于暴力、胁迫而违背其真实意愿的，有关机关有权继续该案件的侦查、起诉和审判。并且，除非存在告诉人受到暴力、胁迫的情形，否则，告诉人在撤销告诉之后，无权再提起告诉。

（4）立案材料的接受与审查制度

根据《越南刑事诉讼法》第101条、第102条的规定，对于公民的检举，侦查机关、检察机关、法院、政府机关以及社会组织都应当受理。口头检举的，受理的机关和社会组织应当记录在案并要求检举人签名。无立案侦查权的机关或者组织发现或者接受公民检举的，应当立即以书面形式告知侦查机关。对于犯罪嫌疑人的坦白，受理机关或者组织应当详细记录犯罪嫌疑人的姓名、年龄、职业、住所以及供词。若受理机关或者组织无权立案侦查，应当立即告知侦查机关或者检察机关。

根据《越南刑事诉讼法》第103条的规定，侦查机关在接到反映刑事犯罪迹象的线索后，在其职责范围内，应当在20日内审查并核实，以决定是否进行刑事立案。如果线索涉及的情况复杂，需要侦查机关到不同地方调查核实的，上述的审查期限可以延长，但最长不超过2个月。审查结果应当送交同级检察机关并通知检举的机关、组织或者举报人。根据《越南刑事诉讼法》第104条、第106条的规定，立案决定书应当清晰地写明立案的时间、根据、所依据的刑法条款以及决定签发者的姓名和职位。如果犯罪行为性质与立案决定书认定的性质不符或者发现有其他的犯罪行为，侦查机关或者检察机关有权决定变更或者补充立案决定书。检察机关作出立案决定或者决定变更、补充立案决定书的，应当在24小时之内将相关决定书送交侦查机关进行侦查。根据《越南刑事诉讼法》第107条的规定，对于具有下述不予立案的任一情形的，侦查机关应当作出不立案的决定，已经作出立案决定的，侦查机关应当作出撤销立案的决定,并将不予立案的理由通知相关的案件检举人、案件的告发机关或组织:不存在犯罪行为的;行为不构成犯罪的;未达到刑事责任年龄的;依据判决或者决定终结案件的;追诉时效已经届满的;经大赦令赦免的;实施危害社会行为的人已经死亡的,但追诉其他人需要重启该案件的情形除外。如果侦查机关认为有必要采取其他措施来处理该案件,应当向有关机关或者组织提出处理的建议。

（5）立案监督制度

根据《越南刑事诉讼法》第 109 条的规定,检察机关有权对侦查机关的立案行为进行监督,以确保对所有发现的犯罪行为进行立案侦查并保证立案的合法性与合理性,这是行使其公诉权和法律监督权的要求。具体而言,对于侦查机关没有合理理由的刑事立案决定,检察机关有权决定撤销该立案决定,同样,对于侦查机关无正当理由拒绝立案的决定,检察机关有权决定予以撤销并决定立案侦查。如果立案决定是由合议庭作出的,检察机关有权对无正当理由的立案决定向上级法院抗诉。

3.侦查措施

（1）传唤犯罪嫌疑人

根据《越南刑事诉讼法》第 129 条的规定,需传唤犯罪嫌疑人时,侦查人员应向犯罪嫌疑人送达传唤通知书。传唤通知书应当包括犯罪嫌疑人的姓名、居所地址,犯罪嫌疑人到案的日期、时间和地点,与犯罪嫌疑人会面的工作人员,以及犯罪嫌疑人无合理理由拒不到案所需承担的责任。执行人员应向犯罪嫌疑人宣读和解释决定书的内容,并根据《越南刑事诉讼法》第 95 条的要求对强制到案过程进行记录。禁止夜间强制传唤。必要时,检察机关也可以传唤犯罪嫌疑人,相关程序适用前述要求。

犯罪嫌疑人须应传唤通知书及时到案。如果犯罪嫌疑人无合理理由拒不到案或者有逃跑的迹象,那么,侦查人员可以签发强制其到案的决定书。根据《越南刑事诉讼法》第 130 条的规定,强制犯罪嫌疑人到案决定书应当包括:决定签发的时间、地点;签发决定者的姓名和职位;犯罪嫌疑人的姓名、出生日期和居所;犯罪嫌疑人被指控的罪名;以及犯罪嫌疑人到案的时间和地点。

（2）审问犯罪嫌疑人

根据《越南刑事诉讼法》第 131 条的规定,在签发对犯罪嫌疑人的立案决定后,侦查人员应立即对该犯罪嫌疑人进行审问。审问的地点可以在侦查机关,也可以在犯罪嫌疑人的住所。在审问开始之前,侦查人员应当向犯罪嫌疑人宣读立案决定书并向其解释其依据《越南刑事诉讼法》第 49 条享有的权利和应履行的义务,并应将宣读和解释情况记录在案。若案件涉及多个犯罪嫌疑人,那么,审问应当逐个进行,并禁止犯罪嫌疑人相互交流。允许犯罪嫌疑人自书供词。原则上禁止夜间审问,审问不能推迟的情形除外,但夜间审问的理由应被记录在案。侦查人员或者检察官强迫犯罪嫌疑人供认或者使用体罚的,应根据《刑法典》第 299 条或者第 298 条承担刑事责任。

根据《越南刑事诉讼法》第 132 条的规定,每次审问都必须制作笔录。审问笔录须全面记录犯罪嫌疑人的陈述以及讯问的问题和犯罪嫌疑人的回答;严格禁止侦查人员自行增加、删减或者修改犯罪嫌疑人的陈述。审问结束后,侦查人员应向犯罪嫌疑人宣读审问笔录或者让其自行阅读;有补充或者修改的情况时,犯罪嫌疑人和侦查人员应当共同签字确认;若笔录不只一页,那么,犯罪嫌疑人应在每一页上签字;若犯罪嫌疑人自书供词,那么,犯罪嫌疑人和侦查人员应共同签字确认。如果对审问过程进行录音,那么,在审问结束后,应重新播放录音以供犯罪嫌疑人和侦查人员听取,同时,侦查人员应对审问过程进行记录,并由犯罪嫌疑人和侦查人员在记录上签字确认;若审问过程有翻译人员参与,侦查人员须向翻译人员解释其享有的权利和应承担的义务,并告知犯罪嫌疑人其有权要求更换翻译人员,犯罪嫌疑人和翻译人员应在笔录的每一页上签字确认;若审问过程有犯罪嫌疑人的辩护人或者(和)法定代理人参与,侦查人员应向辩护人、代理人告知其在审问过程中享有的权利和应承担的义务,犯罪嫌疑人和辩护人或者(和)法定代理人应在审问笔录上签字;若辩护人被允许向犯罪嫌疑人发问,那么,审问笔录应全面记录辩护人的问题和犯罪嫌疑人的回答。必要时,检察官也有权审问犯罪嫌疑人,审问的规则及程序适用前述规定。

(3)传唤证人

根据《越南刑事诉讼法》第 133 条、第 134 条的规定,需传唤证人时,侦查人员应向证人送达传唤通知书。传唤通知书应当包括证人的姓名、居所地址,证人到案的日期、时间和地点,与证人会面的工作人员,以及证人无合理理由拒不到案所需承担的责任。传唤通知书应直接送达给证人,或者通过证人居所地的基层行政单位或证人供职的机构、组织送达。上述机构、组织应为证人履行相关义务提供便利条件,同时,送达和接收传唤通知书都需要相关人员的签字。传唤不满 16 周岁的证人的,传唤通知书应送达给其父母或者其他法定代理人。如果证人被侦查机关、检察机关或者法院传唤,而证人无合理理由拒不到案并且证人不到案导致侦查、起诉、审判活动无法顺利进行,那么,作出传唤的机关有权决定强制其到案。强制证人到案的决定书应当包括:决定签发的时间、地点;签发决定者的姓名和职位;证人的姓名、出生日期和居所;证人到案的时间和地点。执行人员应向证人宣读和解释决定书的内容,并根据《越南刑事诉讼法》第95条的要求对强制到案过程进行记录。禁止夜间强制证人到案。必要时,检察人员也可以传唤证人,传唤证人适用上述规则。

（4）提取证言

根据《越南刑事诉讼法》第135条的规定,提取证言可以在侦查机关办公场所、证人的住所或者其工作的地方进行。若案件涉及多个证人,那么,询问应当逐个进行,并禁止证人在提取证言过程中相互交流。在询问开始之前,侦查人员应当向证人解释其享有的权利和应履行的义务,解释的情况应记录在案;在询问案情之前,侦查人员应当确认证人与犯罪嫌疑人、被害人之间的关系以及与证人个人身份有关的其他细节;在问问题之前,侦查人员应当要求证人先叙述或者书写其了解的本案情况。禁止侦查人员提出诱导性的问题。当证人不满16周岁,其父母、其他法定代理人或者其老师应被邀请参与询问活动。传唤被害人、民事原被告和与案件有关的权利义务人及提取其证言的要求适用上述传唤证人及提取证言的规定。必要时,检察人员也可以提取证言,提取证言适用上述规则。

（5）对质

根据《越南刑事诉讼法》第138条的规定,当两个或者多个人员的陈述出现矛盾时,侦查人员可以组织相关人员进行对质。如果证人或者被害人参与对质活动,那么,侦查人员应首先向其解释拒绝或者逃避提供证言或者故意提供虚假证言所需承担的责任,并且将解释情况记录在案。在对质活动开始之前,侦查人员应询问参与对质的人员之间的关系以及需要澄清的案件事实。在听取了对质活动中相关人员的陈述后,侦查人员向相关人员进行进一步询问;侦查人员也可以让参与对质活动的人员向其他参与人员提问,他们的提问及回答内容应记录在案。在参与对质活动的人员进行陈述之前,其不应复述其之前的陈述。另外,对质笔录的制作应根据《越南刑事诉讼法》第95条、第125条、第132条的规定进行。同时,必要时,检察人员也可以组织对质,组织对质的活动适用上述规则。

（6）辨认

根据《越南刑事诉讼法》第139条的规定,必要时,侦查人员可以组织证人、被害人或者犯罪嫌疑人对人员、物品或者照片进行辨认。侦查人员应当提前向辨认人员询问与辨认对象有关的细节、痕迹以及特性。被辨认的人员、物品和照片不得少于 3 个(张),且须在相同情形下进行展示。辨认尸体不适用前述要求。在特定案件中,辨认人员也可以通过声音进行。如果参与辨认的是证人或者被害人,那么,侦查人员应首先向其解释拒绝或者逃避提供证言或者故意提供虚假证言所需承担的责任。解释情况应记录在案。在辨认过程中,禁止侦查人员进行诱导性的提问。当辨认人员已经从被辨认对象中确定了某一人员、物品或者照片,侦查人员应当要求辨认人员解释其是依据何种痕迹或者特性确定该对象的。辨认活动应有见证人参与。辨认笔录的制作应根据《越南刑事诉讼法》第 95 条、第 125 条、第 132 条的规定进行。辨认笔录应当包括辨认人员和被辨认人员的个人情况、被辨认的物品或者照片的特性以及辨认人员的陈述和介绍。

(7)搜查、没收、查封、扣押财产

根据《越南刑事诉讼法》第 140 条的规定,当有理由认为在某人的身上、住所、工作场所或者经营场所有犯罪工具、犯罪所得的物品和财物或者其他与案件有关的物品和材料时,有关人员有权搜查某人的身体、住所、工作场所或者经营场所。另外,在查找被通缉人员的情况下,必要时,也可以搜查住所、工作场所或者经营场所。为了收集与案件有关的物品和材料时,必要情况下可以搜查某人的通信内容、电报以及邮寄包裹和材料。

根据《越南刑事诉讼法》第 141 条的规定,各级人民检察院或者军事检察院的正副检察长、各级人民法院或者军事法院的正副院长、担任正副院长职务的最高人民法院上诉法院的法官、审判庭、各级侦查机关的正副负责人有权在案件办理过程中签发搜查令。其中,各级侦查机关的正副负责人签发的搜查令,在执行之前须得到同级检察机关的批准。在紧急情况下,各级侦查机关的正副负责人、独立的团级军事单位或者同级别其他军事单位的指挥官、设立在海岛或边境的边防站指挥官以及当飞机起飞或船舶离港时的机长或船长可以签发搜查令。搜查完成后的 24 小时之内,搜查令的签发者应将搜查的相关情况书面通知同级检察机关。

根据《越南刑事诉讼法》第 142 条的规定,在搜查身体之前,执行人员应向被搜查人员宣读搜查令内容,并将搜查令送达被搜查人员。被搜查人员与在场的其他人员有权被告知相关权利义务。执行人员应当要求被搜查人员交出与案件有关的物品和材料;若被搜查人员拒不交出,执行人员有权进行搜查。

搜查须由与被搜查人员相同性别的工作人员进行,到现场见证的人员也应与被搜查人员属于同一性别。在逮捕时或者有理由确信在搜查现场的人员身上藏有需要查封的物品和材料时,可以无证搜查。

根据《越南刑事诉讼法》第143条的规定,搜查住所、工作场所或者经营场所应依据该法第140条、第141条、第142条的要求进行。搜查个人住所或者其经营场所应有房屋所有人或者其成年家庭成员、基层行政单位的代表及其邻居参与见证。如果相关人员及其家庭成员故意缺席、逃跑、已经离开很久,而搜查活动又不能推迟的,搜查活动应在基层行政单位代表和两个邻居在场的情况下进行。原则上,禁止在夜间搜查住所,但是,搜查活动不能推迟的情形除外,并且进行夜间搜查的理由须在记录中详细说明。搜查个人的工作场所应有被搜查人员供职的机构或者组织的代表人在场见证。在搜查上述场所过程中,在场的人员既不能不经允许擅自离开搜查场所也不能与其他人员进行沟通、讨论,直至搜查结束。根据《越南刑事诉讼法》第145条的规定,在搜查过程中,侦查人员可以查封作为证据的物品以及与案件直接有关的材料。对属于被禁止储存或者流通的物品,侦查人员有权直接查封并立即移送拥有管理权的机关。在有必要查封相关物品时,查封过程须有物品的所有人或者其家庭代表、基层行政单位的代表以及其他见证人到场见证。在搜查过程中进行的相关查封须制作查封笔录。查封笔录应一式四份,一份交予被查封物品的所有人,一份入卷,一份送达同级检察机关,一份送达管理被扣押物品的机构。

根据《越南刑事诉讼法》第144条的规定,必要时,侦查机关有权签发没收令以没收通信内容、电报以及在邮局的邮寄包裹和材料,但前述没收令在执行前须经过同级检察机关的批准,除非存在不能推迟没收的情形且无证没收的理由也要被详细记录在案卷笔录中,一旦完成了没收,侦查机关须立即将没收情况通知同级检察机关。另外,在进行没收程序之前,执行人员应将没收令告知相关邮局的主管人员,邮局的主管人员应当协助完成执行任务;相关邮局的代表人应作为见证人参与执行程序,并在执行笔录上签字确认。没收令的签发机关必须通知拥有上述即将被没收物品的人员。若通知会阻碍侦查活动的顺利进行,那么,在有碍侦查之情形消失后,签发机关应当立即进行上述通知。

根据《越南刑事诉讼法》第146条的规定,扣押财产只能适用于被指控犯罪的犯罪嫌疑人或者被告人,且该犯罪嫌疑人或者被告人根据《刑法典》的规定可能被判处没收财产或者罚金刑罚,或者适用于依据法律规定可能承担损害赔偿的人员。扣押的财产部分应与可能被没收财产、被处罚金或者损害赔偿的数额相适应。扣押笔录应一式三份,一份在扣押完成后立即交予被扣押物品的相关人,一份入卷,一份送达同级检察机关。当认为没必要继续扣押时,相关权力主体应立即签发撤销扣押令的决定。

(8)现场勘查

根据《越南刑事诉讼法》第150条的规定,为收集犯罪线索和澄清案件的重要事实,侦查机关应当对犯罪现场进行勘查。现场勘查可以在刑事案件立案之前进行,但必须通知同级检察机关,检察机关必须派员进行临场监督。

(9)尸体解剖

根据《越南刑事诉讼法》第151条的规定,尸体解剖应在侦查人员、法医和见证人共同在场的情况下进行。无论何种情形,解剖尸体之前都应提前通知同级检察机关,并在检察官的监督下进行。

(10)身体检查

根据《越南刑事诉讼法》第152条的规定,为收集犯罪线索,侦查人员有权对逮捕人员、被扣留人员、犯罪嫌疑人、被害人或者证人进行身体检查,必要时,侦查机关可以要求法医检查。执行身体检查的人员应与被检查人员属于同一性别,在场见证的人员也应属于同一性别的人员,必要时,专业医师可以参与检查。禁止损害被检查人员的人格尊严、名誉和健康。

(11)侦查实验

根据《越南刑事诉讼法》第153条的规定,为确认案件事实,侦查机关有权通过还原现场、模拟行为及其他案件事实情节等方式进行侦查实验。侦查实验应有见证人在场见证,必要时,被扣留人员、犯罪嫌疑人、被害人、证人可以参与。禁止损害侦查实验参与人员的人格尊严、名誉和健康。

(12)专家鉴定

根据《越南刑事诉讼法》第155条、第156条规定,必要时,刑事司法机关有权征求专家意见。在法定情形下,刑事司法机关应当征求专家意见。[1] 专

---

[1] 法定情形包括:需要确定死亡原因、伤害性质、对被害人健康或工作能力的损害程度的;在对犯罪嫌疑人、被告人的刑事责任能力存在怀疑时,需要确认其精神状况的;在对被害人、证人理解和正确表达案件事实的能力存在怀疑时,需要确认其精神状态的;在犯罪嫌疑人、被告人、被害人的年龄对案件处理有重要意义但没有证明其年龄的材料或者证明材料的真实性存疑时,需要确认其年龄的;需要确认有毒物质、麻醉品、放射物质和伪造的货币的。

家鉴定活动可以在鉴定机构也可以在侦查场所进行。在提前通知的情况下，侦查人员、检察人员有权参与专家鉴定活动。

4.侦查笔录的制作

根据《越南刑事诉讼法》第125条的规定，在侦查过程中，侦查机关应当根据该法第95条的规定制作侦查笔录。制作侦查笔录的侦查人员应向诉讼参与人宣读笔录内容，并告知其有权补充和发表意见。诉讼参与人的相关意见也应当记入笔录。侦查行为结束后，诉讼参与人与侦查人员都应当在笔录上签字。若诉讼参与人拒绝在笔录上签字，那么，侦查人员必须在笔录上详细说明其拒绝签字的理由；若诉讼参与人由于身体或者精神上的缺陷，或者是其他原因而客观上不能在笔录上签字，那么，笔录必须详细记载上述原因并由侦查人员和侦查见证人共同确认；若诉讼参与人为文盲，应在笔录上捺指印。

5.侦查期限

（1）一般期限

根据《越南刑事诉讼法》第119条第1款的规定，对于一般犯罪，侦查期限不得超过2个月；对于严重犯罪，侦查期限不得超过3个月；对于非常严重和特别严重之犯罪，侦查期限不得超过4个月。侦查期限起算于刑事案件立案之日，终止于侦查终结之日。

（2）期限的延长

根据《越南刑事诉讼法》第119条第2款的规定，如果因案情复杂而有延长侦查期限必要的时候，侦查机关应在侦查期限届满之前的至少10日内向检察机关书面要求延长侦查期限。对于一般犯罪案件，侦查期限可以延长一次，且延长期限不得超过2个月；对于严重犯罪案件，侦查期限可以延长两次，第一次的延长期限不得超过3个月，第二次的延长期限不得超过2个月；对于非常严重的犯罪案件，侦查期限可以延长两次，每次的延长期限不得超过4个月；对于特别严重的犯罪案件，侦查期限可以延长三次，每次的延长期限不得超过4个月。

根据《越南刑事诉讼法》第121条的规定，依据该法第165条的规定继续侦查的，对于一般犯罪、严重犯罪、非常严重犯罪，进一步侦查的期限不得超过2个月；对于特别严重的犯罪，继续侦查的期限不得超过3个月。期限起算于继续侦查决定签发之日，终止于侦查终结之日。由于案情复杂而有必要延长侦查期限的，在侦查期限届满之前至少10日内，侦查机关应向检察机关书面要求延长期限。对于严重犯罪和非常严重的犯罪,侦查期限可以延长一次,且延长期限不得超过 2 个月;对于特别严重的犯罪案件,侦查期限可以延长一次,且延长期限不得超过 3 个月。如果案件被检察机关退回补充侦查,补充侦查的期限不得超过 2 个月;若案件被法院退回补充侦查,补充侦查的期限不得超过 1 个月。检察院或者法院将案件退回补充侦查的次数以两次为限。补充侦查的期限从侦查机关收到退回案卷和检察院的侦查要求之日起算。如果案件被退回重新侦查,其侦查期限以及期限的延长适用《越南刑事诉讼法》第 119 条的一般规定。期限从侦查机关收到退回案卷和重新侦查的要求之日起算。一旦侦查期限届满且无法证明犯罪嫌疑人犯罪,那么,侦查机关应当决定终止侦查。

6.检察机关在侦查阶段的职权与职责

根据《越南刑事诉讼法》第 112 条的规定,在侦查阶段,行使公诉权的检察机关享有的职权和应履行的职责是:对刑事案件立案和对犯罪嫌疑人进行立案;根据本法的规定要求侦查机关进行刑事案件立案或者要求侦查机关变更针对刑事案件或者犯罪嫌疑人的立案决定;拟定侦查提纲并要求侦查机关据此实施侦查活动;在认为必要的情况下,检察机关有权直接实施部分侦查活动;根据本法的规定要求侦查机关负责人变更侦查人员;如果侦查人员的行为有犯罪的迹象,检察机关有权对其进行刑事案件立案;决定适用、变更、撤销逮捕、羁押、临时羁押以及其他强制措施;根据本法的规定对侦查机关的决定作出是否批准的决定,若作出不批准的决定,检察机关必须对此详细说明理由;撤销侦查机关无根据的和非法的决定;要求侦查机关追捕犯罪嫌疑人;决定起诉犯罪嫌疑人;决定终止或者暂缓案件的办理。

根据《越南刑事诉讼法》第 113 条的规定,在监督侦查活动中,检察机关享有的职权和应履行的职责包括:监督侦查机关刑事案件的立案工作、侦查活动以及案卷的整理工作;监督诉讼参与人的守法情况;解决侦查管辖权的争议;要求侦查机关纠正侦查活动中的违法行为;要求侦查机关提供与侦查人员违法行为有关的文件材料;要求侦查机关负责人严肃处理在侦查活动中实施违法行为的侦查人员;建议有关机构和组织采取必要措施杜绝违法犯罪行为。

根据《越南刑事诉讼法》第 114 条、第 115 条的规定,侦查机关必须遵守检察机关的要求和决定。如果侦查机关有异议,其有权向上一级检察机关提出意见,但必须首先执行检察机关的要求和决定。在收到侦查机关意见的 20 日内,上一级检察机关必须审查、处理该意见并将处理结果通知侦查机关。机构、组织和个人也必须严格遵守侦查机关和检察机关在侦查阶段所作的决定和要求。

7.暂缓侦查、中断侦查与终结侦查

（1）暂缓侦查

根据《越南刑事诉讼法》第 160 条的规定，犯罪嫌疑人患有精神疾病或者其他有危险性的疾病，并经过司法鉴定委员会确认的，在侦查期限届满之前，侦查机关有权决定暂缓侦查；当犯罪嫌疑人身份不明或者所处位置不确定时，侦查机关只能在侦查期限届满之时才能决定暂缓侦查；当案件办理须征求专家意见，但在侦查期限届满之时鉴定意见还未作出的，侦查机关可以暂缓侦查；当案件涉及多个犯罪嫌疑人，而暂缓侦查的情形并不适用于所有犯罪嫌疑人时，暂缓侦查的决定可以针对个别犯罪嫌疑人进行。暂缓侦查的决定必须送交同级检察机关，并送达犯罪嫌疑人、被害人。

（2）中断侦查

根据《越南刑事诉讼法》第 164 条的规定，中断侦查的法定情形包括：存在本法第 105 条第 2 款、第 107 条，《刑法典》第 19 条、第 25 条及第 69 条第 2 款规定的理由的；侦查期限届满，但无法证明犯罪嫌疑人犯罪的。一旦决定中断侦查，侦查终结报告须清楚地写明侦查过程以及中断侦查的理由和根据。若检察机关认为侦查机关中断侦查的决定是有根据的，那么，在收到侦查机关中断侦查决定后的 15 日内，应当将案卷材料退还给侦查机关以便其根据职权进行后续处理；若认为该中断侦查决定无根据，那么，检察机关有权撤销该决定并要求侦查机关恢复侦查；若检察机关认为有充足理由起诉，那么，有权撤销该决定并签发起诉决定。

（3）恢复侦查

根据《越南刑事诉讼法》第 165 条的规定，若有理由撤销终止、暂缓侦查决定，且《刑法典》规定的相应追诉期限尚未届满的，侦查机关有权签发恢复侦查的决定。若侦查机关以追诉期限届满或者大赦为由终止侦查，而犯罪嫌疑人提出异议并要求重新侦查的，侦查机关或者同级检察机关应当决定恢复侦查。

（4）终结侦查

根据《越南刑事诉讼法》第 162 条的规定，当侦查机关签发提请起诉的侦查终结报告或者决定终止侦查时，侦查活动结束。决定终结侦查的，侦查机关须制作侦查终结报告书。侦查终结报告应清楚地写明日期与决定签发者的姓名、职位和签名。在签发侦查终结报告书后的 2 日内，侦查机关应将报告连同案卷材料移送同级检察机关,并将提请公诉或者终止侦查的决定送达犯罪嫌疑人及其辩护人。当有充分的证据能够认定犯罪行为和犯罪嫌疑人时,侦查机关应当签发提请公诉的决定。

(四)审查起诉制度

《越南刑事诉讼法》第 15 章规定了审查起诉制度。根据《越南刑事诉讼法》第 166 条的规定,在收到侦查机关的侦查终结报告和案卷材料后,对于一般犯罪和严重犯罪,检察机关应在 20 日内作出决定;对于非常严重和特别严重的犯罪,检察机关应当在 30 日内作出决定。必要时,首席检察官有权延长审查起诉的期限。对于一般犯罪和严重犯罪,延长的期限的不得超过 10 日;对于非常严重的犯罪,延长的期限不得超过 15 日;对于特别严重的犯罪,延长的期限不得超过 30 日。

根据《越南刑事诉讼法》第 167 条至第 169 条的规定,依据审查结果,检察机关有权作出以下决定:通过起诉书向法院提起公诉;退回案卷进行补充侦查;终止或者暂缓起诉。① 检察机关作出前述任一决定后的 3 日内,应将决定情况告知本案的犯罪嫌疑人及其辩护人,并将起诉书与终止、暂缓起诉的决定书送达犯罪嫌疑人。辩护人有权查阅、记录、复制与辩护有关的案卷材料并有权提出请求。在作出提起公诉决定后的 3 日内,检察机关应将起诉书及案卷材料移送管辖法院。

(五)审判制度

越南实行两审终审制。对于一审未生效的判决或者裁定,若经上诉或抗诉,则适用上诉审程序;对于已经依法发生法律效力的判决或者裁定,若存在违法情形或者出现新的事实,则适用再审上诉程序(Cassation)或者重审程序(Reopening Procedure)对原案进行重新审理。

---

① 退回补充侦查适用的法定情形包括:案件重要证据不充分,而检察机关不能自行补充的;犯罪嫌疑人还有其他犯罪行为需要立案的或者存在共犯的;存在严重的程序违法行为的。

1. 审判管辖与合议庭组成

（1）审判管辖

关于级别管辖，根据《越南刑事诉讼法》第 170 条、第 173 条规定，除以下案件外，地区法院和地方军事法院有权管辖涉及一般的、严重的或者非常严重的犯罪案件：危害国家安全的犯罪；破坏和平的犯罪、反人类罪和战争罪；《刑法典》第 93 条、第 95 条、第 96 条、第 172 条、第 216 条、第 217 条、第 218 条、第 219 条、第 221 条、第 222 条、第 223 条、第 224 条、第 225 条、第 226 条、第 263 条、第 293 条、第 294 条、第 295 条、第 296 条、第 322 条、第 323 条规定的罪名。省级法院和军区级军事法院管辖地区法院和地方军事法院无权管辖的一审案件以及提审下级法院审理的一审案件。若被告人犯有多个罪名，而其中一个罪名应由较高级别法院管辖，那么，全案由该高级别法院管辖，即适用"就高不就低"的管辖原则。关于地域管辖，根据《越南刑事诉讼法》第 171 条的规定，原则上，刑事案件由犯罪发生地的法院管辖；如果有多个犯罪地或者犯罪地不明，那么，案件由侦查完成地的法院管辖。对于在国外犯罪的被告人，若其在越南进行审判，那么，该被告人在国内最后居住地所在的省级人民法院有权管辖；若被告人的最后居住地无法确认，那么，由最高人民法院院长根据个案指定河内市或者胡志明市的人民法院进行管辖。

关于管辖权的争议，根据《越南刑事诉讼法》第 174 条、第 175 条规定，当审判法院发现自身对案件无管辖权时，应及时将该案件移送有管辖权的法院；当案件的移送范围超出了省、直辖市或者军区的地界时，案件的移送由省级法院或者军区级军事法院决定。案件的移送，应以案件尚未进行审理为前提，此时，案件的移送由移送法院的院长决定；若案件应由军事法院或者较高级别的法院管辖，那么，即使该案已经开始审理，其仍应被移送有管辖权的法院进行审理，移送的决定由合议庭作出。移送案件决定签发后的 2 日内，移送法院应当通知同级检察机关并告知犯罪嫌疑人以及该案的其他相关人员。管辖权争议应由上一级法院院长处理决定。位于不同省或直辖市的地区法院之间的管辖权争议由侦查完成地的省级法院处理决定；普通法院与军事法院之间的管辖权争议应由最高人民法院院长处理决定。

（2）合议庭的组成与成员的更换

一审合议庭一般由一名法官和两名陪审员组成；对于严重复杂的案件，一审合议庭由 2 名法官和 3 名陪审员组成；若被告人被指控罪名的法定最高刑为死刑，那么，一审合议庭由 2 名法官和 3 名陪审员组成。由主审法官主持庭审活动并维持庭审秩序。

原则上,合议庭成员应自始至终参与庭审活动;若法官或者陪审员不能继续参与审理活动,那么,替补法官或者陪审员可以代替其继续进行法庭审理,但前提是替补法官或者陪审员自始参与了法庭的审理活动;若合议庭有两名法官,其中作为主审的法官不能继续参与案件审理的,另一名法官将代替其履行主审法官的职责,替补的法官将作为合议庭的成员参与案件审理;若没有可用以替换的法官或者陪审员,那么,案件必须重新进行审理。

2. 一审程序

(1)庭审准备程序

根据《越南刑事诉讼法》第 176 条、第 177 条的规定,在收到案卷材料之后,承担该案主审任务的法官应研读案卷,处理诉讼参与人的相关诉求,适用、变更、撤销强制措施(不包括临时羁押措施,因为临时拘留措施的适用、变更、撤销由法院院长或者副院长决定)。对于一般案件、严重案件、非常严重的案件,以及特别严重的案件,主要法官应分别在 30 日、45 日、2 个月、3 个月内,视案件情况作出如下决定:开庭审理;退回检察机关补充侦查;终止或者暂缓案件办理。对于复杂的案件,法院院长可以决定延长庭审准备期限:一般或者严重的案件,最多可以延长 15 日;非常严重或者特别严重的案件,可以延长 30 日。对于退回补充侦查的案件,主审法官在收到移送的案卷材料后的 15 日内,应作出开庭审理的决定。主审法官决定开庭审理的,应在 15 日内开始法庭审理;若有合理理由,也可以在 30 日内开始审理。

(2)开庭审理程序

根据《越南刑事诉讼法》第 201 条至第 205 条规定,在开始法庭审理时,主审法官应宣读开庭审理决定书;在法庭书记员报告到场的被传唤人员名单之后,主审法官应审查其身份证件并向其解释在法庭审理期间所享有的权利和义务;处理关于法官、陪审员、检察人员、书记员、翻译人员与专家的更换请求;向翻译人员、专家、证人解释其享有的权利义务并采取隔离等必要措施保证证言的真实性;询问控方和诉讼参与人是否有需要传唤到庭作证的人员或者是否有其他证据提供,并对诉讼参与人缺席的情形作出是否延期审判的决定。

(3)法庭调查程序

根据《越南刑事诉讼法》第 206 条至第 216 条规定,法庭调查包括调查人证、物证以及实地调查。对人证的调查包括对被告人、被害人、民事原被告、与案件有关的权利义务人、证人以及专家的调查;对物证的调查包括审查证物以及证实证物的照片或者记录。当合议庭认为有必要时,合议庭成员与检察官、辩护人以及其他庭审参与人员将一同前往犯罪现场或者其他与本案相关的场所进行实地调查。

(4)法庭辩论程序

根据《越南刑事诉讼法》第217条至第221条的规定,在法庭调查结束后,基于调查阶段已经审查过的证据材料与诉讼参与人的意见,法庭将组织控辩双方进行法庭辩论。首先,由公诉机关发表公诉意见(arraignment),指控起诉书中的全部事实或者部分事实或者以较轻的罪名指控;若公诉机关认为没有据以定罪的根据,那么,其应当撤销指控并建议法庭宣告被告人无罪。针对被告人、辩护人以及其他诉讼参与人对公诉机关指控内容的回应,公诉机关应当作出针对性的答辩。对于辩护人及其他诉讼参与人提出意见而公诉机关始终未予回应的,主审法官有权要求公诉人员进行回应。对于公诉机关撤销部分起诉决定或者以较轻罪名起诉的,审判庭应继续审理;对于公诉机关撤销所有指控的,审判庭在作出判决之前,仍应要求参与庭审的人员对公诉机关的撤销决定发表意见。其次,由被告人发表辩护意见;若其有辩护人,则辩护人应为被告人提供辩护,被告人有权对辩护人意见进行补充。最后,由被害人、民事原被告以及与案件相关的权利义务人或者其法定代理人为维护自己的合法权益发表意见;若其有代理人,该代理人有权发表和补充意见。答辩程序的参与人员有权回应其他人员的意见,对此,主审法官不应限制其辩论的时间,而应为参与人员充分表达意见创造便利的条件,但是,对于与本案无关的意见,主审法官有权打断。答辩程序中,必要时,审判庭可以决定重开法庭调查。当答辩程序的参与人员没有需要陈述的意见时,主审法官应当宣布结束法庭辩论程序。至此,被告人有权作出最后陈述,而相关人员不得在被告人最后陈述过程中进行提问。主审法官有权要求被告人不要纠缠于与本案无关的问题,但不得限制被告人发言的时间。若被告人在最后陈述中提出对案件处理至关重要的事实时,审判庭应当重开法庭调查程序。

(5)判决的审议与宣告

根据《越南刑事诉讼法》第222条、第223条的规定,判决应由审判庭依据多数意见集体作出。在审议过程中,应由陪审员先发表意见,法官最后发表意见。持少数意见的审判庭成员有权书面表达自己的意见并收录到案卷中。审议过程中,审判庭的所有意见和决定都应记录在案,并应在判决宣告前,由在审议室中所有的审判庭成员签字。如果审判庭认为检察机关撤销所有指控的决定是没有根据的,那么,审判庭应当决定终止案件的审理,并向上一级检察机关发出建议;如果审判庭在审议过程中,发现存在部分案件没有被调查或者未被充分调查的情形时,应决定重开法庭调查和法庭辩论程序。

根据《越南刑事诉讼法》第226条的规定,判决应由主审法官或者审判庭的其他成员宣读。宣读完毕后,主审法官或者审判庭的其他成员可以进一步解释判决的执行与上诉的权利。如果被告人不通晓越南语,那么,在判决宣告完毕后,翻译人员应以被告人通晓的语言向被告人宣读判决书的全部内容。

3.二审上诉程序

上诉审是上一级法院根据上诉程序或者抗诉程序启动的对下一级法院所作的还未依法生效的一审判决、裁定的重新审判或者重新审查程序。

(1)上诉权和抗诉权的行使主体

根据《越南刑事诉讼法》第231条、第232条的规定,被告人、被害人及其法定代理人有权提起上诉;民事原被告及其法定代理人有权就判决或者裁定的损害赔偿部分提起上诉;与案件有关的权利义务人有权就判决或者裁定中与自己合法权益有关的部分提起上诉;未成年人或者精神上、身体上有缺陷的人的委托代理人有权就判决或者裁定中与其保护人员合法权益有关的部分提起上诉;被宣告无罪的被告人有权就法院宣告无罪的无罪理由提起上诉。与一审法院同级的检察机关及其上一级检察机关有权就一审法院所作的判决、裁定提起抗诉。

(2)程序的启动

根据《越南刑事诉讼法》第233条的规定,上诉人应向原一审法院或者上诉法院提交书面的上诉书;如果被告人被拘留,拘留中心的主管应保障被告人上诉权的行使。上诉人也可以直接向一审法院进行口头上诉,对此,一审法院应当制作笔录。与原一审法院同级的检察机关及其上一级检察机关应当向原一审法院提交书面抗诉书。抗诉书应当清楚地写明抗诉的理由。在收到上诉书或者抗诉书的7日内,原一审法院应当书面通知同级检察机关和诉讼参与人。被通知的人员有权针对上诉或者抗诉的内容向上诉法院提出自己的书面意见。

(3)提起上诉和抗诉的期限

根据《越南刑事诉讼法》第234条、第235条的规定,提起上诉的期限是15日,从判决宣告之日起算;若被告人或者相关人员缺席,上诉期限从判决书副本送达或者邮寄送达之日起算。对于同级检察机关,抗诉期限是15日,对于上一级检察机关,抗诉期限是 30 日,从判决宣告之日起算。针对原一审法院所作的裁定,同级检察机关的抗诉期限是 7 日,上一级检察机关的抗诉期限是 15 日,从裁定签发之日起算。针对一审法院所作的暂缓或者终止案件办理的裁定,上诉期限是 7 日,从有上诉权人员收到上述裁定之日起算。若上诉书通过邮寄方式提交,那么,上诉的日期应为邮局所盖的邮戳日期;若上诉书通过拘留中心的主管提交,那么,上诉的日期为拘留中心主管收到上诉书的日期。对于超过上诉期限的上诉书,若存在合理理由,也可能被接受。理由是否合理,由上诉法院的 3 名法官构成的合议庭进行审查。

（4）上诉或者抗诉的效力

根据《越南刑事诉讼法》第 237 条的规定,上诉或者抗诉会导致原一审判决全部或者部分丧失执行效力。原一审法院应在上诉或者抗诉期满后的 7 日内将案卷材料和上诉书或者抗诉书移送上诉法院。

（5）上诉或者抗诉的补充、变更和撤销

根据《越南刑事诉讼法》第 238 条的规定,在上诉审理程序开始之前或者在审理过程中,上诉人或者检察机关有权补充或者变更上诉或者抗诉,但前提是不得使被告人的状况恶化;上诉人或者检察机关有权部分或者全部撤销上诉或者抗诉。若在上诉审理过程中,上诉或者抗诉被全部撤销,上诉审理程序必须被终止。原一审法院判决自上诉审终止之日生效。

（6）上诉审理程序

根据《越南刑事诉讼法》第 241 条、第 242 条的规定,上诉法院审理的范围原则上限于上诉或者抗诉的内容,但必要时,上诉法院也可以审理原一审判决中其他未被上诉或抗诉的内容。在收到案卷材料后,省级法院或者军区级军事法院应在 60 日内开始上诉审理活动;最高人民法院的上诉法院或者中央军事法院应在 90 日内开始上诉审理活动。根据《越南刑事诉讼法》第 244 条的规定,上诉审的合议庭由 3 名法官组成,必要时,可以加入 2 名陪审员。根据《越南刑事诉讼法》第 247 条的规定,上诉审程序依据一审的审理要求进行,不同的是,在开始法庭调查之前,合议庭成员应简短地介绍案件的内容、一审的判决以及上诉或者抗诉的内容。在法庭辩论阶段,检察人员须表明对案件处理的观点。

根据《越南刑事诉讼法》第 248 条第 2 款的规定,经过上诉审理程序,上诉法院视情况有权作出如下处理决定:驳回上诉或者抗诉,维持一审判决;修改一审判决;撤销一审判决,将案卷材料发回进行重审或者重新侦查;撤销一审判决,终止诉讼程序。二审判决一经宣告,即发生效力。

4. 再审程序

《越南刑事诉讼法》第六编针对不同情形规定了两类再审程序:一类是针对案件办理过程中的严重违法行为所提起的再审上诉程序(cassation);另一类是针对新发现的关键性案件事实所提起的重审程序(reopening procedure)。以下我们将对这两类程序进行具体介绍:

(1)再审上诉程序

再审上诉程序,是指由于案件办理过程中存在严重违法行为,经抗诉程序启动的对已生效法律判决或者裁定进行的审查程序。根据《越南刑事诉讼法》第273条、第274条的规定,具备以下任一情形的,被定罪人、机构、组织以及公民有权将其告知本法第275条规定的有权抗诉的人员,①发现违法行为的检察机关或者法院,同样应当将其告知本法第275条规定的有权抗诉的人员:法庭调查程序具有偏向性或者不充分;判决或者裁定不符合案件的客观事实;侦查、审查起诉或者审判活动中存在严重的程序违法行为;适用《刑法典》存在严重错误。

根据《越南刑事诉讼法》第277条第3款的规定,在再审程序开始之前,再审抗诉权主体有权补充抗诉,但前提是提起再审抗诉的期限尚未届满,或者有权撤回抗诉。再审抗诉权主体有权决定暂缓已生效裁判的执行。暂缓执行的决定应当被送达管辖该案的原一审法院和检察机关以及判决的执行机构。

关于提起抗诉的期限,根据《越南刑事诉讼法》第278条的规定,对于被定罪人不利的抗诉,必须在判决生效之日起1年内提起;对于被定罪人有利的抗诉,可以在任何时候提起,即使被定罪人死亡,若有必要证明被定罪人无罪,仍可以提起再审抗诉;刑事案件中针对民事原被告、与案件有关的权利义务人的民事抗诉适用《民事诉讼法》的规定。

关于再审上诉案件的管辖权,根据《越南刑事诉讼法》第279条的规定,省

---

① 本法第275条规定的有权抗诉的人员包括:最高人民法院院长和最高人民检察院首席检察官有权对各级法院的生效裁判提起再审抗诉程序,但最高人民法院法官委员会的裁定除外;中央军事法院院长和中央军事检察院首席检察官有权对下级法院的生效裁判提起再审抗诉程序;省级法院院长和省级检察院首席检察官,军区军事法院院长和军区级军事检察院首席检察官有权对各自的下级法院生效裁判提起再审抗诉程序。

级法院的法官委员会有权管辖地区法院的生效裁判,军区军事法院的法官委员会有权管辖地方军事法院的生效裁判;最高人民法院的刑事法庭有权管辖省级法院的生效裁判,中央军事法院有权管辖军区军事法院的生效裁判;最高人民法院的法官委员会有权管辖中央军事法院与最高人民法院的刑事法庭和上诉法院的生效裁判。若被抗诉的案件可以由不同级别的法院管辖,那么,全案应由较高级别的法院管辖。

关于审判组织的组成,根据《越南刑事诉讼法》第281条的规定,最高人民法院的刑事法庭与中央军事法院作为管辖法院时,其审判组织应由3名法官组成;省级法院的法官委员会、军区军事法院的法官委员会以及最高人民法院的法官委员会作为管辖法院时,法官委员会中至少三分之二的成员应参与审理。法官委员会的决定应有法官委员会过半数成员的同意方能作出。法官委员会对抗诉内容的表决按照以下顺序进行:先由支持抗诉的委员发表意见,之后再由反对的人员发表意见,若支持和反对抗诉的人数都未过半数,那么,审理必须延期进行。在延期审理决定签发之后的30日内,法官委员会必须重新开始审理,并由委员会全员参与。

根据《越南刑事诉讼法》第282条的规定,在庭审准备阶段,由法院院长安排一名法官对案件基本情况进行介绍,所形成的书面介绍材料应在开始审理之前至少7日内交给审判组织的各个成员。在法庭审理过程中,审判组织的任一成员应宣读案件基本情况的介绍,之后由审判组织各成员发表意见,最后由检察机关的代表发表对案件的处理意见。若有被定罪人、辩护人或者与抗诉有关的权利义务人被传唤到案,那么,前述人员应在检察机关代表发言之前发表自己的意见。根据《越南刑事诉讼法》第283条的规定,再审审查的范围不限于抗诉的内容。根据《越南刑事诉讼法》第283条、第285条的规定,再审上诉程序应在4个月内完成,自法院收到抗诉之日起算。基于审查,审判组织可以作出以下处理决定:驳回抗诉,维持生效裁判的效力;撤销生效裁判,终止案件;撤销生效裁判,退回重新侦查或者重新审判。

(2)重审程序

重审程序是指由于新发现了对原审判决或裁定内容产生实质性改变的事实,而原审判决或者裁定宣告时法庭并不知晓,经抗诉程序启动的对已生效法院判决或者裁定进行的审查程序。根据《越南刑事诉讼法》第291条、第292条、第293条的规定,发现存在以下任一情形的,被定罪人、机构、组织以及公民有权将其告知检察机关或者法院:证人的陈述、专家结论以及翻译人员的口头翻译包含重要内容,但之后发现其是不真实的;侦查人员、检察人员、法官或者陪审员作出不正确的结论,导致案件的错误审理;证据、侦查记录以及其他程序记录或者其他案件材料是被伪造的或者是不真实的;其他导致案件处理结果不真实的事实。若检察机关发现存在前述情形,检察长应当签发抗诉决定并将案件移送有管辖权的法院进行审理。最高人民检察院首席检察官有权对各级法院的生效裁判提起重审抗诉,但最高人民法院法官委员会作出的决定除外;中央军事检察院首席检察官有权对下级军事法院的生效裁判提起重审抗诉;省级检察院首席检察官有权对地区法院的生效裁判提起重审抗诉;军区级军事检察院首席检察官有权对地方军事法院的生效裁判提起重审抗诉。根据《越南刑事诉讼法》第294条的规定,重审抗诉权主体有权决定暂缓已生效力裁判的执行。

关于重审抗诉提起的时间,根据《越南刑事诉讼法》第295条的规定,对于被定罪人不利的抗诉,其受双重期限的限制,既要在《刑法典》规定的刑事责任法定审查期间内进行,又必须在检察机关获得新案件事实信息之日起1年内提起;对于被定罪人有利的抗诉,可以在任何时候提起,即使被定罪人死亡,若有必要证明被定罪人无罪,仍可以提起重审抗诉;刑事案件中针对民事原被告、与案件有关的权利义务人的民事抗诉适用《民事诉讼法》的规定。

关于管辖法院,根据《越南刑事诉讼法》第296条的规定,省级法院的法官委员会有权管辖地区法院的生效裁判,军区军事法院的法官委员会有权管辖地方军事法院的生效裁判;最高人民法院的刑事法庭有权管辖省级法院的生效裁判,中央军事法院有权管辖军区军事法院的生效裁判;最高人民法院的法官委员会有权管辖中央军事法院与最高人民法院的刑事法庭和上诉法院的生效裁判。

根据《越南刑事诉讼法》第297条的规定,关于审判组织的构成、审理程序以及审限,适用再审上诉程序的相关规定。

根据《越南刑事诉讼法》第298条的规定,基于审查,审判组织可以作出以下处理决定:驳回抗诉,维持生效裁判的效力;撤销生效裁判,终止案件;撤销生效裁判,退回重新侦查或者重新审判。

(六)申诉、控告制度

《越南刑事诉讼法》在第七编"特别程序"中专章就机构、组织与公民的申诉、控告权进行了具体的规定。以下我们将分别对申诉与控告制度进行具体介绍：

1.申诉制度

根据《越南刑事诉讼法》第325条的规定，相关机构、组织和公民有理由认为刑事司法机关及其工作人员所作的程序性决定或者行为侵害了其合法权益的，有权提出申诉、控告。

（1）申诉人、被申诉人的权利与义务

根据《越南刑事诉讼法》第326的规定，申诉人的权利包括：自行提起申诉或者通过法定代理人提起；在诉讼的任何阶段都有权提起申诉；在诉讼的任何阶段都有权撤销申诉；有权获取对申诉的书面答复；有权要求恢复受侵害的合法权益；依法获取损害赔偿。同时，申诉人应履行相关义务，具体包括：如实陈述案件事实、向申诉处理机关提供线索和材料，并依法对自己的陈述内容和提供的材料承担责任；尊重申诉处理机关的处理结果。

根据《越南刑事诉讼法》第327条的规定，被申诉人的权利包括：提供证明被申诉之决定、行为具备合法性的证据；获取与申诉处理结果有关的文件材料。同时，被申诉人应履行相关义务，具体包括：在有权机关、组织或者个人要求时，对被申诉之决定、行为进行解释，提供相关的信息和材料；遵守申诉处理机关的处理结果；依法对违法的程序性决定、行为所造成的损害进行赔偿并解决所造成的违法后果。

（2）申诉的法定期限

根据《越南刑事诉讼法》第328条的规定，申诉期限为15日，自申诉人收到或者知晓其认为违法的程序性决定或者诉讼行为之日起算。若因疾病、自然灾害、敌人破坏、在偏远地区工作或者学习以及其他客观障碍使得申诉人在法定期限内不能行使申诉的权利，那么，客观障碍消除前的时间不计入申诉期限。

（3）申诉的救济主体与期限

根据《越南刑事诉讼法》第329条至第333条的规定，针对侦查人员、侦查机关副负责人所作决定、行为进行的申诉，由侦查机关负责人在收到申诉之日起的7日内解决。若对侦查机关负责人的处理结果有异议，申诉人有权向同级人民检察院进一步进行申诉，检察机关在收到申诉后的7日内，应作出最终处理；对于侦查机关负责人进行的申诉，而侦查机关负责人所作的程序决定或者行为经过同级检察机关批准的，由同级检察机关在收到申诉之后的7日解决;若对同级检察机关的处理结果有异议,申诉人有权向上一级人民检察院进一步进行申诉,上一级检察机关在收到申诉后的15日内,应作出最终处理。对于检察官、副检察长所作决定、行为进行的申诉,由所在检察机关的检察长在收到申诉之后的7日解决;若对检察长的处理结果有异议,申诉人有权向上一级人民检察院进一步进行申诉,上一级检察机关在收到申诉后的15日内,应作出最终处理。对于检察长所作行为、决定进行的申诉,由上一级检察机关在收到申诉之后的15日内作出最终的处理决定。对于法官、法院副院长所作决定、行为进行的申诉,在开庭审理前,由所在法院院长在收到申诉之后的7日内解决;若对院长的处理结果有异议,申诉人有权向上一级人民法院进一步进行申诉,上一级法院在收到申诉后的15日内,应作出最终处理决定。对于法院院长所作决定、行为进行的申诉,由上一级法院在收到申诉之后的15日内作出最终的处理决定。对于有部分侦查权的人员所作决定、行为进行的申诉,由对该案享有公诉权的检察机关在收到申诉的7日内进行处理;若对检察机关的处理结果有异议,申诉人有权向上一级人民检察院进一步进行申诉,上一级检察机关在收到申诉后的15日内,应作出最终处理;若被申诉的程序决定、行为由检察机关批准,那么,对该决定、行为的申诉,由该检察机关在收到申诉的7日内进行处理;若对检察机关的处理结果有异议,申诉人有权向上一级人民检察院进一步进行申诉,上一级检察机关在收到申诉后的15日内,应作出最终处理。对逮捕、扣留、拘留措施进行的申诉,由检察机关在收到申诉后立即进行审查和处理,若需进一步确认,检察机关必须在收到申诉后的3日内作出处理决定;若对检察机关的处理结果有异议,申诉人有权向上一级人民检察院进一步进行申诉,上一级检察机关在收到申诉后的7日内,应作出最终处理决定。

2.控告制度

根据《越南刑事诉讼法》第334条的规定,若专门机关工作人员的违法行为对国家利益,公民、组织或者机构的合法权益造成损害或者有造成损害的危险时,公民有权向有关机关或者个人进行控告。

(1)控告人的权利与义务

根据《越南刑事诉讼法》第335条的规定,控告人的权利包括:向有权机关或者个人递交控告书或者亲自进行口头控告;要求对本人的姓名、地址和笔迹进行保密;要求通知处理控告的结果;在受到恐吓、骚扰、报复时,有权要求专门机关提供保护措施。同时,申诉人应履行相关义务,具体包括:如实陈述控诉内容;清楚地陈述姓名和住址;对不实的控告依法承担责任。

根据《越南刑事诉讼法》第 336 条的规定,被控告人的权利包括:被告知被控告的内容;提供证明控告不真实的证据;有权要求恢复被侵害的合法权益和名誉,并有权获得因不实控告所造成的损害;要求有权的机关、组织、个人追诉诽谤者的责任。同时,被控告人应履行相关义务,具体包括:解释被控告的行为,当有权机关或者个人要求时,提供相关的信息和材料;尊重有权机关对被控告行为所作出的处理结果;赔偿非法行为造成的损害并消除非法行为所造成的后果。

(2)处理控告的权力机关和期限

根据《越南刑事诉讼法》第 337 条的规定,被控告实施违法行为的人所在的机关的负责人有权处理控告。若实施违法行为的人为侦查机关、检察机关、法院的负责人,那么,有权处理相关控告的权力机关为相应的上一级机关。对于能够实施部分侦查活动的机构,针对其工作人员之违法行为所实施的控告,由对该案享有公诉权的检察机关审查。控告的处理期限为 60 日,从有权机关收到控告书之日起算;对于复杂的案件,期限可以延长,但不得超过 90 日。若被控告的违法行为有犯罪迹象,应依据《越南刑事诉讼法》第 103 条的规定进行处理。对逮捕、扣留、拘留措施进行的控告,检察机关在收到申诉后应立即进行审查和处理,若需进一步确认,检察机关至迟在收到控告后的 3 日内作出处理决定。

3.处理申诉、控告的机关或个人的职责

根据《越南刑事诉讼法》第 338 条的规定,在各自的职权与职责范围内,有关机关或个人须依法立即接收和处理申诉和控告并将处理结果及时告知申诉人、控告人,严肃处理违法者,采取必要措施避免可能的损害,确保处理结果得到严格执行并依法对自己的处理行为负责。有权处理申诉、控告的人员在履行职责过程中,若存在怠于处理或者不负责任、非法地处理之情形的,视其违法的性质和严重程度,处以纪律处分或者依法追究其刑事责任,若造成损害,则应当依法进行赔偿。

4.检察机关监督申诉、控告处理活动的职责

根据《越南刑事诉讼法》第 339 条的规定,检察机关有权要求有关机关根

据本法第35章的规定作出书面的处理决定；①审查同级或者下级对申诉或者控告的处理结果，并将审查结果告知相关检察机关；要求有关机关提供与处理申诉、控告有关的卷宗和材料。检察机关有权直接对有关机关处理申诉、控告的活动进行监督。

三、越南刑事诉讼制度的特色

越南与我国虽同为社会主义国家，并且均采用控辩制的诉讼模式，但是，相较于我国的刑事诉讼制度，越南刑事诉讼制度表现出较多的制度特色，如辩护人资格的确认程序、强制措施中的监禁措施等。以下我们将对越南刑事制度中的主要特色制度进行具体的介绍。

(一)辩护制度特色

相较于我国《刑事诉讼法》关于辩护制度的规定，越南的辩护制度具有以下特色：第一，在辩护人介入案件的时间上。我国《刑事诉讼法》要求，侦查机关在第一次讯问犯罪嫌疑人或者对犯罪嫌疑人采取强制措施的时候，应当告知犯罪嫌疑人有权委托辩护律师。换言之，犯罪嫌疑人自此有权委托辩护律师。而《越南刑事诉讼法》要求，紧急情况下的逮捕或者逮捕现行犯、通缉犯后决定监禁的，辩护律师即有权介入案件，此时，被监禁人员尚未被刑事立案，即还不具备犯罪嫌疑人的身份。第二，在辩护人数量的限制上。我国《刑事诉讼法》对犯罪嫌疑人、被告人能够委托的辩护人数量进行了限制性规定，即仅能委托1~2名辩护人，而《越南刑事诉讼法》未作此限制。第三，在辩护人资格的取得上。《越南刑事诉讼法》要求，辩护人在接受委托或者指定后，仍需经过侦查机关、检察机关或者法院的审查确认，才能获得辩护人资格，进而实施辩护活动。而我国《刑事诉讼法》未作此要求，仅在制度上规定，辩护人接受委托或者指定后，应及时告知办案机关。第四，在辩护人的权利范围上。《越南刑

---

① 有关机关包括：同级或者下级的侦查机关、法院；有权实施部分侦查活动的边防站、海关、骑兵巡逻队、海岸警卫队以及公安机关或者人民军队中的其他有权机构。

事诉讼法》赋予了辩护人讯问在场权、侦查阶段的调查取证权以及侦查终结后的阅卷权。我国《刑事诉讼法》未赋予辩护人的讯问在场权，也未明确赋予辩护人在侦查阶段的调查取证权，辩护人阅卷的权利也只能在案件移送起诉之后才能行使。

(二)强制性措施制度特色

越南的强制性措施制度与我国的强制措施制度具有很多共同之处。例如：在强制措施的种类上，二者均包括保证与承担相似功能的禁止离开居所制度；在强制措施决定权的归属上，羁押性强制措施的决定机关均属于检察机关，而非审判机关。但是，相较于我国的强制措施制度，越南的强制性措施制度也表现出诸多明显的制度特色。具体而言：首先，在强制性措施的适用对象上。越南强制性措施不仅适用于犯罪嫌疑人、被告人，还适用于不具有犯罪嫌疑人身份的被监禁人员，即在刑事立案前，对于具备法定情形的人员，刑事司法机关同样可以依法对其适用强制性措施；而我国《刑事诉讼法》则明确要求，强制措施仅适用于犯罪嫌疑人、被告人。其次，在羁押性强制措施决定权的归属上。除法定特殊情形外，越南侦查机关在决定实施强制性措施之前，均须获得同级检察机关的批准；而我国《刑事诉讼法》规定羁押性强制措施，除逮捕决定权归属检察机关外，侦查机关有权决定对犯罪嫌疑人适用拘留。最后，在羁押性强制措施发挥的功能上。《越南刑事诉讼法》规定了监禁、逮捕与临时羁押三类措施，其中，逮捕措施发挥着强制到案的功能，羁押候审的功能则由监禁与临时羁押措施承担；而我国《刑事诉讼法》仅规定了拘留和逮捕两种羁押性强制措施，其中，拘留是指公安机关、人民检察院在侦查过程中遇到法定的紧急情况时，对现行犯或者重大嫌疑分子所采取的临时性剥夺其人身自由的一种强制方法，而逮捕是指公安机关、人民检察院、人民法院为了防止犯罪嫌疑人、被告人逃避或者妨碍侦查、起诉和审判，实施危害社会的行为，依法采取的剥夺其人身自由，予以较长时间羁押的强制措施。即是说，拘留与逮捕措施实质上发挥着强制到案和羁押候审的双重功能。

(三)侦查制度特色

相较于我国，越南刑事侦查制度具有鲜明的制度特色，具体而言：首先，在立案程序的分类上。《越南刑事诉讼法》规定,当存在犯罪迹象时,侦查机关应当进行刑事案件立案;当有充分理由认定某人犯罪时,侦查机关有权作出对该犯罪嫌疑人的立案决定。也就是说,在越南刑事侦查制度中,对于非自诉案件,其侦查立案程序分为对刑事案件的立案与对犯罪嫌疑人的立案两种。而我国《刑事诉讼法》规定,当认为有犯罪事实需要追究刑事责任时,侦查机关应当进行立案侦查,即我国并无对刑事案件和犯罪嫌疑人的立案程序之分。其次,在审问规则上。《越南刑事诉讼法》规定,侦查人员审问犯罪嫌疑人时,应有其辩护人在场,并且,经审问人员许可,辩护人可以向犯罪嫌疑人提问;另外,夜间审问在原则上是被禁止的。而我国《刑事诉讼法》并未赋予辩护律师的讯问在场权,当然就不存在辩护律师在讯问过程中向犯罪嫌疑人提问的权利;同时,我国《刑事诉讼法》第117条第2款、第3款虽然对侦查机关传唤、拘传持续的时间进行了制度上的规范,但并未对是否禁止夜间讯问进行明确规定。

(四)检察监督制度特色

相较于我国的检察监督制度,越南的检察监督更具刚性,具体而言:对于侦查机关没有合理理由的刑事立案决定,检察机关有权决定撤销该立案决定。同样,对于侦查机关无正当理由拒绝立案的决定,检察机关有权决定予以撤销并决定立案侦查。而根据我国《刑事诉讼法》第111条的规定,检察机关在立案监督过程中,认为公安机关对应当立案侦查的案件而不立案侦查的,或者被害人认为公安机关对应当立案侦查的案件而不立案侦查,向检察机关提出的,检察机关应当要求公安机关说明不立案的理由。检察机关认为公安机关不立案理由不能成立的,应当通知公安机关立案,公安机关接到通知后应当立案。换言之,对于侦查机关没有合理理由的不立案决定,检察机关只能通过发出检察建议的方式进行监督,既不能直接作出撤销不立案的决定,也不能直接作出立案侦查的决定。

另外,《越南刑事诉讼法》制度上对实现检察监督权进行了更细化的要求,具体而言:对于涉及犯罪嫌疑人人身权益、财产权益的侦查措施,如搜查、扣押、没收等措施,《越南刑事诉讼法》虽然赋予了侦查机关决定适用的权力,但是,制度上同时要求侦查机关在执行之前应获得同级检察机关的同意;对于现场勘查、尸体解剖等侦查措施,《越南刑事诉讼法》明确要求检察机关应派员进行临场监督。而我国《刑事诉讼法》仅在原则上要求检察机关对侦查过程实施法律监督,但对于具体侦查措施的适用与实施,立法并未明确规定检察监督权的具体实现方式。

(五)诉讼期限制度特色

越南《刑法典》将犯罪按照刑罚轻重划分为一般犯罪、严重犯罪、非常严重之犯罪与特别严重之犯罪四类,相应地,针对不同的犯罪类型,《越南刑事诉讼法》规定了不同的诉讼期限。例如,就侦查期限而言,对于一般犯罪,侦查期限不得超过 2 个月;对于严重犯罪,侦查期限不得超过 3 个月;对于非常严重和特别严重之犯罪,侦查期限不得超过 4 个月。并且,侦查期限延长的次数与期限也与犯罪的类型相对应。同样以侦查期限为例,对于一般犯罪案件,侦查期限可以延长一次,且延长期限不得超过 2 个月;对于严重犯罪案件,侦查期限可以延长两次,第一次的延长期限不得超过 3 个月,第二次的延长期限不得超过 2 个月;对于非常严重的犯罪案件,侦查期限可以延长两次,每次的延长期限不得超过 4 个月;对于特别严重的犯罪案件,侦查期限可以延长三次,每次的延长期限不得超过 4 个月。另外,审查起诉的期限与审判的期限也因犯罪类型的不同而有差异。[①]　而我国《刑法》并未采用犯罪分类制度,因此,我国《刑事诉讼法》在规定特定诉讼期限时,并未采取诉讼期限与犯罪分类的对应区分制度,而是综合案件办理过程中面临的一般情形进行规定。以侦查羁押期限为例,原则上,侦查羁押期限不得超过 2 个月,但若案情复杂,期限届满不能侦查终结的,经上一级检察机关批准,可延长 1 个月;若经延期后仍不能终结侦查,且属于交通十分不便的边远地区的重大复杂案件、重大的犯罪集团案件、流窜作案的重大复杂案件或者犯罪涉及面广、取证困难的重大复杂案件的,经省级检察机关批准,可再延长 2 个月。可见,我国《刑事诉讼法》在规定诉讼期限上,倾向于采用列举常规情形的方式。

(六)审判制度特色

越南刑事审判制度与我国的大体相似,但也存在一些明显差异。就审级

---

① 详细内容参见前文对侦查制度、审查起诉制度以及审判制度主要内容的介绍。

制度而言,根据《越南刑事诉讼法》的相关规定,越南设置了三级法院,并采取三级两审终审的制度,而我国的审判法院分为四级,采取的是四级两审终审的制度;就人民陪审员参审的案件范围而言,《越南刑事诉讼法》规定,人民陪审员不仅可以参与一审刑事案件的审理,而且,在必要的时候,也可以参与二审上诉程序,而我国《刑事诉讼法》规定,人民陪审员制度仅适用于刑事一审普通程序;就再审制度而言,《越南刑事诉讼法》根据启动再审程序的原因不同而将再审程序划分为两种,即因程序严重违法引起的再审上诉程序与因新的关键事实出现而启动的重审程序,而我国《刑事诉讼法》仅规定了一种审判监督程序,且审判监督程序启动的法定情形包括适用法律与事实认定错误以及程序违法。